Ickstadt/Dinges
Lexikon für Verwaltungsfachangestellte

W0297246

Zusätzliche digitale Inhalte für Sie!

Zu diesem Buch stehen Ihnen kostenlos folgende digitale Inhalte zur Verfügung:

- Online-Buch ✓
- Buch als PDF
- Online-Training
- Zusatz-Downloads
- App
- Digitale Lernkarten

Schalten Sie sich das Buch inklusive Mehrwert direkt frei.

Scannen Sie den QR-Code **oder** rufen Sie die Seite **www.kiehl.de** auf. Geben Sie den Freischaltcode ein und folgen Sie dem Anmeldedialog. Fertig!

Ihr Freischaltcode

BZOI–VVAT–HWBZ–GMTC–LLBW–FJ

www.kiehl.de

Lexikon für Verwaltungsfachangestellte

Von
Ewald Ickstadt und
Marvin Dinges

10., aktualisierte und erweiterte Auflage

kiehl

ISBN 978-3-470-**54060**-3 · 10., aktualisierte und erweiterte Auflage 2022

Kiehl ist eine Marke des NWB Verlags

Satz: SATZ-ART Prepress & Publishing GmbH, Bochum
Druck: CPI books, Leck

Klimaneutral
Druckprodukt
ClimatePartner.com/16605-2106-1001

Scannen Sie den QR-Code oder besuchen Sie **Climate-Partner.com/16605-2106-1001** und erfahren Sie mehr zu unseren klimaneutralen Druckprodukten.

Vorwort

Die öffentliche Verwaltung von Bund, Ländern und Gemeinden befindet sich in einem grundlegenden Veränderungsprozess, der mit dem Schlagwort Verwaltungsreform umschrieben wird. Kennzeichen der Verwaltungsreform sind insbesondere die Einführung von neuen Verwaltungsstrukturen und Steuerungsmodellen sowie die verstärkte Einbeziehung von betriebswirtschaftlichen Inhalten, die ein kostenbewusstes Denken und Handeln einschließt.

Die Umsetzung der Reformen hat zur Folge, dass sich die Beschäftigten in der öffentlichen Verwaltung sowohl während der Ausbildung als auch in der täglichen Arbeit mit ständig neuen Fachbegriffen auseinandersetzen müssen, die es zu verstehen gilt, um den geänderten Anforderungen gewachsen zu sein. Das Lexikon für Verwaltungsfachangestellte will hierzu eine Hilfestellung leisten. Erläutert werden stichwortartig die wichtigsten Begriffe aus den Bereichen Verwaltungsbetriebswirtschaft, Personalwesen, Verwaltungsrecht und Verwaltungsverfahren sowie der Staats-, Rechts- und Wirtschaftskunde. Die Auswahl der Stichwörter erfolgte auf der Grundlage der Ausbildungsordnung für den Ausbildungsberuf Verwaltungsfachangestellter/Verwaltungsfachangestellte und des mit der Ausbildungsordnung abgestimmten und von der Ständigen Konferenz der Kultusminister der Länder beschlossenen bundeseinheitlichen schulischen Rahmenlehrplanes.

Die 10. Auflage enthält alle seit der Vorauflage eingetretenen rechtlichen und tariflichen Änderungen. Der Umfang des Lexikons wurde durch die Aufnahme von über 30 neuen Haupt- und Verweisstichwörtern erweitert. Das Lexikon umfasst mehr als 1.000 Fachbegriffe. Die Erläuterungen der Stichwörter enthalten zugleich Verweise auf die rechtlichen Grundlagen, wodurch die Möglichkeit eines schnellen Zugriffs auf die gesetzlichen und tariflichen Vorschriften besteht. Erfasst ist der Rechtsstand bis zum 1. März 2022.

Das Buch richtet sich vorwiegend an Auszubildende des Ausbildungsberufs Verwaltungsfachangestellter/Verwaltungsfachangestellte, die zur Vorbereitung von Klassenarbeiten, Prüfungen oder Referaten eine stichwortartige Wiederholung, eine kurze Einführung oder einen zusammenfassenden Überblick zu einem bestimmten Themenkreis suchen. Zugleich bildet das Lexikon eine sinnvolle Ergänzung des ebenfalls von den Autoren bei Kiehl erschienenen Werkes „Die Prüfung der Verwaltungsfachangestellten“ und schließt eine bestehende Lücke der Wissensvermittlung.

Daneben richtet sich das Lexikon auch an alle Beschäftigten in der öffentlichen Verwaltung, die eine Informationsquelle der wichtigsten Fachbegriffe suchen, auf die sie bei ihrer täglichen Arbeit zurückgreifen können.

Für Hinweise zur Weiterentwicklung des Lexikons sind die Verfasser stets dankbar. Bitte richten Sie diese unter der E-Mail-Adresse **feedback@kiehl.de** an den Verlag.

Den Benutzern des Lexikons wünschen wir bei der Anwendung des erworbenen Wissens in den Prüfungen und in der täglichen Arbeit viel Erfolg.

Ingelheim am Rhein und Mainz,
im März 2022

Ewald Ickstadt
Marvin Dinges

Aus Gründen der Praktikabilität und der besseren Lesbarkeit werden in diesem Titel nur männliche Personenbezeichnungen verwendet. „Arbeitnehmer“, „Beamte“ u. ä. Bezeichnungen umfassen grundsätzlich männliche, weibliche und diverse Personen.

A

Abgeordnete

sind die vom Volk gewählten Mitglieder eines → *Parlaments*, z. B. des → *Bundestages*, → *Landtages*, → *Abgeordnetenhauses* oder der → *Bürgerschaft*.

Die Abgeordneten des Deutschen Bundestages werden in allgemeiner, unmittelbarer, freier, gleicher und geheimer Wahl gewählt (Art. 38 Abs. 1 Satz 1 GG). Sie sind Vertreter des ganzen Volkes, an Aufträge und Weisungen nicht gebunden und nur ihrem Gewissen unterworfen (Art. 38 Abs. 1 Satz 2 GG). Außerdem genießen sie → *Indemnität* (Art. 46 Abs. 1 GG) und → *Immunität* (Art. 46 Abs. 2 GG) und haben Anspruch auf eine angemessene, ihre Unabhängigkeit sichernde Entschädigung (Art. 48 Abs. 3 Satz 1 GG) sowie das Recht der freien Benutzung aller staatlichen Verkehrsmittel (Art. 48 Abs. 3 Satz 2 GG). Entsprechende Regelungen enthalten die jeweiligen Landesverfassungen für die Abgeordneten der Parlamente der Bundesländer.

Die Rechtsverhältnisse der Abgeordneten sind im Abgeordnetengesetz des Bundes bzw. den Abgeordnetengesetzen der Bundesländer geregelt.

Abgeordnetengesetz

regelt die Rechtsverhältnisse der Mitglieder des Europaparlamentes, des → *Bundestages* oder eines Bundeslandes. Das vom Bund erlassene → *Gesetz* über die Rechtsverhältnisse der Mitglieder des Deutschen Bundestages (Abgeordnetengesetz – AbgG) umfasst Bestimmungen zur Bewerbung um ein Mandat im Bundestag, die Beurlaubung der Kandidaten zur Wahlvorbereitung, die Rechtsstellung der in den Bundestag gewählten Angehörigen des → *öffentlichen Dienstes* z. B. → *Beamte*, die Leistungen an → *Abgeordnete* und ehemalige Abgeordnete (z. B. Abgeordnetenentschädigung, Sozialleistungen), sowie die Unabhängigkeit der Abgeordneten und das Recht der Bundestagsfraktion. Zu beachten ist, dass sich der Erwerb und Verlust der Mitgliedschaft im Bundestag nach den Bestimmungen des → *Bundeswahlgesetzes* richten.

Die Bundesländer haben für ihre → *Parlamente* eigene Abgeordnetengesetze erlassen.

Abgeordnetenhaus

ist gemäß Artikel 38 Abs. 1 der Verfassung von Berlin (VvB) die Bezeichnung für das → *Parlament* des → *Stadtstaates* (Bundeslandes) Berlin.

AbgG

ist die Abkürzung für → *Abgeordnetengesetz.*

Ablauforganisation

ist die Bezeichnung für die Gestaltung der Arbeitsvorgänge und Arbeitsabläufe in einer Verwaltung, die das Zusammenwirken der Beschäftigten, der Arbeitsmittel und Gegenstände im Hinblick auf die zweckmäßige Erfüllung der Aufgaben betrifft. Ziel der Ablauforganisation ist es, die Bearbeitungszeiten zu reduzieren, die Bearbeitungs- und Durchlaufkosten zu minimieren, die vorhandenen Kapazitäten optimal zu nutzen und die Arbeitsplätze human zu gestalten. Die wichtigsten Darstellungsformen der Ablauforganisation in der → *öffentlichen Verwaltung* sind die → *Geschäftsordnung* und die → *Organisationsanweisungen*.

Abmahnung

im arbeitsrechtlichen Sinne ist ein gesetzlich nicht geregeltes, durch die Rechtsprechung der → *Arbeitsgerichtsbarkeit* geprägtes Verfahren über die Ausübung des Rechts des → *Arbeitgebers*, ein vertragswidriges Verhalten des → *Arbeitnehmers* zu rügen.

Nach der Definition des → *Bundesarbeitsgerichts* liegt eine Abmahnung vor, wenn der Arbeitgeber in einer für den Arbeitnehmer hinreichend deutlich erkennbaren Art und Weise Leistungs- oder Verhaltensmängel beanstandet und damit den Hinweis verbindet, dass im Wiederholungsfalle der Inhalt oder der Bestand des → *Arbeitsverhältnisses* gefährdet sei. Nach ständiger Rechtsprechung des Bundesarbeitsgerichts ist die Abmahnung in vielen Fällen Vorstufe und Wirksamkeitsvoraussetzung für die → *Kündigung* des Arbeitsverhältnisses durch den Arbeitgeber.

Abordnung

im beamtenrechtlichen Sinne ist die vorübergehende Übertragung einer dem Amt des → *Beamten* entsprechenden Tätigkeit bei einer anderen → *Dienststelle* desselben oder eines anderen → *Dienstherrn* unter Beibehaltung der Zugehörigkeit zur bisherigen Dienststelle.

Die Voraussetzungen, unter denen eine Abordnung erfolgen kann, sind für die Beamten des Bundes in § 27 des → *Bundesbeamtengesetzes* (BBG) und für die Beamten der Länder, der Gemeinden, der Gemeindeverbände sowie der sonstigen der Aufsicht eines Landes unterstehenden Körperschaften, Anstalten und Stiftungen des öffentlichen Rechts in den Beamtengesetzen der Länder sowie in den Fällen der landesübergreifenden Abordnung und der Abordnung aus einem Land in die Bundesverwaltung in § 14 des → *Beamtenstatusgesetzes* (BeamtStG) geregelt.

Für die → *Arbeitnehmer* bestimmt sich das Verfahren der Abordnung nach dem Tarifvertragsrecht. In dem → *Tarifvertrag für den öffentlichen Dienst* (TVöD), dem → *Tarifvertrag für den öffentlichen Dienst der Länder* (TV-L) und dem → *Tarifvertrag für den öffentlichen Dienst des Landes Hessen* (TV-H) wird der Begriff Abordnung definiert als Zuweisung einer vorübergehenden Beschäftigung – der TV-L und der TV-H sprechen vom → *Arbeitgeber* veranlassten vorübergehenden Beschäftigung – bei einer anderen Dienststelle oder einem anderen Betrieb desselben oder eines anderen Arbeitgebers unter Fortsetzung des bestehenden → *Arbeitsverhältnisses* (Protokollerklärung zu § 4 Abs. 1 Nr. 1 TVöD/TV-L/TV-H).

Abschlussprämie

ist eine Einmalzahlung, die → *Auszubildende* im *öffentlichen Dienst* bei Beendigung des Ausbildungsverhältnisses aufgrund erfolgreich abgeschlossener Abschlussprüfung bzw. staatlicher Prüfung erhalten. Sie ist kein zusatzversorgungspflichtiges Entgelt und mit Bestehen der Abschlussprüfung bzw. staatlichen Prüfung fällig. Die Abschlussprämie beträgt für die unter den Geltungsbereich des *Tarifvertrages für Auszubildende des öffentlichen Dienstes* (TVAöD) und des *Tarifvertrages für Auszubildende der Länder in Ausbildungsberufen nach dem Berufsbildungsgesetz* (TVA-L BBiG) fallenden Personen 400 € (§ 17 Abs. 1 TVAöD, § 20 Abs. 1 TVA-L BBiG). Die unter den *Tarifvertrag für Auszubildende des Landes Hessen in Ausbildungsberufen nach dem Berufsbildungsgesetz* (TVA-H BBiG) fallenden Personen erhalten eine Abschlussprämie – gestaffelt nach dem Ergebnis der Abschlussprüfung – in Höhe von

500 € (Abschlussnote gut und sehr gut), 400 € (Abschlussnote befriedigend) und 300 € (Abschlussnote ausreichend). Auszubildende, die ihre Ausbildung nach erfolgloser Prüfung aufgrund einer Wiederholungsprüfung abschließen, erhalten keine Abschlussprämie; wobei der Arbeitgeber im Einzelfall aber die Abschlussprämie dennoch zahlen kann (§ 17 Abs. 2 TVAöD, § 20 Abs. 2 TVA-L BBiG/ TVA-H BBiG).

Absolute Monarchie

ist eine → *Staatsform*, in der die gesamte Staatsgewalt beim Monarchen vereinigt ist. Die absolute → *Monarchie* war im 17. und 18. Jahrhundert die herrschende Staatsform in Europa.

Abstraktionsprinzip

→ Kaufvertrag

Abtretung

ist nach der Definition des → *Bürgerlichen Gesetzbuches* (BGB) der → *Vertrag*, durch den eine Forderung von dem Gläubiger auf einen anderen Gläubiger übertragen wird, wobei mit dem Abschluss des Vertrags der neue Gläubiger an die Stelle des bisherigen Gläubigers tritt (§ 398 BGB). Von Banken wird die Abtretung, die auch als Zession bezeichnet wird, häufig zur Sicherung von Forderungen verwendet (sogenannte Sicherungsabtretung). Bei unpfändbaren Forderungen sieht das BGB jedoch einen Ausschluss der Abtretung vor (§ 400 BGB). Ebenfalls kann durch einen → *Tarifvertrag* eine Abtretung von Ansprüchen auf Lohn und Gehalt ausgeschlossen sein.

Adbusting

ist ein aus den englischen Begriffen „ad“, der Kurzform von „advertisement“ = Werbung und „to bust“ = zerschlagen gebildetes Kunstwort, das eine Form von politisch-satirischem Protest durch künstlerische Veränderung und überspitzte Darstellung beschreibt. Hierbei werden Werbeplakate oder Wahlplakate durch Umgestaltung mit eigenen, meistens negativen Aussagen verfremdet. Dabei erfolgt die Umgestaltung oftmals im Einklang mit dem ursprünglichen Erscheinungsbild der Plakate, um die Veränderung nicht auf den ersten Blick erkennbar zu machen.

Adbusting wird von den Verfassungsschutzämtern der Länder teilweise als linksextremer Aktivismus eingestuft. Seine rechtliche Einordnung ist in der Rechtswissenschaft umstritten. Vereinzelt wurden Strafverfahren gegen sogenannte Adbuster vor allem wegen Sachbeschädigung eingeleitet. Die Aktivisten berufen sich dabei häufig auf das im → *Grundgesetz* (GG) verankerte → *Grundrecht* der Meinungs- und Kunstfreiheit (Art. 5 Abs. 1 und 3 GG).

AEUV

ist die Abkürzung für Vertrag über die Arbeitsweise der → *Europäischen Union*.

AfD

ist die Abkürzung für → *Alternative für Deutschland*.

AGB

ist die Abkürzung für → *Allgemeine Geschäftsbedingungen*.

Agentur für Arbeit

→ *Bundesagentur für Arbeit*

AGG

ist die Abkürzung für → *Allgemeines Gleichbehandlungsgesetz*.

Akteneinsicht

ist das Recht, vom Inhalt einzelner Akten einer → *Behörde* Kenntnis zu erlangen. Im → *Verwaltungsverfahren* haben die Beteiligten Anspruch darauf, dass ihnen die Behörde Einsicht in die das Verfahren betreffenden Akten gestattet, soweit deren Kenntnis zur Geltendmachung oder Verteidigung ihrer rechtlichen Interessen erforderlich ist (§ 29 Abs. 1 Satz 1 VwVfG). Nicht zu den Akten in diesem Sinn gehören die Entwürfe für die später zu treffende Entscheidung sowie die Arbeiten zu deren unmittelbaren Vorbereitung, wobei nach Abschluss des Verfahrens die Beteiligten jedoch auch diese Unterlagen einsehen können (§ 29 Abs. 1 Satz 2 VwVfG). Ein Anspruch auf Akteneinsicht besteht aber nicht, soweit dadurch verhindert wird, dass die Behörde ihre Aufgaben ordnungsgemäß erfüllt, das Staatswohl beeinträchtigt wird oder gegen eine Geheimhaltungspflicht verstoßen wird (§ 29 Abs. 2 VwVfG).

Aktiva

im betriebswirtschaftlichen Sinne ist die Summe des Anlage- und Umlaufvermögens eines Unternehmens. Die Aktivseite (§ 266 Abs. 2 HBG) ist jeweils auf der linken Seite einer → *Bilanz* zu finden.

Der Gegenbegriff zur Aktiva ist die → *Passiva*.

Aktives Wahlrecht

ist das Recht eines Wahlberechtigten, bei einer Wahl wählen zu dürfen. Für die Wahlen zum → *Bundestag* besitzen nach dem → *Bundeswahlgesetz* (BWG) das aktive → *Wahlrecht* alle Deutschen im Sinne des Artikels 116 Abs. 1 des → *Grundgesetzes* (GG), die am Wahltag das 18. Lebensjahr vollendet haben und seit mindestens drei Monaten in der → *Bundesrepublik Deutschland* eine Wohnung innehaben oder sich sonst gewöhnlich aufhalten oder am Wahltag außerhalb der Bundesrepublik Deutschland leben, sofern sie nach Vollendung ihres 14. Lebensjahres mindestens drei Monate ununterbrochen in der Bundesrepublik Deutschland eine Wohnung innegehabt oder sich sonst gewöhnlich aufgehalten haben und dieser Aufenthalt nicht länger als 25 Jahre zurückliegt oder aus anderen Gründen persönlich und unmittelbar Vertrautheit mit den politischen Verhältnissen in der Bundesrepublik Deutschland erworben haben und von ihnen betroffen sind (§ 12 BWG).

Darüber hinaus darf kein Ausschluss vom Wahlrecht vorliegen. Nicht wahlberechtigt sind Personen, die infolge eines Richterspruchs das Wahlrecht verloren haben (§ 13 BWG).

Voraussetzung für die Ausübung des Wahlrechts für die Wahlen zum Bundestag ist, dass der Wahlberechtigte in ein Wählerverzeichnis eingetragen ist oder einen Wahlschein besitzt (§ 17 BWG). Das Wählerverzeichnis ermöglicht die Kontrolle, dass nur Wahlberechtigte wählen und dass der Wahlberechtigte nur einmal wählt.

Der Gegenbegriff zum aktiven Wahlrecht ist das → *passive Wahlrecht*.

Alimentationsprinzip

ist die Bezeichnung für den Anspruch des → *Beamten* auf einen angemessenen und amtsgemäßen

Lebensunterhalt, der zu den hergebrachten Grundsätzen des Berufsbeamtentums im Sinne des Artikels 33 Abs. 5 des → *Grundgesetzes* (GG) zählt. Dieser Unterhalt, der durch die Dienstbezüge und durch die Alters- und Hinterbliebenenversorgung gesichert wird, stellt nach herrschender Meinung eine Gegenleistung für die Pflicht des Beamten dar, seine ganze Arbeitskraft dem Dienstherrn zu widmen.

Allgemeine Geschäftsbedingungen

sind alle für eine Vielzahl von → *Verträgen* vorformulierten Vertragsbedingungen, die eine Vertragspartei (Verwender) der anderen Vertragspartei bei Abschluss eines Vertrages stellt, das heißt einseitig auferlegt. Unerheblich ist hierbei, ob die Bestimmungen einen äußerlich gesonderten Bestandteil des Vertrags bilden oder in die Vertragsurkunde selbst aufgenommen werden, welchen Umfang sie haben, in welcher Schriftart sie verfasst sind und welche Form der Vertrag hat (§ 305 Abs. 1 BGB).

Allgemeine Geschäftsbedingungen werden grundsätzlich nur dann Bestandteil eines → *Kaufvertrages*, wenn der Verwender bei Vertragsabschluss ausdrücklich auf sie hinweist und die andere Vertragspartei nach der Möglichkeit, in zumutbarer Weise von ihrem Inhalt Kenntnis zu nehmen, mit ihrer Geltung einverstanden ist (§ 305 Abs. 2 BGB). Die Einbeziehung Allgemeiner Geschäftsbedingungen in einen Vertrag dient dem Zweck, einen Missbrauch der Allgemeinen Geschäftsbedingungen zu verhindern und den wirtschaftlich Schwächeren vor Übervorteilung zu schützen.

Allgemeine Leistungsklage

→ Klagearten im Verwaltungsprozess

Allgemeiner Kündigungsschutz

→ Kündigungsschutzgesetz

Allgemeines Gleichbehandlungsgesetz

bildet den rechtlichen Rahmen für einen weitgehend einheitlichen Diskriminierungsschutz im Arbeitsrecht und für bestimmte Bereiche des privaten Vertragsrechts. Das Allgemeine Gleichbehandlungsgesetz (AGG), das umgangssprachlich auch Antidiskrimierungsgesetz genannt wird, hat das Ziel, Benachteiligungen aus Gründen der Rasse oder wegen der ethnischen Herkunft, des Geschlechts, der Religion oder Weltanschauung, einer Behinderung, des Alters oder der sexuellen Identität zu verhindern oder zu beseitigen (§ 1 AGG). Der im AGG vorgesehene umfassende Schutz vor Benachteiligungen im Arbeitsleben gilt von der Ausschreibung einer Stelle über die Einstellungsverfahren, die Arbeitsbedingungen bis hin zum Zugang zu Weiterbildungsmaßnahmen oder der Mitgliedschaft in Beschäftigtenvereinigungen. Ausgenommen ist jedoch der Kündigungsbereich, für den die Regelungen des → *Kündigungsschutzgesetzes* (KSchG) gelten. Rechtsfolge einer Benachteiligung ist primär die Unwirksamkeit von diskriminierenden Maßnahmen und sekundär der Schadensersatzanspruch der vom Schutzbereich des Gesetzes erfassten Personen gegen den → *Arbeitgeber*. Für → *Arbeitnehmer* und → *Auszubildende* im → öffentlichen Dienst gilt das AGG unmittelbar. Die → *Beamten* sind über die Sonderregelung des § 24 Nr. 1 AGG in den Anwendungsbereich einbezogen.

Allgemeinverfügung

ist ein → *Verwaltungsakt*, der sich an einen nach allgemeinen Merkmalen bestimmten oder bestimmbaren Personenkreis (z. B. Aufforderung eines Polizeibeamten an eine Gruppe Jugendlicher, die Eisfläche eines Sees wegen Einbruchgefahr zu verlassen) richtet oder die öffentlich-rechtliche Eigenschaft einer Sache (z. B. Umstufung einer öffentlichen Straße) oder ihre Benutzung durch die Allgemeinheit (z. B. Lichtzeichen einer Verkehrsampel) betrifft (§ 35 Satz 2 VwVfG).

Alternative für Deutschland

ist eine im Jahr 2013 gegründete → *politische Partei*, die von einer breiten Öffentlichkeit als rechtskonservativ, rechtspopulistisch, nationalliberal und islamkritisch eingestuft wird. Die Schwerpunkte der Parteipolitik der Alternative für Deutschland (AfD) liegen in der inneren Sicherheit und Asylpolitik sowie der Familienpolitik. Im → *Bundestag* ist die AfD seit der Bundestagswahl 2017 als → *Fraktion* vertreten.

Altersrente

ist eine monatliche Geldleistung, die an Versicherte in der gesetzlichen → *Rentenversicherung* nach Maßgabe des Sechsten Buches → *Sozialgesetzbuch* (SGB VI) nach Erreichen eines bestimmten Lebensalters (Altersgrenze) und einer bestimmten Mindestversichertenzeit (Wartezeit) auf Antrag bis zum Lebensende gezahlt wird. Die gesetzliche Rentenversicherung kennt folgende Altersrenten, und zwar die Regelaltersrente (§ 35 SGB VI), die Altersrente für langjährig Versicherte (§§ 36, 236 SGB VI), die Altersrente für schwerbehinderte Menschen (§§ 37, 236a SGB VI) und die Altersrente für besonders langjährig Versicherte (§ 38 SGB VI) sowie daneben die Altersrente wegen Arbeitslosigkeit oder Altersteilzeitarbeit (§ 237 SGB VI) und die Altersrente für Frauen (§ 237a SGB VI), die es nur noch für Versicherte gibt, die vor dem 1. Januar 1952 geboren sind. Historisch geht die Altersrente auf die Gesetzgebung des Deutschen Reiches aus dem Jahre 1889 zurück.

Amortisationsrechnung

ist eine statische Investitionsrechnung, bei der die Vorteilhaftigkeit einer Investition an der Zeitdauer gemessen wird, innerhalb der das für ein Investitionsobjekt eingesetzte Kapital wieder in den Verwaltungsbetrieb zurückfließt. Diese Zeitdauer wird auch als Amortisationszeit oder Wiedergewinnungszeit bezeichnet.

Amt

im organisatorischen (funktionellen) Sinn ist die Begriffsbestimmung für den innerhalb eines Verwaltungsträgers auf eine Person zugeschnittene Aufgabenbereich (z. B. der Aufgabenbereich des Sachbearbeiters für Ausbildungsförderung).

Der Begriff „Amt" wird jedoch oft mit anderen Bedeutungsinhalten oder als Bezeichnung für die Behörde (z. B. Bundeskriminalamt, Finanzamt) oder für Untergliederungen innerhalb einer Behörde (z. B. Bauamt, Wohnungsamt) verwendet.

Ämterstabilität

ist ein Grundsatz im Beamtenrecht, der beinhaltet, dass eine einmal erfolgte beamtenrechtliche → *Ernennung* rechtsbeständig ist, sofern nicht einer der im → *Bundesbeamtengesetz* (BBG) oder im → *Beamtenstatusgesetz* (BeamtStG) bzw. den Beamtengesetzen der Länder abschließend aufgezählten Gründe der Nichtigkeit oder Rücknahme der Ernennung vorliegen. Wenn keiner dieser Gründe gegeben ist, kann dies dazu führen, dass eine fehlerhafte Ernennung eines Bewerbers zum → *Beamten* oder eine fehlerhafte → *Beförderung* eines Beamten nicht mehr rückgängig gemacht werden kann. Für den übergangenen Konkurrenten besteht nach der verwaltungsgerichtlichen Rechtsprechung in einem solchen Fall nur die Möglichkeit, vor der Ernennung → *Klage* im Wege des → *einstweiligen Rechtschutzes* nach § 123 der → *Verwaltungsgerichtsordnung* (VwGO) zu erheben, die auch als Konkurrentenklage bezeichnet wird.

Amtsbezeichnung

ist die Bezeichnung des statusrechtlichen → *Amtes*, das der → *Beamte* innehat. Ein solches Amt wird dem Beamten erstmals mit der Berufung in das → *Beamtenverhältnis* auf Probe verliehen.

Amtshaftung

ist ein Unterfall der Staatshaftung. Wenn jemand in Ausübung eines ihm anvertrauten → *Amtes* die ihm einem Dritten gegenüber obliegende Amtspflicht verletzt, haftet gemäß Artikel 34 des → *Grundgesetzes* (GG) anstelle des Amtsinhabers grundsätzlich der → *Staat* oder die Körperschaft, in deren Dienst er steht, wenn die Tatbestandsmerkmale des § 839 des → *Bürgerlichen Gesetzbuches* (BGB) gegeben sind. Die geschädigte Person muss daher im Falle der durch einen → *Beamten* oder Beschäftigten des → *öffentlichen Dienstes* verursachten Verletzung der Amtspflicht den Schadensersatzanspruch unmittelbar gegen den → *Dienstherrn* (z. B. Bund, Land, Gemeinde) geltend machen. Die rechtliche Grundlage für die Pflicht zum Schadensersatz des Beamten bei einer Amtspflichtverletzung im Innenverhältnis gegenüber dem Dienstherrn bildet für die Bundesbeamten § 75 des → *Bundesbeamtengesetzes* (BBG) und für die Beamten, die im Dienste der Länder und der Gemeinden, der Gemeindeverbände sowie der sonstigen der Aufsicht eines Landes unterstehenden → *Körperschaften*, → *Stiftungen* und → *Anstalten des öffentlichen Rechts* stehen, § 48 des → *Beamtensta-*

tusgesetzes (BeamtStG) in Verbindung mit dem jeweiligen Landesbeamtengesetz, wonach ein Rückgriff des Dienstherrn gegenüber dem Beamten nur bei Vorsatz und grober Fahrlässigkeit vorgesehen ist. Für die unter den Geltungsbereich des → *Tarifvertrages für den öffentlichen Dienst* (TVöD), den → *Tarifvertrag für den öffentlichen Dienst der Länder* (TV-L) und den → *Tarifvertrag für den öffentlichen Dienst des Landes Hessen* (TV-H) fallenden Beschäftigten finden die für die Beamten jeweils geltenden Bestimmungen entsprechende Anwendung (§ 3 Abs. 7 TVöD/TV-L/TV-H).

Zu beachten ist, dass die Haftungsüberleitung auf den Staat aber spezialgesetzlich für einige Amtsinhaber (z. B. für → *Notare* nach § 19 der Bundesnotarordnung) ausgeschlossen ist, sodass in diesen Fällen bei einer Amtspflichtverletzung der Amtsinhaber selbst haftet.

Amtshilfe

ist eine ergänzende Hilfe, die eine → *Behörde* auf Ersuchen einer anderen Behörde leistet (z. B. die Stadt A bittet die Gemeinde B um Erteilung einer Auskunft über den Bürger X, die sie für die Erledigung einer Verwaltungsaufgabe benötigt; § 4 Abs. 1 VwVfG). Die Gründe für die Zulässigkeit eines Amtshilfeersuchens sind beispielhaft in dem Katalog des § 5 Abs. 1 des → *Verwaltungsverfahrensgesetzes* (VwVfG) aufgeführt.

Amtspflicht

ist die einem Amtsinhaber (z. B. → *Beamter*, → *Notar*) in Ausübung seines Amtes obliegende Pflicht, sich an → *Recht* und → *Gesetz* zu halten. Bei einer Amtspflichtverletzung ist die → *Amtshaftung* von Bedeutung.

Amtswalter

ist diejenige Person, die das jeweilige → *Amt* konkret ausfüllt (z. B. der Sachbearbeiter für das Sachgebiet Ausbildungsförderung).

Amtszulagen

werden für herausgehobene Funktionen bestimmten → *Beamten* nach näherer Festlegung in der → *Besoldungsordnung* des Bundes oder Landes gewährt. Die Amtszulagen sind unwiderruflich sowie ruhegehaltfähig und gelten als Bestandteil des → *Grundgehaltes*.

Andere Bewerber

im beamtenrechtlichen Sinne sind Personen, die die erforderliche Befähigung für die Berufung in das → *Beamtenverhältnis* ohne die für → *Laufbahnbewerber* vorgeschriebene Vorbildung durch Lebens- und Berufserfahrung innerhalb oder außerhalb des → *öffentlichen Dienstes* erworben haben.

Die Berufung in das Beamtenverhältnis darf dabei jedoch erst vorgenommen werden, wenn der innerhalb des Geltungsbereiches des → *Bundesbeamtengesetzes* (BBG) zuständige Bundespersonalausschuss oder ein von ihm bestimmter unabhängiger Ausschuss (§ 19 BBG) oder der im Geltungsbereich des Beamtengesetzes des Landes zuständige unabhängige Ausschuss (z. B. Landespersonalausschuss) die erforderliche Befähigung des Bewerbers für die jeweilige → *Laufbahn* zuvor festgestellt hat.

Änderungskündigung

ist eine besondere Form der → *Kündigung* des → *Arbeitsverhältnisses* durch den → *Arbeitgeber*, die mit dem Angebot an den → *Arbeitnehmer* verbunden ist, das Arbeitsverhältnis zu geänderten Arbeitsbedingungen fortzusetzen (§ 2 Satz 1 KSchG).

Nimmt der Arbeitnehmer das Angebot an, wird das Arbeitsverhältnis nach Ablauf der vereinbarten bzw. vertraglichen Kündigungsfrist zu den geänderten Arbeitsbedingungen fortgesetzt. Lehnt er das Angebot ab, führt die Änderungskündigung zur Beendigung des Arbeitsverhältnisses.

Außerdem kann der Arbeitnehmer das Angebot unter dem Vorbehalt annehmen, dass die Änderung der Arbeitsbedingungen nicht sozial ungerechtfertigt ist, wobei er diesen Vorbehalt spätestens innerhalb von drei Wochen nach Zugang der Kündigung dem Arbeitgeber gegenüber erklären (§ 2 Satz 2 KSchG) und zugleich innerhalb dieser Dreiwochenfrist → *Klage* beim → *Arbeitsgericht* erheben muss (§ 4 KSchG).

Anfechtbarkeit

im verwaltungsrechtlichen Sinne ist die im → *Verwaltungsverfahrensgesetz* (VwVfG) verwendete Bezeichnung für eine Rechtsfolge bei einem → *Verwaltungsakt*, der den Rechtmäßigkeitsvoraussetzungen nicht entspricht und damit nicht im Einklang mit der Rechtsordnung steht.

Der Verwaltungsakt kann sowohl aus formellen Gesichtspunkten (z. B. unzuständige Behörde, Verfahrensfehler, Formfehler) als auch aus materiellen Gesichtspunkten (z. B. Unrechtmäßigkeit, Ermessensfehler) fehlerhaft und somit rechtswidrig sein, wobei die Gründe, die zur Anfechtbarkeit eines Verwaltungsaktes führen, sich nicht abschließend aufzählen lassen. Lediglich aus dem Umkehrschluss des Negativkataloges in § 44 Abs. 3 des VwVfG können einige in Frage kommende formelle Rechtsfehler hergeleitet werden, die im Einzelnen die Anfechtbarkeit eines Verwaltungsaktes zur Folge haben. Zu beachten ist, dass ein rechtswidriger Verwaltungsakt Rechtswirkung entfaltet und somit bestandskräftig werden kann, solange er nicht mit einem förmlichen → *Rechtsbehelf* (insbesondere Widerspruch, Anfechtungs- oder Verpflichtungsklage) angefochten wird. Das VwVfG unterscheidet als weitere Rechtsfolge bei fehlerhaften Verwaltungsakten noch die → *Nichtigkeit*.

Anfechtungsklage

→ Klagearten im Verwaltungsprozess

Anforderungsprofil

ist die Bezeichnung für die systematische Zusammenstellung aller wesentlichen Anforderungen, die ein bestimmter Arbeitsplatz (Stelle) an die Eignung (Qualifikation) einer Person stellt (z. B. Belastbarkeit, Zuverlässigkeit, Initiative, Ausdauer, soziales Verhalten), die ihn ausfüllen soll oder will.

Das Anforderungsprofil hat hauptsächlich die Aufgabe, Auswahlkriterien für die Bewerberauswahl zu liefern. Es bildet zugleich die Grundlage für die Gestaltung der → *Stellenbeschreibung* und des → *Organisationsplans* und kann auch für die Erarbeitung eines Systems der Mitarbeiterbeurteilung genutzt werden.

Anfrage

im rechtlichen Sinne ist die Erkundigung eines Kunden bei dem Lieferanten, um nähere Angaben über die gewünschte Ware zu erhalten (z. B. über Warenpreise, Liefer- und Zahlungsbedingungen). Die Anfrage ist rechtlich unverbindlich.

Angebot

im rechtlichen Sinne ist die Willenserklärung des Verkäufers an eine bestimmte Person oder Personengruppe, unter bestimmten Bedingungen einen → *Kaufvertrag* abzuschließen.

Über den Inhalt eines Angebotes besteht keine gesetzliche Regelung. Mindestens müssen im Angebot jedoch die Menge und der Preis der lieferbaren Ware enthalten sein. Daneben sollte das Angebot auch Angaben enthalten über Art, Güte und Beschaffenheit der Ware, Verpackungsart und Verpackungskosten, Lieferbedingungen einschließlich Liefertermin und Zahlungsbedingungen, Erfüllungsort und Gerichtsstand.

Angestellte

sind → *Arbeitnehmer*, die überwiegend geistige Arbeit leisten.

Die herkömmliche Unterscheidung zwischen → *Angestellten* und → *Arbeitern* ist in der modernen Berufswelt kaum noch von Bedeutung. Der → *Tarifvertrag für den öffentlichen Dienst* (TVöD),der → *Tarifvertrag für den öffentlichen Dienst der Länder* (TV-L) und der → *Tarifvertrag für den öffentlichen Dienst des Landes Hessen* (TV-H) kennen keine Unterscheidung zwischen Angestellten und Arbeitern. Diese werden unter dem Begriff „Arbeitnehmerinnen und Arbeitnehmer“ zusammengefasst und in den Tarifverträgen überwiegend als „Beschäftigte“ bezeichnet (§ 1 Abs. 1 TVöD/TV-L/TV-H).

Anhörung

im verwaltungsrechtlichen Sinne ist ein dem Beteiligten am → *Verwaltungsverfahren* in Ausprägung des → *Rechtsstaatsprinzips* eingeräumtes Recht auf Gehör, welches darin besteht, dass dem Beteiligten vor Erlass eines in seine Rechte eingreifenden → *Verwaltungsaktes* Gelegenheit zu geben ist, sich zu den für die Entscheidung erheblichen Tatsachen zu äußern (§ 28 Abs. 1 VwVfG).

Unter bestimmten Voraussetzungen kann von der Anhörung aber abgesehen werden (§ 28 Abs. 2 VwVfG). Die Anhörung kommt insbesondere bei Verwaltungsakten in der Eingriffsverwaltung in Betracht. Eine besondere Form ist für die Anhörung nicht vorgeschrieben, sodass die → *Behörde* ihrer Pflicht zur Anhörung bereits dann genügt, wenn sie dem Beteiligten Gelegenheit gibt, sich schriftlich zu dem Sachverhalt vor Erlass des Verwaltungsaktes zu äußern.

Anhörungsrüge

ist ein besonderer → *Rechtsbehelf* im Prozessrecht, der es erlaubt, Verstöße einer Entscheidung gegen den Anspruch auf rechtliches Gehör im Sinne des Artikel 103 → *Grundgesetz* (GG) geltend zu machen. Die Voraussetzungen, unter denen im verwaltungsgerichtlichen Verfahren die Rüge der Verletzung des rechtlichen Gehörs statthaft und begründet ist, sind in § 152a → *Verwaltungsgerichtsordnung* (VwGO) geregelt.

Ankerzentren

sind zentrale Aufnahme-, Entscheidungs- und Rückführungseinrichtungen, in denen die Bearbeitung von Asylverfahren am gleichen Ort in Zusammenarbeit aller Behörden erfolgt. Die → *Asylbewerber* verbleiben in den Ankerzentren bis sie entweder zu ihren temporären Unterkünften in den → *Kommunen* gebracht werden oder es zu einer Aufenthaltsbeendigung kommt. Die Bezeichnung „AnKER-Einrichtungen" wurde erstmals erwähnt auf der Seite 107 des am 12. März 2018 zwischen CDU, CSU und SPD vereinbarten → *Koalitionsvertrages* und ist die Abkürzung für Zentrum für „An(kunft), k(ommunale Verteilung), E(ntscheidung) und R(ückführung)".

Annahmeverzug

→ Verzug

Anonymisierung

im datenschutzrechtlichen Sinne ist ein Vorgang, der das Verändern → *personenbezogener Daten* zum Inhalt hat. Bei der Anonymisierung, die auch als Unkenntlichmachung bezeichnet werden kann, besteht kein Personenbezug mehr und es ist somit kein Rückschluss auf die Herkunft der Daten mehr möglich.

Der Gegenbegriff zur Anonymisierung ist die → *Pseudonymisierung*.

Anordnungsbefugnis

ist das Recht einer mittelbewirtschaftenden Dienststelle, die für sie zuständige Kasse/Zahlstelle anzuweisen, Einzahlungen anzunehmen, Auszahlungen zu leisten oder Buchungen vorzunehmen (VV Nr. 1.1.1 für Zahlungen, Buchführung und Rechnungslegung des Teils IV der BHO). Die Anordnungsbefugnis besitzen der Behördenleiter aufgrund seiner Direktionsbefugnis, der → *Beauftragte für den Haushalt* und andere Bedienstete, denen der Beauftragte für den Haushalt diese Befugnis übertragen kann.

Anpassungsfortbildung

umfasst alle Maßnahmen innerhalb und außerhalb der → *Behörde*, die dazu bestimmt und geeignet sind, die Beschäftigten an die Bedingungen des technischen, wirtschaftlichen und sozialen Umfeldes insoweit anzupassen, dass einmal erworbenes Fachwissen, fachliches Können und bisher praktizierte Verhaltensweisen vertieft und aktualisiert werden, damit die Beschäftigten den gewandelten Anforderungen am Arbeitsplatz gewachsen bleiben bzw. auf künftige Veränderungen vorbereitet sind.

Anpreisung

ist eine Aufforderung an die Allgemeinheit, Waren zu kaufen. Sie ist rechtlich unverbindlich und kommt unter anderem in der Form von Auslagen in Schaufenstern, Werbung im Rundfunk und Fernsehen vor.

Anstalten des öffentlichen Rechts

sind → *juristische Personen* des öffentlichen Rechts, die als rechtsfähige öffentlich-rechtliche Verwaltungseinheiten durch → *Gesetz* oder aufgrund eines Gesetzes errichtet werden und bestimmte Aufgaben der → *öffentlichen Verwaltung* für ihre Benutzer unter Aufsicht des Staates erfüllen (z. B. Rundfunkanstalten, Deutsche Bundesbank). Der Begriff Anstalt ist jedoch nicht nur auf die rechtsfähigen Anstalten beschränkt. Insbesondere im kommunalen Bereich sind die nicht selbst rechtsfähigen Anstalten (sog. unselbstständige Anstalten) weit verbreitet (z. B. Schulen, kommunale Krankenhäuser und Schwimmbäder). Diese unterstehen als organisatorische Einheiten einem anderen Verwaltungsträger des öffentlichen Rechts. Daneben zählen zu den juristischen Personen des öffentlichen Rechts → *Körperschaften* und → *Stiftungen* des öffentlichen Rechts. Zu beachten ist, dass die Bezeichnung „Anstalt" häufig auch für Einrichtungen gebraucht wird, die in Wirklichkeit Körperschaften des öffentlichen Rechts sind, wobei dies auch umgekehrt gilt.

Antikorruptionsbeauftragter

ist die umgangssprachliche Bezeichnung für eine Ansprechperson für Korruptionsprävention, die als Ansprechpartner mit Aufklärungs- und Beratungsfunktion für Sachverhalte mit Korruptionsbezug bestellt wurde. Der Antikorruptionsbeauftragte kann unabhängig vom üblichen Verwaltungsablauf handeln und Hinweise auf einen Korruptionsverdacht entgegennehmen. Er hat hierbei für eine einheitliche Vorgehensweise sowie für eine frühzeitige Einbindung der Strafverfolgungsbehörden in Verdachtsfällen zu sorgen. Die Maßnahmen aller Dienststellen des Bundes zur Korruptionsprävention bestimmen sich nach der gemäß Artikel 86 Satz 1 des → *Grundgesetzes* (GG) erlassenen Richtlinie der → *Bundesregierung* zur Korruptionsprävention in der Bundesverwaltung, die vorsieht, dass abhängig von Aufgabe und Größe der Dienststelle eine Ansprechperson für Korruptionsprävention zu bestellen ist, die auch für mehrere Dienststellen zuständig sein kann. In den Bundesländern haben die jeweiligen Landesregierungen für ihren Bereich gleichfalls Richtlinien zur Korruptionsprävention erlassen, die ebenfalls die Bestellung von Antikorruptionsbeauftragten vorsehen. Auch in größeren Kommunalverwaltungen sind Antikorruptionsbeauftragte im Einsatz.

Anwärterbezüge

sind die Gesamtheit der Leistungen, die dem → *Beamten* auf Widerruf im → *Vorbereitungsdienst* nach Maßgabe der Besoldungsgesetze gewährt werden.

Nach dem → *Bundesbesoldungsgesetz* (BBesG) setzen sich die → *Anwärterbezüge* zusammen aus dem Anwärtergrundbetrag und gegebenenfalls den Anwärtersonderzuschlägen (§ 59 Abs. 2 Satz 1 BBesG). Daneben werden der → *Familienzuschlag* und → *vermögenswirksame Leistungen* gewährt (§ 59 Abs. 2 Satz 2 BBesG). Anwärter mit dienstlichem Wohnsitz im Ausland erhalten zusätzlich Bezüge entsprechend der Auslandsbesoldung (§ 59 Abs. 3 BBesG).

Beamte auf Widerruf im Vorbereitungsdienst der Länder, der Gemeinden, der Gemeindeverbände sowie der sonstigen der Aufsicht eines Landes unterstehenden →*Körperschaften*, →*Stiftungen* und →*Anstalten des öffentlichen Rechts* erhalten Anwärterbezüge nach Maßgabe des von den Ländern aufgrund der auf sie durch das Gesetz zur Änderung des Grundgesetzes vom 28. August 2006 übergegangenen Gesetzgebungszuständigkeit für die Beamtenbesoldung (Art. 70 i. V. m. Art. 74 Abs. 1 Nr. 27 GG) erlassenen Besoldungsgesetzes.

Äquivalenzziffernkalkulation

ist eine spezielle Form der →*Divisionskalkulation*, die angewandt wird bei Betrieben und Behörden, die Produkte der gleichen Art einsetzen, welche wegen unterschiedlicher Eigenschaften (z. B. Größe, Gewicht, Qualität) bei der Be- und Verarbeitung ungleiche Kosten verursachen. Die Kosten der artverwandten Produkte, die in einem bestimmten Verhältnis zueinander stehen, werden dabei mittels Verhältniszahlen, den Äquivalenzziffern, auf einen einheitlichen Maßstab umgerechnet.

Beispiel: Die Leerung einer 50-Liter-Mülltonne verursacht im Verhältnis zur Leerung einer 100-Liter-Mülltonne 25 % Mehrkosten. Wählt man nun als Basis für die 100-Liter-Mülltonne die Äquivalenzziffer 1, so ergibt sich für die 50-Liter-Mülltonne die Äquivalenzziffer 1,25, weil diese Mülltonne 125 % der Kosten einer 100-Liter-Mülltonne verursacht.

Arbeiter

sind →*Arbeitnehmer*, die überwiegend Tätigkeiten körperlicher Art leisten. Die herkömmliche Unterscheidung zwischen Arbeitern und →*Angestellten* ist in der modernen Berufswelt kaum noch von Bedeutung. Der → *Tarifvertrag für den öffentlichen Dienst* (TVöD), der → *Tarifvertrag für den öffentlichen Dienst der Länder* (TV-L) und der → *Tarifvertrag für den öffentlichen Dienst des Landes Hessen* (TV-H) kennen keine Unterscheidung zwischen Angestellten und Arbeitern. Diese werden unter dem Begriff „Arbeitnehmerinnen und Arbeitnehmer“ zusammengefasst und in den Tarifverträgen überwiegend als „Beschäftigte“ bezeichnet (§ 1 Abs. 1 TVöD/TV-L/TV-H).

Arbeitgeber

im arbeitsrechtlichen Sinne ist jede natürliche oder juristische Person, die einen oder mehrere → *Arbeitnehmer* beschäftigt.

Arbeitgeberverbände

sind freiwillige Zusammenschlüsse von → *Arbeitgebern*, die als gemeinsame Interessenvertretung der Arbeitgeber fungieren. Die Arbeitgeberverbände sind einerseits Partei der → *Gewerkschaften* beim Abschluss von → *Tarifverträgen* und andererseits die Vertreter der Arbeitgeberinteressen im gesetzgeberischen Beratungsprozess.

Arbeitnehmer

ist jede natürliche Person, die aufgrund eines → *Arbeitsvertrages* im Dienste eines anderen zur Leistung weisungsgebundener, fremdbestimmter Arbeit in persönlicher Abhängigkeit verpflichtet ist (§ 611a Satz 1 BGB).

Arbeitsentgelt

→ Entgelt

Arbeitsgerichtsbarkeit

ist eine der fünf in der Bundesrepublik Deutschland vorgesehenen gleichrangigen Gerichtszweige (Art. 95 GG), die dazu dient, arbeitsrechtliche Streitigkeiten zu regeln und in arbeitsrechtlichen und betriebsverfassungsrechtlichen Rechtsfragen zu entscheiden.

Das arbeitsgerichtliche Verfahren ist im Einzelnen im → *Arbeitsgerichtsgesetz* (ArbGG) geregelt, wobei zu beachten ist, dass die Arbeitsgerichtsbarkeit nicht für Rechtsstreitigkeiten aus dem Beamtenverhältnis zuständig ist, da hierfür der → *Verwaltungsrechtsweg* gegeben ist.

Die Arbeitsgerichtsbarkeit ist dreistufig aufgebaut und besteht aus den Arbeitsgerichten in den Ländern als erster Instanz (§ 14 Abs. 1 ArbGG), den Landesarbeitsgerichten in den Ländern als zweiter Instanz (§ 33 ArbGG) und dem Bundesarbeitsgericht mit Sitz in Erfurt als dritter Instanz (§ 40 Abs. 1 ArbGG).

Arbeitsgerichtsgesetz

bildet die rechtliche Grundlage für die Gerichtsbarkeit in Arbeitssachen, die durch die Arbeitsgerichte, die Landesarbeitsgerichte und das Bundesarbeitsgericht mit Sitz in Erfurt ausgeübt wird (§ 1 ArbGG). Im Arbeitsgerichtsgesetz (ArbGG) ist insbesondere die Zuständigkeit der Arbeitsgerichtsbarkeit im Urteilsverfahren (§ 2 ArbGG) und im Beschlussverfahren (§ 2a ArbGG) sowie die Gerichtsorganisation (§§ 14 bis 45 ArbGG) und das Gerichtsverfahren (§§ 46 bis 100 ArbGG) geregelt.

Arbeitslosenversicherung

ist eine von fünf Zweigen der gesetzlichen Sozialversicherung, die im Dritten Buch → *Sozialgesetzbuch* (SGB III) geregelt ist.

Das Leistungssystem der Arbeitslosenversicherung umfasst Leistungen der aktiven Arbeitsförderung (z. B. Erteilung von Auskünften zur Berufswahl, Maßnahmen zur Förderung der Aufnahme einer Beschäftigung, Zahlung von Eingliederungs- und Einstellungszuschüssen an → *Arbeitgeber*) und Entgeltersatzleistungen für → *Arbeitnehmer* und Arbeitslose (z. B. Arbeitslosengeld, Kurzarbeitergeld, Insolvenzgeld). Die Leistungen der Arbeitsförderung sollen dazu beitragen, dass ein hoher Beschäftigungsstand erreicht und die Beschäftigungsstruktur ständig verbessert wird, wobei die Leistungen insbesondere darauf auszurichten sind, das Entstehen von Arbeitslosigkeit zu vermeiden oder die Dauer der Arbeitslosigkeit zu verkürzen (§ 1 Abs. 1 SGB III). Finanziert werden die Leistungen zur Arbeitsförderung durch die je zur Hälfte von den Arbeitgebern und den versicherungspflichtigen Arbeitnehmern prozentual vom Arbeitsentgelt erhobenen Beiträge. Träger der Arbeitslosenversicherung ist die Bundesagentur für Arbeit in Nürnberg.

Die → *Beamten* sind von der Arbeitslosenversicherung wegen deren Unkündbarkeit freigestellt.

Arbeitslosigkeit

ist das Fehlen einer entgeltlichen Beschäftigung trotz Erwerbsfähigkeit. Sie ist meist auf einen Überschuss von potenziellen Arbeitskräften im Verhältnis zu freien Arbeitsstellen zurückzuführen. Nach den Ursachen werden folgende vier Arten von Arbeitslosigkeit unterschieden, und zwar die mit dem Wechsel des Arbeitsplatzes einhergehende sogenannte *friktionelle Arbeitslosigkeit* – auch Sucharbeitslosigkeit genannt –, die meist von kurzer Dauer ist, die *saisonale Arbeitslosigkeit*, die bei bestimmten Berufen aufgrund wechselnder saisonaler Bedingungen entsteht (z. B. witterungsbedingte Arbeitslosigkeit in der Landwirtschaft oder im Baugewerbe im Winter), die *konjunkturelle Arbeitslosigkeit*, die – hervorgerufen durch eine Nachfrageschwäche – Unternehmen veranlasst, die Produktion und dabei auch die Belegschaft zu reduzieren, und die *strukturelle Arbeitslosigkeit*, die in bestimmten Wirtschaftszweigen aufkommt, welche durch neue Technologien (z. B. Einsatz von modernen Produktionsrobotern) oder durch einen Strukturwandel (z. B. im Bergbau, in der Stahlproduktion) ausgelöst wird.

Arbeitsplatzbeschreibung

→ Stellenbeschreibung

Arbeitsplatzschutz

umfasst den Schutz des Arbeitsplatzes eines → *Arbeitnehmers* bei Einberufung zum Grundwehrdienst oder zu einer Wehrübung oder bei der Verpflichtung als Soldat auf Zeit mit einer Dienstzeit bis zu zwei Jahren sowie im Falle des freiwilligen Wehrdienstes nach § 58 b des Soldatengesetzes (§§ 16 und 16 a ArbPlSchG).

Die Auswirkungen sind im Gesetz über den Schutz des Arbeitsplatzes bei Einberufung zum Wehrdienst (Arbeitsplatzschutzgesetz – ArbPlSchG) geregelt, wobei die arbeitsrechtlichen Schutzmaßnahmen im Wesentlichen das Ruhen bzw. die Erhaltung des → *Arbeitsverhältnisses* (§ 1 ArbPlSchG) und eine erschwerte → *Kündigung* durch den → *Arbeitgeber* (§ 2 ArbPlSchG) beinhalten. Für Zivildienstleistende gelten die gleichen Regelungen (§ 78 Abs. 1 Nr. 1 Zivildienstgesetz).

Arbeitsschutz

umfasst die zum Schutz der → *Arbeitnehmer* bei berufsbedingten Gefahren in der Berufsarbeit erlassenen rechtlichen Regelungen einschließlich deren Umsetzungsmaßnahmen. Zu den wesentlichsten allgemeinen Arbeitsschutzvorschriften zählen das → *Arbeitsschutzgesetz*, die → *Arbeitsstättenverordnung*, die Sicherheitsgesetze (z. B. Arbeitssicherheitsgesetz, Gerätesicherheitsgesetz, Chemikaliengesetz) und das → *Arbeitszeitgesetz*.

Arbeitsschutzgesetz

dient dem Zweck, die Sicherheit und den Gesundheitsschutz der Beschäftigten bei der Arbeit durch Maßnahmen des Arbeitsschutzes zu sichern und zu verbessern (§ 1 Abs. 1 ArbSchG), wobei unter den Begriff „Beschäftigten" im Wesentlichen alle → *Arbeitnehmer* (→ *Angestellte*, → *Arbeiter* und → *Auszubildende*) sowie die → *Beamten*, → *Richter* und Soldaten fallen (§ 2 Abs. 2 ArbSchG).

Nach dem Arbeitsschutzgesetz (ArbSchG) sind die → *Arbeitgeber* zu Maßnahmen des Arbeitsschutzes verpflichtet, das heißt, sie haben ihre Maßnahmen auf ihre Wirksamkeit zu überprüfen sowie erforderlichenfalls zur Verbesserung von Sicherheit und Gesundheitsschutz den sich ändernden Gegebenheiten anzupassen (§ 3 ArbSchG). Auch die Beschäftigten sind verpflichtet, nach ihren Möglichkeiten für ihre eigene Sicherheit und Gesundheit bei der Arbeit Sorge zu tragen und auch für die Sicherheit und Gesundheit der Personen zu sorgen, die von ihren Handlungen und Unterlassungen bei der Arbeit betroffen sind (§ 15 Abs. 1 ArbSchG). Die sehr allgemein gehaltenen Generalklauseln und Rahmenvorschriften des ArbSchG werden durch eine Vielzahl von Rechtsverordnungen (z. B. → *Arbeitsstättenverordnung*) und allgemeine Verwaltungsvorschriften konkretisiert, zu deren Erlass die → *Bundesregierung* mit Zustimmung des → *Bundesrates* ermächtigt ist (§§ 18 und 24 ArbSchG), wobei für die → *Beamten* der Länder, Gemeinden und sonstigen → *Körperschaften*, → *Anstalten* und → *Stiftungen des öffentlichen Rechts* das Landesrecht regelt, ob und inwieweit die von der Bundesregierung erlassenen Rechtsverordnungen gelten (§ 20 Abs. 1 ArbSchG).

Arbeitsschutzkontrollgesetz

beinhaltet in der Fleischindustrie seit dem 1. Januar 2021 das Verbot des Einsatzes von Fremdpersonal aufgrund von → *Werkverträgen* sowie eine Einschränkung der Leiharbeit (die ab dem 1. April 2024 ganz verboten sein soll) und das Verbot der Zeitarbeit, wobei Betriebe des Fleischerhandwerks mit weniger als 50 Beschäftigten von diesen Regelungen ausgenommen sind. Darüber hinaus enthält das → *Gesetz* zur Verbesserung des Vollzugs im Arbeitsschutz (Arbeitsschutzkontrollgesetz) unter anderem auch bundeseinheitliche Regeln zur Kontrolle der Betriebe und Mindestanforderungen zur

Ausstattung von Gemeinschaftsunterkünften zur Unterbringung von → *Arbeitnehmern*.

Arbeitsstättenverordnung

dient der Sicherheit und dem Schutz der Gesundheit der Beschäftigten beim Einrichten und Betreiben von Arbeitsstätten (§ 1 Abs. 1 Arbeitsstättenverordnung – ArbStättV).

Arbeitsteilung

ist die Zerlegung eines Arbeits- oder Produktionsvorganges in Teilfunktionen, die von Menschen mit unterschiedlichen beruflichen Qualifikationen und in verschiedenen Betrieben, Sektoren und Regionen durchgeführt werden. Hierbei wird zwischen beruflicher, technischer, volkswirtschaftlicher und internationaler Arbeitsteilung unterschieden.

Arbeitsunfähigkeit

im arbeitsrechtlichen Sinne liegt vor, wenn ein → *Arbeitnehmer* aufgrund von Krankheit seine ausgeübte Tätigkeit nicht mehr oder nur unter der Gefahr der Verschlimmerung der Erkrankung ausführen kann.

Für die Zeit der unverschuldeten Arbeitsunfähigkeit hat der Arbeitnehmer gegenüber dem → *Arbeitgeber* Anspruch auf Fortzahlung des → *Arbeitsentgelts* nach Maßgabe des Gesetzes über die Zahlung des Arbeitsentgelts an Feiertagen und im Krankheitsfall (→ *Entgeltfortzahlungsgesetz* – EFZG) grundsätzlich bis zur Dauer von sechs Wochen (§ 3 Abs. 1 Satz 1 EFZG). Zu den Arbeitnehmern im Sinne des EFZG gehören neben den → *Angestellten* und → *Arbeitern* auch die zu ihrer Berufsbildung Beschäftigten (§ 1 Abs. 2 EFZG). Von den Vorschriften des EFZG darf – mit Ausnahme der Bemessungsgrundlage für das fortzuzahlende Arbeitsentgelt durch Vereinbarung in einem → *Tarifvertrag* – zu Ungunsten des Arbeitnehmers nicht abgewichen werden (§ 12 EFZG).

Der → *Tarifvertrag für den öffentlichen Dienst* (TVöD), der → *Tarifvertrag für den öffentlichen Dienst der Länder* (TV-L) und der → *Tarifvertrag für den öffentlichen Dienst des Landes Hessen* (TV-H) enthalten für die sechswöchige Entgeltfortzahlung im Krankheitsfall eine dem EFZG entsprechende Regelung und wiederholen die gesetzlichen Bestimmungen (§ 22 Abs. 1 Satz 1 i. V. m. § 21 TVöD/TV-L/TV-H).

Nach Ablauf der sechswöchigen Entgeltfortzahlung erhalten die Beschäftigten für die Zeit, für die ihnen Krankengeld oder entsprechende gesetzliche Leistungen gezahlt werden, einen Krankengeldzuschuss in Höhe des Unterschiedsbetrages zwischen den tatsächlichen Barleistungen des Sozialleistungsträgers (sog. Bruttokrankengeld, das einen Arbeitnehmeranteil zur Sozialversicherung enthält und daher nicht voll ausbezahlt wird) und dem Nettoentgelt (§ 22 Abs. 2 TVöD/TV-L/TV-H). Die Bezugsdauer des Krankengeldzuschusses ist abhängig von der → *Beschäftigungszeit*. Ein Anspruch auf den Krankengeldzuschuss besteht dabei erst ab einer Beschäftigungszeit von mehr als einem Jahr, wobei der Krankengeldzuschuss längstens bis zum Ende der 13. Woche und bei einer Beschäftigungszeit von mehr als drei Jahren längstens bis zum Ende der 39. Woche seit dem Beginn der Arbeitsunfähigkeit wegen derselben Krankheit gezahlt wird (§ 22 Abs. 3 TVöD/TV-L/TV-H). Bei der Berechnung der Bezugsdauer des Krankengeldzuschusses ist zu beachten, dass sich die Frist vom Beginn der Arbeitsunfähigkeit berechnet und somit der Zeitraum der sechswöchigen Entgeltfortzahlung mitgezählt werden muss, sodass der tatsächliche Zeitraum, für den dieser Zuschuss gewährt wird, höchstens 7 bzw. 33 Wochen beträgt.

Für Personen, die in öffentlichen Verwaltungen und Betrieben, deren Beschäftigte unter den Geltungsbereich des TVöD, TV-L oder TV-H fallen, in einem Ausbildungsberuf nach dem → *Berufsbildungsgesetz* (BBiG) ausgebildet werden, bestimmt sich das Entgelt im Krankheitsfall nach den Regelungen des § 12 des → *Tarifvertrages für Auszubildende des öffentlichen Dienstes* (TVAöD) und des § 13 des → *Tarifvertrages für die Auszubildenden der Länder in Ausbildungsberufen nach dem BBiG* (TVA-L BBiG) bzw. des → *Tarifvertrages für Auszubildende des Landes Hessen in Ausbildungsberufen nach dem Berufsbildungsgesetz* (TVA-H BBiG).

Die Arbeitsunfähigkeit hat der Arbeitnehmer gegenüber dem Arbeitgeber anzuzeigen und in bestimmten Fällen auch nachzuweisen. Zu den Anzeige- und Nachweispflichten enthält der TVöD, TV-L bzw. TV-H keine eigenständige Regelung, sodass sich die Anzeige- und Nachweispflichten aus § 5 EFZG ergeben.

Arbeitsunfall

ist nach der Definition des § 8 Abs. 1 Satz 1 Siebtes Buch Sozialgesetzbuch (SGB VII) ein Unfall, den eine versicherte Person infolge einer den Versicherungsschutz begründenden Tätigkeit (versicherte Tätigkeit) erleidet. Als versicherte Tätigkeit bei einem → *Arbeitnehmer* gelten dabei diejenigen Unfälle, die ihm während der Arbeitszeit oder auf dem Arbeitsweg (sogenannte Wegeunfälle) widerfahren. Der Begriff Unfall beinhaltet ausschließlich zeitlich begrenzte, von außen auf den Körper einwirkende Ereignisse, die zu einem Gesundheitsschaden oder zum Tod führen (§ 8 Abs. 1 Satz 2 SGB VII).

Der Gegenbegriff zum Arbeitsunfall ist im Beamtenrecht der → *Dienstunfall*.

Arbeitsverhältnis

ist die durch einen rechtswirksamen → *Arbeitsvertrag* zustande gekommene Rechtsbeziehung zwischen dem einzelnen → *Arbeitnehmer* und → *Arbeitgeber*.

Arbeitsvertrag

ist eine privatrechtliche Vereinbarung zwischen einem → *Arbeitgeber* und einem → *Arbeitnehmer* über ein → *Arbeitsverhältnis*. Der Arbeitsvertrag wurde mit dem am 1. April 2017 in Kraft getretenen Gesetz zur Änderung des Arbeitnehmerüberlassungsgesetzes und anderer Gesetze mit der Einfügung eines neuen § 611a in das → *Bürgerliche Gesetzbuch* (BGB) des Untertitels 1 zum → *Dienstvertrag* erstmals als eigener Vertragstyp gesetzlich verankert.

Im → *öffentlichen Dienst* wird das Arbeitsverhältnis durch einen zwischen dem Arbeitgeber als einer → *juristischen Person des öffentlichen Rechts* und dem → *Arbeitnehmer* abgeschlossenen Arbeitsvertrag begründet. Der → *Tarifvertrag für den öffentlichen Dienst* (TVöD), der → *Tarifvertrag für den öffentlichen Dienst der Länder* (TV-L) und der → *Tarifvertrag für den öffentlichen Dienst des Landes Hessen* (TV-H) schreiben für den Arbeitsvertrag verbindlich den schriftlichen Abschluss vor (§ 2 Abs. 1 TVöD/TV-L/TV-H). Wenn der Arbeitsvertrag nicht bereits vor der Arbeitsaufnahme schriftlich abgeschlossen wurde, so ist dies unverzüglich nachzuholen. Auch spätere Änderungen des Arbeitsvertrages sind schriftlich abzuschließen.

Die Gültigkeit des Arbeitsverhältnisses hängt jedoch nicht davon ab, ob der Arbeitsvertrag schriftlich vereinbart wurde. Dies bedeutet, dass das Arbeitsverhältnis auch dann rechtsgültig ist, wenn der Arbeitsvertrag mündlich abgeschlossen worden ist.

Bei befristeten Arbeitsverträgen, die auf der Grundlage des Teilzeit- und Befristungsgesetzes (TzBfG) abgeschlossen wurden, führt die Nichtbeachtung der nach § 14 Abs. 5 TzBfG vorgeschriebenen Schriftform dazu, dass ein Arbeitsverhältnis auf unbestimmte Zeit zustande kommt. Dies gilt auch für den Fall, dass der befristete Arbeitsvertrag erst nach Aufnahme der Beschäftigung schriftlich vereinbart wird, wobei zwar mit der Arbeitsaufnahme ein rechtsgültiger Arbeitsvertrag zustande gekommen ist, die Befristung jedoch wegen Nichtbeachtung der Schriftform unwirksam ist.

Arbeitszeitgesetz

verfolgt den Zweck, die Sicherheit und den Gesundheitsschutz der → *Arbeitnehmer* sowie den zu ihrer Berufsausbildung Beschäftigten bei der Arbeitszeitgestaltung zu gewährleisten, die Rahmenbedingungen für flexible Arbeitszeiten zu verbessern, sowie den Sonntag und die staatlich anerkannten Feiertage als Tage der Arbeitsruhe der Arbeitnehmer zu schützen (§ 1 ArbZG). Der Gesundheitsschutz wird durch eine Begrenzung der höchstzulässigen täglichen Arbeitszeit, durch die Festsetzung von Mindestruhepausen während der Arbeit und von Mindestruhezeiten zwischen Beendigung und Wiederaufnahme der Arbeit sowie durch Schutzvorschriften für Nacht- und Schichtarbeitnehmer sichergestellt (§§ 3 bis 6, 9 und 10 ArbZG).

Zu beachten ist, dass für die Beschäftigten unter 18 Jahren anstelle des Arbeitszeitgesetzes (ArbZG) das → *Jugendarbeitsschutzgesetz* (JArbSchG) gilt (§ 18 Abs. 2 ArbZG) sowie ein spezieller Arbeitsschutz für Schwangere im → *Mutterschutzgesetz* (MuSchG) besteht.

Die → *Beamten* sind vom Geltungsbereich des ArbZG ausgenommen. Für die Beamten des Bundes ist die regelmäßige Arbeitszeit in der von der → *Bundesregierung* erlassenen Verordnung über die Arbeitszeit der Beamtinnen und Beamten des Bundes

(Arbeitszeitverordnung – AZV) und für die übrigen Beamten in der von der jeweiligen Landesregierung erlassenen Arbeitszeitverordnung geregelt.

Arbeitszeugnis

ist dem → *Arbeitnehmer* bei Beendigung des Arbeitsverhältnisses vom → *Arbeitgeber* auszustellen. Der Arbeitnehmer hat auf die Erteilung eines schriftlichen Arbeitszeugnisses einen Rechtsanspruch (§ 630 Satz 4 BGB i. V. m. § 109 GewO), wobei der Anspruch auf Zeugniserteilung mit dem Ausspruch der → *Kündigung* entsteht.

Arbeitszeugnisse werden in einfache und qualifizierte Zeugnisse unterschieden. Das *einfache Zeugnis* muss mindestens Angaben zu Art und Dauer der Tätigkeit enthalten (§ 109 Abs. 1 Satz 2 GewO). Das *qualifizierte Zeugnis* hat sich auf Verlangen des Arbeitnehmers zusätzlich auf Leistung und Verhalten im Arbeitsverhältnis zu erstrecken (§ 109 Abs. 1 Satz 3 GewO). Das Arbeitszeugnis muss klar und verständlich formuliert sein. Es darf keine Merkmale oder Formulierungen enthalten, die den Zweck haben, eine andere als aus der äußeren Form oder aus dem Wortlaut ersichtliche Aussage über den Arbeitnehmer zu treffen (§ 109 Abs. 2 GewO).

Für die im → *öffentlichen Dienst* beschäftigten Arbeitnehmer enthalten die tarifvertraglichen Vorschriften hinsichtlich der Erteilung des Arbeitszeugnisses eine sinngemäße Regelung (§ 35 TVöD/TV-L/TV-H).

Der Gegenbegriff zum Arbeitszeugnis ist im Beamtenrecht das → *Dienstzeugnis*.

ArbGG

ist die Abkürzung für → *Arbeitsgerichtsgesetz*.

ArbSchG

ist die Abkürzung für → *Arbeitsschutzgesetz*.

ArbSchkonG

ist die Abkürzung für → *Arbeitsschutzkontrollgesetz.*

ArbStättV

ist die Abkürzung für → *Arbeitsstättenverordnung*.

ArbZG

ist die Abkürzung für → *Arbeitszeitgesetz*.

AsA

ist die Abkürzung für → *Assistierte Ausbildung*.

Assistierte Ausbildung

ist ein in den §§ 74 bis 75a des Dritten Buches → *Sozialgesetzbuch* (SGB III) geregeltes Ausbildungsmodell, das Förderungsmaßnahmen der Agentur für Arbeit durch einen von ihr beauftragten Bildungsträger in Form von ausbildungsbegleitenden Hilfen vorsieht, die förderungsberechtigte junge Menschen vor der Aufnahme einer betrieblichen Ausbildung (Vorphase) oder während einer betrieblichen Berufsausbildung oder einer Einstiegsqualifizierung (begleitende Phase) und deren Ausbildungsbetriebe erhalten können. Das Ziel der Assistierten Ausbildung sind die Aufnahme einer Berufsausbildung und die Hinführung auf den Abschluss der betrieblichen Ausbildung für diejenigen jungen Menschen, die ohne Unterstützung eine betriebliche Ausbildung nicht beginnen, fortsetzen oder erfolgreich beenden können. Zu beachten ist, dass es sich bei der Assistierten Ausbildung um ein reguläres Ausbildungsverhältnis mit zusätzlicher Unterstützung im gesetzlich geregelten Umfang handelt.

Asyl

im Sinne des politischen Asyls steht für die Unterbringung und den Schutz vor Verfolgung. Viele → *Staaten* regeln diese Unterbringung auf eigenem → *Staatsgebiet* von Verfolgten im Rahmen des → *Asylrechts*. Asyl wird als völkerrechtlicher Grundsatz des → *Humanitarismus* angesehen und gründet auf den Lehren der Verfolgung in der Zeit des Nationalsozialismus. Im Gegensatz zur → *Migration,* die eine auf Dauer angelegte räumliche Veränderung des Lebensmittelpunktes beinhaltet, handelt es sich beim Asyl ausschließlich um die Unterbringung für eine bestimmte Zeit (temporäre Unterbringung) zum Schutz vor Verfolgung, Krieg oder Notsituationen.

Asylbegehrende

ist die in der behördlichen Umgangssprache gebräuchliche Bezeichnung für → *Ausländer* während der Zeit der ersten Kontaktaufnahme mit der → *Behörde* und der formalen Beantragung des → *Asyls* beim → *Bundesamt für Migration und Flüchtlinge (BAMF).*

Asylberechtigte

sind → *Ausländer*, die in ihrem Herkunftsland politisch verfolgt werden und im Falle einer Rückkehr dorthin schwerwiegenden Menschenrechtsverletzungen ausgesetzt wären, und für die es keine Alternative zur Flucht oder anderweitigen Schutz in ihrem Herkunftsland gibt. Asylberechtigte können gemäß Artikel 16a des → *Grundgesetzes* (GG) das Recht auf → *Asyl* erhalten. Die Entscheidung über das → *Asylrecht* trifft gemäß § 5 Abs. 1 des Asylgesetzes (AsylG) das → *Bundesamt für Migration und Flüchtlinge* (BAMF).

Asylbewerber

sind → *Ausländer*, die einen Asylantrag gestellt haben, über den noch nicht beim → *Bundesamt für Migration und Flüchtlinge* (BAMF) entschieden wurde.

Asylgesetz

regelt das → *Asylrecht* auf der Grundlage des Artikels 16a des → *Grundgesetzes* (GG). Das Asylgesetz (AsylG) enthält insbesondere Bestimmungen zur Schutzgewährung Asylberechtigter, zur Einleitung des Asylverfahrens und zur Aufenthaltsbeendigung, zur Unterbringung und Verteilung → *Asylbegehrender* in den Aufnahmeeinrichtungen der Bundesländer, zum Recht des Aufenthalts während des Asylverfahrens, zum Erlöschen der Rechtsstellung der Asylberechtigung und der Flüchtlingseigenschaft, zum Gerichtsverfahren sowie Straf- und Bußgeldvorschriften.

Asylrecht

ist ein in Artikel 16a Abs. 1 des → *Grundgesetzes* (GG) verankertes → *Grundrecht*, wonach politisch Verfolgte → *Asylrecht* genießen. Auf das Asylrecht kann sich nicht berufen, wer aus einem Mitgliedstaat der Europäischen Gemeinschaften oder aus einem anderen Drittstaat einreist, in dem die Anwendung des Abkommens über die Rechtsstellung der → *Flüchtlinge* und der Konvention zum Schutze der → *Menschenrechte* und Grundfreiheiten sichergestellt ist (Art. 16a Abs. 2 Satz 1 GG). Die Einzelheiten des Asylrechts sind im → *Asylgesetz* (AsylG) geregelt.

Asylsuchende

sind → *Ausländer*, die beabsichtigen, einen Asylantrag zu stellen und noch nicht als Antragsteller beim → *Bundesamt für Migration und Flüchtlinge* (BAMF) erfasst sind.

Aufbauorganisation

beinhaltet die Gestaltung des Aufbaus der → *Behörde* mit ihren hierarchischen Strukturen, die Gliederung in Abteilungen, Referate und Ähnliches.

Zu den wichtigsten Darstellungsformen der Aufbauorganisation in der Bundes- und Landesverwaltung zählen der → *Organisationsplan*, der → *Geschäftsverteilungsplan* und die → *Stellenbeschreibung* sowie in der Kommunalverwaltung der → *Aufgabengliederungsplan*, der → *Verwaltungsgliederungsplan* und der Geschäftsverteilungsplan.

Aufenthaltsgesetz

dient der Steuerung und Begrenzung des Zuzugs von → *Ausländern* in die → *Bundesrepublik* Deutschland und ermöglichst und gestaltet Zuwanderung unter Berücksichtigung der Aufnahme- und Integrationsfähigkeit sowie der wirtschaftlichen und arbeitsmarktpolitischen Interessen der Bundesrepublik Deutschland. Zugleich dient das → *Gesetz* über den Aufenthalt, die Erwerbstätigkeit und die Integration von Ausländern im Bundesgebiet (Aufenthaltsgesetz – AufenthG) der Erfüllung der humanitären Verpflichtungen der Bundesrepublik Deutschland. Es regelt hierzu die Einreise, den Aufenthalt, die Erwerbstätigkeit und die Integration von Ausländern (§ 1 Abs. 1 AufenthG). Das AufenthG gilt nicht für Bürger der → *Europäischen Union* (EU) und deren Familienangehörige sowie Diplomaten (§ 1 Abs. 2 AufenthG). Ergänzende Bestimmungen zur Durchführung des AufenthG enthält die → *Aufenthaltsverordnung* (AufenthV) und die Verordnung über die Beschäftigung von Ausländerinnen und Ausländern (→ *Beschäftigungsverordnung* – BeschV).

Den rechtlichen Rahmen für eine gezielte und gesteuerte Steigerung der Zuwanderung von qualifizierten Fachkräften aus Drittstaaten bildet das → *Fachkräfteeinwanderungsgesetz*.

AufenthG

ist die Abkürzung für → *Aufenthaltsgesetz*.

Aufenthaltsverordnung

enthält ergänzende Bestimmungen zur Durchführung des → *Aufenthaltsgesetzes* (AufenthG). Die Aufenthaltsverordnung (AufenthV) beinhaltet unter anderem Regelungen zur Passpflicht für Ausländer, zur Befreiung von dem Erfordernis eines Aufenthaltstitels, zum Visumverfahren und zu Verwaltungsgebühren sowie ordnungsrechtliche Vorschriften und Verfahrensvorschriften.

AufenthV

ist die Abkürzung für → *Aufenthaltsverordnung*.

Aufgabengliederungsplan

beinhaltet die Zusammenfassung aller Aufgaben, die in einer kommunalen Verwaltung zu erledigen sind, zu Aufgabengruppen, wobei die sachlich zusammengehörenden Aufgabengruppen zu Aufgabenhauptgruppen verbunden werden. Die Aufgabenhauptgruppen, Aufgabengruppen und Aufgaben sind dabei nach dem Dezimalsystem gekennzeichnet. Der Aufgabengliederungsplan bildet zugleich die Grundlage für alle weiteren organisatorischen Regelungen.

Aufgabenkritik

umfasst die Überprüfung des Aufgabenbestandes der → *öffentlichen Verwaltung* mit dem Ziel, den Kernbestand der Aufgaben neu zu bestimmen.

Innerhalb der Aufgabenkritik wird unterschieden zwischen *Zweckkritik*, das heißt die Klärung der Frage, ob die Aufgabe überhaupt noch wahrgenommen werden muss, ob sie inhaltlich entfallen bzw. ob sie von Privaten kostengünstiger und wirtschaftlicher wahrgenommen werden kann und *Vollzugskritik*, das heißt die Frage nach der richtigen Art und Weise der Aufgabenwahrnehmung, der richtigen Stelle und der richtigen Struktur. In der Regel werden beide Formen der Aufgabenkritik gemeinsam durchgeführt, wobei die Zweckkritik aber inhaltlich immer vor der Vollzugskritik steht.

Auflage

im verwaltungsrechtlichen Sinne ist die mit einem begünstigenden → *Verwaltungsakt* verbundene Verpflichtung für den Betroffenen zu einem bestimmten Tun, Dulden oder Unterlassen (z. B. Erteilung einer Fahrerlaubnis mit der Auflage, sich in bestimmten Zeitabständen einem Sehtest zu unterziehen).

Auflagenvorbehalt

im verwaltungsrechtlichen Sinne ist die mit einem → *Verwaltungsakt* verbundene Erklärung, dass sich die Behörde vorbehält, zu einem späteren Zeitpunkt eine → *Auflage* anzuordnen (z. B. Erteilung einer Gaststättenerlaubnis unter dem Vorbehalt, dass Auflagen nachträglich festgesetzt werden können bei zunehmender Lärmbelästigung für die Nachbarschaft).

Auflösungsvertrag

ist die vertragliche Aufhebung des → *Arbeitsverhältnisses* im gegenseitigen Einvernehmen zwischen den Vertragsparteien des → *Arbeitsvertrages*. Zu seiner Wirksamkeit bedarf der Auflösungsvertrag der Schriftform, wobei die elektronische Form ausdrücklich ausgeschlossen ist (§ 623 BGB). Die Nichtbeachtung der vorgeschriebenen Schriftform hat grundsätzlich die Nichtigkeit des Auflösungsvertrages zur Folge (§ 125 Satz 1 BGB). Für den Auflösungsvertrag (§ 33 Abs. 1 Buchst. b TVöD/TV-L/TV-H) gelten weder die Kündigungsschutzvorschriften noch das Mitbestimmungs- bzw. Mitwirkungsrecht des → *Personalrats*.

Aufschiebende Wirkung

ist ein verwaltungsrechtlicher Begriff, der das Hinausschieben der formellen Rechtskraft gegen eine behördliche oder gerichtliche Entscheidung beinhaltet (Suspensiveffekt). So haben beispielsweise der Widerspruch und die Anfechtungsklage gegen einen → *Verwaltungsakt* grundsätzlich aufschiebende Wirkung (§ 80 Abs. 1 VwGO). Das heißt, der Verwaltungsakt kann bis zur Entscheidung über den → *Rechtsbehelf* bzw. das → *Rechtsmittel* nicht vollzogen werden. Ausnahmen von dem Grundsatz der aufschiebenden Wirkung sind in § 80 Abs. 2 der → *Verwaltungsgerichtsordnung* (VwGO) näher konkretisiert. Die Dauer der aufschiebenden Wirkung bestimmt sich nach § 80b VwGO.

Aufsichtsbeschwerde

ist ein formloser → *Rechtsbehelf*, der sich an die Aufsichtsbehörde richtet und von ihr entweder die Nachprüfung einer Verwaltungsmaßnahme mit dem Ziel begehrt, die zuständige → *Behörde* anzuweisen, die beanstandete Maßnahme zu ändern oder aufzuheben oder im Falle einer Unterlassung tätig zu werden *(Fachaufsichtsbeschwerde)* oder sich gegen das persönliche Verhalten eines Behördenbediensteten richtet und vom → *Dienstvorgesetzten* des gerügten Bediensteten eine Anweisung an den Bediensteten begehrt, sich ordnungsgemäß zu verhalten oder gegenüber dieser Person disziplinarrechtliche (bei → *Beamten*) oder arbeitsrechtliche (bei Arbeitnehmern) Maßnahmen einzuleiten *(Dienstaufsichtsbeschwerde)*.

Der Gegenbegriff zur Aufsichtsbeschwerde ist die → *Gegenvorstellung*.

Aufstiegsfortbildung

dient zur Übernahme höherwertiger Funktionen in der jeweiligen → *Behörde*.

Ausbildende

im Sinne des → *Berufsbildungsgesetzes* (BBiG) sind diejenigen, die → *Auszubildende* zur Berufsausbildung einstellen, wobei sie mit den Auszubildenden einen → *Berufsausbildungsvertrag* zu schließen haben (§ 10 Abs. 1 BBiG).

Ausbilder

im Sinne des → *Berufsbildungsgesetzes* (BBiG) sind die bei der Ausbildungsstätte hauptberuflich beschäftigten Personen, die innerhalb einer Organisationseinheit für die berufliche Ausbildung verantwortlich sind.

Ausbildungsberater

im Sinne des → *Berufsbildungsgesetzes* (BBiG) sind Personen, die von der zuständigen Stelle aufgrund der gesetzlichen Verpflichtung, die Berufsausbildung durch Beratung der → *Ausbildenden* und → *Auszubildenden* zu fördern, zu diesem Zweck sowie zur Überwachung der Berufsausbildung bestellt wurden (§ 76 Abs. 1 BBiG). Die Ausbildenden sind auf Verlangen verpflichtet, die für die Überwachung notwendigen Auskünfte zu erteilen und Unterlagen vorzulegen sowie die Besichtigung der Ausbildungsstätten zu gestatten (§ 76 Abs. 2 BBiG).

Ausbildungsentgelt

ist nach der Definition des → *Berufsbildungsgesetzes* (BBiG) eine angemessene Vergütung, die der → *Ausbildende* den → *Auszubildenden* zu gewähren hat und die mit fortschreitender Berufsausbildung, mindestens jährlich, ansteigt (§ 17 Abs. 1 BBiG). Die Angemessenheit der Vergütung ist ausgeschlossen, wenn sie die in § 17 Abs. 2 BBiG festgeschriebene monatliche Mindestvergütung für Auszubildende unterschreitet, wobei diese Regelung erstmals für die Berufsausbildung gilt, die ab dem 1. Januar 2020 begonnen wurde. Die Vergütung bemisst sich nach Monaten und bei Berechnung der Vergütung für einzelne Tage wird der Monat zu 30 Tagen gerechnet (§ 18 Abs. 1 BBiG). Den Auszubildenden ist die Vergütung auch zu zahlen für die Zeit der Freistellung (§ 15 BBiG) und bis zur Dauer von sechs Wochen, wenn sie sich für die Berufsausbildung bereithalten, diese aber ausfällt oder aus einem sonstigen, in ihrer Person liegenden Grund unverschuldet verhindert sind, ihre Pflichten aus dem Berufsausbildungsverhältnis zu erfüllen (§ 19 Abs. 1 BBiG).

Die Höhe des monatlichen Ausbildungsentgelts für Auszubildende im → *öffentlichen Dienst* in Ausbildungsberufen nach dem BBiG bestimmt sich nach § 8 des → *Tarifvertrages für Auszubildende des öffentlichen Dienstes* (TVAöD) – Besonderer Teil BBiG – oder des → *Tarifvertrages für Auszubildende der Länder in Ausbildungsberufen nach dem Berufsbildungsgesetz* (TVA-L BBiG) bzw. des → *Tarifvertrages für Auszubildende des Landes Hessen in Ausbildungsberufen nach dem Berufsbildungsgesetz* (TVA-H BBiG).

Ausbildungsvertrag

→ Berufsausbildungsvertrag

Ausgleichsmandate

dienen dazu, die bei einer Kombination von → *Mehrheitswahl* und → *Verhältniswahl*, das auch als personalisierte Verhältniswahl bezeichnet wird, zustande gekommenen → *Überhangmandate* so auszugleichen, dass → *Parteien*, die keine Überhangmandate bekommen haben, nicht benachteiligt werden und damit entsprechend ihrem Zweitstimmenergebnis im → *Parlament* vertreten sind. Für die Wahlen zum → *Bundestag* sieht das → *Bundeswahlgesetz* (BWG) einen vollständigen Ausgleich der Überhangmandate im Verhältnis der Parteien zueinander vor (§ 6 BWG). Diese Regelung fand erstmals für das Sitzzuteilungsverfahren bei der am 22. September 2013 stattgefundenen 18. Wahl des Bundestages Anwendung. Für die Bundestagswahl am 26. September 2021 wurde zur Verminderung der Bundestagsvergrößerung das BWG dahingehend geändert, dass bis zu drei Überhangmandate nicht durch Ausgleichsmandate für die Parteien ersetzt werden.

Auskunft

im verwaltungsrechtlichen Sinne beinhaltet die Verpflichtung der → *Behörde*, soweit erforderlich, Auskunft über die den Beteiligten im → *Verwaltungsverfahren* zustehenden Rechte und die ihnen obliegenden Pflichten zu erteilen (§ 25 Satz 2 VwVfG). Die Auskunft ist kein → *Verwaltungsakt* und erzeugt in der Regel keine Bindung der Behörde. Eine falsche Auskunft kann aber unter Umständen Ansprüche auf Schadenersatz begründen.

Ausländer

im Sinne des Ausländerrechts ist nach der Begriffsbestimmung des § 2 Abs. 1 des → *Aufenthaltsgesetzes* (AufenthG) jeder, der kein Deutscher im Sinne des Artikels 116 Abs. 1 des → *Grundgesetzes* (GG) ist.

Ausschließliche Gesetzgebung

umfasst die alleinige Befugnis für den Bund zum Erlass von → *Gesetzen* im formellen Sinn. Die Länder haben in diesem Bereich die Befugnis zur Gesetzgebung nur, wenn und soweit sie hierzu in einem Bundesgesetz ausdrücklich ermächtigt werden (Art. 71 GG). Die wichtigsten Gebiete, in denen der Bund die ausschließliche Gesetzgebungszuständigkeit hat, sind in Artikel 73 des → *Grundgesetzes* (GG) aufgezählt (z. B. Auswärtige Angelegenheiten, Staatsangehörigkeitsrecht, Währungs-, Geld- und Münzwesen).

Das GG kennt als weitere Art der Gesetzgebungszuständigkeit des Bundes die → *konkurrierende Gesetzgebung*.

Ausschlussfrist

ist der Zeitraum, nach dessen Ablauf eine Rechtshandlung nicht mehr wirksam vorgenommen werden kann.

Die Überschreitung der Ausschlussfrist führt zum Erlöschen des Rechts, sodass im Prozessverfahren das → *Gericht* die Ausschlussfrist – im Gegensatz zur → *Verjährung* – von Amts wegen zu berücksichtigen hat. Ansprüche aus einem → *Arbeitsverhältnis* im → *öffentlichen Dienst* verfallen, wenn sie nicht innerhalb einer Ausschlussfrist von sechs Monaten nach Fälligkeit von dem Beschäftigten oder vom → *Arbeitgeber* schriftlich geltend gemacht werden, wobei für denselben Sachverhalt die einmalige Geltendmachung des Anspruchs auch für später fällige Leistungen ausreicht (§ 37 Abs. 1 TVöD/TV-L/TV-H). Die Ausschlussfrist gilt jedoch nicht für Ansprüche aus einem Sozialplan (§ 37 Abs. 2 TVöD/TV-L/TV-H).

Ausschreibung

im Sinne des Vergaberechts ist die von öffentlichen Auftraggebern bekannt gegebene öffentliche Aufforderung zur Abgabe eines Vertragsangebots für ausgeschriebene → *öffentliche Aufträge.*

Das deutsche Vergaberecht ist dreistufig nach dem Kaskadenprinzip aufgebaut. Die 1. Stufe bildet der Teil 4 des → *Gesetzes gegen Wettbewerbsbeschränkungen* (GWB), der aus zwei Kapiteln mit Vorschriften zum Vergabeverfahren (Kapitel 1) und zum Nachprüfungsverfahren (Kapitel 2) besteht, die die wesentlichen Vorgaben zur Vergabe von öffentlichen Aufträgen und von Konzessionen enthalten (§§ 97 bis 184 GWB). Der Anwendungsbereich des GWB umfasst ausschließlich die Vergabe von öffentlichen Aufträgen und Konzessionen sowie die Ausrichtung von Wettbewerben, dessen geschätzter Auftrags- oder Vertragswert einen bestimmten Schwellenwert – auch als EU-Schwellenwert bezeichnet – ohne Umsatzsteuer erreicht oder überschreitet (§ 106 Abs. 1 GWB). Zu beachten ist, dass das GWB auf die Vergabe von öffentlichen Aufträgen bzw. Konzessionen, die in den §§ 107 bis 109, 116 und 117 sowie 137 bis 140 GWB genannt sind, nicht anzuwenden ist.

Auf der 2. Stufe folgt die auf der Grundlage der Verordnungsermächtigung des § 113 GWB von der → *Bundesregierung* erlassene

Verordnung über die Vergabe öffentlicher Aufträge (→ *Vergabeverordnung* – VgV), die nähere Bestimmungen über das einzuhaltende Verfahren bei der Vergabe von öffentlichen Aufträgen und bei der Ausrichtung von Wettbewerben durch den öffentlichen Auftraggeber trifft, die dem Teil 4 des GWB unterliegen (§ 1 Abs. 1 VgV). Nicht anzuwenden ist die VgV auf die Vergabe von öffentlichen Aufträgen und die Ausrichtung von Wettbewerben durch Sektorenauftraggeber zum Zweck der Ausübung einer Sektorentätigkeit (der Sektorenbereich Verkehr, Trinkwasser und Energie ist in der → *Sektorenverordnung* (SektVO) geregelt), die Vergabe von verteidigungs- oder sicherheitsspezifischen öffentlichen Aufträgen (in der Vergabeverordnung Verteidigung und Sicherheit (VSVgV) geregelt), und die Vergabe von Konzessionen durch Konzessionsgeber, die in der Konzessionsvergabeverordnung (KonzVgV) geregelt ist (§ 1 Abs. 2 VgV).

Die 3. Stufe des Vergaberechts bildet aufgrund der Verweisungsregelung in § 2 der VgV für die Vergabe von Bauaufträgen die Vergabe- und Vertragsordnung für Bauleistungen (VOB).

Die öffentlichen Auftraggeber – der Kreis der öffentlichen Auftraggeber ist in § 99 GWB abschließend aufgezählt – sind beim Erreichen oder Überschreiten der in den Vergaberichtlinien der → *Europäischen Union* (EU) festgelegten Wertgrenzen (EU-Schwellenwerte) verpflichtet, einen öffentlichen Auftrag innerhalb der EU durch Bekanntmachung im Amtsblatt der Europäischen Gemeinschaften auszuschreiben.

Das GWB unterscheidet bei der Vergabe öffentlicher Aufträge fünf verschiedene Verfahrensarten, und zwar das offene Verfahren, das nicht offene Verfahren, das Verhandlungsverfahren, den wettbewerblichen Dialog und die Innovationspartnerschaft (§ 119 Abs. 1 GWB).

Erreicht der geschätzte Auftrags- oder Vertragswert die in den Vergaberichtlinien der Europäischen Union (EU) festgelegten Wertgrenzen (EU-Schwellenwerte) nicht, bilden das Gesetz über die Grundsätze des Haushaltsrechts des Bundes und der Länder (→ *Haushaltsgrundsätzegesetz* – HGrG), und zwar insbesondere die Gebote der → *Wirtschaftlichkeit und Sparsamkeit* (§ 6 Abs. 1 HGrG) sowie des Vorrangs der öffentlichen Ausschreibung (§ 30 HGrG) einschließlich der ergänzenden Bestimmungen des § 55 der → *Bundeshaushaltsordnung* (BHO) bzw. der entsprechenden landesrechtlichen Regelungen in der → *Landeshaushaltsordnung* (LHO) bzw. der → *Gemeindehaushaltsverordnung* die rechtliche Grundlage für die Vergabe eines öffentlichen Auftrags.

Nach der neu gefassten → *Verwaltungsvorschrift* zu § 55 BHO, die am 2. September 2017 in Kraft trat, ist für die Vergabe von Liefer- und Dienstleistungen die Unterschwellenvergabeordnung (UVgO) und für die Vergabe von Bauleistungen Teil A Abschnitt 1 der Vergabe- und Vertragsordnung für Bauleistungen (VOB/A) anzuwenden. Im Bereich des Landes sind diese Vergabeordnungen aber erst ab dem Zeitpunkt anzuwenden, an dem diese durch einen Ausführungserlass, der eine Änderung bzw. Neufassung der entsprechenden Regelung in der LHO beinhaltet, in Kraft gesetzt wurden. Der öffentliche Auftraggeber kann hier das Medium frei wählen, in dem er seine Ausschreibung veröffentlichen will (z. B. regionale Tageszeitung, gemeindliches Mitteilungsblatt).

Ausschuss der Regionen

ist eine beratende Einrichtung der → *Europäischen Union* (EU), die durch den am 1. November 1993 in Kraft getretenen Vertrag über die Europäische Union (EUV), auch Vertrag von Maastricht genannt, geschaffen wurde. Der Ausschuss der Regionen setzt sich aus Vertretern der regionalen und lokalen Gebietskörperschaften aus allen Mitgliedstaaten der EU zusammen. Er hat als beratende Einrichtung der EU die Aufgabe, die regionalen und lokalen Interessen zu bündeln und in die Entscheidungsverfahren einzubringen und dabei vor allem auf die Verträglichkeit von EU-Regelungen mit regionalen und lokalen Problemen und mit der Verwaltungspraxis zu achten. Er muss dabei in den vertraglich vorgesehenen Fällen, z. B. vor Entscheidungen in der Regionalpolitik, in der Bildung oder zur Förderung der Kultur, vom Rat der EU (Ministerrat) und der Europäischen Kommission vor ihren Entscheidungen gehört werden.

Die Zusammensetzung und die Befugnisse des Ausschusses der Regionen sind im Einzelnen in den Artikeln 300 Abs. 3 und 305 bis 307 des Vertrages über die Arbeitsweise der Europäischen Union (AEUV) festgelegt.

Neben dem Ausschuss der Regionen besteht innerhalb der EU als weitere beratende Einrichtung der → *Wirtschafts- und Sozialausschuss*.

Außenwirtschaftliches Gleichgewicht

ist eines von vier gesamtwirtschaftlichen Zielen nach dem → *Stabilitätsgesetz*. Der Begriff außenwirtschaftliches Gleichgewicht, für den es keine einheitliche Definition gibt, wird oft am Außenbeitrag gemessen. Der Außenbeitrag ist der Unterschied zwischen der Ausfuhr (Export) und Einfuhr (Import) von Waren und Dienstleistungen, wobei in der Bundesrepublik Deutschland ein positiver Außenbeitrag in Höhe von 1 bis 2 % des → *Bruttoinlandsproduktes* als außenwirtschaftliches Gleichgewicht angestrebt wird.

Außerordentliche Kündigung

ist eine Maßnahme, ein → *Arbeitsverhältnis* vorzeitig und ohne Beachtung der sonst geltenden Kündigungsfristen zu beenden. Die Anforderungen für eine außerordentliche → *Kündigung* sind in § 626 des → *Bürgerlichen Gesetzbuches* (BGB) geregelt. Hiernach ist Voraussetzung für eine außerordentliche Kündigung, dass ein wichtiger Grund zur Beendigung des Arbeitsverhältnisses zum Zeitpunkt des Ausspruchs der Kündigung vorliegt. Zu beachten ist, dass die außerordentliche Kündigung nur innerhalb von zwei Wochen, gerechnet von dem Zeitpunkt, in dem der Kündigungsberechtigte von den für die Kündigung maßgebenden Tatsachen Kenntnis erlangt hat, erfolgen kann.

Zur außerordentlichen → *Kündigung* eines Arbeitsverhältnisses sind sowohl der → *Arbeitgeber* als auch der → *Arbeitnehmer* berechtigt. Die außerordentliche Kündigung ist im Regelfall fristlos. Sie kann jedoch vom Arbeitgeber auch mit einer Auslauffrist erklärt werden. Hierauf muss aber der Arbeitgeber besonders hinweisen, um den Eindruck zu vermeiden, es handele sich um eine → *ordentliche Kündigung*. Vor Ausspruch einer außerordentlichen Kündigung durch den Arbeitgeber ist nach dem → *Bundespersonalvertretungsgesetz* (BPersVG) und den Personalvertretungsgesetzen der Länder die Personalvertretung zu hören.

Außerplanmäßige Haushaltsausgaben

sind Ausgaben, für die der → *Haushaltsplan* keine Zweckbestimmung und keinen Ansatz und auch keine Ausgabereste ausweist (VV Nr. 2 zu § 37 BHO). Beim Bund dürfen außerplanmäßige Haushaltsausgaben nur im Falle eines unvorhergesehenen und unabweisbaren Bedürfnisses mit der Zustimmung des Bundesministeriums der Finanzen geleistet werden (Art. 112 GG, § 37 BHO). Die außerplanmäßigen Ausgaben sollen durch Einsparungen bei anderen Ausgaben in demselben → *Einzelplan* ausgeglichen werden (§ 37 Abs. 3 BHO) und sind dem → *Bundestag* und dem → *Bundesrat* vierteljährlich, in Fällen von grundsätzlicher oder erheblicher finanzieller Bedeutung unverzüglich mitzuteilen (§ 37 Abs. 4 BHO).

Die → *Landeshaushaltsordnungen* enthalten im Vergleich zur → *Bundeshaushaltsordnung* – mit Rücksicht auf Landesverfassungsrecht – teilweise sachlich verschiedenartige Regelungen bei der Bewilligung von außerplanmäßigen Haushaltsausgaben.

Nach den → *Gemeindeordnungen* sind außerplanmäßige Ausgaben nur zulässig, wenn sie unvorhergesehen und unabweisbar sind und die Deckung gewährleistet ist. Die Frage, wer über die Leistung von außerplanmäßigen Ausgaben entscheidet, ist in den Gemeindeordnungen der Länder unterschiedlich geregelt. Sind die Ausgaben erheblich, so bedürfen sie in allen Ländern der vorherigen Zustimmung der Gemeindevertretung/des Rates. Im Übrigen sind sie der Gemeindevertretung/dem Rat zur Kenntnis zu bringen.

Austauschvertrag

ist eine Vereinbarung, in der sich der Vertragspartner der → *Behörde* zu einer zweckgebundenen, der Erfüllung öffentlicher Aufgaben dienenden Gegenleistung verpflichtet, die den gesamten Umständen nach angemessen sein und im sachlichen Zusammenhang mit der vertraglichen Leistung der Behörde stehen muss, z. B. ein Gastwirt, der auf seinem Grundstück nicht die erforderlichen Stellplätze für Personenkraftwagen nachweisen kann, kommt durch die Zahlung einer Ablösesumme seiner Stellplatzverpflichtung nach, damit ihm die erforderliche Konzession erteilt werden kann, wobei die gezahlte Ablösesumme zweckgebunden für die Schaffung von öffentlichen Parkplätzen im Gemeindegebiet verwendet wird (§ 56 VwVfG).

Auswahlermessen

→ Ermessen

Auszubildende

im Sinne des → *Berufsbildungsgesetzes* (BBiG) sind Personen, die für einen Beruf in einem Berufsausbildungsverhältnis ausgebildet werden.

Außenwirtschaftsgesetz

enthält den Grundsatz, dass der Verkehr von → *Gütern*, Dienstleistungen, Kapital, Zahlungen und sonstigem Wirtschaftsverkehr mit dem Ausland sowie der Verkehr mit Auslandswerten und Gold zwischen Inländern (Außenwirtschaftsverkehr) grundsätzlich frei ist, soweit er nicht ausdrücklichen Beschränkungen unterliegt (§ 1 Abs. 1 AWG). Die Beschränkungen ergeben sich aus dem Recht der → *Europäischen Union* (EU) und aus dem Außenwirtschaftsgesetz (AWG) sowie aus der → *Außenwirtschaftsverordnung* (AWV).

Außenwirtschaftsverordnung

regelt die Einzelheiten des Verfahrens und der Genehmigungserfordernisse sowie der Meldebestimmungen im Kapital- und Zahlungsverkehr zur Durchführung des → *Außenwirtschaftsgesetztes* und beinhaltet einen Katalog der Straftaten und → *Ordnungswidrigkeiten*.

AWG

ist die Abkürzung für → *Außenwirtschaftsgesetz*.

AWV

ist die Abkürzung für → *Außenwirtschaftsverordnung*.

B

BAB

ist die Abkürzung für → *Betriebsabrechnungsbogen*.

Baden-Württemberg

ist das drittgrößte Bundesland der → *Bundesrepublik Deutschland*, das durch die Vereinigung der drei Länder Baden, Württemberg-Hohenzollern und Württemberg-Baden nach einer Volksabstimmung am 9. November 1951 mit einer Mehrheit für einen Südweststaat infolge der Bildung der Landesregierung am 25. April 1952 entstand und den Namen Baden-Württemberg nach Inkrafttreten der Landesverfassung am 19. November 1953 erhielt. Die Landeshauptstadt von Baden-Württemberg ist Stuttgart.

BaFin

ist die Abkürzung für → *Bundesanstalt für Finanzdienstleistungsaufsicht*.

BAMF

ist die Abkürzung für → *Bundesamt für Migration und Flüchtlinge.*

Bayern

ist das flächengrößte Bundesland der → *Bundesrepublik Deutschland*, das sich seit dem Jahr 1918 einen → *Freistaat* nennt. Nach dem Ende des 2. Weltkrieges gehörte Bayern zur amerikanischen Besatzungszone und wurde mit der Proklamation Nr. 2 vom 28. September 1945 des Militärgouverneurs und späteren amerikanischen Präsidenten Dwight David Eisenhower offiziell wieder als → *Staat* hergestellt. Die Landeshauptstadt von Bayern ist München.

BBiG

ist die Abkürzung für → *Berufsbildungsgesetz*.

BBVLG

ist die Abkürzung für Gesetz über → *vermögenswirksame Leistungen* für → *Beamte*, → *Richter*, Berufssoldaten und Soldaten auf Zeit.

BDG

ist die Abkürzung für → *Bundesdisziplinargesetz*.

BDSG

ist die Abkürzung für → *Bundesdatenschutzgesetz*.

Beamtenstatusgesetz

regelt das Statusrecht der → *Beamten* der Länder, Gemeinden und Gemeindeverbände sowie der sonstigen der Aufsicht eines Landes unterstehenden → *Körperschaften, Stiftungen* und *Anstalten des öffentlichen Rechts* (§ 1 BeamtStG). Das Gesetz zur Regelung des Statusrechts der Beamtinnen und Beamten in den Ländern (Beamtenstatusgesetz – BeamtStG) gilt unmittelbar und bedarf keiner Umsetzung in Landesrecht.

Beamtenverhältnis

ist das zwischen → *Dienstherrn* und → *Beamten* begründete öffentlich-rechtliche Dienst- und Treueverhältnis (§ 4 BBG, § 3 Abs. 1 BeamtStG).

Die Berufung in das Beamtenverhältnis ist nur zulässig zur Wahrnehmung hoheitsrechtlicher Aufgaben oder solcher Aufgaben, die aus Gründen der Sicherung des → *Staates* oder des öffentlichen Lebens nicht ausschließlich Personen übertragen werden dürfen, die in einem privatrechtlichen → *Arbeitsverhältnis* stehen (§ 5 BBG, § 3 Abs. 2 BeamtStG).

Das Beamtenverhältnis kann hinsichtlich seiner Dauer begründet werden auf Lebenszeit, auf Zeit, auf Probe und auf Widerruf.

Beamtenverhältnis auf Lebenszeit

dient der dauernden Wahrnehmung hoheitsrechtlicher Aufgaben oder solcher Aufgaben, die zur Sicherung des → *Staates* oder des öffentlichen Lebens nicht ausschließlich Personen übertragen werden dürfen, die in einem privatrechtlichen → *Arbeitsverhältnis* stehen, und bildet nach dem Verfassungsgebot des Artikels 33 Abs. 5 des → *Grundgesetzes* (GG) die Regel (§ 6 Abs. 1 BBG, § 4 Abs. 1 BeamtStG).

Beamtenverhältnis auf Probe

dient der Ableistung einer → *Probezeit* zur späteren Verwendung auf Lebenszeit oder zur Übertragung eines → *Amtes* mit leitender Funktion (§ 6 Abs. 3 BBG, § 4 Abs. 3 BeamtStG).

Beamtenverhältnis auf Widerruf

dient der Ableistung eines → *Vorbereitungsdienstes* oder der nur vorübergehenden Wahrnehmung hoheitsrechtlicher Aufgaben oder solcher Aufgaben, die zur Sicherung des → *Staates* oder des öffentlichen Lebens nicht ausschließlich Personen übertragen werden dürfen, die in einem privatrechtlichen → *Arbeitsverhältnis* stehen (§ 6 Abs. 4 BBG, § 4 Abs. 4 BeamtStG). Im → *Beamtenverhältnis* auf Widerruf befinden sich z. B. Sekretäranwärter und Inspektoranwärter.

Beamtenverhältnis auf Zeit

ist in gesetzlich besonders bestimmten Fällen zulässig und dient der befristeten Wahrnehmung hoheitsrechtlicher Aufgaben oder solcher Aufgaben, die zur Sicherung des → *Staates* oder des öffentlichen Lebens nicht ausschließlich Personen übertragen werden dürfen, die in einem privatrechtlichen → *Arbeitsverhältnis* stehen (§ 6 Abs. 2 Satz 1 BBG, § 4 Abs. 2 BeamtStG).

Beamtenversorgung

ist für die Versorgung der → *Beamten* des Bundes im → *Gesetz* über die Versorgung der Beamten und Richter des Bundes (Beamtenversorgungsgesetz – BeamtVG) geregelt, das der Bund aufgrund seiner → *Gesetzgebungszuständigkeit* nach Artikel 73 Abs. 1 Nr. 8 des → *Grundgesetzes* (GG) erlassen hat.

Die einzelnen Arten der Versorgungsbezüge sind in § 2 BeamtVG abschließend aufgeführt. Hierzu gehören u. a. das → *Ruhegehalt* bzw. der Unterhaltsbeitrag, die → *Hinterbliebenenversorgung*, die Bezüge bei Verschollenheit, die → *Unfallfürsorge*, das Übergangsgeld und der Ausgleich bei besonderen Altersgrenzen.

Die Versorgung der Beamten, die im Dienste der Länder und der Gemeinden, der Gemeindeverbände sowie der sonstigen der Aufsicht eines Landes unterstehenden → *Körperschaften*, → *Stiftungen* und → *Anstalten des öffentlichen Rechts* stehen, richtet sich nach dem jeweils von den Ländern aufgrund der auf sie durch das Gesetz zur Änderung des Grundgesetzes vom 28. August 2006 übergegangenen Gesetzgebungszuständigkeit für die Beamtenversorgung (Art. 70 i. V. m. Art. 74 Abs.1 Nr. 27 GG) erlassenen Beamtenversorgungsgesetz.

Beamter

ist, wer von der zuständigen → *Behörde* ordnungsgemäß in ein → *Beamtenverhältnis* berufen worden ist.

BeamtStG

ist die Abkürzung für → *Beamtenstatusgesetz*.

BeamtVG

ist die Abkürzung für Beamtenversorgungsgesetz.

Beauftragter für den Haushalt

ist, wer von dem Leiter der Dienststelle, die Einnahmen oder Ausgaben bewirtschaftet, zum Beauftragten für den Haushalt bestellt wurde. Die Bestellung ist der zuständigen Kasse mitzuteilen (VV Nr. 1.3 zu § 9 BHO/LHO). Der Beauftragte für den Haushalt soll dem Leiter der Dienststelle unmittelbar unterstellt werden (§ 9 Abs. 1 BHO/LHO).

Dem Beauftragten für den Haushalt, dem im Vollzug des Haushaltsrechts innerhalb der Bundes- und Landesverwaltung wegen der besonderen Bedeutung seiner Aufgabe eine starke Stellung zukommt, wobei er in dieser Funktion Aufgaben des Dienststellenleiters übernimmt, obliegen die Aufstellung der Unterlagen für die Finanzplanung und der Unterlagen für den Entwurf des → *Haushaltsplans* (Voranschläge) sowie die Ausführung des Haushaltsplans. Im Übrigen ist der Beauftragte bei allen Maßnahmen von finanzieller Bedeutung zu beteiligen. Er kann Aufgaben bei der Ausführung des Haushaltsplans übertragen (§ 9 Abs. 2 BHO/LHO und VV zu § 9 BHO/LHO).

Das *kommunale Haushaltsrecht* enthält keine Vorschriften über das sonstige Personal der Haushaltswirtschaft und überlässt es den Gemeinden bzw. dem Gemeindedirektor/hauptamtlichen Bürgermeister im Rahmen seiner Rechte

Zuständigkeiten für die Aufstellung und Ausführung des Haushaltsplans innerhalb der Verwaltung festzulegen.

Bedarf

im volkswirtschaftlichen Sinne ist der Teil der → *Bedürfnisse*, die der Mensch mit den ihm zur Verfügung stehenden Mitteln befriedigen kann (z. B. die → *Auszubildende* Eliane Liegmann will Ordnung in ihrem Arbeitszimmer schaffen und beschließt, von ihrem gesparten Ausbildungsentgelt ein Bücherregal zu kaufen).

Bedingung

im *privatrechtlichen Sinne* ist der Eintritt oder das Ausbleiben eines noch ungewissen, in der Zukunft liegenden Ereignisses.

Das → *Bürgerliche Gesetzbuch* (BGB) unterscheidet zwischen aufschiebenden und auflösenden Bedingungen (§ 158 BGB). Bei einer aufschiebenden (suspensiven) Bedingung wird das → *Rechtsgeschäft* erst mit dem Eintritt der Bedingung wirksam (z. B. Herr Schulze kauft ein Fertighaus unter der Bedingung, dass er ein bestimmtes Grundstück erwerben kann). Bei einer auflösenden (resolutiven) Bedingung fallen zunächst eingetretene Rechtswirkungen mit dem Eintritt der Bedingung wieder weg und der frühere Rechtszustand tritt wieder ein (z. B. Herr Braun verschenkt seine Münzensammlung an seinen Sohn unter der Bedingung, dass dieser sie innerhalb der nächsten zwei Jahre nicht veräußert).

Im *verwaltungsrechtlichen Sinne* versteht man unter einer Bedingung eine Bestimmung, bei der die Rechtswirkungen eines → *Verwaltungsaktes* von dem ungewissen Eintritt eines zukünftigen Ereignisses abhängig sind. Hierbei wird unterschieden zwischen der aufschiebenden Bedingung und der auflösenden Bedingung.

Von einer *aufschiebenden Bedingung* spricht man, wenn der Verwaltungsakt erst mit dem Eintritt des zukünftigen Ereignisses wirksam wird (z. B. Erteilung einer Baugenehmigung unter der Bedingung, dass mit dem Bau erst begonnen werden darf, wenn die Erschließungsbeiträge bezahlt sind).

Um eine *auflösende Bedingung* handelt es sich, wenn die Wirksamkeit des Verwaltungsaktes mit dem Eintritt des zukünftigen Ereignisses entfällt (z. B. Erteilung der

Erlaubnis zum Parken von Kraftfahrzeugen auf Gehsteigen bis zum Ende der Bauarbeiten).

Bedürfnis

im volkswirtschaftlichen Sinne ist das persönliche Empfinden eines Mangels, verbunden mit dem Wunsch, diesen Mangel zu beseitigen. Die vielfältigen Bedürfnisse, die jeder Mensch hat und die er befriedigen möchte oder muss, sind die Voraussetzung und die Grundlage des Wirtschaftens und damit der eigentliche Grund, warum Menschen überhaupt wirtschaften.

BEEG

ist die Abkürzung für → *Bundeselterngeld- und Elternzeitgesetz*.

Befangenheit

bewirkt im → *Verwaltungsverfahren* ein Mitwirkungsverbot. Besorgnis der Befangenheit bedeutet, dass ein Grund vorliegt, der geeignet ist, Misstrauen gegen eine unparteiische Amtsausübung eines Amtsträgers zu rechtfertigen. Denn wer befangen ist, kann nicht objektiv handeln.

In § 21 des → *Verwaltungsverfahrensgesetzes* (VwVfG) ist konkret festgelegt, unter welchen Voraussetzungen Amtsträger wegen Besorgnis der Befangenheit nicht an dem Verwaltungsverfahren mitwirken dürfen.

Beförderung

im beamtenrechtlichen Sinne ist eine → *Ernennung*, durch die dem → *Beamten* ein anderes → *Amt* (im statusrechtlichen Sinne) mit höherem Endgrundgehalt und anderer → *Amtsbezeichnung* verliehen wird (z. B. Beförderung eines Inspektors zum Oberinspektor). Einer Beförderung steht es gleich, wenn dem Beamten, ohne dass sich die Amtsbezeichnung ändert, ein anderes Amt mit höherem Endgrundgehalt verliehen wird (z. B. Einweisung eines Ministerialrates der → *Besoldungsgruppe* A 16 BBesO in die Besoldungsgruppe B 2 BBesO). Zu beachten ist, dass ein Amt nur zusammen mit der Einweisung in eine besetzbare Planstelle verliehen werden darf (§ 49 Abs. 1 BHO/LHO).

Befristung

im verwaltungsrechtlichen Sinne ist eine → *Nebenbestimmung* zum

→ *Verwaltungsakt*, bei der die Rechtswirkungen eines Verwaltungsaktes von einem bestimmten Termin abhängig sind (z. B. Genehmigung des Verkaufs von Blumen am Sonntagvormittag von 9:30 bis 11:30 Uhr).

Behörde

ist ein Begriff, für den es keine einheitliche Definition gibt und der in den einzelnen gesetzlichen Regelungen in einem unterschiedlichen Sinn verwandt wird. Hinsichtlich der weiteren begrifflichen Abgrenzung wird unterschieden zwischen Behörden im organisationsrechtlichen Sinne und Behörden im Sinne des → *Verwaltungsverfahrens*. Eine Behörde im organisationsrechtlichen Sinne ist eine nicht rechtsfähige Einheit (Organ, Stelle) eines Trägers der → *öffentlichen Verwaltung*, die mit Handlungszuständigkeit ausgestattet ist (z. B. Regierungspräsident, Finanzamt). Eine Behörde im Sinne des Verwaltungsverfahrens ist jede Stelle, die Aufgaben der öffentlichen Verwaltung wahrnimmt (§ 1 Abs. 4 VwVfG).

Beihilfe

im beamtenrechtlichen Sinne ist eine Leistung, die dem → *Beamten* aufgrund der sich aus der Fürsorgepflicht des → *Dienstherrn* ergebenden Verpflichtung für Aufwendungen in Krankheits-, Geburts- und Todesfällen gewährt wird. Auch die Ruhestandsbeamten und die Hinterbliebenen eines verstorbenen Beamten (Witwen, Witwer und waisengeldberechtigte Kinder) erhalten Beihilfen. Die Anspruchsvoraussetzungen und der Umfang der Leistungen sind in der jeweiligen vom Bund und den Ländern erlassenen Beihilfenverordnung geregelt.

Beitragsbemessungsgrenze

gibt entsprechend den Regelungen des → *Sozialgesetzbuches* (SGB) in der → *Rentenversicherung* (§ 159 SGB VI), → *Arbeitslosenversicherung* (§ 341 SGB III), → *Krankenversicherung* (§ 223 SGB V) und Pflegeversicherung (§ 55 SGB XI) den Höchstwert des beitragspflichtigen Bruttojahreseinkommens des → *Arbeitnehmers* an, bis zu dem Sozialversicherungsbeiträge abzuführen sind.

Die → *Beitragsbemessungsgrenzen* werden anhand der Entwicklung der Bruttolohnsumme und der Bruttogehaltssumme der durchschnittlich beschäftigten Arbeitnehmer des voran vergangenen Kalenderjahres zu dem vergangenen Kalenderjahr aktualisiert und in der von der → *Bundesregierung* mit Zustimmung des → *Bundesrates* erlassenen Sozialversicherungs-Rechengrößenverordnung im → *Bundesgesetzblatt* veröffentlicht.

Bekanntgabe

im verwaltungsrechtlichen Sinne ist die Eröffnung eines → *Verwaltungsaktes* gegenüber demjenigen Beteiligten, für den er bestimmt ist oder der von ihm betroffen wird, wobei die Bekanntgabe auch gegenüber einem bestellten Bevollmächtigten vorgenommen werden kann (§ 41 Abs. 1 VwVfG). Die Bekanntgabe des Verwaltungsaktes ist Voraussetzung für seine Wirksamkeit, das heißt die rechtliche Existenz erlangt der Verwaltungsakt mit seiner Bekanntgabe. Das Verwaltungsverfahrensgesetz (VwVfG) unterscheidet drei Arten der Bekanntgabe des Verwaltungsaktes, und zwar die einfache Bekanntgabe (§ 41 Abs. 2 VwVfG), die entweder durch einen Brief oder durch elektronischen Datenverkehr erfolgt, die öffentliche Bekanntgabe (§ 41 Abs. 3 und 4 VwVfG), die durch ortsübliche Bekanntmachung z. B. in einer Tageszeitung oder durch Aushang im Rathaus erfolgt und die förmliche Bekanntgabe mittels → *Zustellung* (§ 41 Abs. 5 VwVfG).

Beliehene Unternehmer

sind → *natürliche Personen* oder → *juristische Personen* des Privatrechts, denen durch → *Gesetz* oder aufgrund eines Gesetzes von einem Träger der → *öffentlichen Verwaltung* bestimmte hoheitliche Verwaltungsaufgaben zur selbstständigen Erledigung unter der Aufsicht des Staates übertragen wurden (z. B. amtlich anerkannte Prüfingenieure für Baustatik, Sachverständige des Technischen Überwachungsvereins (TÜV), bevollmächtigter Bezirksschornsteinfeger, freiberufliche Fleischbeschauer). Zweck der Beleihung ist es, die öffentliche Verwaltung durch die Nutzung privater Sachkenntnis und Erfahrung zu entlasten.

Benchmarking

ist eine aus der USA stammende Methode, die vereinfacht als Suche nach den besten Lösungen, die zu Spitzenleistungen führen, bezeichnet werden kann. Das Benchmarking geht über einen reinen Betriebsvergleich hinaus. Es stellt vielmehr einen Verbesserungsprozess auf der Basis des Vergleichs der → *Kennzahlen* der eigenen Organisation mit den Werten derjenigen teilnehmenden Institutionen dar, die den untersuchten Prozess am besten beherrscht. Die Methoden des Benchmarking finden zunehmend Eingang in die → *öffentliche Verwaltung* und die öffentlichen Betriebe.

Bepackungsverbot

ist ein → *Haushaltsgrundsatz* mit Verfassungsrang, der besagt, dass in das jährliche → *Haushaltsgesetz* nur solche Vorschriften aufgenommen werden dürfen, die sich auf die Einnahmen und Ausgaben (sachliches Bepackungsverbot) und auf den Zeitraum beziehen, für den das Haushaltsgesetz beschlossen wird (zeitliches Bepackungsverbot; Art. 110 Abs. 4 Satz 1 GG).

Beratung

im verwaltungsrechtlichen Sinne beinhaltet die Verpflichtung der → *Behörde* gegenüber den Beteiligten im → *Verwaltungsverfahren* die Abgabe von Erklärungen, die Stellung von Anträgen oder die Berichtigung von Erklärungen oder Anträgen anzuregen, wenn diese offensichtlich nur versehentlich oder aus Unkenntnis unterblieben oder unrichtig abgegeben oder gestellt worden sind (§ 25 Satz 1 VwVfG).

Berichtswesen

ist der Teil des → *Controlling*, mit dem gewährleistet wird, dass die für die Steuerung des Verwaltungshandelns erforderlichen Informationen aus der → *Kosten- und Leistungsrechnung* vorliegen. Das Berichtswesen bildet zugleich eines der Kernelemente des → *Neuen Steuerungsmodells*.

Berlin

ist gemäß Artikel 22 Abs. 1 Satz 1 des → *Grundgesetzes* (GG) die Hauptstadt der → *Bundesrepublik Deutschland* und zugleich neben → *Hamburg* und → *Bremen* als → *Stadtstaat* ein Bundesland der Bundesrepublik Deutschland. Das

Landesparlament heißt → *Abgeordnetenhaus* und die Landesregierung Senat, an dessen Spitze der Regierende Bürgermeister steht.

Berufliche Fortbildung

umfasst alle Bildungsmaßnahmen und Bildungsaktivitäten, bei denen es um die Aktualisierung, die Modernisierung und die Vertiefung von fachlichen Kenntnissen und Fähigkeiten nach der abgeschlossenen Berufsausbildung geht. Die berufliche Fortbildung wird häufig unterteilt in → *Anpassungsfortbildung* und → *Aufstiegsfortbildung*.

Berufsausbildungsvertrag

ist der zwischen dem → *Ausbildenden* und dem → *Auszubildenden* zum Zweck der Berufsausbildung geschlossene → *Vertrag* (§ 10 Abs. 1 BBiG). Auf den Berufsausbildungsvertrag sind, soweit sich aus seinem Wesen und Zweck und aus dem → *Berufsbildungsgesetz* (BBiG) nichts anderes ergibt, die für den → *Arbeitsvertrag* geltenden Rechtsvorschriften und Rechtsgrundsätze anzuwenden (§ 10 Abs. 2 BBiG). Beim Vertragsschluss mit einem Minderjährigen ist die Zustimmung der gesetzlichen Vertreter notwendig. Der Berufsausbildungsvertrag muss bestimmte Mindestangaben enthalten, die in § 11 Abs. 1 BBiG festgelegt sind. Die für die Regelung und Überwachung der Berufsausbildung nach dem BBiG bestimmten zuständigen Stellen (z. B. Bundesverwaltungsamt, Regierungspräsidien, Industrie- und Handelskammern, Handwerkskammern) führen Verzeichnisse, in die der Berufsausbildungsvertrag nach dessen Abschluss einzutragen ist (§ 34 Abs. 1 BBiG), wobei der Ausbildende die Eintragung in das Verzeichnis zu beantragen hat (§ 36 Abs. 1 BBiG).

Berufsbildungsausschuss

ist ein bei der zuständigen Stelle nach dem → *Berufsbildungsgesetz* (BBiG) errichteter Ausschuss, dem jeweils sechs Beauftragte der → *Arbeitgeber* und → *Arbeitnehmer* sowie mit beratender Stimme sechs Lehrkräfte an berufsbildenden Schulen angehören (§ 77 BBiG). Der Berufsbildungsausschuss ist in allen wichtigen Angelegenheiten der beruflichen Bildung zu unterrichten und zu hören und hat im Rahmen seiner Aufgaben auf eine stetige Entwicklung der Qualität der beruflichen Bildung hinzuwirken sowie die aufgrund des BBiG von der zuständigen Stelle zu erlassenden Rechtsvorschriften für die Durchführung der Berufsbildung (z. B. Prüfungsordnung für die Abschlussprüfung) zu beschließen (§ 79 BBiG).

Berufsbildungsgesetz

regelt vor allem die Rechtsbeziehungen des → *Auszubildenden* zum → *Ausbildenden* im Rahmen der Berufsausbildung. Daneben enthält das Berufsbildungsgesetz (BBiG) Vorschriften zur → *beruflichen Fortbildung* und Umschulung.

Berufsunfähigkeit

ist der in der gesetzlichen → *Rentenversicherung* verwandte Gegenbegriff zur → *Dienstunfähigkeit* im Beamtenrecht.

Berufsunfähigkeit im Sinne der gesetzlichen → *Rentenversicherung* liegt vor, wenn die Erwerbsfähigkeit eines Versicherten wegen Krankheit oder Behinderung gegenüber einer Vergleichsperson mit ähnlicher Ausbildung und gleichwertigen Kenntnissen und Fähigkeiten auf weniger als sechs Stunden gesunken ist (§ 240 Abs. 2 SGB VI).

Die Berufsunfähigkeit führt bei Versicherten, die vor dem 2. Januar 1961 geboren sind, bei Erfüllung der sonstigen rentenrechtlichen Voraussetzungen zu einem Anspruch auf Rente wegen teilweiser → *Erwerbsminderung* (§ 240 Abs. 1 SGB VI).

Berufung

ist ein → *Rechtsmittel*, das im Verwaltungsprozess gegen Urteile der Verwaltungsgerichte in Betracht kommt, wenn sie von dem Verwaltungsgericht oder dem Oberverwaltungsgericht zugelassen wird (§ 124 Abs. 1 VwGO). Die Berufung führt beim Oberverwaltungsgericht zu einer Überprüfung des Urteils sowohl in tatsächlicher wie auch in rechtlicher Hinsicht.

Beschäftigungsverordnung

enthält ergänzende Regelungen zur Durchführung des → *Aufenthaltsgesetzes* (AufenthG). Die Verordnung über die Beschäftigung von Ausländerinnen und → *Ausländern* (Beschäftigungsverordnung – BeschV) bestimmt, unter welchen Voraussetzungen ausländische → *Arbeitnehmer* und bereits in Deutschland lebende

Ausländer zum deutschen Arbeitsmarkt zugelassen werden können (§ 1 Abs. 1 BeschV).

Beschäftigungszeit

ist eine Zeitrechnung zur Ermittlung der Beschäftigungsdauer.

Der → *Tarifvertrag für den öffentlichen Dienst* (TVöD), der → *Tarifvertrag für den öffentlichen Dienst der Länder* (TV-L) und der → *Tarifvertrag für den öffentlichen Dienst des Landes Hessen* (TV-H) versteht unter Beschäftigungszeit die bei demselben → *Arbeitgeber* im → *öffentlichen Dienst* im → *Arbeitsverhältnis* zurückgelegte Zeit, auch wenn sie unterbrochen ist. Unberücksichtigt bleibt die Zeit eines Sonderurlaubs im Sinne des § 28 TVöD/TV-L/TV-H, es sei denn, der Arbeitgeber hat vor Antritt des Sonderurlaubs schriftlich ein dienstliches oder betriebliches Interesse anerkannt. Darüber hinaus werden auch frühere Zeiten bei einem anderen Arbeitgeber, der unter den Geltungsbereich des TVöD, TV-L oder TV-H fällt, und Zeiten bei einem Wechsel von einem anderen öffentlich-rechtlichen Arbeitgeber als Beschäftigungszeit anerkannt (§ 34 Abs. 3 TVöD/TV-L/TV-H).

Außerdem kann sich auch die Berücksichtigung bestimmter Zeiten als Beschäftigungszeit aus gesetzlichen Bestimmungen ergeben, z. B. Zeiten des Grundwehrdienstes und der Wehrübungen nach dem Arbeitsplatzschutzgesetz (ArbPlSchuG), Zeiten im Soldatenverhältnis bei der Bundeswehr nach dem Soldatenversorgungsgesetz (SVG).

Die Beschäftigungszeit hat Einfluss auf die Dauer der Bezugsfristen des → *Krankengeldzuschusses* (§ 22 Abs. 3 TVöD/TV-L/TV-H), das → *Jubiläumsgeld* (§ 23 Abs. 2 TVöD/TV-L/TV-H), die Dauer der → *Kündigungsfristen* des Arbeitsverhältnisses (§ 34 Abs. 1 TVöD/TV-L/TV-H) sowie den Ausschluss der ordentlichen → *Kündigung* durch den Arbeitgeber bei Beschäftigten des Gebiets der alten Bundesrepublik (Tarifgebiet West) und Beschäftigte, die nach bisherigem Recht unkündbar waren (§ 34 Abs. 2 TVöD/TV-L/TV-H).

Die im früheren Tarifrecht zur Ermittlung der Beschäftigungsdauer vorgenommene Trennung in zwei Zeitrechnungen – der Beschäftigungszeit und der → *Dienstzeit* – kennt der TVöD/TV-L/TV-H nicht mehr.

Für die von den früheren Tarifregelungen in den TVöD/TV-L/TV-H übergeleiteten → *Arbeitnehmer* des öffentlichen Dienstes enthalten die Überleitungstarifverträge TVÜ-Bund, TVÜ-VKA, TVÜ-Länder und TVÜ-H in § 14 Übergangsvorschriften, die im Wesentlichen den Fortbestand der vor Inkrafttreten des neuen Tarifrechts erreichten Beschäftigungszeiten sichern.

BeschV

ist die Abkürzung für → *Beschäftigungsverordnung.*

Beschwerde

ist ein → *Rechtsmittel*, das sich im Verwaltungsprozess gegen Entscheidungen der Verwaltungsgerichte, des Gerichtsvorsitzenden oder des Berichterstatters richtet, die nicht Urteile oder Gerichtsbescheide sind (§ 146 Abs. 1 VwGO). Daneben ist die Beschwerde statthaft gegen die Nichtzulassung der → *Revision* (§ 133 VwGO).

Besitz

ist die tatsächliche Herrschaft einer Person über eine → *Sache* (§§ 854 ff. BGB).

Besoldung

im beamtenrechtlichen Sinne ist die Gesamtheit der Leistungen, die dem → *Beamten* mit Rücksicht auf sein Dienstverhältnis nach Maßgabe der Besoldungsgesetze gewährt werden.

Nach dem → *Bundesbesoldungsgesetz* (BBesG), das der Bund aufgrund seiner → *Gesetzgebungszuständigkeit* nach Artikel 73 Abs. 1 Nr. 8 des → *Grundgesetzes* (GG) für die Bundesbeamten erlassen hat, gehören zur Besoldung die Dienstbezüge und sonstigen Bezüge des Beamten (§ 1 Abs. 2 und 3 BBesG). Zu den Dienstbezügen des Beamten gehören das → *Grundgehalt*, die Leistungsbezüge für Professoren sowie hauptberufliche Leiter von Hochschulen und Mitglieder von Leitungsgremien an Hochschulen, der → *Familienzuschlag*, die Zulagen, die Vergütungen (z. B. Mehrarbeitsvergütung) und die Auslandsbesoldung (für Beamte mit dienstlichem Wohnsitz im Ausland). Zu den sonstigen Besoldungsbezügen, die wegen ihrer besonderen Zweckbestimmung nicht zu den Dienstbezügen zählen, aber Teile der Besoldung sind, da sie fortlaufend gewährt werden, gehören die → *Anwärterbezüge* und die → *vermögenswirksamen*

Leistungen (§ 1 Abs. 3 BBesG). Der Beamte kann auf die ihm gesetzlich zustehende Besoldung (mit Ausnahme der vermögenswirksamen Leistungen) weder ganz noch teilweise verzichten (§ 2 Abs. 3 BBesG).

Die Besoldung der Beamten, die im Dienste der Länder und der Gemeinden, der Gemeindeverbände sowie der sonstigen der Aufsicht eines Landes unterstehenden → *Körperschaften*, → *Stiftungen* und → *Anstalten des öffentlichen Rechts* stehen, richtet sich nach dem jeweils von den Ländern aufgrund der auf sie durch das Gesetz zur Änderung des Grundgesetzes vom 28. August 2006 übergegangenen Gesetzgebungszuständigkeit für die Beamtenbesoldung (Art. 70 i. V. m. Art. 74 Abs. 1 Nr. 27 GG) erlassenen Besoldungsgesetz.

Besoldungsgruppe

dient der Bewertung der einzelnen → *Ämter* der → *Beamten* und der Bestimmung des → *Grundgehalts* eines Beamten (z. B. Besoldungsgruppe A 6 = Sekretär, Besoldungsgruppe A 9 = Inspektor).

Besoldungsordnungen

enthalten die einzelnen → *Ämter* der → *Beamten* und ihre → *Besoldungsgruppen*. Sie sind Teil einer Anlage des → *Bundesbesoldungsgesetzes* (BBesG) bzw. des von den Ländern erlassenen Besoldungsgesetzes. Aus den Besoldungsordnungen ergeben sich auch die → *Grundgehälter* der Beamten.

Das BBesG kennt vier Besoldungsordnungen, und zwar die Bundesbesoldungsordnung A für Beamte mit aufsteigenden Gehältern (§ 20 BBesG), die Bundesbesoldungsordnung B für Beamte mit festen Gehältern (§ 20 BBesG), die Bundesbesoldungsordnung W für Professoren (§ 32 BBesG) und die Bundesbesoldungsordnung R für Richter und Staatsanwälte (§ 37 BBesG). Die von den Ländern erlassenen Besoldungsgesetze kennen ebenfalls vier Besoldungsordnungen, die inhaltlich mit den Regelungen des BBesG übereinstimmen.

Besorgnis der Befangenheit

bedeutet, dass ein Grund vorliegt, der geeignet ist, Misstrauen gegen eine unparteiische Amtsausübung eines Amtsträgers zu rechtfertigen. Denn wer befangen ist, kann nicht objektiv handeln. Für das → *Verwaltungsverfahren* ist in § 21 → *Verwaltungsverfahrensgesetz* (VwVfG) festgelegt, unter welchen Voraussetzungen Amtsträger wegen Besorgnis der Befangenheit nicht an dem Verwaltungsverfahren mitwirken dürfen.

Bestandskraft des Verwaltungsaktes

bedeutet, dass der → *Verwaltungsakt* unanfechtbar geworden ist, wobei die Bestandskraft des Verwaltungsaktes in den → *Verwaltungsverfahrensgesetzen* (VwVfG) aber nicht näher bestimmt ist. Die Unanfechtbarkeit des Verwaltungsaktes tritt ein, wenn die Rechtsmittelfristen abgelaufen sind, das heißt gegen den Verwaltungsakt kann kein → *Rechtsbehelf* mehr eingelegt werden. Der Verwaltungsakt entfaltet sodann Rechtswirkung, wobei dies jedoch nicht bei der → *Nichtigkeit* gilt, da der nichtige Verwaltungsakt von Anfang an unwirksam ist (§ 43 Abs. 3 VwVfG).

Beteiligungsfähigkeit

ist die rechtliche Fähigkeit, als Beteiligter an einem → *Verwaltungsverfahren* teilnehmen zu dürfen. Fähig, am Verwaltungsverfahren beteiligt zu sein, sind → *natürliche Personen* und → *juristische Personen* (z. B. Gemeinden, Vereine, Aktiengesellschaften), Vereinigungen, soweit ihnen ein Recht zustehen kann (z. B. Parteien, Gewerkschaften) und → *Behörden* (§ 11 VwVfG).

Betriebsabrechnungsbogen

ist ein organisatorisches Hilfsmittel zur tabellarischen Durchführung der Kostenverrechnung auf die Kostenstellen. Der Betriebsabrechnungsbogen (BAB) wird in der Regel mithilfe von Datenverarbeitungsanlagen erstellt. Aus dem BAB ist ersichtlich, welche Kostenstelle (Organisationseinheit) zur Wahrnehmung einer bestimmten Aufgabe (z. B. Beratung) welchen Aufwand im abgelaufenen Haushaltsjahr verursacht hat. Der BAB erfasst grundsätzlich nur die Kostenträgergemeinkosten, wobei die Einzelkosten den Kostenträgern direkt und verursachungsgemäß zugerechnet werden. Wenn dennoch im BAB Einzelkosten aufgenommen werden, so geschieht dies um einen Überblick über die gesamten Kosten zu erhalten.

Betriebsmittel

sind die von dem Bundes- oder Landesfinanzministerium der obersten Bundes- oder Landesbehörde erteilte Ermächtigung, in ihrem Geschäftsbereich innerhalb eines bestimmten Zeitraums die notwendigen Auszahlungen bis zur Höhe eines bestimmten Betrages leisten zu lassen (§ 43 Abs. 1 BHO/LHO). Auf die Anmeldung und Zuweisung der Betriebsmittel kann das Bundes- oder Landesfinanzministerium verzichten. Zu beachten ist, dass Betriebsmittel kein Geld sind. Mit der Betriebsmittelzuweisung wird lediglich die Ermächtigung erteilt, Geldzahlungen innerhalb eines bestimmten Zeitraums (Monat oder Quartal) anzuordnen.

Beurteilung

→ Dienstliche Beurteilung

Beweislastumkehr

ist die Bezeichnung für gesetzliche Ausnahmefälle von der Pflicht zum Beweis von Tatsachen in einem gerichtlichen Prozess. Die Beweislastumkehr ist in verschiedenen → *Gesetzen* enthalten. Der bekannteste Ausnahmefall der Beweislastumkehr (Ausnahme von dem Rechtsgrundsatz, dass grundsätzlich diejenige Partei die Tatsachen zu beweisen hat, die für sie ungünstig sind) findet sich beim → *Verbrauchsgüterkauf* im Sinne des § 474 des → *Bürgerlichen Gesetzbuches* (BGB). Beim Verbrauchsgüterkauf wird innerhalb der ersten sechs Monate seit Gefahrübergang vermutet, dass die Sache bereits bei Gefahrübergang mangelhaft war, es sei denn, diese Vermutung ist mit der Art der Sache oder des Mangels unvereinbar (§ 477 BGB). Der Beweis des Gegenteils obliegt in diesem Falle dem Verkäufer.

Beweismittel

im → *Verwaltungsverfahren* sind insbesondere die Einholung von Auskünften, die Anhörung von Beteiligten, die Vernehmung von Zeugen und Sachverständigen, das Beiziehen von Urkunden und Akten sowie die Einnahme des Augenscheins (§ 26 Abs. 1 VwVfG).

Bewirtschaftungsbefugnis

ist das Recht einer mittelbewirtschaftenden Dienststelle – im Rahmen der ihr zugewiesenen → *Haushaltsmittel* und der vorgesehenen Zweckbestimmung – selbstständig darüber zu entscheiden, für welchen Zweck und in welcher Höhe die Haushaltsmittel im Einzelnen verwendet werden sollen. Mit der Übersendung des → *Haushaltsplans* und der Verteilung der Haushaltsmittel ist zugleich die Ermächtigung zur Bewirtschaftung (Bewirtschaftungsbefugnis) erteilt (VV Nr. 1.9 zu § 34 BHO/LHO).

Mit der Zuweisung der Haushaltsmittel besitzen der Behördenleiter aufgrund seiner Direktionsbefugnis und der → *Beauftragte für den Haushalt* gemäß § 9 BHO/LHO die Bewirtschaftungsbefugnis, wobei in der Praxis der Beauftragte für den Haushalt die Bewirtschaftungsbefugnis regelmäßig ausübt.

BfDI

ist die Abkürzung für → *Bundesbeauftragter für den Datenschutz und die Informationsfreiheit*.

BFH

ist die Abkürzung für → *Bundesfinanzhof*.

BGB

ist die Abkürzung für → *Bürgerliches Gesetzbuch*.

BGBl.

ist die Abkürzung für → *Bundesgesetzblatt*.

BGH

ist die Abkürzung für → *Bundesgerichtshof*.

BHO

ist die Abkürzung für → *Bundeshaushaltsordnung*.

Bilanz

im betriebswirtschaftlichen Sinne ist die Gegenüberstellung von → *Aktiva* und → *Passiva* nach Maßgabe des § 266 des → *Handelsgesetzbuches* (HGB). Gegenübergestellt werden → *Vermögen* und Verbindlichkeiten. Die Summe des Vermögens, abzüglich der Verbindlichkeiten, wird als Saldo bezeichnet. Aus kaufmännischer Perspektive ist diese Gegenüberstellung von Verwendungen des Vermögens (Aktiva) und Herkunft der Mittel eines Unternehmens (Passiva) besonders nützlich, um die finanziellen Verhältnisse eines Unternehmens zu bewerten. Die Bilanz und die Gewinn- und Verlustrechnung ergeben zusammen den Jahresabschluss eines Unternehmens.

BIP

ist die Abkürzung für → *Bruttoinlandsprodukt*.

Bitcoin

→ Virtuelle Währung

Blockchain

ist ein kryptografisches (verschlüsseltes) System, das aus einer Kette von ständig erweiterbaren digitalen Datenblöcken besteht. Die Datenketten sind auf einer Vielzahl dezentral vernetzter Rechner gespeichert. Das Blockchain-System ist transparent, sicher und unveränderbar und wurde durch den Einsatz bei der im Jahr 2009 entstandenen → *virtuellen Währung*, dem Bitcoin, bekannt. Im Rahmen der → *Digitalisierung* ist eine ständige Erweiterung der Bereiche, in dem dieses System zur Anwendung kommt, zu verzeichnen.

BLV

ist die Abkürzung für → *Bundeslaufbahnverordnung*.

Boom

im wirtschaftlichen Sinne bezeichnet im → *Konjunkturzyklus* die Phase der Hochkonjunktur. Das deutlichste Zeichen dieser Phase ist der wirtschaftliche Wohlstand. Weitere Konjunkturphasen sind die → *Expansion*, die → *Rezession* und die → *Depression*.

Bottom-up

ist ein aus dem Englischen stammender Begriff, der wörtlich übersetzt von „unten nach oben" bedeutet, und in der öffentlichen Verwaltung im Haushaltsrecht seinen Niederschlag findet. Das interne Verfahren zur Aufstellung des Regierungsentwurfs des Bundeshaushalts verlief bis zum Jahre 2011 „bottom-up", das heißt über die Ressortwünsche wurde – nachdem die einzelnen Ressorts dem Bundesministerium der Finanzen ihre Haushaltsanmeldungen (Voranschläge) übersandt hatten – anschließend „von unten nach oben" auf den verschiedenen Verwaltungsebenen verhandelt. Seit dem Jahre 2012 beginnt das Verfahren zur Aufstellung des Haushaltsplanentwurfs des Bundes in der entgegengesetzten Richtung „von oben nach unten" und somit → *top-down*.

BPatG

ist die Abkürzung für → *Bundespatentgericht*.

BPersVG

ist die Abkürzung für → *Bundespersonalvertretungsgesetz*.

Brandenburg

ist das fünftgrößte Bundesland der → *Bundesrepublik Deutschland*, das in seiner heutigen Form mit der Wiedervereinigung Deutschlands am 3. Oktober 1990 errichtet wurde. Die Landeshauptstadt von Brandenburg ist Potsdam.

Brauch

ist eine regelmäßig wiederkehrende Verhaltensweise, die sich im Gemeinschaftsleben herausgebildet hat und eine gewisse Gleichartigkeit des Handelns in bestimmten Situationen bewirkt (z. B. Brauch ist es, einen Weihnachtsbaum aufzustellen oder Geschenke zum Geburtstag zu machen).

Nicht verwechselt werden darf der Brauch mit der → *Sitte*.

Bremen

ist gemeinsam mit Bremerhaven eine Freie Hansestadt und zugleich neben → *Hamburg* und → *Berlin* als → *Stadtstaat* ein Bundesland der → *Bundesrepublik Deutschland*. Das Landesparlament heißt Bremische → *Bürgerschaft* und die Landesregierung heißt Senat, an dessen Spitze ein Bürgermeister steht.

Brexit

ist ein aus den englischen Begriffen „Britain" = Großbritannien und „Exit" = Ausstieg gebildetes Kunstwort, das den Austritt des Vereinigten Königreichs (England, Schottland, Wales und Nordirland) aus der → *Europäischen Union* (EU) beschreibt. Bei einer Volksbefragung, die am 23. Juni 2016 im Vereinigten Königreich stattfand, hat sich die Mehrheit der Abstimmenden für einen Austritt des Vereinigten Königreichs aus der EU ausgesprochen. Am 31.

Januar 2020 erfolgte der EU-Austritt des Vereinigten Königreichs. Geregelt ist der Austritt durch das am 1. Februar 2020 in Kraft getretene Abkommen über den Austritt des Vereinigten Königreichs Großbritannien und Nordirland aus der Europäischen Union und Europäischen Atomgemeinschaft, das im Einzelnen die Art und Durchführung für den EU-Austritt nach Artikel 50 des Vertrages über die Europäische Union beinhaltet.

BRH

ist die Abkürzung für → *Bundesrechnungshof*.

Bringschuld

ist eine Schuld, bei der aufgrund besonderer Vereinbarung zwischen den Vertragsparteien der Schuldner die Leistung am Ort des Gläubigers zu bewirken hat (z. B. ist „frei Baustelle" vereinbart, so hat der Baustoffhändler den Zement zu der von dem Käufer bezeichneten Baustelle anzufahren).

Bruttoinlandsprodukt

ist ein Wertmaßstab für die Leistungsfähigkeit einer Volkswirtschaft (unter Berücksichtigung der Bevölkerungszahl). Das Bruttoinlandsprodukt (BIP) setzt sich aus dem Wert sämtlicher im Inland in einem bestimmten Zeitraum produzierten Waren und Dienstleistungen nach Abzug des Wertes der im Produktionsprozess als Vorleistungen verbrauchten Güter zusammen. Das BIP wird – ausgehend von der (bereinigten) Bruttowertschöpfung aller Wirtschaftsbereiche – durch Addition von Gütersteuern abzüglich Gütersubventionen ermittelt. Von seiner Verwendung her gesehen ist das BIP gleich der Summe aller Erwerbs- und Vermögenseinkommen, die in der Berichtsperiode im Zuge der Produktion im Inland entstanden sind, zuzüglich der Abschreibungen und der (um die Subventionen verminderten) Produktions- und Importabgaben.

Bruttoprinzip

ist ein → *Haushaltsgrundsatz*, der besagt, dass die Einnahmen und Ausgaben in voller Höhe und getrennt voneinander zu veranschlagen sind. Es dürfen also weder Ausgaben von Einnahmen vorweg abgezogen noch Einnahmen auf Ausgaben vorweg angerechnet werden. Soweit in Ausnahmefällen eine Saldierung zweckmäßig und zulässig ist, ist aus Kontrollgründen der Saldo in den Erläuterungen des → *Haushaltsplans* zu berechnen. Durch das Bruttoprinzip wird die Zusammensetzung der einzelnen Haushaltspositionen durchschaubar gemacht (§ 12 HGrG, § 15 Abs. 1 BHO/LHO).

Bruttoproduktionswert

ist der Gesamtwert aller in den einzelnen Sektoren der Volkswirtschaft in einer Periode erzeugten → *Güter* und Dienstleistungen.

Bruttowertschöpfung

ist die Summe aller von den Wirtschaftseinheiten innerhalb eines Landes geschaffenen wirtschaftlichen Werte. Sie ergibt sich als Differenz aus der gesamten Produktion (Produktionswerte) und den hierfür verbrauchten → *Gütern* (Vorleistungen) und wird ohne Umsatzsteuer ermittelt.

BSG

ist die Abkürzung für → *Bundessozialgericht*.

BStatG

ist die Abkürzung für Bundesstatistikgesetz.

Buchführung

ist in den öffentlichen Haushalten nach dem kameralistischen System – auch → *Kameralistik* genannt – aufgebaut, das einen ständigen Vergleich der Zahlungen mit den Ansätzen im → *Haushaltsplan* ermöglicht. Dies ergibt sich aus der Festlegung in § 33 des → *Haushaltsgrundsätzegesetzes* (HGrG), wonach über alle Zahlungen nach der im Haushaltsplan oder sonst vorgesehenen Ordnung in zeitlicher Folge Buch zu führen ist.

Mit dem am 1. Januar 2010 in Kraft getretenen Haushaltsgrundsätzemodernisierungsgesetz wurde durch Einfügung eines neuen § 1a in das HGrG dem Bund und den Ländern die Möglichkeit eröffnet, dass sie ihre Haushaltswirtschaft außer nach der bisherigen Kameralistik bzw. der Erweiterten Kameralistik, bei der das kamerale Haushaltswesen um Instrumente der doppelten → *Buchführung* (insbesondere → *Kosten- und Leistungsrechnung*) und eine Ergebnisorientierung (z. B. Produkte, Leistungsaufträge) ergänzt wird, auch nach den Grundsätzen der staatlichen doppelten Buchführung (staatliche → *Doppik*) nach Maßgabe des § 7a HGrG in Anwendung der Vorschriften des Ersten und des Zweiten Abschnitts Erster und Zweiter Unterabschnitt des Dritten Buches → *Handelsgesetzbuch* und den Grundsätzen der ordnungsmäßigen Buchführung und Bilanzierung gestalten können.Von dieser Möglichkeit wird in der → *öffentlichen Verwaltung* zunehmend Gebrauch gemacht.

Budget

→ Haushaltsplan

Budgetierung

ist ein modifiziertes Verfahren der Haushaltsplanung sowie des Haushaltsvollzugs mit der Folge der Übertragung der Verantwortung für die Bewirtschaftung von → *Haushaltsmitteln* in einem vorgegebenen Finanzrahmen auf die für die Sachentscheidungen verantwortlichen Organisationseinheiten innerhalb der → *Behörde*, wobei den Organisationseinheiten die Haushaltsmittel für die Erfüllung vorher definierter Aufgaben bzw. Leistungen zur eigenverantwortlichen Bewirtschaftung zur Verfügung stehen.

Ziel der Budgetierung ist es, die Eigenverantwortlichkeit, die Entscheidungsspielräume und die Motivation der Beschäftigten in den dezentralen Organisationseinheiten zu stärken, wirtschaftliches Denken und Verhalten beim Ressourceneinsatz (Finanzen, Sachmittel und Personal) zu fördern, Entscheidungswege zu verkürzen und zu beschleunigen sowie Einsparungen und Kostensenkungen zu verwirklichen. Die Budgetierung bildet zugleich eines der Kernelemente des → *Neuen Steuerungsmodells*.

Bundesagentur für Arbeit

ist eine rechtsfähige bundesunmittelbare → *Körperschaft des öffentlichen Rechts* mit Selbstverwaltung (§ 367 Abs. 1 SGB III), die der → *Rechtsaufsicht* des Bundesministeriums für Arbeit und Soziales unterliegt (§ 393 Abs. 1 SGB III). Die Bundesagentur für Arbeit gliedert sich in eine Zentrale auf der oberen Verwaltungsebene mit Sitz in Nürnberg, Regionaldirektionen auf der mittleren Verwaltungsebene und Agenturen für Arbeit auf der örtlichen Verwaltungsebene

(§ 367 Abs. 2 und 4 SGB III). Zu den Hauptaufgaben der Bundesagentur gehören Dienstleistungen im Rahmen der Grundsicherung für Arbeitssuchende nach dem Zweiten Buch → *Sozialgesetzbuch* (SGB II) und der Arbeitsförderung nach dem Dritten Buch Sozialgesetzbuch (SGB III).

Bundesamt für Migration und Flüchtlinge

ist eine Bundesoberbehörde im Geschäftsbereich des Bundesministeriums des Innern und für Heimat mit Sitz in Nürnberg. Das Bundesamt für Migration und Flüchtlinge (BAMF) entscheidet gemäß § 5 des → *Asylgesetzes* (AsylG) über Asylanträge und ist nach Maßgabe des AsylG für ausländerrechtliche Maßnahmen und Entscheidungen zuständig.

Bundesanstalt für Finanzdienstleistungsaufsicht

ist eine bundesunmittelbare, rechtsfähige → *Anstalt des öffentlichen Rechts* mit Sitz in Bonn und Frankfurt am Main, die zum 1. Mai 2002 durch Zusammenlegung des Bundesaufsichtsamtes für das Kreditwesen, des Bundesaufsichtsamtes für das Versicherungswesen und des Bundesaufsichtsamtes für den Wertpapierhandel errichtet wurde (§ 1 Abs. 1 und 2 Finanzdienstleistungsaufsichtsgesetz – FinDAG).

Die Bundesanstalt für Finanzdienstleistungsaufsicht (BaFin) untersteht der Rechts- und Fachaufsicht des → *Bundesministeriums* der Finanzen (§ 2 FinDAG). Hauptaufgabe der BaFin – die Aufgaben sind im Einzelnen in § 4 FinDAG geregelt – ist die Missbrauchsaufsicht über Banken und Kreditinstitute, Versicherungen und über den Handel mit Wertpapieren, soweit nicht die → *Europäische Zentralbank* zuständig ist. Ziel ist die Verhinderung von Geldwäsche und der Terrorismusfinanzierung im öffentlichen Interesse – dies umfasst auch die Aufsicht über Bausparkassen und Investmentfonds. Im Ergebnis bedeutet dies, dass Bankgeschäfte und Finanzdienstleistungen im weiteren Sinne, ebenso wie Versicherungsgeschäfte, nicht ohne staatliche Erlaubnis betrieben werden dürfen (Erlaubnisvorbehalt).

Bundesarbeitsgericht

ist der gemäß Artikel 95 Abs. 1 des → *Grundgesetzes* (GG) vom Bund errichtete oberste Gerichtshof für das Gebiet der → *Arbeitsgerichtsbarkeit* mit Sitz in Erfurt.

Die Einzelheiten über die Zuständigkeit des Bundesarbeitsgerichts (BAG), die Organisation und das Verfahren sind im Arbeitsgerichtsgesetz (ArbGG) geregelt.

Bundesaufsichtsverwaltung

ist eine Verwaltungsform, bei der die Länder die Bundesgesetze als eigene Angelegenheit ausführen, wobei für die Ausführung von Bundesgesetzen weder eine → *bundeseigene Verwaltung* noch eine → *Bundesauftragsverwaltung* besteht (Art. 83 GG).

Bundesauftragsverwaltung

ist eine Verwaltungsform, bei der die Ausführung von Bundesgesetzen durch die Länder im Auftrage des Bundes erfolgt. Die Einrichtung der → *Behörden* bleibt dabei Angelegenheit der Länder, soweit nicht Bundesgesetze mit Zustimmung des → *Bundesrates* etwas anderes bestimmen (Art. 85 Abs. 1 GG).

Bundesbank

→ Deutsche Bundesbank

Bundesbeamtengesetz

regelt die Einzelheiten des → *Beamtenverhältnisses* der → *Beamten* des Bundes, das der Bund aufgrund seiner Gesetzgebungszuständigkeit nach Artikel 73 Abs. 1 Nr. 8 des → *Grundgesetzes* (GG) erlassen hat.

Die Einzelheiten des Beamtenverhältnisses der Beamten, die im Dienst der Gemeinden, der Gemeindeverbände und der sonstigen der Aufsicht eines Landes unterstehenden → *Körperschaften*, → *Anstalten* und → *Stiftungen des öffentlichen Rechts* stehen, sind im → *Beamtenstatusgesetz* (BeamtStG) sowie in dem von dem jeweiligen Bundesland erlassenen Beamtengesetz geregelt.

Bundesbeauftragter für den Datenschutz und die Informationsfreiheit

ist in der Ausübung seines Amtes völlig unabhängig und nur dem → *Gesetz* unterworfen. Das → *Amt* des Bundesbeauftragten für den → *Datenschutz* und die Informationsfreiheit (BfDI) ist seit dem Jahr 2016 eine eigenständige oberste Bundesbehörde. Der Bundesbeauftragte für den Datenschutz und die Informationsfreiheit wird ohne

Aussprache auf Vorschlag der → *Bundesregierung* vom → *Bundestag* mit mehr als der Hälfte der gesetzlichen Zahl seiner Mitglieder für eine Amtszeit von fünf Jahren gewählt, wobei eine einmalige Wiederwahl zulässig ist (§ 11 BDSG). Die Einzelheiten der Aufgaben des Bundesbeauftragten für den Datenschutz und die Informationsfreiheit sind in der → *Datenschutz-Grundverordnung* (DSGVO), dem → *Bundesdatenschutzgesetz* (BDSG) und dem Gesetz zur Regelung des Zugangs zu Informationen des Bundes (→ *Informationsfreiheitsgesetz* – IFG) geregelt.

Bundesbesoldungsgesetz

regelt die → *Besoldung* der → *Beamten* des Bundes (ausgenommen sind Ehrenbeamte) und der → *Richter* des Bundes (ausgenommen sind ehrenamtliche Richter) und der Berufssoldaten und Soldaten auf Zeit (§ 1 Abs. 1 BBesG), das der Bund aufgrund seiner Gesetzgebungszuständigkeit nach Artikel 73 Abs. 1 Nr. 8 des → *Grundgesetzes* (GG) erlassen hat.

Die → *Besoldung* der Beamten, die im Dienst der Länder, der Gemeinden, der Gemeindeverbände und der sonstigen der Aufsicht eines Landes unterstehenden → *Körperschaften*, → *Anstalten* und → *Stiftungen des öffentlichen Rechts* stehen, sind in dem von dem jeweiligen Bundesland erlassenen Besoldungsgesetz geregelt.

Bundesdatenschutzgesetz

regelt die Erhebung, Verarbeitung und Nutzung personenbezogener Daten einschließlich deren Übermittlung an Dritte sowohl im öffentlichen Bereich (Behörden, Ämter) und nicht öffentlichen Bereichen (z. B. Unternehmen), soweit in den Datenschutzgesetzen der Länder nicht etwas anderes bestimmt ist. Zugleich ergänzt und konkretisiert das Bundesdatenschutzgesetz (BDSG) die am 25. Mai 2018 in Kraft getretene → *Datenschutz-Grundverordnung* (DSGVO) der → *Europäischen Union* (EU), die unmittelbar in Deutschland gilt.

Bundesdisziplinargesetz

regelt die Folgen der Verletzung dienstlicher Pflichten der → *Beamten* des Bundes. Das Bundesdisziplinargesetz (BDG) sieht als Disziplinarmaßnahmen den Verweis, die Geldbuße, die Kürzung der

Dienstbezüge, die Zurückstufung und die Entfernung aus dem → *Beamtenverhältnis* vor (§ 5 BDG).

Die Disziplinargesetze der Länder sehen ebenfalls entsprechende Disziplinarmaßnahmen für die Landes- und Kommunalbeamten vor.

Bundeseigene Verwaltung

ist eine Verwaltungsform, bei der die Bundesgesetze durch bundeseigene → *Behörden* (sog. unmittelbare Bundesverwaltung) oder durch → *Körperschaften* und → *Anstalten des öffentlichen Rechts*, die für das gesamte Bundesgebiet zuständig sind und zum Teil Außenstellen haben (sog. mittelbare Bundesverwaltung), ausgeführt werden. Die → *Bundesregierung* regelt hierbei die Einrichtung der Behörden und erlässt die allgemeinen → *Verwaltungsvorschriften*, soweit durch → *Gesetz* nicht anderes bestimmt ist (Art. 86 GG).

Bundeselterngeld- und Elternzeitgesetz

regelt die Anspruchsvoraussetzungen auf Einkommensersatz in Form von → *Elterngeld* und auf unbezahlte Freistellung von → *Arbeitnehmern* von ihrer Erwerbstätigkeit in Form der → *Elternzeit* zur Betreuung und Erziehung eines Kindes. Zusätzlich enthält das Bundeselterngeld- und Elternzeitgesetz (BEEG) besondere Kündigungsschutzvorschriften (§ 18 BEEG).

Für die Beamtinnen und → *Beamten* des Bundes richtet sich der Anspruch auf Elternzeit nach der von der Bundesregierung erlassenen Mutterschutz- und Elternzeitverordnung (MuSchEltZV); für die übrigen Beamtinnen und Beamten gelten die durch Landesrecht erlassenen Verordnungen über die Elternzeit.

Bundesfinanzhof

ist der gemäß Artikel 95 Abs. 1 des → *Grundgesetzes* (GG) vom Bund errichtete oberste Gerichtshof für das Gebiet der Finanzgerichtsbarkeit mit Sitz in München.

Die Einzelheiten über die Zuständigkeit des Bundesfinanzhofs (BFH), die Organisation und das Verfahren sind in der Finanzgerichtsordnung (FGO) geregelt.

Bundesgerichtshof

ist der gemäß Artikel 95 Abs. 1 des → *Grundgesetzes* (GG) vom Bund errichtete oberste Gerichtshof für das Gebiet der ordentlichen Gerichtsbarkeit mit Sitz in Karlsruhe.

Die Einzelheiten über die Zuständigkeit des Bundesgerichtshofs (BGH), die Organisation und das Verfahren sind im Gerichtsverfassungsgesetz (GVG) geregelt.

Bundesgesetzblatt

ist das amtliche Verkündungsblatt für alle Bundesgesetze, da kein Bundesgesetz gültig ist, wenn es nicht im Bundesgesetzblatt (BGBl.) veröffentlicht wird (Art. 82 Abs. 1 Satz 1 GG). Das BGBl., das vom Bundesministerium der Justiz herausgegeben und durch den Bundesanzeiger Verlag mit Sitz in Köln vertrieben wird, erscheint in drei Teilen. Im Teil I werden Bundesgesetze, Rechtsverordnungen des Bundes, Entscheidungsformeln des → *Bundesverfassungsgerichts* mit Gesetzeskraft sowie Anordnungen des → *Bundespräsidenten* veröffentlicht. Der Teil II beinhaltet Veröffentlichungen völkerrechtlicher Vereinbarungen einschließlich der damit zusammenhängenden Bekanntmachungen, die in der → *Bundesrepublik Deutschland* Wirksamkeit erlangen. Der Teil III enthält die Sammlung des nach der Rechtsbereinigung noch fortgeltenden Bundesrechts. Das BGBl. steht allen Interessenten als kostenlosen Bürgerzugang online zur Verfügung.

Bundeshaushaltsordnung

beinhaltet für den Bereich des Bundes die nähere Ausgestaltung des sich aus dem → *Haushaltsgrundsätzegesetz* (HGrG) für den Bund und die Länder ergebenden Gesetzesauftrages zur Regelung ihres Haushaltsrechtes nach gemeinsamen Grundsätzen.

Bundeskanzler

ist die Bezeichnung für den Chef der → *Bundesregierung*. Er wird auf Vorschlag des → *Bundespräsidenten* vom Bundestag ohne Aussprache gewählt (Art. 63 Abs. 1 GG). Der Bundeskanzler bestimmt die Richtlinien der inneren und äußeren Politik (Richtlinienkompetenz) und trägt die alleinige politische Verantwortung für die Politik gegenüber dem → *Bundestag* (Art. 65 Satz 1 GG). Er leitet die Geschäfte nach einer von der Bundesregierung beschlossenen und vom → *Bundespräsidenten* genehmigter → *Geschäftsordnung* (Art. 65 Satz 4 GG).

Bundeskanzler der Bundesrepublik Deutschland sind Konrad Adenauer (1949 bis 1963), Ludwig Erhard (1963 bis 1966), Kurt Georg Kiesinger (1966 bis 1969), Willly Brandt (1969 bis 1974), Helmut Schmidt (1974 bis 1982), Helmut Kohl (1982 bis 1998), Gerhard Schröder (1998 bis 2005), Angela Merkel (2005 bis 2021) und Olaf Scholz (seit 8. Dezember 2021).

Bundeslaufbahnverordnung

→ Laufbahn

Bundesminister

ist die Bezeichnung für Regierungsmitglieder, die zusammen mit dem → *Bundeskanzler* die → *Bundesregierung* bilden (Art. 62 GG). Die Bundesminister leiten innerhalb der vom Bundeskanzler bestimmten Richtlinien der Politik ihren Geschäftsbereich selbstständig und unter eigener Verantwortung gegenüber dem Bundeskanzler (Art. 65 Satz 2 GG). Die Bundesminister werden auf Vorschlag des Bundeskanzlers vom → *Bundespräsidenten* ernannt (Art. 64 Abs. 1 GG).

Bundesministerium

ist eine oberste Bundesbehörde unter der Leitung eines Bundesministers der deutschen → *Bundesregierung*. Derzeit gibt es 15 Bundesministerien, und zwar das Bundesministerium der Finanzen (BMF), Bundesministerium des Innern und für Heimat (BMI), Auswärtiges Amt (AA), Bundesministerium für Wirtschaft und Klimaschutz (BMWi), Bundesministerium der Justiz (BMJ), Bundesministerium für Arbeit und Soziales (BMAS), Bundesministerium der Verteidigung (BMVg), Bundesministerium für Ernährung und Landwirtschaft (BMEL), Bundesministerium für Familie, Senioren, Frauen und Jugend (BMFSFJ), Bundesministerium für Gesundheit (BMG), Bundesministerium für Digitales und Verkehr (BMDV), Bundesministerium für Umwelt, Naturschutz, nukleare Sicherheit und Verbraucherschutz (BMUV), Bundesministerium für Bildung und Forschung (BMBF), Bundesministerium für Wohnen, Stadtentwicklung und Bauwesen (BMWSB) sowie das Bundesministerium für wirtschaftliche Zusammenarbeit und Entwicklung (BMZ).

Bundespatentgericht

ist das vom Bund gemäß Artikel 96 Abs. 1 des → *Grundgesetzes* (GG) für Angelegenheiten des gewerblichen Rechtsschutzes (Patent- und Markensachen) errichtete Bundesgericht mit Sitz in München.

Die Einzelheiten über die Zuständigkeit des Bundespatentgerichts, die Organisation und das Verfahren sind im Patentgesetz geregelt. Oberster Gerichtshof des Bundespatentgerichts ist der → *Bundesgerichtshof* (Artikel 96 Abs. 3 GG).

Bundespersonalvertretungsgesetz

bildet die Rechtsgrundlage für die Bildung und Tätigkeit von → *Personalräten* sowie → *Jugend- und Auszubildendenvertretungen* in den Verwaltungen und Betriebsverwaltungen des Bundes sowie der bundesunmittelbaren → *Körperschaften*, → *Anstalten* und → *Stiftungen des öffentlichen Rechts* und der Gerichte des Bundes.

Für die Landes- und Kommunalverwaltungen ist das Personalvertretungsrecht in dem vom jeweiligen Land erlassenen Personalvertretungsgesetz geregelt.

Bundespräsident

ist die Bezeichnung für das Staatsoberhaupt der → *Bundesrepublik Deutschland*.

Der Bundespräsident wird von der → *Bundesversammlung* ohne Aussprache auf die Dauer von fünf Jahren gewählt. Die anschließende Wiederwahl ist nur einmal zulässig. Gewählt ist, wer die Stimmen der Mehrheit der Mitglieder der Bundesversammlung erhält. Wird diese Mehrheit in zwei Wahlgängen von keinem Bewerber erreicht, so ist gewählt, wer in einem weiteren Wahlgang die meisten Stimmen auf sich vereinigt. Wählbar ist jeder Deutsche im Sinne des Artikel 116 des → *Grundgesetzes* (GG), der das aktive → *Wahlrecht* zum → *Bundestag* besitzt und das vierzigste Lebensjahr vollendet hat. Außerdem darf er nicht bereits zweimal hintereinander Bundespräsident gewesen sein (Art. 54 GG).

Bundespräsidenten der Bundesrepublik Deutschland sind Theodor Heuss (1949 bis 1959), Heinrich Lübke (1959 bis 1969), Gustav Heinemann (1969 bis 1974), Walter Scheel (1974 bis 1979), Karl Carstens (1979 bis 1984), Richard von Weizsäcker (1984 bis 1994), Roman Herzog (1994 bis 1999),

Johannes Rau (1999 bis 2004), Horst Köhler (2004 bis 2010), Christian Wulff (2010 bis 2012), Joachim Gauck (2012 bis 2017), Frank-Walter Steinmeier (seit 19. März 2017).

Bundesrat

ist ein Verfassungsorgan des Bundes, durch den die Länder bei der Bundesgesetzgebung, der Bundesverwaltung und in Angelegenheiten der → *Europäischen Union* mitwirken (Art. 50 GG).

Die Zusammensetzung des Bundesrates und das Stimmenverhältnis im Bundesrat sind in Artikel 51 des → *Grundgesetzes* (GG) geregelt. Danach besteht der Bundesrat aus Mitgliedern der Regierungen der Länder, die sie bestellen und abberufen. Die Ländervertreter im Bundesrat sind an die Weisungen ihrer Regierung gebunden, sie haben also ein imperatives Mandat. Für sie gibt es keine Amtsperiode, da sie nicht gewählt, sondern durch Mehrheitsbeschluss der Landesregierung zum Bundesratsmitglied bestellt werden. Mit ihrem Ausscheiden aus der Landesregierung scheiden sie automatisch auch aus dem Bundesrat aus. Der Bundesrat ist somit ein ständiges Verfassungsorgan, da er keine Wahl- oder Amtsperiode hat.

Die Stimmenzahl jedes Landes im Bundesrat richtet sich nach seiner Einwohnerzahl, wobei jedes Land mindestens drei und höchstens sechs Stimmen hat. Die Stimmen eines Landes können nur einheitlich und nur durch anwesende Mitglieder oder deren Vertreter bei Abstimmungen im Bundesrat abgegeben werden. Ist nur ein Bundesratsmitglied eines Landes anwesend, so kann dieses alle Stimmen des Landes abgeben.

Bundesrechnungshof

ist eine oberste Bundesbehörde mit Sitz in Bonn und als unabhängiges Organ der Finanzkontrolle nur dem → *Gesetz* unterworfen (§ 1 Satz 2 BRHG). Der Bundesrechnungshof (BRH) prüft gemäß Artikel 114 Abs. 2 des → *Grundgesetzes* (GG) die Rechnung sowie die Wirtschaftlichkeit und Ordnungsmäßigkeit der Haushalts- und Wirtschaftsführung des Bundes nach Maßgabe der Bestimmungen der §§ 89 bis 104 der → *Bundeshaushaltsordnung* (BHO). Im Rahmen seiner gesetzlichen Aufgaben unterstützt der BRH den Deutschen → *Bundestag*, den → *Bundesrat* und die → *Bundesregierung* bei ihren Entscheidungen (§ 1 Satz 2 BRHG).

Die Einzelheiten über die Organisation des BRH sowie die Zusammensetzung und Wahl seiner Mitglieder sind im Gesetz über den Bundesrechnungshof (Bundesrechnungshofgesetz – BRHG) geregelt.

Bundesregierung

ist das kollegial gebildete Verfassungsorgan des Bundes, dem die oberste Führung und Leitung der inneren und äußeren Politik der → *Bundesrepublik Deutschland* obliegt. Sie besteht aus dem → *Bundeskanzler* und den → *Bundesministern* (Art. 62 GG).

Bundesrepublik Deutschland

ist ein nach dem Ende des 2. Weltkrieges in den drei westlichen Besatzungszonen auf der Grundlage des in der öffentlichen Sitzung des → *Parlamentarischen Rates* am 23. Mai 1949 für angenommen erklärten → *Grundgesetzes*, das am gleichen Tage im → *Bundesgesetzblatt* verkündet wurde und am 24. Mai 1949 in Kraft trat, gegründeter → *Bundesstaat*. Die Bundesrepublik Deutschland besteht seit der Wiedervereinigung Deutschlands am 3. Oktober 1990 aus 16 Bundesländern. Es sind dies → *Baden-Württemberg*, → *Bayern*, → *Berlin*, → *Brandenburg*, → *Bremen*, → *Hamburg*, → *Hessen*, → *Mecklenburg-Vorpommern*, → *Niedersachsen*, → *Nordrhein-Westfalen*, → *Rheinland-Pfalz*, → *Saarland*, → *Sachsen*, → *Sachsen-Anhalt*, → *Schleswig-Holstein* und → *Thüringen*.

Bundessicherheitsrat

ist ein Ausschuss des Bundeskabinetts, der die Sicherheits- und Verteidigungspolitik der → *Bundesregierung* koordiniert, und für die Genehmigung von Rüstungsexporten zuständig ist. Die Ausschusssitzungen des Bundessicherheitsrats (BSR) sind geheim und werden von dem → *Bundeskanzler* geleitet. Der BSR unterliegt keiner parlamentarischen Kontrolle durch den → *Bundestag* und kann endgültig entscheiden, sofern nicht nach dem → *Grundgesetz* (GG) oder einem Bundesgesetz ein Beschluss der Bundesregierung erforderlich ist. Die rechtliche Grundlage bildet Artikel 26 Abs. 2 GG, wonach zur Kriegsführung bestimmte Waffen nur mit Genehmigung der Bundesregierung hergestellt, befördert und in den Verkehr gebracht werden dürfen. Das Nähere ist im Ausführungsgesetz zu Artikel 26 Abs. 2 des Grundgesetzes (Gesetz über die Kontrolle von Kriegswaffen) und dem → *Außenwirtschaftsgesetz* (AWG) sowie der hierzu erlassenen → *Außenwirtschaftsverordnung* (AWV) geregelt.

Bundessozialgericht

ist der gemäß Artikel 95 Abs. 1 des → *Grundgesetzes* (GG) vom Bund errichtete oberste Gerichtshof für das Gebiet der Sozialgerichtsbarkeit mit Sitz in Kassel.

Die Einzelheiten über die Zuständigkeit des Bundesozialgerichts (BSG), die Organisation und das Verfahren sind im → *Sozialgerichtsgesetz* (SGG) geregelt.

Bundesstaat

ist eine staatsrechtliche Verbindung mehrerer → *Staaten* zu einem neuen übergeordneten Gesamtstaat mit aufgeteilter → *Staatsgewalt* zwischen dem Gesamtstaat und den Gliedstaaten. Beim Bundesstaat sind die Kompetenzen des Gesamtstaates (des Bundes) und seiner Gliedstaaten (der Länder) durch die Bundesverfassung abgegrenzt, wobei der Bund zu länderfreundlichem Verhalten (Ländertreue) und die Gliedstaaten zu bundesfreundlichem Verhalten (Bundestreue) verpflichtet sind und bei Verletzung ihrer Pflichten die Erfüllung notfalls durch → *Bundeszwang* durchgesetzt werden kann. Wenn nach der Kompetenzverteilung der Schwerpunkt der Zuständigkeiten beim Gesamtstaat liegt, spricht man von einem *unitarischen Bundesstaat* (z. B. Weimarer Republik von 1919 bis 1933). Wenn der Schwerpunkt der Zuständigkeiten bei den Gliedstaaten liegt, spricht man von einem *föderalistischen Bundesstaat* (z. B. Bundesrepublik Deutschland, Österreich, Schweiz).

Bundestag

ist das Verfassungsorgan zur Vertretung des gesamten Volkes in der → *Bundesrepublik Deutschland* (Art. 38 Abs. 1 Satz 2 GG). Der Bundestag besteht nach § 1 Abs. 1 des → *Bundeswahlgesetzes* (BWG) in der Regel aus 598 → *Abgeordneten*, und zwar 299 direkt gewählten und der gleichen Anzahl über Landeslisten gewählten Abgeordneten. Die Gesamtzahl der Abgeordneten und damit auch die gesetzliche Mitgliederzahl des Bundestages kann sich jedoch durch → *Überhangmandate* und → *Ausgleichsmandate* erhöhen (§ 6 BWG).

Die Wahlperiode des Bundestages beträgt vier Jahre (Art. 39 Abs. 1 GG). Zu den wichtigsten Aufgaben des Bundestages gehören die Wahl des → *Bundeskanzlers*, die Gesetzgebung des Bundes, die Kontrolle der → *Bundesregierung*, die Mitwirkung bei der Wahl des → *Bundespräsidenten* und der → *Richter* am → *Bundesverfassungsgericht*.

Bundestagsausschuss

obliegt die Beratung der von der Vollversammlung (→ *Plenum*) des → *Bundestages* überwiesenen Vorlagen und die Erarbeitung von Beschlussvorlagen. Vom → *Grundgesetz* (GG) sind vier Ausschüsse vorgegeben, und zwar der Ausschuss für Angelegenheiten der → *Europäischen Union* (Art. 45 GG), der Ausschuss für auswärtige Angelegenheiten (Art. 45a GG), der Ausschuss für Verteidigung (Art. 45a GG) und der Petitionsausschuss (Art. 45c GG). Für bestimmte Aufgaben und für die gesamte Wahlperiode setzt der Bundestag ständige Ausschüsse ein, wie z. B. den Innenausschuss oder den Haushaltsausschuss. Jeder Bundestagsausschuss kann zur Vorbereitung seiner Arbeit Unterausschüsse bilden. Die Besetzung der Ausschüsse erfolgt entsprechend den Mehrheitsverhältnissen im Bundestag. Daneben kann der Bundestag für einzelne Angelegenheiten (z. B. zur Beratung besonders umfangreicher oder langwieriger Gesetzesvorhaben) Sonderausschüsse einsetzen. Die Einsetzung und das Verfahren der Ausschüsse richtet sich im Übrigen nach den Bestimmungen der → *Geschäftsordnung* des Deutschen Bundestages (GO-BT), es sei denn, dass im GG, in den Bundesgesetzen oder in besonderen Geschäftsordnungen etwas anderes bestimmt ist (§ 54 Abs. 2 GO-BT).

Eine besondere Stellung und Funktion unter den Ausschüssen haben der → *Untersuchungsausschuss* und der → *Vermittlungsausschuss*.

Bundestagspräsident

steht dem → *Bundestag* vor, wahrt die Rechte des → *Parlaments*, vertritt es nach außen und steht an der Spitze der Bundestagsverwaltung (§ 7 Geschäftsordnung des Bundestages – GO-BT).

Bundesverfassungsgericht

ist ein allen übrigen Verfassungsorganen gegenüber selbstständiger und unabhängiger Gerichtshof des Bundes (§ 1 Abs. 1 BVerfGG). Das Bundesverfassungsgericht mit Sitz in Karlsruhe entscheidet nach dem → *Grundgesetz* (GG) insbesondere über Maßnahmen zum Schutz der verfassungsgemäßen Ordnung (z. B. Verwirkung von → *Grundrechten*, Parteienverbot; Art. 18, 21 GG) und über verfassungsrechtliche Streitigkeiten zwischen Bundesorganen und zwischen Bund und Ländern (Art. 93 Abs. 1 Nr. 1 bis 4 GG). Die Entscheidungen des Bundesverfassungsgerichts binden die übrigen Verfassungsorgane des Bundes und der Länder sowie alle → *Gerichte* und → *Behörden* (§ 31 Abs. 1 BVerfGG). Darüber hinaus hat die Entscheidung des Bundesverfassungsgerichts in bestimmten Fällen sogar Gesetzeskraft (§ 31 Abs. 2 BVerfGG). Bei → *Verfassungsbeschwerden* prüft das Bundesverfassungsgericht die Vereinbarkeit von → *Rechtsnormen* mit dem GG (Art. 93 Abs. 1 Nr. 4a GG).

Die Einzelheiten über die Zusammensetzung des Bundesverfassungsgerichts und seine Verfassung, das Verfahren und die Wirkung seiner Entscheidungen sind im → *Gesetz* über das Bundesverfassungsgericht (Bundesverfassungsgerichtsgesetz – BVerfGG) geregelt.

Bundesversammlung

ist ein Verfassungsorgan, dessen einzige Aufgabe es ist, den → *Bundespräsidenten* zu wählen. Die Bundesversammlung setzt sich zusammen aus den Mitgliedern des → *Bundestages* und ebenso vielen Mitgliedern, die von den Landtagen nach den Grundsätzen der Verhältniswahl gewählt werden (Art. 54 GG).

Bundesverwaltung

→ Bundeseigene Verwaltung

Bundesverwaltungsgericht

ist der gemäß Artikel 95 Abs. 1 des → *Grundgesetzes* vom Bund errichtete oberste Gerichtshof für das Gebiet der → *Verwaltungsgerichtsbarkeit* mit Sitz in Leipzig.

Die Einzelheiten über die Zuständigkeit des Bundesverwaltungsgerichts (BVerwG), die Organisation und das Verfahren sind in der → *Verwaltungsgerichtsordnung* (VwGO) geregelt.

Bundeswahlgesetz

regelt die Umsetzung der in Artikel 38 Abs. 1 des → *Grundgesetzes* (GG) festgelegten Wahlrechtsgrundsätze (allgemeine, unmittelbare, freie, gleiche und geheime Wahl) und legt das → *Wahlrecht*, die → *Wählbarkeit*, die Bedingungen der Stimmabgabe und das → *Wahlsystem* für die Wahlen zum → *Bundestag* fest.

Bundeswahlleiter

ist eines der nach dem → *Bundeswahlgesetz* (BWG) vorgesehenen Wahlorgane. Der Bundeswahlleiter, der vom Bundesministerium des Innern und für Heimat ernannt wird (§ 8 Abs. 1 BWG), ist traditionell der Präsident des Statistischen Bundesamtes. Er ist zuständig für die Organisation aller Wahlen auf Bundesebene, wozu neben den Wahlen zum Deutschen → *Bundestag* auch die Wahlen zum → *Europäischen Parlament* gehören. Die Aufgaben und Zuständigkeiten des Bundeswahlleiters sind im Einzelnen im BWG geregelt.

Bundeszentralregistergesetz

regelt die Führung des Zentralregisters und des Erziehungsregisters durch das Bundesamt für Justiz (§ 1 BRZG). Die im Bundeszentralregistergesetz (BRZG) gespeicherten Daten finden Eingang in das → *Führungszeugnis*.

Bundeszwang

ist die Bezeichnung für das Recht des Bundes, mit Zustimmung des → *Bundesrates* gegenüber einem Bundesland, das sich weigert, seinen ihm nach dem → *Grundgesetz* (GG) oder einem anderen Bundesgesetz obliegenden Pflichten nachzukommen, zwangsweise die notwendigen Maßnahmen zu treffen, um das Land zur Erfüllung seiner Pflichten anzuhalten (Art. 37 Abs.1 GG).

Bündnis 90/Die Grünen

ist eine im Jahre 1980 gegründete → *politische Partei,* die unter anderem aus der Anti-Atomkraft- und Umweltbewegung und den neuen sozialen Bewegungen entstand und ursprünglich den Namen „Die Grünen" führte. Im Jahre 1993 schloss sich die Partei „Die Grünen" mit dem auf die Bürgerbewegung in der ehemaligen → *Deutschen Demokratischen Republik* (DDR) zurückgehenden „Bündnis90" zur gemeinsamen gesamtdeutschen Partei „Bündnis90/Die Grünen" zusammen. Kernpunkt der Partei ist die Umweltpolitik, verbunden mit dem Leitgedanken ökologischer, ökonomischer und sozialer Nachhaltigkeit. Die Partei ist seit der Bundestagswahl 1983 (mit Ausnahme der 12. Wahlperiode 1990 bis 1994 als Bundestagsgruppe) im → *Bundestag* als → *Fraktion vertreten.*

Bürgerbegehren

ist ein durch das Sammeln einer bestimmten Anzahl von Unterschriften wahlberechtigter Bürger herbeigeführter Antrag an den Gemeinderat bzw. die Gemeindevertretung über eine bestimmte Sachfrage innerhalb des Zuständigkeitsbereichs der Gemeinde einen → *Bürgerentscheid* durchzuführen. Die Einzelheiten über das Verfahren des Bürgerbegehrens sind in der Gemeindeordnung des jeweiligen Bundeslandes geregelt, wobei in den meisten Bundesländern auch ein Bürgerbegehren auf der Ebene des Landkreises möglich ist.

Bürgerentscheid

ist die Abstimmung der wahlberechtigten Bürger einer Gemeinde aufgrund eines zuvor erfolgreich durchgeführten → *Bürgerbegehrens* über eine bestimmte Sachfrage innerhalb des Zuständigkeitsbereichs der Gemeinde. Der positiv entschiedene Bürgerentscheid ist rechtlich verbindlich und insoweit einem Beschluss des Gemeinderates bzw. der Gemeindevertretung gleichgestellt. Die Einzelheiten zu den Voraussetzungen für die Zulässigkeit eines Bürgerentscheids sind in der Gemeindeordnung des jeweiligen Bundeslandes geregelt, wobei in den meisten Bundesländern auch ein Bürgerentscheid auf der Ebene des Landkreises möglich ist.

Bürgerliches Gesetzbuch

ist das wichtigste → *Gesetz* des → *Privatrechts* in der → *Bundesrepublik Deutschland*, das im Jahr 1896 von dem damaligen → *Parla-*

ment, dem Reichstag, beschlossen und mit Datum vom 18. August 1896 im Reichsgesetzblatt verkündet wurde. Das Bürgerliche Gesetzbuch (BGB) trat am 1. Januar 1900 in Kraft. Es gliedert sich in fünf Bücher, und zwar den Allgemeinen Teil (Erstes Buch), das Recht der Schuldverhältnisse (Zweites Buch), das Sachenrecht (Drittes Buch), das Familienrecht (Viertes Buch) und das Erbrecht (Fünftes Buch).

Bürgerschaft

ist die Bezeichnung für das → *Parlament* in den → *Stadtstaaten* (Bundesländer) → *Bremen* und → *Hamburg*.

Bürgschaftsvertrag

ist ein → *Vertrag*, durch den sich der Bürge verpflichtet, für die Erfüllung der Verbindlichkeit eines Dritten (Schuldner) einzustehen, falls dieser seinen Verpflichtungen nicht nachkommt (§§ 765 bis 778 BGB).

BVerwG

ist die Abkürzung für → *Bundesverwaltungsgericht*.

BVFG

ist die Abkürzung für Bundesvertriebenengesetz.

BWG

ist die Abkürzung für → *Bundeswahlgesetz*.

BZRG

ist die Abkürzung für → *Bundeszentralregistergesetz*.

C

CDU

ist die Abkürzung für → *Christlich Demokratiscne Union Deutschlands.*

Charta der Grundrechte der Europäischen Union

enthält erstmalig die → *Grundrechte* und → *Menschenrechte* der Mitgliedstaaten der → *Europäischen Union* (EU). Die Inhalte der Charta beziehen sich auf Sachverhalte mit grenzüberschreitendem Charakter innerhalb der EU und binden die Organe der EU unmittelbar. Im Vergleich zum → *Grundgesetz* enthält die Charta mehr Grundrechte, wobei dies in der Öffentlichkeit auch kritisiert wird, da die weite Formulierung zu Auslegungsproblemen führen kann.

Christlich Demokratische Union Deutschlands

ist eine im Jahre 1945 gegründete → *politische Partei,* die in allen Bundesländern mit Ausnahme von Bayern (hier tritt ihre Schwesterpartei die → *Christlich Soziale Union in Bayern* (CSU) an) wählbar ist. Die Politik der Christlich Demokratischen Union Deutschlands (CDU) ist stark von konservativen und christlich-sozialen Grundwerten geprägt. Als sogenannte → *Volkspartei* umfasst das Parteiprogramm eine breite Vielfalt an politischen Themen. Kernpunkte der Parteipolitik sind innere Sicherheit, Familie und ein stabiler Haushalt. Die CDU ist seit der ersten Bundestagswahl im Jahre 1949 im → *Bundestag* als → *Fraktion* vertreten und bildet mit der CSU eine Fraktionsgemeinschaft.

Christlich Soziale Union in Bayern

ist eine im Jahre 1946 gegründete → *politische Partei*, die sich organisatorisch auf das Bundesland Bayern beschränkt. Die Christlich Soziale Union in Bayern (CSU) ist die Schwesterpartei der → *Christlich Demokratischen Union Deutschlands* (CDU). Die Politik der CSU ist streng nach konservativen Grundwerten ausgerichtet und stark christlich geprägt. Die CSU vertritt im Vergleich zur CDU traditionell strengere Regeln in der Asylpolitik und Familienpolitik und betont den → *Föderalismus*. Die CSU ist seit der ersten Bundestagswahl im Jahre 1949 im → *Bundestag* als → *Fraktion* vertreten und bildet mit der CDU eine Fraktionsgemeinschaft.

Cluster

ist ein aus dem Englischen stammender Begriff aus der Büroorganisation, der wörtlich übersetzt „Anhäufung, Zusammenballung" bedeutet, und in Deutschland auch als Organigramm bezeichnet wird. Ein Cluster dient häufig der Veranschaulichung von einzelnen Arbeitsprozessen und Abläufen oder Zuständigkeiten im Zusammenhang zum Gesamtbetrieb, z. B. ein Cluster über die Zuständigkeiten der einzelnen Referate innerhalb einer → *Behörde*.

Compliance

ist ein aus dem Englischen stammender Begriff, der wörtlich übersetzt „befolgen, einhalten" bedeutet und als Bezeichnung für die Regeltreue eines Unternehmens zu bestimmten Regeln oder Richtlinien dient. Im Deutschen Corporate Governance Kodex, der wesentliche gesetzliche Vorschriften zur Leitung und Überwachung deutscher börsennotierter Gesellschaften (Unternehmensführung) darstellt und international und national anerkannte Standards guter und verantwortungsvoller Unternehmensführung enthält, wird unter Punkt 4.1.3 Compliance als die Einhaltung der gesetzlichen Bestimmungen und der unternehmensinternen Richtlinien definiert, für die der Vorstand zu sorgen hat.

Innerhalb des → *öffentlichen Dienstes* sind Beschäftigte als Ansprechpartner in verschiedenen Bereichen tätig, deren Aufgabe es ist, die Einhaltung bestimmter Vorschriften zu überwachen, z. B. → *Datenschutzbeauftragte* oder → *Antikorruptionsbeauftragte*.

Controlling

im Sinne von Verwaltungscontrolling ist eine neue Form der Steuerung des Verwaltungshandelns, die darauf abzielt, Planung, Durchführung und Kontrolle im Rahmen eines zielorientierten Kommunikationsprozesses zu koordinieren.

Ausgangspunkt des Controlling ist die Planung und Vereinbarung von Zielen sowie → *Kennzahlen*, anhand derer nach einer bestimmten Zeit Erfolgskontrollen durchgeführt werden, wobei die → *Kosten- und Leistungsrechnung* die wesentliche Datenbasis für das Controlling bereit stellt sowie die maßgebliche Basis für eine Überprüfung der Zielerreichung, der Bestimmung neuer Ziele und der Entwicklung von Zielanpassungsmaßnahmen bietet. In der Literatur wird grundsätzlich unterschieden zwischen dem operativen und dem strategischen Controlling.

Das *operative Controlling* arbeitet weitestgehend mit internen Informationsquellen, das heißt dem Rechnungswesen, insbesondere der Kosten- und Leistungsrechnung, und orientiert sich an Ergebnissen und Zahlen der Gegenwart und Vergangenheit.

Das *strategische Controlling*, das zukunftsorientiert ist, versucht unter Berücksichtigung externer Entwicklungen langfristige Ergebnisse zu ermitteln und zu planen, wobei in der → *öffentlichen Verwaltung* das Ziel darin besteht, die politische und administrative Führung in die Lage zu versetzen, gesellschaftliche Entwicklungen systematisch zu erfassen, um politische Zielsetzungen, Programme und Planungen – falls nötig – frühzeitig an neue oder veränderte Bedingungen anpassen zu können.

Das Controlling bildet zugleich eines der Kernelemente des → *Neuen Steuerungsmodells*.

Corporate Design

ist ein aus dem Englischen stammender Begriff, der wörtlich übersetzt „unternehmerische Ausgestaltung“ bedeutet, worunter die einheitliche Ausgestaltung von Firmen-Dokumenten, Briefköpfen, Werbemitteln, Internetauftritten und weiteren geschäftlichen Dokumenten verstanden wird. Corporate Design ist ein Teilbereich der Unternehmens-Identität → *Corporate Identity*.

Ziel ist es durch ein bestimmtes Erscheinungsbild einen Wiedererkennungswert für Kunden zu schaffen und die Firma dadurch auf dem Markt zu platzieren. Umgesetzt wird dies z. B. durch firmeneigene Schriftarten, Firmenfarben und Logos.

Corporate Governance

ist ein aus dem Englischen stammender Begriff, der wörtlich übersetzt „Unternehmensführung“ bedeutet, worunter die rechtlichen Grundsätze und organisatorischen Leitsätze, mit denen ein Unternehmen geführt wird, verstanden werden.

Corporate Identity

ist ein aus dem Englischen stammender Begriff, der wörtlich übersetzt „Firmenidentität, Firmenimage“ bedeutet. Es ist der Überbegriff für alle Merkmale und das Erscheinungsbild eines Unternehmens. So z. B. das Auftreten der Mitarbeiter in einem Verkaufsraum oder das Verhalten der Call-Center-Mitarbeiter. Darunter fällt auch das → *Corporate Design* und die sogenannte Firmenphilosophie. In der Wirtschaft wird Corporate Identity oft als „Persönlichkeit“ eines Unternehmens bezeichnet.

Ziel ist es nicht nur für Kunden einen Wiedererkennungswert zu schaffen, sondern auch eine Identifikation für die Mitarbeitenden. Die Corporate Identity ermöglicht strukturierte Arbeit durch Anweisung einer bestimmten geschäftlichen Linie.

CSU

ist die Abkürzung für → *Christlich Soziale Union in Bayern.*

D

Darlehensvertrag

ist ein → *Vertrag*, der die entgeltliche oder unentgeltliche Überlassung von Geld oder anderen vertretbaren → *Sachen* (z. B. Mehl, Salz, Zucker) zum Gebrauch gegen Rückgabe von Sachen gleicher Art, Güte und Menge zum Gegenstand hat (§§ 488 bis 498 BGB).

Datennutzungsgesetz

setzt die Richtlinie (EU) 2019/1024 des Europäischen Parlamentes und des Rates vom 20. Juni 2019 über offene Daten und die Weiterverwendung von Informationen des öffentlichen Sektors (Open-Data- und PSI-Richtlinie) in deutsches Recht um und regelt, in welcher Art und auf welche Weise insbesondere Daten von öffentlichen Stellen oder öffentlichen Unternehmen genutzt werden dürfen sowie Daten Dritten zur Verfügung gestellt werden müssen. Mit dem Gesetz für die Nutzung von Daten des öffentlichen Sektors (Datennutzungsgesetz – DNG), das am 23. Juli 2021 in Kraft getreten ist, wurde zugleich das Gesetz über die Weiterverwendung von Informationen öffentlicher Stellen (Informationsweiterverwendungsgesetz – IWG) abgelöst und erstmals eine Rechtsgrundlage für die Datennutzung in der kommunalen Energie-, Wasser- und Telekommunikationsversorgung sowie in der kommunalen Abwasser- und Abfallentsorgung geschaffen.

Datenschutz

soll den Einzelnen vor missbräuchlicher Erhebung, Verarbeitung und Nutzung der personenbezogenen Daten schützen und das Grundrecht auf informelle Selbstbestimmung gewährleisten, wonach jeder Mensch frei und selbst darüber entscheiden kann, wie mit seinen persönlichen Daten umgegangen wird, sofern kein → *Gesetz* eine andere Regelung vorsieht.

Datenschutzbeauftragte

sind natürliche Personen, die von einem privaten Unternehmen oder einer öffentlichen Stelle bestellt werden, um die Einhaltung der Datenschutzvorschriften sicherzustellen und zu überwachen. Die Stellung der betrieblichen Datenschutzbeauftragten und die ihnen obliegenden Aufgaben sind in Artikel 38 und 39 der → *Datenschutz-Grundverordnung* (DSGVO) geregelt.

Die Stellung der behördlichen Datenschutzbeauftragten und ihre Aufgaben ergeben sich aus den §§ 6 und 7 des → *Bundesdatenschutzgesetzes* (BDSG) sowie den jeweiligen Landesdatenschutzgesetzen, wobei das BDSG und die Datenschutzgesetze der Bundesländer zum Teil unterschiedliche Anforderungen hinsichtlich der Aufnahme der Tätigkeit als Datenschutzbeauftragte beinhalten.

Datenschutz-Grundverordnung

dient dem Ziel, ein gleichwertiges Schutzniveau für die Rechte und Freiheiten von natürlichen Personen bei der Verarbeitung von Daten innerhalb der → *Europäischen Union* (EU) zu gewährleisten. Die Verordnung (EU) 2016/679 des → *Europäischen Parlaments* und → *Europäischen Rates* vom 27. April 2016 zum Schutz natürlicher Personen bei der Verarbeitung personenbezogener Daten, zum freien Datenverkehr und zur Aufhebung der Richtlinie 95/46/EG (Datenschutz-Grundverordnung), die seit dem 25. Mai 2018 unmittelbar geltendes → *Recht* in allen Mitgliedstaaten der EU ist, enthält zugleich konkrete, an die Mitgliedstaaten gerichtete Regelungsaufträge, wodurch sich gesetzlicher Anpassungsbedarf im nationalen Datenschutzrecht ergibt. Mit dem Datenschutz-Anpassungs- und Umsetzungsgesetz EU – DSAnpUG-EU vom 30. Juni 2017 ist das bisherige → *Bundesdatenschutzgesetz* (BDSG) durch ein neues Bundesdatenschutzgesetz abgelöst worden. Zugleich wurden dabei die erforderlichen Änderungen der Datenschutzregelungen vorgenommen, soweit das Recht der EU nicht unmittelbar gilt.

Datenverarbeitung

umfasst nach der Definition des Artikel 4 Nr. 2 der → *Datenschutz-Grundverordnung* (DSGVO) jeden mit oder ohne Hilfe automatisierter Verfahren ausgeführten Vorgang oder jede solche Vorgangsreihe im Zusammenhang mit personenbezogenen Daten wie das Erheben, das Erfassen, die Organisation, das Ordnen, die Speicherung, die Anpassung oder Veränderung, das Auslesen, das Abfragen, die Verwendung, die Offenlegung durch Übermittlung, Verbreitung oder eine andere Form der Bereitstellung, den Abgleich oder die Verknüpfung, die Einschränkung, das Löschen oder die Vernichtung.

Zu beachten ist, dass die Verarbeitung von Daten nur rechtmäßig ist, wenn mindestens eine der in Artikel 6 DSGVO genannten Bedingungen erfüllt ist, eine Auftragsverarbeitung im Sinne des Artikels 28 DSGVO vorliegt oder eine andere Rechtfertigung aus den Landesdatenschutzgesetzen vorliegt.

Dauerbelege

sind Schriftstücke, die der Begründung von → *Kassenanordnungen* über Einzelhaushaltseinnahmen oder -ausgaben dienen und über mehrere Haushaltsjahre Gültigkeit haben. Sie werden nur einmal erstellt, getrennt von den übrigen Belegen aufbewahrt und dienen dort als Dauerbeleg für mehrere Zahlungen (§ 65 RRO).

dbb

ist die Abkürzung für → *Deutscher Beamtenbund*.

DDR

ist die Abkürzung für → *Deutsche Demokratische Republik*.

Deckungsbeitragsrechnung

→ Teilkostenrechnung

Deckungsfähigkeit

ist die durch die → *Bundeshaushaltsordnung* oder → *Landeshaushaltsordnung*, durch → *Haushaltsgesetz* oder → *Haushaltsvermerk* begründete Möglichkeit, bei einem → *Titel* höhere Ausgaben als veranschlagt aufgrund von Einsparungen bei einem oder mehreren anderen Ausgabetiteln zu leisten bzw. durch Haushaltsvermerk die → *Verpflichtungsermächtigung* bei einem Titel zulasten einer oder mehrerer anderer Verpflichtungsermächtigungen zu erweitern (VV Nr. 1 zu § 20 BHO/LHO, § 46 BHO/LHO).

Das *staatliche Haushaltsrecht* unterscheidet zwischen gegenseitiger Deckungsfähigkeit und einseitiger Deckungsfähigkeit. *Gegenseitige Deckungsfähigkeit* liegt vor, wenn die Ausgabetitel bzw. Verpflichtungsermächtigungen wechselseitig zur Verstärkung der jeweiligen Ansätze bzw. Verpflichtungsermächtigungen herangezogen werden dürfen (VV Nr. 1 Satz 2 zu § 20 BHO/LHO).

Einseitige Deckungsfähigkeit liegt vor, wenn der eine Ansatz (deckungsberechtigter Ansatz) bzw. die eine Verpflichtungsermächtigung (deckungsberechtigte Ermächtigung) nur verstärkt und der andere Ansatz (deckungspflichtiger Ansatz) bzw. die andere Verpflichtungsermächtigung (deckungspflichtige Ermächtigung) nur für die Verstärkung des ersten (deckungsberechtigten) Ansatzes bzw. der ersten (deckungsberechtigten) Verpflichtungsermächtigung herangezogen werden darf (VV Nr. 1 Satz 3 zu § 20 BHO/LHO).

Im *kommunalen Haushaltsrecht* wird zwischen der unechten und der echten Deckungsfähigkeit unterschieden. Die *unechte Deckungsfähigkeit*, die durch Haushaltsvermerk begründet wird, hat zur Folge, dass die über einen Haushaltsansatz hinausgehenden Einnahmen (Mehreinnahmen) zur Deckung höherer Ausgaben bei einer oder mehrerer für deckungsfähig erklärten Ausgabehaushaltsstellen verwendet werden dürfen. Bei der *echten Deckungsfähigkeit* dürfen Ausgabemittel für einen bestimmten Einzelzweck für einen anderen Einzelzweck verwendet werden, wobei die echte Deckungsfähigkeit nochmals unterteilt wird in gegenseitige und einseitige Deckungsfähigkeit.

Deflation

ist der Gegenbegriff zur → *Inflation*. Bei der Deflation handelt es sich um eine starke Verringerung der Geldmenge, die in Relation zur gleichbleibenden Gütermenge steht. Dies kann unter anderem zu einem Preisverfall, Ansteigen der Kaufkraft, aber auch zur Arbeitslosigkeit führen.

Dekonzentration

ist eine Form der Verwaltungsorganisation, bei der für verschiedene Fachaufgaben im gleichen Verwaltungsbezirk jeweils eigene Sonderbehörden bestehen (z. B. Finanzämter, Versorgungsämter).

Weitere Organisationsformen sind die → *Dezentralisation*, die → *Konzentration* und die → *Zentralisation*.

Deliktsfähigkeit

im zivilrechtlichen Sinne ist die → *Handlungsfähigkeit* auf dem Gebiet der unerlaubten Handlungen.

Die Deliktsfähigkeit umfasst die Verpflichtung, Ersatz für einen Schaden zu leisten, der einem anderen durch eine unerlaubte

Handlung zugefügt worden ist (§§ 823 ff. BGB). Das → *Bürgerliche Gesetzbuch* (BGB) unterscheidet drei Abstufungen der Deliktsfähigkeit, und zwar die Deliktsunfähigkeit, die beschränkte Deliktsfähigkeit und die unbeschränkte (volle) Deliktsfähigkeit.

Deliktsunfähig sind Kinder bis zur Vollendung des 7. Lebensjahres (§ 828 Abs. 1 BGB) sowie Personen, die sich im Zustand der Bewusstlosigkeit (z. B. Ohnmächtige) oder in einem die freie Willensbildung ausschließenden Zustande krankhafter Störung der Geistestätigkeit (z. B. Geisteskranke, Hypnotisierte) befinden (§ 827 Satz 1 BGB). Dies gilt nicht für Personen, die durch die Einnahme von alkoholhaltigen Getränken oder ähnlichen Mitteln (z. B. Drogen) den Rauschzustand selbst verschuldet haben. Diese Personen sind für eine im Rausch begangene unerlaubte Handlung in gleicher Weise verantwortlich, wie wenn ihnen Fahrlässigkeit zur Last fiele (§ 827 Satz 2 BGB).

Beschränkt deliktsfähig sind alle Personen, die das 7. Lebensjahr vollendet und noch keine 18 Jahre alt sind. Diese Personen haften für vorsätzlich oder fahrlässig begangene Schadenshandlungen nur dann, wenn sie die zur Erkenntnis der Verantwortlichkeit erforderliche Einsicht hatten (§ 828 Abs. 3 BGB). Außerdem sind Kinder, die das 7. Lebensjahr, aber nicht das 10. Lebensjahr vollendet haben, von der Haftung für Schadenshandlungen bei einem Unfall mit einem Kraftfahrzeug, einer Schienen- oder Schwebebahn freigestellt, es sei denn, dass sie die einem anderen zugefügte Verletzung vorsätzlich herbeigeführt haben (§ 828 Abs. 2 BGB).

Unbeschränkt deliktsfähig sind alle Personen, die das 18. Lebensjahr vollendet haben.

Demokratie

ist ein aus dem Griechischen stammender Begriff, der wörtlich übersetzt „Volksherrschaft“ bedeutet. Der Demokratiebegriff wird in den einzelnen Gesellschaftssystemen unterschiedlich ausgelegt. Nach westlicher Demokratieauffassung spricht man von einer Demokratie, wenn das → *Staatsvolk* Träger der → *Staatsgewalt* ist.

In der Demokratie werden zwei Hauptarten unterschieden, und zwar die unmittelbare (plebiszitäre) Demokratie und die mittelbare (repräsentative) Demokratie. Bei der unmittelbaren Demokratie werden die Beschlüsse über Staatsangelegenheiten direkt vom Volk in Versammlungen oder → *Volksentscheidungen* gefasst. Diese Demokratieform ist in den heutigen Demokratien wegen ihrer Größe und Bevölkerungszahl praktisch nicht durchzuführen. Sie ist deshalb nur noch in sehr kleinen Gemeinschaften (z. B. in einigen Schweizer Kantonen) vorzufinden.

Bei der mittelbaren Demokratie wird die gesetzgebende Staatsgewalt durch die vom Volk gewählte Volksvertretung, dem → *Parlament*, ausgeübt. Dies ist heute die am häufigsten anzutreffende Erscheinungsform der Demokratie. In einzelnen → *Verfassungen* ist dem Volk über die Wahl der Volksvertretung hinaus durch Elemente unmittelbarer Demokratie (→ *Volksbegehren* und Volksentscheid) in mehr oder weniger großem Umfang die Möglichkeit der unmittelbaren Teilnahme an der staatlichen Willensbildung eingeräumt.

Depression

im wirtschaftlichen Sinne bezeichnet im → *Konjunkturzyklus* die Phase des wirtschaftlichen Tiefstandes. Kennzeichen für diese Phase sind ein starker Rückgang der Produktion, starke Verringerung der Geldmenge, hohe Arbeitslosigkeit und Engpässe der Zahlungsfähigkeit in Unternehmen. Weitere Konjunkturphasen sind die → *Expansion*, der → *Boom* und die → *Rezession*.

Deutsche Bundesbank

wurde im Jahre 1957 als Nachfolgerin der Bank deutscher Länder auf der Grundlage des Artikel 88 des → *Grundgesetzes* (GG) mit Sitz in Frankfurt am Main gegründet. Die Deutsche Bundesbank war bis zum Beginn der → *Europäischen Währungsunion* für die Geldpolitik in der → *Bundesrepublik Deutschland* verantwortlich und verfügte über die hierfür erforderlichen währungspolitischen Befugnisse. Seit dem 1. Januar 1999 ist sie als Zentralbank der Bundesrepublik Deutschland integraler Bestandteil des → *Europäischen Systems der Zentralbanken* (§ 3 BBankG).

Deutsche Demokratische Republik

ist der in den Verfassungen vom 7. Oktober 1949 und 6. April 1968 festgelegte Staatsname der DDR. Die DDR, die das Gebiet des nach dem Zweiten Weltkrieg in vier Besatzungszonen aufgeteilten Deutschlands im Bereich der sowjetischen Besatzungszone (SBZ) umfasste, trat am 3. Oktober 1990 nach Artikel 23 des → *Grundgesetzes* (GG) der → *Bundesrepublik Deutschland* bei.

Deutscher Beamtenbund

ist eine Spitzenorganisation von → *Gewerkschaften* des → *öffentlichen Dienstes* und des privaten Dienstleistungssektors, unter dessen Dach sich Landesbünde in allen 16 Bundesländern, 12 Gewerkschaften der im Bundesdienst oder im privaten Dienstleistungssektor Beschäftigten und 31 Fachgewerkschaften, in denen → *Beamte* und Tarifbeschäftigte im öffentlichen Dienst und auf kommunaler und Länderebene in Bundesorganisationen organisiert sind, zusammengeschlossen haben. Durch die von den Gewerkschaftstagen des Deutschen Beamtenbundes (dbb) und der dbb Tarifunion am 12. November 2012 beschlossene Verschmelzung der beiden Organisationen ist der dbb zugleich an die Stelle der bisher selbstständigen → *Tarifvertragspartei* dbb Tarifunion als eine der Tarifvertragsparteien im öffentlichen Dienst bei den → *Arbeitnehmern* getreten.

Deutscher Bundestag

→ Bundestag

Devolutiveffekt

ist der Gegenbegriff zum → *Suspensiveffekt.* Der Devolutiveffekt (lat. devolvere = weiterwälzen) tritt durch die Einlegung eines → *Rechtsmittels* ein, mit der Folge, dass über die Zulässigkeit und Begründetheit des Rechtsmittels in einer höheren Instanz entschieden wird. Im Verwaltungsrecht bestimmt sich der Devolutiveffekt nach § 73 Abs. 1 der → *Verwaltungsgerichtsordnung* (VwGO).

Dezentrale Ressourcenverantwortung

beinhaltet die Übertragung von Kompetenzen und Entscheidungsbefugnissen für Finanzen, Sachmittel und Personal (Ressourcen) auf die für Sachentscheidungen verantwortlichen Organisationseinheiten innerhalb der → *Behörde*. Die dezentrale Ressourcenverantwortung bildet zugleich eines der Kernelemente des → *Neuen Steuerungsmodells*.

Dezentralisation

ist eine Form der Verwaltungsorganisation, bei der die Verwaltungsaufgaben überwiegend von der mittelbaren → *Staatsverwaltung* (z. B. Gemeinde- und Kreisverwaltung) oder der → *Selbstverwaltung* (z. B. Deutsche Rentenversicherung Bund) wahrgenommen werden. Weitere Organisationsformen sind die → *Dekonzentration*, die → *Konzentration* und die → *Zentralisation*.

Diäten

ist die umgangssprachliche Bezeichnung für die Abgeordnetenentschädigung der Mitglieder des → *Bundestages* und der Länderparlamente. Die Diäten dienen dem Zweck, die Unabhängigkeit der → *Abgeordneten* zu sichern. Die rechtliche Grundlage für die Entschädigung der Bundestagsabgeordneten bildet Artikel 48 Abs. 3 Satz 1 des → *Grundgesetzes* (GG) in Verbindung mit § 11 des → *Abgeordnetengesetzes* (AbgG). Für die Entschädigung der → *Abgeordneten* der Länderparlamente bildet die jeweilige → *Verfassung* des Bundeslandes sowie das entsprechende Abgeordnetengesetz die rechtliche Grundlage.

Die Linke

ist eine im Jahre 2007 gegründete → *politische Partei,* die auch Linkspartei genannt wird. Die Linke ist aus dem Zusammenschluss der 1990 gegründeten Partei des Demokratischen Sozialismus (PDS), die aus der in der ehemaligen → *Deutschen Demokratischen Republik* (DDR) herrschenden Sozialistischen Einheitspartei Deutschlands (SED) hervorging, und der 2005 gegründeten Wahlalternative Arbeit und soziale Gerechtigkeit (WASG), entstanden. Die Politik der Partei ist geprägt vom Grundgedanken des demokratischen Sozialismus. Dem Grundsatzprogramm entsprechend zielt die Partei auf kompromisslose soziale Gerechtigkeit und die Überwindung des Kapitalismus ab. Die Linke ist seit der Bundestagswahl 2008 im Bundestag als → *Fraktion* vertreten.

Dienstaufsicht

ist die Bezeichnung für die organisatorische Aufsicht über die innere Ordnung, die allgemeine Geschäftsführung und die Personalangelegenheiten der → *Behörde*. Gleichzeitig besteht die personalrechtliche Aufsicht, (z. B. über die Pflichterfüllung der Bediensteten). Über die Behörden der allgemeinen Verwaltung hat in der Zentralinstanz der Minister des Inneren die Dienstaufsicht.

Dienstaufsichtsbeschwerde

→ Aufsichtsbeschwerde

Dienstbezeichnung

im beamtenrechtlichen Sinne ist der Gegenbegriff zur → *Amtsbezeichnung*.

Die Beamten auf Widerruf im → *Vorbereitungsdienst* führen als Dienstbezeichnung die Amtsbezeichnung des Eingangsamts ihrer Laufbahn mit dem Zusatz „Anwärter" (z. B. Sekretäranwärter, Inspektoranwärter), im höheren Dienst mit dem Zusatz „Referendar" (z. B. Rechtsreferendar).

Diensteid

ist von dem → *Beamten* bei der → *Einstellung* zu leisten. Durch den Diensteid, der auch eine Verpflichtung auf das → *Grundgesetz* (GG) zu enthalten hat, bekräftigt der Beamte, dass er seine Pflichten gewissenhaft erfüllen will. Der Diensteid kann mit oder ohne religiöse Beteuerung (so wahr mir Gott helfe) geleistet werden (§ 64 BBG, § 38 BeamtStG).

Weigert sich der Beamte, den gesetzlich vorgeschriebenen Diensteid zu leisten oder ein an dessen Stelle vorgeschriebenes Gelöbnis abzulegen, so ist er zu entlassen (§ 32 Abs. 1 Nr. 1 BBG, § 23 Abs. 1 Nr. 1 BeamtStG).

Dienstherr

ist eine die → *Dienstherrnfähigkeit* besitzende → *juristische Person* des → *öffentlichen Rechts*, zu der der → *Beamte* in einem öffentlich-rechtlichen Dienst- und Treueverhältnis steht.

Dienstherrnfähigkeit

ist die Bezeichnung für das Recht, → *Beamte* zu haben. Dieses Recht besitzen der Bund sowie sonstige bundesunmittelbare → *Körperschaften*, → *Anstalten* und → *Stiftungen des öffentlichen Rechts*, die dieses Recht im Zeitpunkt des Inkrafttretens des → *Bundesbeamtengesetzes* (BBG) besitzen oder denen es danach durch → *Gesetz* oder aufgrund eines Gesetzes verliehen wird (§ 2 BBG) und die Länder, Gemeinden und

Gemeindeverbände sowie sonstige → *Körperschaften*, → *Anstalten* und → *Stiftungen des öffentlichen Rechts*, die dieses Recht im Zeitpunkt des Inkrafttretens des → *Beamtenstatusgesetzes* (BeamtStG) besitzen oder denen es danach durch ein Landesgesetz oder aufgrund eines Landesgesetzes verliehen wird (§ 2 BeamtStG).

Dienstjubiläumszuwendung

ist die Bezeichnung für eine finanzielle Zuwendung, die → *Beamten* nach näherer Festlegung in der vom Bund oder dem jeweiligen Land erlassenen Dienstjubiläumsverordnung (DJubV) nach 25-jähriger, 40-jähriger und 50-jähriger → *Dienstzeit* gewährt wird.

Für Bundesbeamte beträgt die Dienstjubiläumszuwendung bei einer Dienstzeit von 25 Jahren 350 €, bei einer Dienstzeit von 40 Jahren 500 € und bei einer Dienstzeit von 50 Jahren 600 € (§ 2 Abs. 2 DJubV). Die von der jeweiligen Landesregierung erlassene Verordnung über die Gewährung von Jubiläumszuwendungen an Beamte sieht in der Regel ebenfalls eine Jubiläumszuwendung in entsprechender Höhe der in der Dienstjubiläumsverordnung des Bundes festgelegten Beträge vor. Bei fehlender Rechtsgrundlage besteht kein Anspruch auf eine Dienstjubiläumszuwendung.

Der Gegenbegriff zur Dienstjubiläumszuwendung ist im Arbeitsrecht das → *Jubiläumsgeld*.

Dienstliche Beurteilung

ist die qualitative oder quantitative Beschreibung einer Leistung oder eines Verhaltens anhand vorher festgelegter Kriterien, wobei die beurteilten Bereiche grundsätzlich in Form eines Beurteilungsbogens schriftlich festgehalten werden.

Die dienstliche Beurteilung dient als Grundlage für personen- und sachgerechte Personalentscheidungen und als ein Mittel der Personalführung. Als solche hat sie erhebliche Bedeutung für die Leistungsfähigkeit der → *öffentlichen Verwaltung* und für die Verwirklichung des Leistungsgrundsatzes in der Verwaltung. Die Beurteilung soll ein zutreffendes Bild der Eignung, Befähigung und Leistung des Beurteilten geben. Für die dienstliche Beurteilung der → *Beamten* bilden die Laufbahnverordnungen des Bundes und der Länder die rechtliche Grundlage.

Dienstordnungs-Angestellte

sind Beschäftigte einer Berufsgenossenschaft oder einer gesetzlichen Krankenkasse, die in einem durch Abschluss eines → *Dienstvertrages* begründeten privatrechtlichen → *Arbeitsverhältnis* stehen, für die durch Verweisung der Dienstordnungen auf Vorschriften des Beamtenrechts aber beamtenrechtliche Grundsätze gelten.

Die Rechtsstellung der Dienstordnungs-Angestellten im Bereich der Berufsgenossenschaften richtet sich nach den Bestimmungen der §§ 144 bis 147 des Siebten Buches → *Sozialgesetzbuch* (SGB VII) und im Bereich der gesetzlichen Krankenkassen nach den §§ 349 bis 357 der Reichsversicherungsordnung (RVO) sowie den jeweils dort vorgesehenen, von den Trägern der Sozialversicherung im Rahmen des Satzungsrechts erlassenen Dienstordnungen. Die gesetzlichen Krankenkassen dürfen jedoch seit dem 1. Januar 1993 keine neuen Dienstordnungsverträge mehr abschließen, sodass neue Arbeitsverhältnisse für diesen Personenkreis grundsätzlich nur noch auf tarifrechtlicher Grundlage begründet werden (§ 358 RVO).

Dienstunfähigkeit

ist der im Beamtenrecht verwendete Gegenbegriff zur → *Berufsunfähigkeit* in der gesetzlichen → *Rentenversicherung*.

Die Voraussetzungen der Dienstunfähigkeit sind für die → *Beamten* des Bundes im → *Bundesbeamtengesetz* (BBG) und für die Beamten der Länder, Gemeinden und Gemeindeverbände sowie der sonstigen der Aufsicht eines Landes unterstehenden → *Körperschaften*, → *Anstalten* und → *Stiftungen des öffentlichen Rechts* im → *Beamtenstatusgesetz* (BeamtStG) sowie in den von den Ländern erlassenen Beamtengesetzen geregelt.

Der Beamte auf Lebenszeit ist hiernach dienstunfähig, wenn er wegen seines körperlichen Zustandes oder aus gesundheitlichen Gründen zur Erfüllung seiner Dienstpflichten dauernd unfähig ist (§ 44 Abs. 1 Satz 1 BBG, § 26 Abs. 1 Satz 1 BeamtStG). Als dienstunfähig kann der Beamte auf Lebenszeit auch dann angesehen werden, wenn er infolge Erkrankung innerhalb eines Zeitraums von sechs Monaten mehr als drei Monate keinen Dienst getan hat und keine Aussicht besteht, dass innerhalb weiterer sechs Monate die Dienstfähigkeit wieder voll hergestellt ist, wobei die Länder auch eine andere Frist in ihren Beamtengesetzen bestimmen können (§ 44 Abs. 1 Satz 2 BBG, § 26 Abs. 1 Satz 2 BeamtStG). Die Dienstunfähigkeit der Beamten auf Probe ist ähnlich geregelt (§ 49 BBG, § 28 BeamtStG). Für einzelne Gruppen von Beamten (z. B. Polizeivollzugsbeamte) bestehen besondere Voraussetzungen für die Dienstunfähigkeit, die gesetzlich geregelt sind.

Dienstunfall

im beamtenrechtlichen Sinne ist ein auf äußerer Einwirkung beruhendes, plötzliches, örtlich und zeitlich bestimmbares, einen Körperschaden verursachendes Ereignis, das infolge oder in Ausübung des Dienstes eingetreten ist (§ 31 Abs. 1 Satz 1 BeamtVG Bund/Land). Dem durch einen Dienstunfall verletzten Beamten und seinen Hinterbliebenen wird nach dem Beamtenversorgungsgesetz des Bundes (BeamtVG) und den Beamtenversorgungsgesetzen der Länder → *Unfallfürsorge* gewährt.

Der Gegenbegriff zum Dienstunfall ist im Arbeitsrecht der → *Arbeitsunfall.*

Dienstvereinbarung

ist eine einvernehmlich zwischen Dienststelle und → *Personalrat* im Rahmen ihrer Zuständigkeit getroffene Abmachung zur Regelung bestimmter arbeitsrechtlicher Maßnahmen, die Arbeitsbedingungen oder Dienstleistungen der Beschäftigten zum Inhalt haben. Rechtliche Grundlage für den Abschluss einer Dienstvereinbarung bildet die Ermächtigung des § 73 des → *Bundespersonalvertretungsgesetzes* (BPersVG) und die entsprechende Ermächtigung in den Personalvertretungsgesetzen der Länder. Auch die → *Tarifverträge* für den → *öffentlichen Dienst* sehen für verschiedene arbeitsrechtliche Maßnahmen die Möglichkeit des Abschlusses einer → *Dienstvereinbarung* vor.

Dienstvergehen

→ Bundesdisziplinargesetz

Dienstvertrag

ist ein → *Vertrag*, der auf die Leistung von Diensten gegen Entgelt gerichtet ist, ohne dass es dabei auf den Erfolg der Dienstleistung ankommt, z. B. → *Arbeitsvertrag* (§§ 611 bis 630 BGB).

Dienstvorgesetzte

sind für beamtenrechtliche Entscheidungen über die persönlichen Angelegenheiten (z. B. Urlaub, Dienstbefreiung) der ihnen nachgeordneten → *Beamten* zuständig.

Dienstzeit

im *arbeitsrechtlichen Sinne* ist eine Zeitrechnung zur Ermittlung der Beschäftigungsdauer, durch die bestimmte Tarifansprüche honoriert werden.

Der → *Tarifvertrag für den öffentlichen Dienst* (TVöD), der → *Tarifvertrag für den öffentlichen Dienst der Länder* (TV-L) und der → *Tarifvertrag für den öffentlichen Dienst des Landes Hessen* (TV-H) kennt zur Ermittlung der Beschäftigungsdauer im Gegensatz zu den früheren Tarifregelungen keine Trennung in zwei Zeitrechnungen – der → *Beschäftigungszeit* und der Dienstzeit – mehr, sondern nur noch die Beschäftigungszeit.

Die Dienstzeit im *beamtenrechtlichen Sinne* umfasst die in den Beamtenversorgungsgesetzen als ruhegehaltfähig erklärten Zeiten. Das Beamtenversorgungsgesetz des Bundes (BeamtVG) und das von den Ländern aufgrund der durch das → *Gesetz* zur Änderung des → *Grundgesetzes* vom 28. August 2006 übergegangenen Gesetzgebungszuständigkeit für die Versorgung der → *Beamten* der Länder, Gemeinden und Gemeindeverbände sowie der sonstigen der Aufsicht eines Landes unterstehenden → *Körperschaften*, → *Anstalten* und → *Stiftungen des öffentlichen Rechts* jeweils erlassene Beamtenversorgungsgesetz unterscheidet dabei zwischen den regelmäßigen ruhegehaltfähigen Dienstzeiten (§§ 6 und 7 BeamtVG), den als ruhegehaltfähig geltenden Dienstzeiten (§§ 8 und 9 BeamtVG) und den aufgrund von Soll- und Kannvorschriften zu berücksichtigenden Dienstzeiten (§§ 10 bis 12 und 67 Abs. 2 BeamtVG).

Dienstzeugnis

erhält ein → *Beamter* nach Beendigung des → *Beamtenverhältnisses* auf Antrag von seinem letzten → *Dienstvorgesetzten*. Das Dienstzeugnis gibt Auskunft über Art und Dauer der von dem Beamten bekleideten Ämter und auf Verlangen des Beamten auch über die von ihm ausgeübte Tätigkeit und seine Leistungen (§ 92 BBG).

Der Gegenbegriff zum Dienstzeugnis ist im Arbeitsrecht das → *Arbeitszeugnis*.

Digitalisierung

im ursprünglichen Sinn ist die Bezeichnung für das Umwandeln von analogen Informationen in digitale Formate mithilfe moderner Informationstechnik (z. B. Computer, Smartphones, Internetanwendungen). Der Begriff Digitalisierung wird jedoch oft unterschiedlich interpretiert, da keine eindeutige Definition existiert. Die Digitalisierung eröffnet den Weg für eine vernetzte Verwaltung. Auch lassen sich digitale Formate wesentlich flexibler und schneller verarbeiten als analoge Informationen. Den rechtlichen Rahmen für die Digitalisierung in der → *öffentlichen Verwaltung* bildet das → *E-Government-Gesetz.*

Digitalisierungstarifvertrag Bund

gilt für Personen, die unter den Geltungsbereich des → *Tarifvertrages für den öffentlichen Dienst* (TVöD) fallen. Der Digitalisierungstarifvertrag Bund (DigiTV) ist am 1. Januar 2022 in Kraft getreten und verfolgt den Zweck, Arbeitsplätze in der sich durch die Digitalisierung verändernden Arbeitswelt zukunftssicher zu machen. Unter Digitalisierung im Sinne dieses Tarifvertrages wird die erstmalige Einführung oder Ausweitung/Fortentwicklung digital gestützter Arbeitsprozesse verstanden (§ 1 Abs. 1 DigiTV). Neben dem DigiTV haben die → *Tarifvertragsparteien* auch eine Tarifeinigung über mobile Arbeitsformen des Bundes erzielt, die die gleiche Verbindlichkeit wie ein → *Tarifvertrag* hat. In der Tarifeinigung, die ebenfalls am 1. Januar 2022 in Kraft trat, sind die Rahmenbedingungen für mobile Arbeitsbedingungen festgelegt, deren Ausgestaltung durch Dienstvereinbarung zu regeln ist.

In Anlehnung an den DigiTV des Bundes und der Tarifeinigung über mobile Arbeitsformen des Bundes haben die Tarifvertragsparteien für die Beschäftigten des Landes Hessen, die unter den Geltungsbereich des → *Tarifvertrages für den öffentlichen Dienst des Landes Hessen* (TV-H) fallen, ebenfalls einen Digitalisierungstarifvertrag (DigiTV-H) und einen Tarifvertrag über Rahmenbedingungen zum Mobilen Arbeiten abgeschlossen, die beide am 1. Januar 2022 in Kraft getreten sind.

Digitalrat

ist ein durch Beschluss der → *Bundesregierung* vom 22. August 2018 neu geschaffenes Gremium, das im Kanzleramt angesiedelt ist, und die Bundesregierung bei der → *Digitalisierung* berät. Der Digitalrat besteht derzeit aus neun Mitgliedern aus Wissenschaft und Wirtschaft, die sich zweimal jährlich treffen und von der Bundesregierung bewusst auch mit einer kritischen Betrachtung der digitalen Entwicklung von Wirtschaft und Verwaltung beauftragt worden sind.

Diktatur

ist die Bezeichnung für eine Regierungsform, bei der eine Personengruppe (oft unter einem Diktator) Träger der → *Staatsgewalt* ist und unbeschränkte Macht über → *Staat* und Gesellschaft ausübt. In der Diktatur werden grundsätzlich als Erscheinungsformen die autoritäre und die totalitäre Diktatur unterschieden.

In der *autoritären Diktatur* übt eine militärische oder wirtschaftliche Führungsschicht oder eine Volksgruppe die Macht im Staate aus. Die Machtübernahme erfolgt häufig durch einen Staatsstreich, der die bestehende politische Ordnung beseitigt. Die typische Form der autoritären Herrschaft ist die Militärdiktatur (z. B. Spanien während des Franco-Regimes von 1939 bis 1975, Chile während der Militärjunta General Pinochets von 1973 bis 1990).

In der *totalitären Diktatur* wird die Macht im Staate in der Regel von einer Partei ausgeübt. Diese begründet ihren Ausschließlichkeitsanspruch auf eine alle Gesellschaftsbereiche umfassende Ideologie und versteht sich zum Teil als Ausdruck revolutionärer Volksherrschaft. Die Einheitspartei beherrscht dabei alle Schaltstellen in Politik, Wirtschaft und Gesellschaft. Die typische Form der totalitären Herrschaft ist die Parteidiktatur (z. B. NS-Diktatur 1933 bis 1945, die meisten osteuropäischen Staaten vor 1990, Volksrepublik China).

Direktionsrecht

ist die Bezeichnung für die Befugnis des → *Arbeitgebers*, durch Weisungen gegenüber dem → *Arbeitnehmer* die konkret zu erbringende Arbeit und die Art und Weise ihrer Erledigung festzulegen.

Das Weisungsrecht gehört zum wesentlichen Inhalt eines jeden → *Arbeitsvertrages*. Es findet jedoch seine Grenzen in den → *Gesetzen*, → *Tarifverträgen* und → *Dienstvereinbarungen* und wird auch durch die Rechte der Betriebs- und → *Personalräte* sowie durch das gemäß Artikel 1 des → *Grundgesetzes* (GG) geschützte Persönlichkeitsrecht des Arbeitnehmers beschränkt.

Direktorium der Europäischen Zentralbank

ist ein Organ der → *Europäischen Zentralbank* und führt die laufenden Geschäfte. Das Direktorium der Europäischen Zentralbank (EZB-Direktorium) besteht aus dem Präsidenten, dem Vizepräsidenten und vier weiteren Mitgliedern (Art. 283 Abs. 2 AEUV). Die Aufgaben des Direktoriums umfassen die Durchführung der Geldpolitik, sowie die Vorbereitung der Sitzungen des → *Rates der Europäischen Zentralbank* (EZB-Rat) und weitere im Einzelnen vom EZB-Rat übertragenen Aufgaben.

Diskontinuitätsprinzip

beinhaltet für den → *Bundestag*, dass alle bisherigen → *Abgeordneten* mit der Konstituierung eines neu gewählten Bundestages ihr Mandat verlieren (personelle Diskontinuität), alle Untergliederungen und Organe des Bundestages (z. B. Ausschüsse) neu gebildet werden müssen (organisatorische Diskontinuität) und alle Gesetzesvorlagen, die beim Ende der Wahlperiode noch nicht beschlossen wurden, in der neuen Wahlperiode neu eingebracht und behandelt werden müssen (sachliche Diskontinuität – § 125 GOBT).

Diskriminierungsverbot

ist ein im europäischen und nationalen → *Recht* verankerter Grundsatz, der besagt, dass Menschen aus Gründen der Rasse oder wegen der ethnischen Herkunft, des Geschlechts, der Religion oder Weltanschauung, einer Behinderung, des Alters oder der sexuellen Identität nicht ungleich behandelt, also benachteiligt oder herabgewürdigt werden dürfen, wenn es dafür keine sachlich gerechtfertigten Gründe gibt. Regelungen zum Verbot der Diskriminierung finden sich beispielsweise im europäischen Recht in Artikel 18 des Vertrages über die Arbeitsweise der → *Europäischen Union* (AEUV) und im nationalen Recht im → *Allgemeinen Gleichbehandlungsgesetz* (AGG).

Dispositives Recht

ist ein Fachbegriff für → *Rechtsnormen*, von denen vertraglich abgewichen werden kann. Die Normen des → *Privatrechts* – das auch als Zivilrecht bezeichnet wird – sind aufgrund der geltenden Privatautonomie zum überwiegenden Teil dispositiv, das heißt abdingbar. Im Hinblick auf Verbrauchergerechtigkeit und Stärkung von schwachen Vertragsparteien (z. B. Mieter, → *Arbeitnehmer*) wurde das Recht der → *Allgemeinen Geschäftsbedingungen*, das unter anderem auch besondere Klauselverbote beinhaltet, mit dem am 1. Januar 2002 in Kraft getretenen Schuldrechtsmodernisierungsgesetz in die §§ 305 bis 310 des → *Bürgerlichen Gesetzbuches* (BGB) eingegliedert. Rechtsnormen, die nicht dispositiv sind, nennt man zwingendes Recht.

Disziplinarmaßnahmen

→ Bundesdisziplinargesetz

Divisionskalkulation

ist ein einfaches Kalkulationsverfahren, das bei der Ermittlung der Selbstkosten für gleichartige Leistungseinheiten angewendet werden kann (z. B. bei Versorgungsbetrieben). Unterschieden wird dabei zwischen der einstufigen und der mehrstufigen Divisionskalkulation.

Bei der *einstufigen Divisionskalkulation* wird die Summe der Gesamtkosten für eine Rechnungsperiode durch die Summe der im gleichen Zeitraum erbrachten Leistungen dividiert. Voraussetzung für die Anwendung dieses Kalkulationsverfahrens ist eine einheitliche Leistung oder eine Kostenstelle, die durch eine einheitliche Bezugsgröße bestimmt ist.

Die *mehrstufige Divisionskalkulation* findet vor allem Anwendung, wenn das Leistungsangebot differenziert ist.

Doppelte Buchführung

→ Buchführung

Doppik

ist ein Kunstwort und die Kurzbezeichnung für doppelte → *Buchführung* in Konten. Der Begriff Doppik wird in der → *öffentlichen Verwaltung* häufig im Zusammenhang mit der Umstellung auf die doppelte Buchführung verwandt, um den Unterschied zur bisherigen → *Kameralistik* zu verdeutlichen.

DSGVO

ist die Abkürzung für → *Datenschutz-Grundverordnung.*

E

Ecofin-Rat

ist ein auf der Ebene der → *Europäischen Union* (EU) für die Bereiche Wirtschaft und Finanzen eingerichtetes zentrales Organ zur Überwachung und Koordinierung der Wirtschafts- und Haushaltspolitik, dem die Wirtschaftsminister und Finanzminister der Mitgliedsländer der EU angehören. Ecofin ist ein aus den englischen Begriffen „Economy" = Wirtschaft und „Finance" = Finanzen gebildetes Kunstwort.

E-Commerce

ist ein englischer Begriff aus der modernen Rechtswissenschaft und bezeichnet den Online-Handel auf Internetplattformen (z. B. Ebay, Amazon). Die Geschäftsbeziehungen der Parteien werden durch elektronische Datenübermittlung abgewickelt. Verträge im Rahmen des E-Commerce sind somit Unterfälle des → *Fernabsatzvertrages.*

EDSA

ist die Abkürzung für → *Europäischer Datenschutzausschuss*.

EFZG

ist die Abkürzung für → *Entgeltfortzahlungsgesetz*.

EGMR

ist die Abkürzung für → *Europäischer Gerichtshof für Menschenrechte*.

E-Government

beinhaltet das Angebot, Leistungen der → öffentlichen *Verwaltung* mit Unterstützung von Informations- und Kommunikationstechniken über elektronische Medien, z. B. durch die Eröffnung eines elektronischen Kanals und eines De-Mail-Zugangs, in Anspruch zu nehmen. Ebenso fallen hierunter auch elektronische Verwaltungsvorgänge zwischen → *Behörden* und innerhalb von Behörden, z. B. elektronische Aktenführung. Den rechtlichen Rahmen bildet das → *E-Government-Gesetz* des Bundes bzw. des jeweiligen Landes, mit dem die Rahmenbedingungen für eine Digitalisierung der → *öffentlichen Verwaltung* geschaffen wurden.

EGovG

ist die Abkürzung für → *E-Government-Gesetz.*

E-Government-Gesetz

dient dem Ziel, die elektronische Kommunikation mit der Verwaltung zu erleichtern und Bund, Länder und Kommunen zu ermöglichen, einfachere, nutzerfreundlichere und effizientere elektronische Verwaltungsdienste anzubieten. Kernpunkte des vom Bund erlassenen Gesetzes zur Förderung der elektronischen Verwaltung (E-Government-Gesetz – EGovG) sind die Verpflichtung der Verwaltung zur Schaffung eines elektronischen Kanals und eines De-Mail-Zugangs, Erleichterungen über das Erbringen elektronischer Nachweise und die elektronische Bezahlung, Festlegung von Grundsätzen der elektronischen Aktenführung und des ersetzenden Scannens, Erfüllung von Publikationspflichten durch elektronische Amts- und Verkündungsblätter, Verpflichtung zur Dokumentation und Analyse von Prozessen und Regelungen zur Bereitstellung von maschinenlesbaren Datenbeständen durch die Verwaltung. Außerdem wurden mit dem EGovG neben der qualifizierten elektronischen Signatur weitere sichere Technologien zugelassen, die die Schriftform elektronisch ersetzen. Das EGovG sieht ferner Regelungen zur Verbesserung und Erweiterung von E-Government-Angeboten in verschiedenen Rechtsgebieten vor, die sich aufgrund der praktischen Erfahrungen als notwendig erwiesen haben. Die von den Ländern für ihren Bereich erlassenen E-Government-Gesetze entsprechen inhaltlich weitgehend den Regelungen des Bundes.

Ehrenbeamte

üben eine hoheitliche Tätigkeit regelmäßig neben ihrem eigentlichen Beruf aus. Sie erhalten als Ehrenbeamte keine → *Besoldung* oder → *Versorgung*, sondern Auslagenersatz, Verdienstausfall bzw. eine Aufwandsentschädigung und → *Unfallfürsorge* (§ 5 BeamtStG). Ehrenbeamte kennt man insbesondere im Kommunalbereich (z. B. ehrenamtliche Bürgermeister).

Eigentum

ist die rechtliche Herrschaft einer Person über eine → *Sache*. Der Eigentümer kann mit der Sache nach Belieben verfahren und andere von jeder Einwirkung ausschließen, soweit nicht das Gesetz oder Rechte Dritter entgegenstehen (§ 903 BGB).

Eingruppierung

ist die Bezeichnung für die Einreihung des → *Arbeitnehmers* in ein kollektives Entgeltschema. Für die unter den → *Tarifvertrag für den öffentlichen Dienst* (TVöD), den → *Tarifvertrag für den öffentlichen Dienst der Länder* (TV-L) und den → *Tarifvertrag für den öffentlichen Dienst des Landes Hessen* (TV-H) fallenden Beschäftigten richtet sich die Eingruppierung nach den Tätigkeitsmerkmalen der von den → *Tarifvertragsparteien* vereinbarten → *Entgeltordnung* (§ 12 Abs. 1 TVöD Bund bzw. VKA/TV-L/TV-H).

Ist dem Beschäftigten eine andere, höherwertige Tätigkeit nicht übertragen worden, und hat sich aber die ihm übertragene Tätigkeit nicht nur vorübergehend derart geändert, dass sie den Tätigkeitsmerkmalen einer höheren als seiner bisherigen Entgeltgruppe entspricht, und hat der Beschäftigte die höherwertige Tätigkeit ununterbrochen sechs Monate lang ausgeübt, ist er mit Beginn des darauffolgenden Kalendermonats in der höheren Entgeltgruppe eingruppiert, wobei in die Zeit der Ausübung der höherwertigen Tätigkeit eine Unterbrechungszeit durch Urlaub, Arbeitsbefreiung, Arbeitsunfähigkeit, Kur- oder Heilverfahren oder Vorbereitung auf eine Fachprüfung von insgesamt nicht mehr als sechs Wochen in die Frist von sechs Monaten eingerechnet wird (§ 13 TVöD/TV-L/TV-H). Für die zurückliegenden sechs Kalendermonate erhält der Beschäftigte eine Persönliche Zulage in sinngemäßer Anwendung des § 14 TVöD/TV-L/TV-H.

Zu beachten ist, dass sich für den Beschäftigten ein unmittelbar aus dem Tarifvertrag herzuleitender Anspruch auf Entgelt aus einer bestimmten Entgeltgruppe ergibt, da der Beschäftigte automatisch in der Entgeltgruppe eingruppiert ist, deren Tätigkeitsmerkmale die gesamte (zeitlich mindestens zur Hälfte) von ihm nicht nur vorübergehend auszuübende Tätigkeit entspricht (Grundsatz der Tarifautomatik) und die Angabe der Entgeltgruppe im Arbeitsvertrag insoweit nur deklaratorisch Bedeutung hat. Bei den einzustellenden Beschäftigten wird zugleich mit der Einordnung in die Entgeltgruppe eine Stufenzuordnung vorgenommen, wodurch die Einreihung in das Entgeltschema erst vollständig gemacht wird.

Einheit und Vollständigkeit

ist ein → *Haushaltsgrundsatz*, der besagt, dass alle Einnahmen und Ausgaben in einen einzigen → *Haushaltsplan* einzustellen sind. Es dürfen keine Mittel ohne Haushaltsermächtigung ausgegeben werden. Sonderhaushalte sind nur für Bundes- oder Landesbetriebe und Sondervermögen zugelassen (Art. 110 Abs. 1 Satz 1 GG, § 8 HGrG, § 11 BHO/LHO).

Einheitsstaat

ist ein Einzelstaat mit einheitlicher, zentral gelenkter → *Staatsgewalt*. Der Einheitsstaat kann zentralisiert oder dezentralisiert sein.

Im *zentralisierten Einheitsstaat* wird die Verwaltung und Rechtspflege für das gesamte → *Staatsgebiet* ungeteilt von einer Zentralgewalt ausgeübt (z. B. Frankreich).

Im *dezentralisierten Einheitsstaat* sind bestimmte Aufgaben der Zentralgewalt auf Selbstverwaltungsorgane übertragen unter Aufsicht der Zentralbehörden (z. B. Italien, Schweden).

Einigungsstelle

ist diejenige Stelle, die in personalvertretungsrechtlichen Streitfällen darüber entscheidet, ob die Personalvertretung die beantragte Zustimmung zu einer der Mitbestimmung unterliegenden Maßnahme zu Recht verweigert.

Die Zusammensetzung der Einigungsstelle und das Einigungsstellenverfahren sind im Einzelnen im → *Bundespersonalvertretungsgesetz* und in den Personalvertretungsgesetzen der Länder geregelt.

Einlagefazilität

→ Fazilität

Einmannsystem

ist eine den inneren Verwaltungsaufbau einer → *Behörde* betreffende Organisationsform. Das Einmannsystem ist dadurch gekennzeichnet, dass in der Behörde ausschließlich der Behördenleiter das verantwortliche Vollzugsorgan ist (z. B. Bundesministerien, Landesministerien, Regierungspräsidien). Das Einmannsystem wird auch als monokratische Verwaltung bezeichnet.

Der Gegenbegriff zum Einmannsystem ist das → *Kollegialsystem*.

Einspruchsgesetz

ist ein Bundesgesetz, für das nach dem → *Grundgesetz* (GG) die Zustimmung des → *Bundesrates* nicht erforderlich ist. Das Einspruchsgesetz stellt den Regelfall des → *Gesetzgebungsverfahrens* der Bundesgesetze dar.

Der Gegenbegriff zum Einspruchsgesetz ist das → *Zustimmungsgesetz.*

Einstellung

im *arbeitsrechtlichen Sinne* ist die Begründung eines → *Arbeitsverhältnisses*. Die Einstellung umfasst grundsätzlich den gesamten Vorgang der Anbahnung eines Arbeitsverhältnisses vor der Bewerbung bis zum Abschluss des → *Arbeitsvertrages*.

Im *beamtenrechtlichen Sinne* versteht man unter der Einstellung die Begründung eines → *Beamtenverhältnisses*.

Einstweiliger Rechtsschutz

ist ein Antragsverfahren, das vor Entscheidung über eine → *Klage* in Dringlichkeitsfällen Schutz bietet. Eine solche Dringlichkeit ist gegeben, wenn die → *aufschiebende Wirkung* eines → *Rechtsbehelfes* entfällt oder aber der Rechtsschutz durch die voraussichtliche Dauer des Verfahrens verkürzt würde und so kein effektiver Rechtschutz im Sinne des Artikels 19 Abs. 4 des → *Grundgesetzes* (GG) mehr garantiert wäre.

Die → *Verwaltungsgerichtsordnung* (VwGO) kennt drei verschiedene Arten des einstweiligen Rechtsschutzes – auch vorläufiger Rechtsschutz genannt –, der über § 80 Abs. 5 und § 80a VwGO gerichtet auf Vollstreckungsschutz sowie § 123 VwGO gerichtet auf eine vorläufige Sachentscheidung und durch einen Normenkontrollantrag nach § 47 VwGO zu erlangen ist.

Einzelkosten

sind Kostenarten, die direkt und unmittelbar einer verursachenden Leistung zurechenbar sind (z. B. Personalkosten des Sozialamtes hinsichtlich einer bestimmten Art von Sozialhilfebescheiden, Reisekosten für gutachtliche Stellungnahmen).

Einzelplan

bildet zusammen mit dem → *Gesamtplan* den → *Haushaltsplan* des Bundes oder des Landes.

In den Einzelplänen sind die Haushaltsmittel (Einnahmen, Ausgaben und Verpflichtungsermächtigungen, Planstellen und Stellen) veranschlagt. Dabei gilt grundsätzlich das Ressortprinzip (auch Ministerial- oder Institutionalprinzip genannt), das heißt jedem Ressort ist ein Einzelplan zugewiesen. Für bestimmte Aufgabenbereiche wird das Realprinzip angewandt, das heißt einem Sachbereich ist ein Einzelplan zugewiesen (z. B. Bundesschuld, Versorgung). Jeder Einzelplan enthält eine zweistellige Nummer, an der er erkennbar ist (z. B. Einzelplan 02 – Deutscher Bundestag, Einzelplan 06 – Bundesministerium des Innern und für Heimat). Die Einzelpläne sind in → *Kapitel* und → *Titel* eingeteilt.

Der *Haushaltsplan der Gemeinde* besteht nach den → *Gemeindehaushaltsverordnungen* aus dem Gesamtplan, den Einzelplänen des Verwaltungshaushalts und des Vermögenshaushalts, den Sammelnachweisen und dem Stellenplan. Er ist ausschließlich nach dem Realprinzip (nach Aufgabenbereichen) in Einzelpläne, Abschnitte und Unterabschnitte gegliedert. Die Gruppierung der Einnahmen und Ausgaben richtet sich nach dem Gliederungs- und Gruppierungsplan.

Einzelveranschlagung

ist ein → *Haushaltsgrundsatz*, der besagt, dass die Einnahmen nach dem Entstehungsgrund, die Ausgaben und die Verpflichtungsermächtigungen nach Zwecken getrennt zu veranschlagen sind (§ 12 Abs. 4 HGrG, § 15 Abs. 1 BHO). Je stärker der Grundsatz der Einzelveranschlagung beachtet wird, desto stärker ist die Einflussmöglichkeit des → *Parlaments* auf den → *Haushaltsplan* und die Bindung der Regierung daran im Haushaltsvollzug. Für die notwendige Flexibilität im Haushaltsvollzug sorgen Deckungsregelungen (§ 20 BHO/LHO, Haushaltsgesetz, Haushaltsvermerke) und die Möglichkeit von über- und außerplanmäßigen Ausgaben (§ 37 BHO/LHO).

Elterngeld

ist eine Einkommensersatzleistung, die für die Betreuung und Erziehung eines Kindes nach Maßgabe des → *Bundeselterngeld- und Elternzeitgesetzes* (BEEG) gezahlt wird.

Der Kreis der Anspruchsberechtigten auf Elterngeld ist in § 1 BEEG festgelegt. Das Elterngeld wird individuell errechnet und orientiert sich vor allem nach dem tatsächlich verfügbaren Erwerbseinkommen vor der Geburt des Kindes. Es beträgt mindestens 300 € und höchstens 1.800 € monatlich (§ 2 BEEG). Für Familien mit mehreren kleinen Kindern sieht das BEEG zusätzlich einen Geschwisterbonus bzw. Mehrlingszuschlag vor (§ 2a BEEG). Das Elterngeld kann in der Zeit der Geburt bis zur Vollendung des 14. Lebensmonats des Kindes bezogen werden (§ 4 Abs. 1 BEEG). Teilen sich die Eltern die Betreuung des Kindes, kann ein Elternteil für höchstens zwölf Monate Elterngeld beantragen, zwei zusätzliche Monate stehen dem anderen Elternteil des Kindes zu, wenn für zwei Monate zugunsten der Betreuung des Kindes auf Erwerbseinkommen ganz oder teilweise verzichtet wird (§ 4 Abs. 4 BEEG).

Zum 1. Juli 2015 wurde zusätzlich zum bisherigen Elterngeld, das als Basiselterngeld bezeichnet wird, ein Elterngeld Plus mit Partnerschaftsbonus eingeführt, das monatlich höchstens die Hälfte des Elterngeldes beträgt (§ 4a Abs. 2 BEEG). Es besteht hierbei die Möglichkeit, zwischen dem Bezug des Basiselterngeldes und dem Bezug von Elterngeld Plus mit Partnerschaftsbonus zu wählen oder beides zu kombinieren, wobei sich die maximale Bezugsdauer auf 28 Monate verlängern kann. Für ab dem 1. September 2021 geborene Kinder, die mindestens sechs Wochen vor dem errechneten Geburtstermin zur Welt kommen, sind abhängig vom Geburtstermin der Bezug von bis zu vier zusätzlichen Monaten Basiselterngeld möglich (§ 4 Abs. 5 BEEG). Die zusätzlichen Monate Basiselterngeld können auch umgewandelt werden in Elterngeld Plus, sodass sich die maximale Bezugsdauer des Elterngeldes auf 32 Monate verlängern kann. Zu beachten ist, dass infolge der Corona-Pandemie gesetzliche Änderungen mit zeitlicher Befristung beim Elterngeld vorgenommen wurden, um coronabedingte Nachteile zu verhindern.

Das Elterngeld können nicht nur → *Arbeitnehmer*, → *Beamte* und Selbstständige, sondern ebenso → *Auszubildende*, Studierende und Erwerbslose oder Hausfrauen und Hausmänner erhalten, da der Bezug des Elterngeldes nicht davon abhängig ist, ob oder in welcher Form der Elternteil, der es beantragt, vor der Geburt des Kindes gearbeitet hat.

Elternzeit

ist der Anspruch auf vollständige oder teilweise Freistellung von der Erwerbstätigkeit wegen der Betreuung und Erziehung eines Kindes.

Für → *Arbeitnehmer* sind die Anspruchsvoraussetzungen auf Elternzeit im → *Bundeselterngeld- und Elternzeitgesetz* (BEEG) geregelt. Anspruch auf Elternzeit besteht bis zur Vollendung des dritten Lebensjahres eines Kindes, wobei ein Anteil der Elternzeit von bis zu 24 Monaten zwischen dem dritten Geburtstag und dem vollendeten achten Lebensjahr des Kindes in Anspruch genommen werden kann (§ 15 Abs. 2 BEEG). Die Elternzeit kann, auch anteilig, von jedem Elternteil allein oder von beiden Elternteilen gemeinsam genommen werden (§ 15 Abs. 3 BEEG). Während der Elternzeit ist weiterhin eine Erwerbstätigkeit zulässig, wobei diese 30 Wochenstunden bzw. 32 Wochenstunden (für ab dem 1. September 2021 geborene Kinder) nicht überschreiten darf (§ 15 Abs. 4 BEEG). Die Elternzeit muss für den Zeitraum bis zum vollendeten dritten Lebensjahr des Kindes spätestens sieben Wochen und für den Zeitraum zwischen dem dritten Geburtstag und dem achten Lebensjahr des Kindes spätestens 13 Wochen vor dem geplanten Beginn der Elternzeit schriftlich – im Sinne des § 126 BGB – bei dem Arbeitgeber beantragt werden; bei dringenden Gründen ist ausnahmsweise auch eine kürzere Frist möglich (§ 16 Abs. 1 BEEG).

Während der Elternzeit besteht → *Kündigungsschutz*, der frühestens acht Wochen vor dem Beginn einer Elternzeit bis zum vollendeten dritten Lebensjahr des Kindes bzw. 14 Wochen vor dem Beginn einer Elternzeit zwischen dem dritten Geburtstag und dem vollendeten achten Lebensjahr des Kindes beginnt. In besonderen Fällen kann ausnahmsweise durch die für den Arbeitsschutz zuständige oberste Landesbehörde oder die von ihr bestimmte Stelle eine

→ *Kündigung* für zulässig erklärt werden (§ 18 BEEG). Der Arbeitnehmer kann das Arbeitsverhältnis zum Ende der Elternzeit nur unter Einhaltung einer → *Kündigungsfrist* von drei Monaten kündigen (§ 19 BEEG).

Für die Beamtinnen und → *Beamten* des Bundes richtet sich der Anspruch auf Elternzeit nach der von der Bundesregierung erlassenen Mutterschutz- und Elternzeitverordnung (MuSchEltZV); für die übrigen Beamtinnen und Beamten gilt die von der jeweiligen Landesregierung erlassene Elternzeitverordnung.

Embargo

ist eine von einem → *Staat* oder → *Staatengemeinschaft* gegen einen anderen Staat angeordnete Zwangsmaßnahme (z. B. Unterbindung des Exports und Imports von Waren), wodurch dieser Staat wirtschaftliche Probleme bekommen kann. Ein Embargo (spanisch = Beschlagnahme) wird in der Regel vom Sicherheitsrat der → *Vereinten Nationen* eingesetzt als Druckmittel gegen Verletzungen des Völkerrechts oder um den betreffenden Staat zu bestimmten Handlungen zu veranlassen.

Emigration

ist eine Sonderform der → *Migration*. Von Emigration spricht man, wenn jemand aus seinem Heimatland auf Dauer wegzieht, wobei dies freiwillig oder erzwungen sein kann.

Employer Branding

ist ein Begriff aus dem Englischen und bedeutet die „Vermarktung von Arbeitgebern". Ziel ist es mit Marketingmethoden einen → *Arbeitgeber* für → *Arbeitnehmer* besonders attraktiv zu machen und so proaktiv neue Mitarbeiter zu gewinnen und zu behalten.

EMRK

ist die Abkürzung für → *Europäische Menschenrechtskonvention*.

Endemie

ist ein stark gehäuftes und zeitlich unbegrenztes Auftreten einer Erkrankung in einer bestimmten begrenzten Region. *Beispiele:* Malaria in großen Teilen Afrikas, Gelbfieber in Teilen von Afrika und Südamerika.

Der Begriff Endemie darf nicht verwechselt werden mit der → Epidemie und der → Pandemie.

Enklave

ist ein kleines Gebiet eines → *Staates*, das vollumfänglich von einem anderen → *Staatsgebiet* umschlossen ist und nur über die Grenzen des fremden Staatsgebietes erreicht werden kann. *Beispiele:* Lesotho, San Marino, Vatikanstaat.

Enquete-Kommission

ist eine vom → *Bundestag* oder einem Landesparlament eingesetzte überfraktionelle Arbeitsgruppe zur Lösung von nicht nur vorübergehenden Fragestellungen und zur Vorbereitung von Entscheidungen über umfangreiche, bedeutsame Sachkomplexe (z. B. Verfassungsreform, Schutz der Erdatmosphäre). Grundlage für die Arbeit der Enquete-Kommission bildet § 56 Abs. 1 der → *Geschäftsordnung* des Deutschen Bundestages (GO-BT) und die jeweilige Geschäftsordnung des Landesparlamentes.

Entgelt

im arbeitsrechtlichen Sinne ist die Entlohnung für die Arbeitsleistung des → *Arbeitnehmers*. Nach der Begriffsdefinition des → *Entgelttransparenzgesetzes* (EntgTranspG) gelten als Entgelt alle Grund- oder Mindestarbeitsentgelte sowie alle sonstigen Vergütungen, die unmittelbar oder mittelbar in bar oder in Sachleistungen aufgrund eines Beschäftigungsverhältnisses gewährt werden (§ 5 Abs. 1 EntgTranspG).

Das Entgelt der unter den Geltungsbereich des → *Tarifvertrages für den öffentlichen Dienst* (TVöD) fallenden Beschäftigten besteht aus einem festen monatlichen → *Tabellenentgelt* (§ 15 Abs. 1 Satz 1 TVöD) und einem zusätzlichen variablen → *Leistungsentgelt* (§ 18 TVöD Bund bzw. VKA).

Für die unter den Geltungsbereich des → *Tarifvertrages für den öffentlichen Dienst der Länder* (TV-L) und des → *Tarifvertrages für den öffentlichen Dienst des Landes Hessen* (TV-H) fallenden Beschäftigten besteht das Entgelt ausschließlich aus einem festen monatlichen Tabellenentgelt (§ 15 Abs. 1 TV-L/TV-H).

Entgelt im Krankenfall

→ Arbeitsunfähigkeit

Entgeltfortzahlungsgesetz

regelt die Zahlung des Arbeitsentgelts an gesetzlichen Feiertagen und die Fortzahlung des Arbeitsentgelts im Krankheitsfall an → *Arbeitnehmer* sowie die wirtschaftliche Sicherung im Bereich der Heimarbeit für gesetzliche Feiertage und im Krankheitsfall (§ 1 Abs. 1 EFZG). Von den Vorschriften des Entgeltfortzahlungsgesetzes (EFZG) darf – mit Ausnahme der Bemessungsgrundlage für das fortzuzahlende Arbeitsentgelt durch Vereinbarung in einem → *Tarifvertrag* – nicht zu Ungunsten des Arbeitnehmers oder des in Heimarbeit Beschäftigten abgewichen werden (§ 12 EFZG).

Entgeltgruppen

→ Entgelttabelle

Entgeltordnung

regelt anhand verschiedener Merkmale die Zuordnung einer Tätigkeit zu den Entgeltgruppen.

Für die unter den Geltungsbereich des → *Tarifvertrages für den öffentlichen Dienst* (TVöD) beim Bund fallenden Beschäftigten haben die → *Tarifvertragsparteien* einen eigenständigen → *Tarifvertrag* über die Entgeltordnung des Bundes (TV EntgO Bund) vereinbart, der am 1. Januar 2014 in Kraft getreten ist. Für Beschäftigte, die unter den Geltungsbereich des → *Tarifvertrages für den öffentlichen Dienst der Länder* (TV-L) fallen, haben die Tarifvertragsparteien eine → *Entgeltordnung* zum TV-L vereinbart, die Teil der Anlage A ist und am 1. Januar 2012 in Kraft trat. In Anlehnung an die Entgeltordnung zum TV-L haben die Tarifvertragsparteien für die unter den Geltungsbereich des → *Tarifvertrages für den öffentlichen Dienst des Landes Hessen* (TV-H) fallenden Beschäftigten ebenfalls eine Entgeltordnung als Anlage A zum TV-H vereinbart, die rückwirkend zum 1. Juli 2014 in Kraft getreten ist. Für die unter den Geltungsbereich des Tarifvertrages für den öffentlichen Dienst (TVöD) im Bereich der Vereinigung der kommunalen Arbeitgeberverbände (VKA) fallenden Beschäftigten haben die Tarifvertragsparteien eine Entgeltordnung (VKA) als Anlage 1 zum TVöD vereinbart, die zum 1. Januar 2017 in Kraft getreten ist. Die Entgeltordnungen knüpfen weitgehend an die bisherigen für die → *Angestellten* und → *Arbeiter* des öffentlichen Dienstes geltenden tariflichen Eingruppierungsvorschriften an.

Für die zum Zeitpunkt des Inkrafttretens der neuen Tarifverträge für den → *öffentlichen Dienst* und der Entgeltordnungen vorhandenen Beschäftigten haben die Tarifvertragsparteien eigenständige Tarifverträge zur Überleitung des Beschäftigten in die jeweiligen Tarifverträge und zur Regelung des Übergangsrechts getroffen, die auch Übergangsregelungen zu den Entgeltordnungen enthalten.

Entgelttabelle

regelt das monatliche Entgelt, das für Tätigkeiten in den jeweiligen Entgeltgruppen für die unter den Geltungsbereich des → *Tarifvertrages für den öffentlichen Dienst* (TVöD Bund bzw. VKA), des → *Tarifvertrages für den öffentlichen Dienst der Länder* (TV-L) und des → *Tarifvertrages für den öffentlichen Dienst des Landes Hessen* (TV-H) fallenden Beschäftigten zu zahlen ist.

Die Entgelttabelle besteht in ihrem horizontalen Aufbau aus 15 Entgeltgruppen (1 bis 15). Sie umfasst in den Entgeltgruppen 2 bis 15 sechs Stufen und in der Entgeltgruppe 1 fünf Stufen (§ 16 Abs. 1 und 5 TVöD (Bund), § 16 Abs. 1 und 4 TVöD (VKA), § 16 Abs. 1 und 4 TV-L/TV-H). Zu beachten ist, dass die Entgeltordnung zum TVöD Bund bzw. VKA eine Aufteilung der Entgeltgruppe 9 in drei Entgeltgruppen (9a, 9b und 9c) und die Entgeltordnung zum TV-L bzw. TV-H eine Aufteilung der Entgeltgruppe 9 in zwei Entgeltgruppen (9a und 9b) beinhaltet. In den Stufen 4 bis 6 kann die Stufenzeit jeweils verkürzt werden, wenn die Leistungen des Beschäftigten erheblich über dem Durchschnitt liegen (§ 17 Abs. 2 Satz 1 TVöD/TV-L/TV-H). Die Stufen 4 bis 6 können jeweils verlängert werden, wenn die Leistungen erheblich unter dem Durchschnitt liegen (§ 17 Abs. 2 Satz 2 TVöD/TV-L/TV-H). Für eine Reihe von bestimmten Tätigkeiten haben die → *Tarifvertragsparteien* besondere Stufenregelungen vereinbart, die im Anhang zu § 16 TVöD (Bund)/TVöD (VKA)/TV-L/TV-H geregelt sind.

Im vertikalen Aufbau ist die Entgelttabelle anhand formaler Berufs- und Bildungsabschlüsse sowie der übertragenen Tätigkeit nach Qualitätsebenen strukturiert, die sich vier Qualifikationsebenen zuordnen lassen:

Ebene 1
Entgeltgruppen 1 bis 4
Un- und Angelernte

Ebene 2
Entgeltgruppen 5 bis 8
3-jährige Berufsausbildung

Ebene 3
Entgeltgruppen 9a bis 12
Fachhochschulabschluss oder Bachelorabschluss

Ebene 4
Entgeltgruppen 13 bis 15
Wissenschaftlicher Hochschulabschluss oder Masterabschluss

Für an- und ungelernte Tätigkeiten in vom Outsourcing (Auslagerung auf andere Dienstleister) und/oder Privatisierung bedrohten Bereichen enthält § 15 Abs. 3 TVöD/TV-L/TV-H eine Öffnungsklausel, die es dem Bund in einem bundesweiten Tarifvertrag bzw. den Ländern und kommunalen Arbeitgebern im Rahmen eines landesbezirklichen → *Tarifvertrages* ermöglicht, in den Entgeltgruppen 1 bis 4 Abweichungen von der → *Entgelttabelle* bis zu einer dort vereinbarten Untergrenze vorzunehmen. Die Untergrenze muss im Rahmen der Spannbreite des Entgelts der Entgeltgruppe 1 liegen. Die Umsetzung erfolgt durch Anwendungsvereinbarung, für den Bund durch Bundestarifvertrag.

Entgelttransparenzgesetz

regelt das Gebot der Entgeltgleichheit für Frauen und Männer bei gleicher und gleichwertiger Arbeit, dass ein wesentlicher Bestandteil der grundrechtlich geschützten Gleichberechtigung von Frauen und Männern ist, transparent und eindeutig und bündelt alle zentralen Vorschriften und Definitionen in einem eigenen Stammgesetz. Zudem enthält das Entgelttransparenzgesetz (EntgTranspG) einen individuellen Auskunftsanspruch für Beschäftigte in Betrieben und Dienststellen mit mehr als 200 Beschäftigten, die Aufforderung an private Arbeitgeber mit mehr als 500 Beschäftigten, ihre Entgeltstrukturen zu überprüfen und eine Berichtspflicht zum Stand der Gleichstellung und der Entgeltgleichheit für lageberichtspflichtige → *Arbeitgeber* mit mehr als 500 Beschäftigten.

Entschließungsermessen

→ Ermessen

Epidemie

ist ein aus dem Griechischen stammender Begriff, der mit „über das Volk verbreitet" übersetzt werden kann. Von einer Epidemie spricht man, wenn eine Infektionskrankheit im Rahmen einer zeitlich und örtlich begrenzten Massenerkrankung auftritt. *Beispiele:* Ebolafieber-Epidemie in Westafrika 2014, saisonale Grippe-Epidemien.

Der Begriff Epidemie darf nicht verwechselt werden mit der → *Endemie* und der → *Pandemie*.

Erbfolge

ist nach der Definition des § 1922 Abs. 1 des → *Bürgerlichen Gesetzbuches* (BGB) der Übergang des gesamten Vermögens mit dem Tode einer Person auf eine oder mehrere andere Personen (Gesamtrechtsnachfolge). Das BGB unterscheidet zwischen der gesetzlichen Erbfolge, die abhängig ist vom Verwandtschaftsgrad (§§ 1924 bis 1936 BGB), und der gewillkürten Erbfolge durch letztwillige Verfügung in Form der Errichtung eines Testaments (§§ 2064 bis 2272 BGB) oder des Abschlusses eines Erbvertrages (§§ 2274 bis 2302 BGB).

Erfolgsplan

→ Wirtschaftsplan

Erfüllungsgeschäft

→ Verfügungsgeschäft

Ergebnishaushalt

ist ein Teil der Drei-Komponenten-Rechnung der kommunalen doppelten → *Buchführung* in Konten (→ *Doppik*). Der Ergebnishaushalt, der in Teilhaushalte gegliedert werden kann, stellt die geplanten Aufwendungen und Erträge der Kommune dar. In der aus dem Ergebnishaushalt abgeleiteten Ergebnisrechnung werden alle Aufwendungen und Erträge dokumentiert. Der Aufbau des Ergebnishaushalts ist in den → *Gemeindehaushaltsverordnungen* der Bundesländer geregelt.

Weitere Teile der Drei-Komponenten-Rechnung sind der → *Finanzhaushalt* und die → *Vermögensrechnung*.

Erholungsurlaub

ist die zeitweise Freistellung des Beschäftigten von der Pflicht zur

Arbeitsleistung bei gleichzeitiger Pflicht des → *Arbeitgebers* zur Fortzahlung des Arbeitsentgelts. Zweck des Erholungsurlaubs ist die Erholung und der Schutz der Gesundheit des Beschäftigten. Der Urlaubsanspruch der → *Arbeitnehmer* ist gesetzlich geregelt im Bundesurlaubsgesetz (BUrlG), das Mindestbedingungen enthält, die nicht unterschritten werden dürfen.

Für die Beschäftigten des → *öffentlichen Dienstes* bestimmt sich die Höhe des Urlaubsanspruchs nach § 26 des → *Tarifvertrages für den öffentlichen Dienst* (TVöD) oder des → *Tarifvertrages für den öffentlichen Dienst der Länder* (TV-L) oder des → *Tarifvertrages für den öffentlichen Dienst des Landes Hessen* (TV-H) und für die → *Auszubildenden* nach § 9 des → *Tarifvertrages für die Auszubildenden des öffentlichen Dienstes nach BBiG* (TVAöD – BBiG) oder des → *Tarifvertrages für Auszubildende der Länder* (TVA-L BBiG) oder des → *Tarifvertrages für Auszubildende des Landes Hessen in Ausbildungsberufen nach dem Berufsbildungsgesetz* (TVA-H BBiG) sowie für minderjährige Auszubildende nach § 19 des → *Jugendarbeitsschutzgesetzes* (JArbSchG).

Für → *Beamte* des Bundes ist der Anspruch auf Erholungsurlaub in der Erholungsurlaubsverordnung (EUrlV) geregelt, für die übrigen Beamten gilt jeweils die durch Landesrecht erlassene Verordnung über den Erholungsurlaub.

Erlass

im haushaltsrechtlichen Sinne ist eine Maßnahme, mit der auf einen fälligen Anspruch verzichtet wird (VV Nr. 3.1 zu § 59 BHO/LHO). Voraussetzung für den Erlass eines Anspruchs ist, dass der Anspruch einziehbar sein muss, die Einziehung eine besondere Härte für den Schuldner darstellt und eine → *Stundung* nicht in Betracht kommt (§ 31 Abs. 2 Nr. 3 HGrG, § 59 Abs. 1 Nr. 3 BHO/LHO). Durch den Erlass erlischt der Anspruch.

Ermessen

ist die der → *öffentlichen Verwaltung* gesetzlich eingeräumte Möglichkeit, sich für unterschiedliche Handlungsformen oder Entscheidungen zu entschließen, wobei sie die Ermessensgrenzen nicht überschreiten darf. Ermessen ergibt sich auch dann, wenn das → *Gesetz* eine Rechtsfolge oder deren Voraussetzung nicht festlegt, sondern es der → *Behörde* überlässt,

„notwendige Vorkehrungen“ oder das „Erforderliche” zu veranlassen (z. B. polizeirechtliche Generalermächtigungen).

Innerhalb des der öffentlichen Verwaltung eingeräumten Ermessens werden das *Entschließungsermessen*, das sich darauf erstreckt, ob die Verwaltung eine zulässige Maßnahme überhaupt treffen will (z. B. die Behörde entscheidet, ob sie einen rechtswidrigen Verwaltungsakt zurücknehmen oder einen rechtmäßigen Verwaltungsakt widerrufen will) und das *Auswahlermessen*, das sich darauf erstreckt, welche von mehreren zulässigen Maßnahmen die Verwaltung im Falle ihres Tätigwerdens ergreifen will (z. B. die Behörde bestimmt innerhalb eines in der Verwaltungskostenordnung vorgegebenen Gebührenrahmens die Höhe des Gebührenbetrages) unterschieden.

Wenn die Verwaltung nicht im Sinne des → *Gesetzes* von ihrem Ermessen Gebrauch macht, begeht sie einen Ermessensfehler, der die Rechtswidrigkeit der Maßnahme zur Folge hat. Nach der herkömmlichen Lehre werden drei Ermessensfehler unterschieden, und zwar die → *Ermessensüberschreitung*, die → *Ermessensunterschreitung* und der → *Ermessensmissbrauch*.

Ermessensmissbrauch

ist ein Ermessensfehler, der vorliegt, wenn die → *öffentliche Verwaltung* von ihrem → *Ermessen* nicht in einer dem Zweck der Ermächtigung entsprechenden Weise Gebrauch macht oder sonstige rechtsstaatliche Grundsätze (z. B. Gleichheitsgrundsatz) bei der Ermessensausübung missachtet (z. B. → *Beförderung* eines → *Beamten*, weil er einer bestimmten politischen Partei angehört). Der Ermessensmissbrauch wird auch als Ermessensfehlgebrauch bezeichnet.

Ermessensüberschreitung

ist ein Ermessensfehler, der vorliegt, wenn die → *öffentliche Verwaltung* den ihr vom → *Gesetz* gezogenen Rahmen des → *Ermessens* nicht beachtet (z. B. eine → *Behörde* verhängt eine Geldbuße, die eine im Gesetz festgesetzte Höchstgrenze übersteigt).

Ermessensunterschreitung

ist ein Ermessensfehler, der vorliegt, wenn die → *öffentliche Verwaltung* ein ihr zustehendes → *Ermessen* nicht ausübt (z. B. eine → *Behörde* geht im Vollzug einer

Kann-Vorschrift davon aus, dass sie zwingend handeln müsse). Die Ermessensunterschreitung wird auch als Ermessensnichtgebrauch oder Ermessensmangel bezeichnet.

Ernennung

im beamtenrechtlichen Sinne ist ein mitwirkungsbedürftiger und formgebundener → *Verwaltungsakt*, der darauf gerichtet ist, ein → *Beamtenverhältnis* zu begründen oder zu ändern.

Die Ernennung zum → *Beamten* erfolgt durch die Aushändigung einer Ernennungsurkunde, die ganz bestimmten Formvorschriften unterliegt (§ 10 Abs. 2 BBG, § 8 Abs. 2 BeamtStG). Die Ernennung wird mit dem Tage der Aushändigung der Ernennungsurkunde wirksam, wenn nicht in der Urkunde ausdrücklich ein späterer Zeitpunkt bestimmt ist. Eine Ernennung auf einen zurückliegenden Zeitpunkt ist unzulässig und insoweit unwirksam (§ 12 Abs. 2 BBG, § 8 Abs. 4 BeamtStG).

Ersatzvornahme

ist ein der → *Behörde* im Rahmen der → *Verwaltungsvollstreckung* zur Verfügung stehendes → *Zwangsmittel*, das darin besteht, dass eine Handlung, deren Vornahme durch einen anderen möglich ist (vertretbare Handlung), anstelle des Pflichtigen, der diese Handlung hätte vornehmen müssen, von einem von der Verwaltungsbehörde beauftragten Dritten ausgeführt wird und der Pflichtige die daraus entstehenden Kosten zu tragen hat (z. B. Abbruch eines widerrechtlich erstellten Gebäudes durch einen → *Unternehmer* aufgrund eines zwischen ihm und der Behörde geschlossenen → *Werkvertrages*).

Als weitere Zwangsmittel kennen die Verwaltungsvollstreckungsgesetze den → *unmittelbaren Zwang* und das → *Zwangsgeld*.

Ersatzzwangshaft

→ Zwangsgeld

Erscheinungsbild

kann einer Berufung in das → *Beamtenverhältnis* entgegenstehen, wenn bestimmte unveränderliche Merkmale des selbst gewählten Erscheinungsbildes mit der Erfüllung der Pflichten nach § 61 Abs. 2 des → *Bundesbeamtengesetzes*

(BBG) und des § 34 Abs. 2 des Gesetzes zur Regelung des Statusrechts der Beamtinnen und Beamten in den Ländern (→ *Beamtenstatusgesetz* – BeamtStG) nicht vereinbar sind (§ 7 Abs. 1 Satz 2 BBG bzw. BeamtStG). Mit Rücksicht auf das dem → *Amt* des → *Beamten* entgegengebrachte Vertrauen ist hiernach das Tragen von bestimmten Kleidungsstücken, Schmuck, Symbolen und Tätowierungen im sichtbaren Bereich oder einer bestimmten Haar- und Barttracht untersagt.

Erschwerniszulagen

dienen dem Zweck, besondere, bei der Bewertung des Amtes des → *Beamten* oder bei der Regelung der → *Anwärterbezüge* nicht berücksichtigte Erschwernisse abzugelten. Die Erschwerniszulagen sind widerruflich und nicht ruhegehaltfähig (§ 47 BBesG bzw. Landesbesoldungsgesetz). Die allgemeinen Voraussetzungen und die Höhe der Erschwerniszulagen sind in der Erschwerniszulagenverordnung des Bundes bzw. Landes geregelt.

Erststimme

→ Wahlsystem

Erweiterter EZB-Rat

ist die Abkürzung für → *Erweiterter Rat der Europäischen Zentralbank.*

Erweiterter Rat der Europäischen Zentralbank

setzt sich zusammen aus dem Präsidenten und Vizepräsidenten der → *Europäischen Zentralbank* sowie den Präsidenten der nationalen Zentralbanken aller Mitgliedstaaten der → *Europäischen Union* (EU). Der Erweiterte EZB-Rat nimmt jene Aufgaben wahr, mit denen ursprünglich das Europäische Währungsinstitut betraut war, und bildet die Kommunikationsplattform zwischen der → *Europäischen Währungsunion* und den Mitgliedstaaten der EU, die bisher den → *Euro* noch nicht eingeführt haben. Daneben wirkt der Erweiterte EZB-Rat auch mit bei verschiedenen Aufgaben und Maßnahmen der EZB. Nach der Satzung des Europäischen Systems der Zentralbanken und der Europäischen Zentralbank wird der Erweiterte Rat aufgelöst, wenn alle Mitgliedstaaten der EU den Euro eingeführt haben.

Erwerbsminderung

ist ein Begriff der gesetzlichen → *Rentenversicherung*, der mit dem Rentenreformgesetz 1999 eingeführt wurde und den Begriff Erwerbsunfähigkeit ersetzt hat.

Das bisherige System der Renten wegen verminderter Erwerbsfähigkeit, das eine Aufteilung in Berufs- und Erwerbsunfähigkeitsrenten vorsah, ist mit dem am 1. Januar 2001 in Kraft getretenen Gesetz zur Reform der Renten wegen verminderter Erwerbsfähigkeit durch eine zweistufige Rente wegen Erwerbsminderung, die zwischen teilweiser und voller Erwerbsminderung unterscheidet, abgelöst worden. Eine *volle Erwerbsminderungsrente* erhält danach bei Vorliegen der sonstigen versicherungsrechtlichen Voraussetzungen derjenige Versicherte, der wegen Krankheit oder Behinderung unter den üblichen Bedingungen des allgemeinen Arbeitsmarktes nur noch weniger als drei Stunden täglich erwerbstätig sein kann; eine *halbe Erwerbsminderungsrente* erhält, wer zwischen drei und weniger als sechs Stunden täglich im Rahmen einer Fünf-Tage-Woche unter den üblichen Bedingungen des allgemeinen Arbeitsmarktes erwerbstätig sein kann (§ 43 SGB VI). Daneben gibt es noch die Rente wegen teilweiser Erwerbsminderung bei → *Berufsunfähigkeit* (§ 240 SGB VI).

ESM

ist die Abkürzung für → *Europäischer Stabilitätsmechanismus*.

ESZB

ist die Abkürzung für → *Europäisches System der Zentralbanken*.

Etat

→ Haushaltsplan

EU

ist die Abkürzung für → *Europäische Union*.

EuGH

ist die Abkürzung für → *Europäischer Gerichtshof*.

Euro

ist die Bezeichnung für die einheitliche Währung in den Mitgliedstaaten der → *Europäischen Union,* die der → *Europäischen Währungsunion* angehören (Art. 3 Abs. 4 EUV).

Europäische Investitionsbank

hat nach dem Vertrag über die Arbeitsweise der → *Europäischen Union* (EU) die Aufgabe, zu einer ausgewogenen Entwicklung und zum wirtschaftlichen und sozialen Zusammenhalt der Mitgliedstaaten der EU beizutragen. Zu diesem Zweck nimmt die Europäische Investitionsbank (EIB), die ihren Sitz in Luxemburg hat, umfangreiche Mittel auf dem Kapitalmarkt auf und stellt diese zu günstigen Konditionen für Investitionsvorhaben bereit, die der Erreichung der politischen Ziele der EU dienen. Darüber hinaus beteiligt sich die EIB an zahlreichen Projekten außerhalb der EU und spielt deshalb eine wichtige Rolle im Rahmen der Entwicklungszusammenarbeit der EU. Anteilseigner der EIB sind die Mitgliedstaaten der EU. Die EIB besitzt eine eigene Rechtspersönlichkeit und ist innerhalb der EU finanziell autonom (Art. 308 und 309 AEUV).

Europäische Kommission

ist ein Organ der → *Europäischen Union* (EU) mit Sitz in Brüssel. Die Europäische Kommission sorgt für die Durchführung der Verträge und Beschlüsse der EU und wirkt durch ihr Initiativ- und Vorschlagsrecht an der Rechtsetzung der EU mit.

Die Europäische Kommission besitzt Vertretungen in allen EU-Mitgliedstaaten sowie Delegationen (vergleichbar mit Botschaften) in rund 100 Staaten in aller Welt. Die Befugnisse und die Zusammensetzung der Europäischen Kommission sind in Artikel 17 des Vertrages über die Europäischen Union (EUV) festgelegt.

Europäische Menschenrechtskonvention

enthält wesentliche → *Grundrechte* und → *Menschenrechte* über deren Einhaltung der → *Europäische Gerichtshof für Menschenrechte* wacht. In der Bundesrepublik Deutschland hat die → *Europäische Menschenrechtskonvention* (EMRK) Bindungswirkung für alle staatlichen Organe und den Rang eines übernationalen → *Gesetzes* nach dem → *Grundgesetz* (GG). In einigen Bundesländern hat die EMRK sogar Verfassungsrang und steht gleichrangig neben den Länderverfassungen.

Europäische Union

ist die Bezeichnung für den durch den Vertrag über die Europäische Union (EU) geschaffenen wirtschaftlichen und politischen Zusammenschluss von ursprünglich zwölf Staaten der Europäischen Gemeinschaft für Kohle und Stahl (EGKS oder Montanunion), der Europäischen Atomgemeinschaft (EAG oder Euratom) und der Europäischen Wirtschaftsgemeinschaft (EWG), die zugleich offiziell die Bezeichnung Europäische Gemeinschaft (EG) erhalten hat.

Der Vertrag über die Europäische Union (EUV), auch Vertrag von Maastricht genannt, wurde am 9./10. Dezember 1991 von den europäischen Staats- und Regierungschefs in Maastricht (Niederlande) verabschiedet und trat nach der Ratifizierung durch die Parlamente aller EG-Staaten am 1. November 1993 in Kraft trat. Durch den am 1. Mai 1999 in Kraft getretenen Vertrag von Amsterdam wurden umfangreiche materielle Änderungen und eine umfassende Vereinfachung des EU-Vertrages und des EG-Vertrages vorgenommen. Durch den am 1. Februar 2003 in Kraft getretenen Vertrag von Nizza wurden insbesondere institutionelle Änderungen an dem EU-Vertrag und dem EG-Vertrag vorgenommen, die aufgrund des am 1. Mai 2004 erfolgten Beitritts von weiteren zehn Staaten zur EU erforderlich waren. Weitere Änderungen des EU-Vertrages und des EG-Vertrages enthält der am 13. Dezember 2007 in Lissabon von den Staats- und Regierungschefs der Mitgliedsstaaten der EU unterzeichnete Grundlagenvertrag, auch Vertrag von Lissabon genannt, der am 1. Dezember 2009 in Kraft getreten ist. In den Vertrag von Lissabon wurden die wesentlichen Elemente des am 29. Oktober 2004 in Rom unterzeichneten Vertrages über eine Verfassung über Europa, der u. a. wegen fehlender Mehrheit bei den im Jahre 2005 in Frankreich und in den Niederlanden durchgeführten Volksabstimmungen nicht wie geplant in Kraft treten konnte, in das bestehende Vertragssystem überführt. Der Vertrag sieht in zwei Artikeln die Änderung des EU-Vertrages und des EG-Vertrages vor. Der Name des EG-Vertrages ist dabei in Vertrag über die Arbeitsweise der Europäischen Union (AEUV) geändert worden. Außerdem ist in dem Vertrag von Lissabon bestimmt, dass die EU an die Stelle der EG tritt, deren Rechtsnachfolgerin sie ist. Zugleich wird der EU auch ausdrücklich die eigene Rechtspersönlichkeit, die bisher die EG besaß, zugestanden (Art. 47 EUV).

Die EU besteht derzeit aus 27 Mitgliedstaaten: Belgien, Bulgarien, Dänemark, Deutschland, Estland, Finnland, Frankreich, Griechenland, Irland, Italien, Kroatien, Lettland, Litauen, Luxemburg, Malta, Niederlande, Österreich, Polen, Portugal, Rumänien, Schweden, Slowakei, Slowenien, Spanien, Tschechische Republik, Ungarn und Zypern. Das Vereinigte Königreich ist am 31. Januar 2020 aus der EU ausgetreten (→ *Brexit*).

Die Aufgaben der EU werden von verschiedenen Organen wahrgenommen. Es sind das → *Europäische Parlament*, der → *Europäische Rat* (auch Rat der Staats- und Regierungschefs genannt), der → *Rat der Europäischen Union* (auch Ministerrat genannt), die → *Europäische Kommission*, der → *Europäische Gerichtshof*, die → *Europäische Zentralbank* und der → *Europäische Rechnungshof* (Art. 13 Abs. 1 EUV). Neben den Verfassungsorganen bestehen innerhalb der EU noch zwei beratende Hilfsorgane, der → *Wirtschafts- und Sozialausschuss* sowie der → *Ausschuss der Regionen*.

Europäische Währungsunion

ist ein freiwilliger Zusammenschluss von Mitgliedstaaten der → *Europäischen Union* (EU) mit ihren unterschiedlichen Währungen zu einem einheitlichen Währungsraum. In die seit dem 1. Januar 1999 bestehende Europäische → *Währungsunion* wurden als Mitglieder zunächst die Länder Belgien, Deutschland, Finnland, Frankreich, Irland, Italien, Luxemburg, Niederlande, Österreich, Portugal und Spanien aufgenommen. Später kamen dann Griechenland (1. Januar 2001), Slowenien (1. Januar 2007), Malta und Zypern (1. Januar 2008), die Slowakei (1. Januar 2009), Estland (1. Januar 2011), Lettland (1. Januar 2014) sowie Litauen (1. Januar 2015) hinzu. Die nationalen Währungen der an der Europäischen Währungsunion teilnehmenden Staaten sind durch eine einheitliche Währung, den → *Euro* ersetzt worden.

Grundlage für die Europäische Währungsunion bildet der am 9./10. Dezember 1991 in Maastricht (Niederlande) von den europäischen Staats- und Regierungschefs verabschiedete Vertrag über die Europäische Währungsunion.

Europäische Zentralbank

wurde am 1. Juni 1998 als Zentralbank der → *Europäischen Union* (EU) mit Sitz in Frankfurt am Main gegründet. Seit dem 1. Januar 1999, dem Beginn der → *Europäischen Währungsunion*, ist die Europäische Zentralbank (EZB) allein zuständig für die Geldpolitik der an der gemeinsamen europäischen Währung teilnehmenden Staaten. Beschlussorgane der EZB sind das → *EZB-Direktorium*, der → *EZB-Rat* und der → *Erweiterte EZB-Rat*.

Die EZB bildet zusammen mit den nationalen Zentralbanken aller Mitgliedstaaten der EU das Europäische System der Zentralbanken (ESZB). Das ESZB wird von den Beschlussorganen der EZB geleitet. Das vorrangige Ziel des ESZB ist es, die Preisstabilität zu gewährleisten, wobei das ESZB die allgemeine Wirtschaftspolitik in der EU unterstützt, soweit dies nicht die Zielsetzung der Preisniveaustabilisierung beeinträchtigt. Die Befugnisse und Aufgaben der EZB und des ESZB sind im Einzelnen in den Artikeln 127 bis 133 und 282 bis 284 des Vertrages über die Arbeitsweise der Europäischen Union (AEUV) sowie in dem Protokoll (Nr. 4) über die Satzung des europäischen Systems der Zentralbanken und der Europäischen Zentralbank festgelegt.

Europäischer Datenschutzausschuss

ist eine unabhängige Einrichtung der → *Europäischen Union* (EU), der die einheitliche Anwendung der → *Datenschutz-Grundverordnung* (DSGVO) sicherstellen soll (Art. 70 Abs. 1 Satz 1 DSGVO), und aus dem Leiter einer Aufsichtsbehörde jedes Mitgliedstaats der EU und dem Europäischen Datenschutzbeauftragten oder ihren jeweiligen Vertretern besteht (Art. 68 Abs. 3 DSGVO). Die Tätigkeiten des Europäischen Datenschutzausschuss sind im Einzelnen in Artikel 70 Abs. 1 Satz 2 DSGVO aufgeführt, wobei die Ausführung der Tätigkeiten des Europäischen Datenschutzausschusses zusätzlich zu den von den nationalen Datenschutzbehörden wahrzunehmenden Aufgaben geschieht, die im Bereich des Bundes dem → *Bundesbeauftragten für den Datenschutz und die Informationsfreiheit* und im Bereich der Bundesländer und der Kommunen den hier bestellten Datenschutzbeauftragten obliegen.

Europäischer Fiskalpakt

ist ein Ersatzwort für den → *Vertrag* über Stabilität, Koordinierung und Steuerung in der Wirtschafts- und Währungsunion, der von den Staats- und Regierungschefs der Staaten des Euro-Währungsgebiets sowie der übrigen Mitgliedstaaten der → *Europäischen Union* (EU) – außer Großbritannien und Tschechien – am 2. März 2012 unterzeichnet wurde. Der Fiskalpakt, der am 1. Januar 2013 in Kraft getreten ist, enthält vor allem Regelungen zur Verankerung von → *Schuldenbremsen* in den nationalen → *Rechtsordnungen*, möglichst auf Verfassungsebene, die Verpflichtung der teilnehmenden EU-Staaten auf ausgeglichene Haushalte und einen Quasi-Automatismus des EU-Defizitverfahrens. Außerdem sieht der Fiskalvertrag eine stärkere Haushaltskontrolle durch die → *Europäische Kommission* bis hin zu einem Klageverfahren vor dem → *Europäischen Gerichtshof* vor.

Der Fiskalvertrag ist eng verknüpft mit dem → *Europäischen Stabilitätsmechanismus* (ESM), da Finanzhilfen aus dem ESM nur diejenigen Mitgliedstaaten des Euro-Währungsgebiets erhalten können, die den Fiskalvertrag ratifiziert und nationale Schuldenbremsen in ihren innerstaatlichen Rechtsverordnungen vorgesehen haben, um ausgeglichene Haushalte zu erreichen. Dem Fiskalvertrag hat der Bundestag am 13. September 2012 mit dem Gesetz zu dem Vertrag vom 2. März 2012 über Stabilität, Koordinierung und Steuerung in der Wirtschafts- und Währungsunion zugestimmt. In Artikel 3 dieses Gesetzes ist bestimmt, dass die Beteiligung des → *Bundesrates* bei der Anwendung des Fiskalvertrags nach Maßgabe des Gesetzes über die Zusammenarbeit von Bund und Ländern in Angelegenheiten der Europäischen Union (EUZBLG) erfolgt.

Europäischer Gerichtshof

ist das oberste Gericht der → *Europäischen Union* (EU) mit Sitz in Luxemburg. Der Europäische Gerichtshof hat die Aufgabe, die Wahrung des Rechts bei der Auslegung und Anwendung der Verträge der EU zu sichern sowie durch Fortbildung des Gemeinschaftsrechts die oft lückenhaften Bestimmungen der → *Verträge* zu ergänzen. Die Befugnisse und die Zusammensetzung des Europäischen Gerichtshofes sind im Einzelnen in Artikel 19 des Vertrages über die Gründung der Europäischen Union (EUV) und im Protokoll (Nr. 3) über die Satzung des Gerichtshofs der EU festgelegt.

Europäischer Gerichtshof für Menschenrechte

ist ein ständiges Gericht mit Sitz in Straßburg. Der Europäische Gerichtshof für Menschenrechte wurde im Jahre 1959 von den Mitgliedstaaten des → *Europarats* als Organ des Europarats errichtet, um die Einhaltung der → *Europäischen Menschenrechtskonvention* (EMRK) der Mitgliedstaaten des Europarates sicherzustellen.

Nicht verwechselt werden darf der Europäische Gerichtshof für Menschenrechte mit dem obersten Gericht der → *Europäischen Union* (EU), dem → *Europäischen Gerichtshof*.

Europäischer Rat

ist die Bezeichnung für ein Gremium, das aus den Staats- bzw. Regierungschefs der Mitgliedstaaten der → *Europäischen Union* (EU) sowie dem Präsidenten der → *Europäischen Kommission*, unterstützt von den Ministern für Auswärtige Angelegenheiten und einem Mitglied der Europäischen Kommission besteht.

Der Europäische Rat – auch Rat der Staats- und Regierungschefs genannt – gibt der Europäischen Union (EU) die für ihre Entwicklung erforderlichen Impulse und legt die allgemeinen politischen Prioritäten hierfür fest (Art. 15 EUV). Zu beachten ist, dass der Europäische Rat nicht gesetzgeberisch tätig wird.

Der Europäische Rat darf nicht verwechselt werden mit dem → *Europarat* und dem → *Rat der Europäischen Union.*

Europäischer Rechnungshof

ist eine unabhängige Rechnungsprüfungsbehörde mit Sitz in Luxemburg, die alle Einnahmen und Ausgaben der → *Europäischen Union* (EU) auf ihre Rechtmäßigkeit und Ordnungsmäßigkeit überprüft und sich von der Wirtschaftlichkeit der Haushaltsführung überzeugt. Die Befugnisse und Aufgaben des Europäischen Rechnungshofes sind im Einzelnen in Artikel 285 bis 287 des → *Vertrages* über die Arbeitsweise der Europäischen Union (AEUV) festgelegt.

Europäischer Stabilitätsmechanismus

ist eine von den Mitgliedstaaten des Euro-Währungsgebiets durch den → *Vertrag* vom 2. Februar 2012 zur Einrichtung des Europäischen Stabilitätsmechanismus (ESM) geschaffene internationale Finanzinstitution mit Sitz in Luxemburg. Der rechtliche Rahmen für den ESM bildet der vom → *Europäischen Rat* am 25. März 2011 angenommene Beschluss 2011/199/EU zur Änderung des Artikels 136 des Vertrags über die Arbeitsweise der → *Europäischen Union* (AEUV), wonach die Mitgliedstaaten, deren Währung der → *Euro* ist, einen Stabilitätsmechanismus einrichten können.

Vertragsparteien des am 27. September 2012 in Kraft getretenen ESM sind die ESM-Mitglieder (Art. 1 ESM-Vertrag). Zweck des ESM ist es, Finanzmittel zu mobilisieren und ESM-Mitgliedern, die schwerwiegende Finanzierungsprobleme haben oder denen solche Probleme drohen, unter strikten Auflagen, die dem gewählten Finanzhilfeinstrument angemessen sind, eine Stabilitätshilfe zu gewähren, wenn dies zur Wahrung der Finanzstabilität des Euro-Währungsgebiets insgesamt und seiner Mitgliedstaaten unabdingbar ist. Zu diesem Zweck ist der ESM berechtigt, Mittel aufzunehmen, in dem er Finanzinstrumente begibt oder mit ESM-Mitgliedern, Finanzinstituten oder sonstigen Dritten finanzielle oder sonstige Vereinbarungen oder Übereinkünfte schließt (Art. 3 ESM-Vertrag). Geleitet wird der ESM von einem Gouverneursrat, der aus den nationalen Finanzministern der Euroländer besteht, und einem Direktorium, das sich in der Regel aus den Finanzstaatssekretären zusammensetzt. Die Einzelheiten zur Geschäftsführung des ESM sind in den Artikeln 4 und 5 des ESM-Vertrages geregelt. Die Finanzhilfeinstrumente, die in den Artikeln 14 bis 18 des ESM-Vertrags näher konkretisiert sind, beinhalten die Vergabe von Darlehen, die vorsorgliche Einräumung von Kreditlinien, den Kauf von Anleihen bei der Emission (sog. Primärmarktkäufe) oder den Erwerb bereits auf den Finanzmärkten in Umlauf befindlicher Anleihen (sog. Sekundärintervention) und die Ausreichung von Darlehen an Mitgliedstaaten zur Rekapitalisierung von Finanzinstituten. Zur Finanzierung seiner Instrumente nimmt der ESM selbst Mittel durch den Ankauf von Anleihen an den Kapitalmärkten im nötigen Umfang auf.

Außerdem erhält der ESM einen Kapitalstock von 80 Mrd. €, der von den Euroländern durch Ratenzahlungen über fünf Jahre aufgebracht wird. Dem ESM hat der Bundestag mit dem Gesetz zur finanziellen Beteiligung am Europäischen Stabilitätsmechanismus (ESM-Finanzierungsgesetz – ESMFinG) vom 13. September 2012, geändert am 29. November 2014, zugestimmt.

Mit dem ESM sind schrittweise die vorläufigen provisorischen Einrichtungen, die im Gebiet der Europäischen Währungsunion zur Überwindung der Staatsschuldenkrise und zur Sicherung der Stabilität des Euro errichtet wurden, und zwar der Europäische Finanzstabilisierungsmechanismus (EFSM) und die Europäische Finanzstabilisierungsfazilität (EFSF), abgelöst worden. Die Mitgliedstaaten des Euro-Währungsgebiets verfügen mit dem ESM somit über einen unbefristeten → *Euro-Schutzschirm* zur dauerhaften Stabilisierung des Euros.

Europäisches Parlament

ist die Vertretung der Völker der in der → *Europäischen Union* (EU) zusammengeschlossenen → *Staaten* mit Sitz in Straßburg. Das Europäische Parlament, das im Vergleich zu den Parlamenten der Mitgliedstaaten der EU nur über begrenzte Rechte verfügt, ist gemeinsam mit dem → *Rat der EU* (Ministerrat) für die Gesetzgebung zuständig, übt gemeinsam mit dem Ministerrat die Haushaltsbefugnisse aus, erfüllt Aufgaben der politischen Kontrolle und Beratungsfunktionen nach Maßgabe des → *Vertrages* über die Gründung der EU (EUV) sowie der sonstigen Verträge der EU und wählt den Präsidenten der → *Europäischen Kommission* (Art. 4 EUV).

Europäisches System der Zentralbanken

→ Europäische Zentralbank

Europarat

ist eine am 5. Mai 1949 durch den Londoner Zehnmächte-Vertrag von zehn nord- und westeuropäischen Staaten gegründete zwischenstaatliche europäische Organisation, der derzeit 47 Länder Europas angehören. Die vorrangigen Ziele des Europarats sind die Verteidigung der Menschenrechte, die Stärkung der politischen Stabilität in Europa und die Ermittlung gemeinsamer Lösungen gegen → *Korruption*, organisiertes Verbrechen, Menschenhandel, Diskriminierung von Minderheiten und Terrorismus. Der Europarat besteht aus zwei Organen, dem Ministerkomitee, in welchem die Mitgliedstaaten durch ihre Außenminister vertreten werden, und der Parlamentarischen Versammlung, in welche die Parlamente der Mitgliedstaaten Vertreter entsenden, sowie drei Institutionen, und zwar dem → *Europäischen Gerichtshof* für Menschenrechte, dem Menschenrechtskommissar und dem Kongress der Gemeinden und Regionen. Die Aufgaben und die Zusammensetzung des Europarates sind im Einzelnen in der Satzung des Europarates festgelegt. Der Europarat arbeitet in bestimmten Fragen mit der → *Europäischen Union* (EU) zusammen, ist aber nicht mit der EU institutionell verbunden.

Nicht verwechselt darf der Europarat mit dem → *Europäischen Rat* und dem → *Rat der Europäischen Union.*

Euro-Schutzschirm

ist die Bezeichnung für die Gesamtheit der Maßnahmen der → *Europäischen Union* (EU) und der → *Staaten* des Euro-Währungsgebiets, die dazu dienen, im Gebiet der → *Europäischen Währungsunion* die Staatenschuldenkrise – auch Euro-Krise genannt – zu überwinden und die Stabilität des → *Euros* zu sichern. Zum Euro-Schutzschirm, der auch als Euro-Rettungsschirm bezeichnet wird, zählen insbesondere folgende Maßnahmen bzw. Einrichtungen, und zwar die Kreditvergabe im Rahmen des Europäischen Finanzstabilisierungsmechanismus (EFSM), die Gewährung von Kreditausfallbürgschaften im Rahmen der Europäischen Finanzstabilisierungsfazilität (EFSF), der Europäische Stabilitätsmechanismus (ESM) und die verstärkte Zusammenarbeit von Staaten der EU im Bereich der Fiskalpolitik nach Maßgabe des sogenannten → *Europäischen Fiskalpaktes*. Zu beachten ist, dass der EFSM und die EFSF, die als vorläufige provisorische Einrichtungen auf dem Gebiet der Europäischen Währungsunion zur Überwindung der Staatsschuldenkrise und zur Sicherung der Stabilität des Euro errichtet wurden, durch den ESM abgelöst worden sind.

EU-Schwellenwert

→ Ausschreibung

EUV

ist die Abkürzung für Vertrag über die Europäische Union, auch Vertrag von Maastricht genannt.

Exekutive

→ Gewaltenteilung

Expansion

im wirtschaftlichen Sinne bezeichnet im → *Konjunkturzyklus* die Phase des wirtschaftlichen Aufschwungs. Kennzeichnend für diese Phase ist die steigende Auslastung der Kapazitäten der Wirtschaft. Weitere Konjunkturphasen sind der → *Boom*, die → *Rezession* und die → *Depression*.

EZB

ist die Abkürzung für → *Europäische Zentralbank*.

EZB-Direktorium

ist die Abkürzung für → *Direktorium der Europäischen Zentralbank.*

EZB-Rat

ist die Abkürzung für → *Rat der Europäischen Zentralbank.*

F

Fachaufsicht

ist die Bezeichnung für die inhaltliche Aufsicht über die rechtmäßige und zweckmäßige Erledigung der Verwaltungsaufgaben gegenüber nachgeordneten → *Behörden*. Die Fachaufsicht über die Behörden der allgemeinen Verwaltung hat der zuständige Fachminister. Handelt es sich um eine Angelegenheit aus dem Geschäftsbereich des Ministers des Inneren, so ist dieser auch für die Fachaufsicht zuständig.

Fachaufsichtsbeschwerde

→ Aufsichtsbeschwerde

Fachkräfteeinwanderungsgesetz

bildet den rechtlichen Rahmen für eine gezielte, an den Bedarfen orientierte Steuerung der Zuwanderung von qualifizierten Fachkräften aus Drittstaaten. Das Fachkräfteeinwanderungsgesetz, das am 1. März 2020 in Kraft getreten ist, schafft innerhalb des bestehenden migrationspolitischen Ordnungsrahmens die Voraussetzungen dafür, dass diejenigen Fachkräfte, die die deutsche Wirtschaft benötigt, nach Deutschland kommen können. Dafür wurden die Vorschriften des dritten und vierten Abschnitts des → *Aufenthaltsgesetzes* (AufenthG) neu strukturiert und umfassend neu gefasst sowie die → *Beschäftigungsverordnung* (BeschV) entsprechend angepasst.

Fahrlässigkeit

im zivilrechtlichen Sinne bedeutet das Außer-Acht-Lassen der im Verkehr erforderlichen Sorgfalt (§ 276 Abs. 2 BGB).

Fake News

sind falsche oder irreführende Informationen, die bevorzugt über soziale Netzwerke (z. B. Facebook, Twitter, Instagram), Messenger-Dienste (z. B. WhatsApp, Telegram), Video-Dienste (z. B. YouTube) und einschlägige Webseiten verbreitet werden. Das Ziel der Verbreitenden der Fake News ist es zumeist, Einfluss auf die politische Meinung auszuüben sowie Angst und Hass gegenüber bestimmten Personengruppen zu schüren.

Fälligkeitsprinzip

ist ein → *Haushaltsgrundsatz*, der besagt, dass im → *Haushaltsplan* nur die Ausgaben veranschlagt werden dürfen, die im Haushaltsjahr voraussichtlich fällig und damit kassenwirksam werden (§ 8 HGrG, § 11 BHO/LHO).

Familienpflegezeitgesetz

dient dem Ziel, die Vereinbarkeit von Beruf und familiärer Pflege zu verbessern (§ 1 FPfZG). Das Gesetz über die Familienpflegezeit (Familienpflegezeitgesetz – FPfZG) begründet für Beschäftigte, die einen pflegebedürftigen nahen Angehörigen in häuslicher Umgebung pflegen wollen, einen Anspruch gegenüber Arbeitgebern mit mehr als 25 Beschäftigten auf Freistellung von der Arbeitsleistung für höchstens 24 Monate auf bis zu 15 Stunden wöchentlich (§ 2 Abs. 1 FPfZG). Die Familienpflegezeit kann auch mit der Pflegezeit nach dem → *Pflegezeitgesetz* kombiniert werden, wobei die Gesamtdauer von 24 Monaten nicht überschritten werden darf (§ 2 Abs. 2 FPfZG). Die Voraussetzungen für die Inanspruchnahme der Familienpflegezeit und für die finanzielle Förderung der pflegebedingten Freistellung von der Arbeitsleistung bestimmen sich im Einzelnen nach den §§ 2a und 3 bis 10 FPfZG. Zu beachten ist, dass aus Anlass der Corona-Pandemie im PfZG Sonderreglungen über eine erneute Familienpflegezeit nach Inanspruchnahme einer Freistellung getroffen wurden, wobei die Gesamtdauer von 24 Monaten jedoch nicht überschritten werden darf (§ 2b FPfZG).

Für die → *Beamten* mit Anspruch auf → *Besoldung* gilt das Familienpflegezeitgesetz nicht, wobei entsprechende Regelungen in § 92a des → *Bundesbeamtengesetzes* (BBG) und in den Beamtengesetzen der Länder getroffen wurden.

Familienzuschlag

ist ein Teil der Dienstbezüge des → *Beamten*. Die Höhe des Familienzuschlages richtet sich nach der → *Besoldungsgruppe* des Beamten und nach der Stufe, die den Familienverhältnissen des Beamten entspricht. Der dem Beamten konkret zustehende Familienzuschlag ergibt sich aus der Anlage V zum Bundesbesoldungsgesetz (§ 39 BBesG bzw. Landesbesoldungsgesetz).

Fazilität

ist ein Fachbegriff aus dem Bereich der Banken und umfasst die einem Kunden von der Bank eingeräumte Möglichkeit, innerhalb festgelegter Grenzen kurzfristig Kredite in Anspruch zu nehmen oder Guthaben anzulegen. Verwendet wird der Begriff vor allem im Zusammenhang mit der von der → *Europäischen Zentralbank* (EZB) den Geschäftsbanken eingeräumten Möglichkeit, sich zu vorab genau bestimmten, einheitlichen Bedingungen Liquidität für einen Geschäftstag (Übernachtkredit) zu beschaffen (→ *Spitzenrefinanzierungsfazilität*) bzw. Guthaben bis zum nächsten Geschäftstag (Übernachtguthaben) bei den nationalen Zentralbanken anzulegen (→ *Einlagefazilität*). Der Zinssatz für die Spitzenrefinanzierungsfazilität bildet dabei die Obergrenze beim Tagesgeld und der Zinssatz für die Einlagefazilität die Untergrenze. Die beiden Fazilitäten werden auch als „ständige Fazilitäten" bezeichnet, da sie in ihrer aktuellen Höhe den Geschäftsbanken jederzeit zur Verfügung stehen.

FDP

ist die Abkürzung für → *Freie Demokratische Partei.*

Fernabsatzvertrag

ist nach der Definition des → *Bürgerlichen Gesetzbuches* (BGB) ein → *Vertrag,* bei dem der → *Unternehmer* oder eine in seinem Namen oder Auftrag handelnde Person und der → *Verbraucher* für die Vertragsverhandlungen ausschließlich → *Fernkommunikationsmittel* verwendet, es sei denn, dass der Vertragsschluss nicht im Rahmen eines für den Fernabsatz organisierten Vertriebs- oder Dienstleistungssystems erfolgt (§ 312c Abs. 1 BGB). Bei den Fernabsatzverträgen hat der Unternehmer bestimmte vorvertragliche Informationspflichten, die dem Schutz des Verbrauchers dienen (§ 312d BGB). Dem Verbraucher steht nach Abschluss eines Fernabsatzvertrages ein Widerrufsrecht gemäß § 355 BGB zu, das jedoch bei bestimmten Verträgen ausgeschlossen ist (§ 312g BGB).

Fernkommunikationsmittel

sind nach der Definition des → *Bürgerlichen Gesetzbuches* (BGB) Kommunikationsmittel, die zur Anbahnung oder zum Abschluss eines Vertrags zwischen einem → *Verbraucher* und einem → *Unternehmer* eingesetzt werden können, ohne dass die Vertragsparteien körperlich anwesend sind, wie Briefe, Kataloge, Telefonanrufe, Telekopien, E-Mails, über den Mobilfunkdienst versendete Nachrichten (SMS) sowie Rundfunk und Telemedien (§ 312c Abs. 2 BGB).

Feststellungsklage

→ *Klagearten im Verwaltungsprozess*

Feststellungsvermerk

umfasst die Bescheinigung der sachlichen bzw. rechnerischen Richtigkeit von Ansprüchen und Zahlungsverpflichtungen, die auf der Vorderseite der → *Kassenanordnung* durch die Unterzeichnung des Vermerks „sachlich richtig" bzw. „rechnerisch richtig" durch die hierzu befugte Person (z. B. Dienststellenleiter, → *Beauftragter für den Haushalt)* erfolgt. Beide Bescheinigungen können auch zusammengefasst werden als „sachlich und rechnerisch richtig".

Finanzhaushalt

ist ein Teil der Drei-Komponenten-Rechnung der kommunalen doppelten → *Buchführung* in Konten (→ *Doppik*). Im Finanzhaushalt, der in Teilhaushalte gegliedert werden kann, werden die geplanten Einzahlungen und Auszahlungen der Kommune festgehalten. In der aus dem Finanzhaushalt abgeleiteten Finanzrechnung werden alle tatsächlich anfallenden Einzahlungen und Auszahlungen nachgewiesen, die im Laufe eines Haushaltsjahres entstehen. Weitere Teile der Drei-Komponenten-Rechnung sind der → *Ergebnishaushalt* und die → *Vermögensrechnung*.

Das staatliche Haushaltsrecht kennt ebenfalls den Begriff „Finanzhaushalt", da der Haushaltsplan des Bundes oder des Landes in einen Verwaltungshaushalt und in einen Finanzhaushalt gegliedert werden kann (§ 9 Abs. 2 HGrG, § 12 Abs. 2 BHO/LHO).

Finanzplan

→ *Wirtschaftsplan*

Fiskalische Verwaltung

ist die Bezeichnung für die Teilnahme der → *öffentlichen Verwaltung* am privaten Rechtsverkehr, wobei die Verwaltung dem Bürger gleichgeordnet und gleichberechtigt gegenübertritt (z. B. Abschluss von → *Arbeitsverträgen* mit → *Angestellten* oder → *Arbeitern*, Einkauf von Büromaterial, Verkauf von Holz aus staatlichem Waldbesitz).

Fiskalpakt

→ Europäischer Fiskalpakt

Flüchtlinge

im Sinne des Abkommens vom 28. Juli 1951 über die Rechtsstellung der Flüchtlinge, das in der Alltagssprache als Genfer Flüchtlingskonvention (GFK) bezeichnet wird, sind → *Ausländer*, wenn sie sich aus begründeter Furcht vor Verfolgung wegen ihrer Rasse, Religion, Nationalität, politischen Überzeugung oder Zugehörigkeit zu einer bestimmten sozialen Gruppe außerhalb des Landes (Herkunftsland) befinden, dessen Staatsangehörigkeit sie besitzen und dessen Schutz sie nicht in Anspruch nehmen können oder wegen dieser Furcht nicht in Anspruch nehmen wollen oder in dem sie als Staatenlose ihren vorherigen gewöhnlichen Aufenthalt hatten und in das sie nicht zurückkehren können oder wegen dieser Furcht nicht zurückkehren wollen (§ 3 Abs. 1 AsylG). Über die Zuerkennung des Flüchtlingsstatus entscheidet gemäß § 5 Abs. 1 des Asylgesetzes (AsylG) das → *Bundesamt für Migration und Flüchtlinge* (BAMF).

Föderalismus

ist ein von dem lateinischen Wort „foedus" abgeleiteter Begriff, der mit „Bündnis" und „Vertrag" zu übersetzen ist. Die → *Bundesrepublik Deutschland* ist ein föderalistischer → *Bundesstaat*.

Formvorschriften

bestehen im Privatrecht für eine Vielzahl von wichtigen → *Rechtsgeschäften*. Zu unterscheiden sind dabei die Schriftform (§ 126 BGB), die elektronische Form (§ 126 a BGB), die Textform (§ 126 b BGB), die → *notarielle Beurkundung* (§ 128 BGB) und die → *öffentliche Beglaubigung* (§ 129 BGB). Wenn die gesetzlich vorgeschriebene Form für ein Rechtsgeschäft nicht eingehalten wurde, so ist dieses Rechtsgeschäft nichtig, das heißt von Anfang an unwirksam (§ 125 BGB). Im Übrigen gilt für den Abschluss von Rechtsgeschäften der Grundsatz der Formfreiheit, das heißt, es braucht keine besondere Form eingehalten zu werden.

Fortbildung

→ Berufliche Fortbildung

FPfZG

ist die Abkürzung für → *Familienpflegezeitgesetz.*

Fraktion

ist die Vereinigung von → *Abgeordneten* einer → *Partei* oder von solchen Parteien, die aufgrund gleichgerichteter politischer Ziele in keinem Land miteinander in Wettbewerb stehen. Nach § 10 Abs. 1 der → *Geschäftsordnung* des Deutschen → *Bundestages* (GO-BT) ist zur Bildung einer Fraktion eine Mindestzahl von fünf vom Hundert der Mitglieder des Bundestages nötig.

Fraktionsdisziplin

ist die freiwillige Unterordnung des → *Abgeordneten* unter die Mehrheitsbeschlüsse der → *Fraktion* bei parlamentarischen Abstimmungen und Debatten.

Fraktionszwang

ist die Bezeichnung für das dem → *Abgeordneten* durch die → *Fraktion* vorgeschriebene Verhalten bei parlamentarischen Abstimmungen und Debatten, das im Falle des Zuwiderhandelns zum Mandatsverlust führt. Der Fraktionszwang ist mit dem Grundsatz des → *freien Mandats* des Artikel 38 des → *Grundgesetzes* (GG) nicht vereinbar und somit unzulässig.

Die in Artikel 21 GG verankerte Rolle der → *Parteien* als wesentliche Träger der politischen Willensbildung schließt aber verfassungsrechtlich einen faktischen Druck auf den Abgeordneten zur Durchsetzung der Fraktionssolidarität nicht aus (z. B. den Partei- und Fraktionsausschluss oder die Nichtberücksichtigung bei der Kandidatenaufstellung für die nächste Wahl).

Freie Demokratische Partei

ist eine im Jahre 1948 gegründete → *politische Partei.* Die Parteipolitik der Freien Demokratischen Partei (FDP) ist geprägt vom Grundgedanken des Liberalismus, also der Freiheit des Menschen als Individuum. Im Zentrum stehen hierbei das Selbstbestimmungsrecht des Einzelnen und die Anerkennung, dass jeder Mensch durch eigene Leistung und Bildung seine derzeitige Lage verbessern kann, ohne auf eine Unterstützung des → *Staates* angewiesen zu sein. Die FDP ist seit der ersten Bundestagswahl im Jahre 1949 (mit Ausnahme der 18. Wahlperiode 2013 bis 2017) im → *Bundestag* als → *Fraktion* vertreten.

Freies Mandat

ist der Gegenbegriff zum → *imperativen Mandat*. Der Grundsatz des freien Mandats ist in Artikel 38 Abs. 1 Satz 2 des → *Grundgesetzes* (GG) verankert, wonach die → *Abgeordneten* des → *Bundestages* Vertreter des ganzen Volkes, nicht an Aufträge und Weisungen gebunden und nur ihrem Gewissen unterworfen sind. Dies gilt uneingeschränkt für Aufträge und Weisungen jeglicher Art. Das freie Mandat beinhaltet eine Reihe von Rechten des Abgeordneten, unter anderem Rede- und Teilnahmerechte, Antragsrechte, Frage- und Auskunftsrechte und nicht zuletzt das Recht, sich mit anderen Abgeordneten zu einer → *Fraktion* zusammenzuschließen.

Freiheitlich-demokratische Grundordnung

ist ein im → *Grundgesetz* (GG) nicht definierter Begriff, den das → *Bundesverfassungsgericht* umschrieben hat als eine Ordnung, die unter Ausschluss jeglicher Gewalt- und Willkürherrschaft eine rechtsstaatliche Herrschaftsordnung auf der Grundlage der Selbstbestimmung des Volkes nach dem Willen der jeweiligen Mehrheit und der Gleichheit darstellt.

Freistaat

ist die deutsche Übersetzung für den aus dem Lateinischen stammenden Begriff → *Republik*. Der Begriff Freistaat ist in den → *Verfassungen* der Bundesländer → *Bayern*, → *Sachsen* und → *Thüringen* als amtliche Staatsbezeichnung verankert, wobei hiermit jedoch keine verfassungsrechtlichen Auswirkungen verbunden sind.

Frist

ist ein Zeitabschnitt, der von einem bestimmten Zeitpunkt oder einem bestimmten Ereignis begrenzt wird (z. B. Kündigungsfrist zwei Wochen zum Monatsschluss).

Im → *Privatrecht* und im → *öffentlichen Recht* (z. B. im → *Verwaltungsverfahren*) finden die Vorschriften des → *Bürgerlichen Gesetzbuches* (BGB) für die Berechnung des Fristbeginns (§ 187 BGB) und des Fristendes (§§ 188 und 193 BGB) Anwendung.

Frontex

ist die gebräuchliche Bezeichnung für die Europäische Agentur für die Grenz- und Küstenwache mit Sitz in Warschau (Polen), die im Jahr 2004 durch eine Verordnung des Rates der → *Europäischen Union* (EU) errichtet wurde und 2005 ihre Arbeit aufnahm. Der Auftrag der Europäischen Agentur für die Grenz- und Küstenwache (Frontex) ist es, die Mitgliedstaaten der EU beim Schutz der Außengrenzen zu unterstützen, wobei die Zuständigkeit zur Sicherung der Außengrenzen nach wie vor bei den Mitgliedstaaten der EU liegt.

Führungszeugnis

ist ein behördliches Dokument über registrierte Vorstrafen einer Person. Die jeweiligen Vorstrafen werden in einem Zentralregister, das beim Bundesamt für Justiz mit Sitz in Bonn geführt wird, eingetragen. Antragstellung und Erteilung des Führungszeugnisses sowie dessen Inhalt richtet sich nach den Bestimmungen der §§ 30 bis 44a des Gesetzes über das Zentralregister und das Erziehungsregister (→ *Bundeszentralregistergesetz* – BZRG), wobei das BZRG vier Arten des Führungszeugnisses unterscheidet, und zwar das Führungszeugnis für private Zwecke, das Führungszeugnis zur Vorlage bei einer Behörde, das Erweiterte Führungszeugnis und das Europäische Führungszeugnis.

Funktionalsystem

→ Mehrliniensystem

Funktionenplan

beinhaltet eine Aufgliederung der Einnahmen und Ausgaben des → *Haushaltsplans* nach bestimmten Aufgaben (Funktionen). Die

Einteilung nach Funktionen erfolgt dabei durch eine dreistellige Ziffer nach dem Dezimalsystem, wobei durch die erste Ziffer des Funktionenplans die Hauptfunktion entsteht, durch Anhängen einer zweiten Ziffer die Oberfunktion gebildet wird und durch Anhängen einer dritten Ziffer die Funktion (Funktionenkennziffer) entsteht.

Beispiel: 0 Allgemeine Dienste (Hauptfunktion), 01 Politische Führung und zentrale Verwaltung (Oberfunktion), 011 Politische Führung (Funktion).

G

G7

ist die Bezeichnung für eine Gruppe von sieben → *Staaten* (Bundesrepublik Deutschland, Frankreich, Italien, Japan, Großbritannien, Kanada, USA), deren Staats- und Regierungschefs im Rahmen eines informellen internationalen Forums auf ihren jährlichen Gipfeltreffen multilaterale Fragen erörtern und politische Reaktionen auf globale Herausforderungen erarbeiten.

G20

wird eine Gruppe von 19 → *Staaten* der führenden Industrie- und Schwellenländer und der → *Europäischen Union* (EU) bezeichnet, die ein informelles Forum für die internationale wirtschaftliche Zusammenarbeit darstellt. Die Staats- und Regierungschefs sowie die EU, vertreten durch den jeweils amtierenden EU-Ratspräsidenten, die → *Europäische Kommission* und die → *Europäische Zentralbank* (EZB), erörtern bei ihren Treffen zentrale Fragen internationaler Wirtschafts- und Währungspolitik und stimmen sich über die notwendigen wirtschaftspolitischen und finanzpolitischen Maßnahmen ab. Mitglieder der G20 sind neben der EU, Argentinien, Australien, Brasilien, Volksrepublik China, → *Bundesrepublik Deutschland*, Frankreich, Großbritannien, Indien, Indonesien, Italien, Japan, Kanada, Südkorea, Mexiko, Russland, Saudi-Arabien, Südafrika, Türkei und die USA.

Garantie

ist ein vertraglich zugesichertes Versprechen – in der Regel des Herstellers einer → *Sache* – für Mängel, die während der Garantiezeit auftreten, entsprechend der Garantieerklärung einzustehen. Die Garantie kann abgegeben werden für die Beschaffenheit der Sache (*Beschaffenheitsgarantie*) oder dafür, dass die Sache für eine bestimmte Dauer eine bestimmte Beschaffenheit behält (*Haltbarkeitsgarantie*). Dem Käufer stehen im Garantiefall zusätzlich zu den gesetzlichen Ansprüchen die Rechte aus der Garantie zu den in der Garantieerklärung und der einschlägigen Werbung angegebenen Bedingungen gegenüber demjenigen zu, der die Garantie eingeräumt hat (§ 443 BGB).

Der Gegenbegriff zur Garantie ist die → *Gewährleistung*, wobei

→ *Verbraucher* diese Begriffe oft verwechseln. Zu beachten ist, dass derjenige, dem eine Garantie eingeräumt wurde, ein Wahlrecht zwischen Garantie und gesetzlicher Gewährleistung hat.

Gattungsschuld

ist der Gegenbegriff zur → *Stückschuld*. Bei der Gattungsschuld beschränken sich die Vertragsparteien darauf, den Leistungsgegenstand nach allgemeinen Merkmalen zu bestimmen, für die eine Vielzahl gleichartiger, durch generelle Merkmale gekennzeichneter Kaufgegenstände zutreffen, sodass zunächst offenbleibt, mit welchem konkreten Kaufgegenstand der Schuldner später erfüllt, z. B. 100 Zentner Getreide, 100 Liter Orangensaft. Der Schuldner hat bei der Gattungsschuld eine Sache von mittlerer Art und Güte zu leisten (§ 243 Abs. 1 BGB).

Gebietskörperschaft

ist eine → *Körperschaft des öffentlichen Rechts*, bei der sich die Mitgliedschaft kraft → *Gesetzes* aus dem Wohnsitz eines Menschen oder dem Sitz einer → *juristischen Person* ergibt, z. B. Bund, Länder, Gemeinden, Gemeindeverbände.

Gebrauchsgüter

sind → *Güter*, die über einen längeren Zeitraum genutzt werden können, ohne dass sie aufgebraucht werden (z. B. Radio, Werkzeuge, Maschinen, Möbel).

Gegenvorstellung

im verwaltungsrechtlichen Sinne ist ein formloser → *Rechtsbehelf*, der sich an die → *Behörde* richtet, die die Verwaltungsmaßnahme erlassen hat, und begehrt von ihr deren Änderung oder Aufhebung.

Der Gegenbegriff zur Gegenvorstellung ist die → *Aufsichtsbeschwerde*.

Geheimhaltung

im verwaltungsrechtlichen Sinne beinhaltet die Verpflichtung für die → *Behörde*, dass diese die Geheimnisse der Beteiligten an einem → *Verwaltungsverfahren*, insbesondere die zum persönlichen Lebensbereich gehörenden Geheimnisse sowie die Betriebs- und Geschäftsgeheimnisse, nicht unbefugt offenbaren darf (§ 30 VwVfG). Aus der Regelung über die Geheimhaltspflicht ergibt sich zugleich, dass Verwaltungsverfahren nicht öffentlich sein können.

Gemeindehaushaltsverordnung

regelt das Haushalts-, Rechnungs- und Prüfungswesen der Gemeinden und Städte und der Gemeindeverbände in dem jeweiligen Bundesland. Die Gemeindehaushaltsverordnung (GemHVO) bildet die wesentlichste Rechtsgrundlage des kommunalen Haushaltsrechts. In einigen Bundesländern bestehen geringfügige Abweichungen hinsichtlich der konkreten Bezeichnung dieser Verordnung (z. B. Kommunalhaushaltsverordnung). In Bundesländern mit dem Optionsrecht auf die doppische oder kamerale Haushaltsführung wird die GemHVO in der Regel mit dem entsprechenden Zusatz „Kameral" oder „Doppik" versehen. Auch haben einige Bundesländer die GemHVO mit der Gemeindekassenverordnung zu einer Verordnung zusammengefasst.

Gemeindeordnung

ist die Verfassung der Gemeinden. Die Gemeindeordnung bildet für die Gebietskörperschaften den gesetzlichen Rahmen, in dem sie alle Angelegenheiten der örtlichen Gemeinschaft in eigener Verantwortung und freier Selbstverwaltung entsprechend der Selbstverwaltungsgarantie des Artikels 28 Abs. 2 Satz 1 des → *Grundgesetzes* (GG) regeln können. Die Gemeindeverfassungen sind wegen der bei den Bundesländern liegenden Gesetzgebungskompetenz (Art. 70 GG) sehr unterschiedlich gestaltet. Zu beachten ist, dass in den → *Stadtstaaten* → *Berlin*, → *Bremen* und → *Hamburg* durch die jeweiligen Landesverfassungen Gemeinde- und Landesebene zusammenfallen.

Gemeinkosten

sind diejenigen Kosten, die sich einzelnen Leistungen nicht unmittelbar zurechnen lassen. Gemeinkosten werden im Allgemeinen über bestimmte Pauschalbeträge oder Zuschlagsprozentsätze berücksichtigt, weil es zumeist schwierig oder unwirtschaftlich ist ihre Höhe exakt zu ermitteln (z. B. die Kosten der Telefonzentrale lassen sich nach der Anzahl der Telefonanschlüsse oder nach der Anzahl der telefonierten Einheiten an die einzelnen Kostenstellen weiterbelasten).

In der → *öffentlichen Verwaltung* ist der Anteil der Gemeinkosten an den Gesamtkosten wegen des starken Umfanges vorbereitender, planender, steuernder und kontrollierender Tätigkeiten sehr hoch.

Gemeinsamer Ausschuss

ist ein Verfassungsorgan, das im Verteidigungsfall bei Verhinderung des → *Bundestages* die Aufgaben von Bundestag und → *Bundesrat* wahrnimmt (Art. 53 a, 115 e GG).

Dem Gemeinsamen Ausschuss gehören 48 Mitglieder an, und zwar 32 → *Abgeordnete* des Bundestages, die entsprechend dem Stärkeverhältnis der Fraktionen bestimmt werden und nicht der → *Bundesregierung* angehören dürfen, sowie 16 Mitglieder (aus jedem Land ein Mitglied) des Bundesrates. Die Einzelheiten über die Bildung des Gemeinsamen Ausschusses und sein Verfahren sind in der gemäß Artikel 53 a Abs. 1 des → *Grundgesetzes* (GG) vom Bundestag mit Zustimmung des Bundesrates erlassenen → *Geschäftsordnung* geregelt.

Gericht

ist ein Organ der rechtsprechenden Gewalt (Judikative).

Gerichtsentscheidungen

bilden unmittelbar keine → *Rechtsquellen*, die von der → *öffentlichen Verwaltung* auf jeden Fall zu beachten sind, da sie keine → *Rechtsnormen* sind und keine Gesetzeskraft haben. Die Gerichtsentscheidungen binden nur die Parteien des Rechtsstreits, wobei eine Ausnahme bei bestimmten Entscheidungen des → *Bundesverfassungsgerichts* besteht (§ 31 Abs. 2 BVerfGG). In der Praxis sind jedoch insbesondere die höchstrichterlichen Entscheidungen von erheblicher Bedeutung und beeinflussen wesentlich die Tätigkeit der Verwaltung, da sich die unteren → *Gerichte* und Behörden an den einschlägigen Entscheidungen der oberen Gerichte orientieren. Darüber hinaus können auch Gesetzeslücken durch sogenanntes → *Richterrecht* ausgefüllt werden.

Gesamtdeckung

ist ein → *Haushaltsgrundsatz*, der besagt, dass alle Einnahmen grundsätzlich als Deckungsmittel für alle Ausgaben dienen. Damit wird eine bevorzugte Deckung bestimmter Ausgaben verhindert. Andererseits müssen wichtige Ausgaben nicht zurückgestellt werden, bis für sie zweckbestimmte Einnahmen eingegangen sind.

Als Ausnahmen vom Gebot der Gesamtdeckung sind beim Bund und den Ländern die Zweckbindung kraft → *Gesetzes* und die Zweckbindung kraft Vermerks im → *Haushaltsplan* zu unterscheiden. Durch die Beschränkung von Einnahmen auf die Verwendung für bestimmte Zwecke, die bei der gesetzlichen Zweckbindung in den Erläuterungen des Haushaltsplans und ansonsten im Haushaltsplan durch den → *Haushaltsvermerk* kenntlich zu machen ist, wird das Ziel verfolgt, Anreize für die Erzielung von Mehreinnahmen zu schaffen, die zur Verstärkung von Ausgaben eingesetzt werden können (§ 7 HGrG, § 8 BHO/LHO).

Gesamtplan

bildet zusammen mit dem → *Einzelplan* den → *Haushaltsplan*. Der Gesamtplan besteht aus der Haushaltsübersicht (Teil I), der Finanzierungsübersicht (Teil II), dem Kreditfinanzierungsplan (Teil III) und der Übersicht über die flexibilisierten Ausgaben (Teil IV). Er wird mit dem → *Haushaltsgesetz* im Bundesgesetzblatt bzw. Gesetzblatt der Länder verkündet (§ 1 BHO/LHO).

Geschäftsfähigkeit

ist die Fähigkeit, durch eigenes Handeln wirksam → *Rechtsgeschäfte* abschließen zu können (z. B. Abschluss von → *Kaufverträgen*, Kündigung eines → *Arbeitsvertrages*). Das → *Bürgerliche Gesetzbuch* (BGB) unterscheidet zwischen Geschäftsunfähigkeit, beschränkter Geschäftsfähigkeit und unbeschränkter (voller) Geschäftsfähigkeit.

Geschäftsunfähig sind Kinder bis zur Vollendung des 7. Lebensjahres (§ 104 Nr. 1 BGB) und Personen, die sich in einem die freie Willensbestimmung ausschließenden Zustand krankhafter Störung der Geistestätigkeit befinden, sofern nicht der Zustand seiner Natur nach ein vorübergehender ist (§ 104 Nr. 2 BGB).

Beschränkt geschäftsfähig sind Personen, die das 7. Lebensjahr, aber noch nicht das 18. Lebensjahr vollendet haben (§ 106 BGB).

Die *unbeschränkte Geschäftsfähigkeit* beginnt mit Erlangung der Volljährigkeit, die mit der Vollendung des achtzehnten Lebensjahres eintritt (§ 2 BGB).

Geschäftsordnung

umfasst in der → *öffentlichen Verwaltung* die schriftliche Ausgestaltung von Regelungen, die insbesondere den förmlichen Geschäftsgang, den Geschäftsverkehr sowie den allgemeinen Dienstbetrieb der → *Behörde* betreffen.

Für den Bereich der Bundesbehörden bildet die von der → *Bundesregierung* am 26. Juli 2000 beschlossene Gemeinsame Geschäftsordnung der Bundesministerien das Grundmuster, für den Bereich der Landesbehörden ist dies die Geschäftsordnung der Landesregierung des jeweiligen Bundeslandes.

Außerhalb der öffentlichen Verwaltung verfügen vor allem verschiedene Verfassungsorgane (z. B. → *Bundestag*, → *Bundesrat*) über spezielle Geschäftsordnungen, deren Schwerpunkt darauf ausgerichtet ist, wie Beratungen abgewickelt und Beschlüsse gefasst werden.

Geschäftsverteilungsplan

beinhaltet die Verteilung der innerhalb der Organisationseinheiten anfallenden Aufgaben der → *Behörde* auf die Beschäftigten unter Angabe der Organisationsbezeichnung (z. B. Abteilung I, Dezernat 1, Referat I A 1) sowie der Namen und der Einstufung der Stelleninhaber.

Gesetz

ist eine durch bewusste Setzung niedergelegte Regel. Die Gesetze werden in *Gesetze im formellen Sinne*, darunter sind die in dem von der → *Verfassung* vorgeschriebenen förmlichen → *Gesetzgebungsverfahren* zustande gekommenen Gesetze zu verstehen, und in *Gesetze im materiellen Sinne*, das sind alle → *Rechtsnormen*, die Rechte und Pflichten für den Einzelnen begründen, unterschieden. Die meisten Gesetze sind Gesetze sowohl im formellen wie im materiellen Sinne.

Gesetzesinitiative

ist die Befugnis, Gesetzesvorlagen im → *Parlament* einzubringen. Das Recht der Gesetzesinitiative beim

→ *Bundestag* haben die → *Bundesregierung*, die → *Abgeordneten* des Bundestages, wenn mindestens 5 % der Mitglieder des Bundestages oder eine → *Fraktion* eine betreffende Vorlage unterstützen, und der → *Bundesrat* (Art. 76 GG, §§ 75 ff. GO-BT).

Gesetz gegen Wettbewerbsbeschränkungen

bildet den gesetzlichen Rahmen zur Unterbindung von Wettbewerbsbeschränkungen und zum Erhalt wettbewerblicher Strukturen. Das Gesetz gegen Wettbewerbsbeschränkungen (GWB) enthält unter anderem Regelungen über den Missbrauch von Marktmacht und koordiniert das Verhalten der Teilnehmer am Wettbewerb und wird aufgrund seiner zentralen Bedeutung auch als „Grundgesetz der Marktwirtschaft" bezeichnet. Daneben enthält das GWB in seinem Teil 4 grundsätzliche Bestimmungen zur Vergabe → *öffentlicher Aufträge* und von Konzessionen, bei denen der Auftragswert oberhalb der in der entsprechenden Richtlinie der → *Europäischen Union* (EU) festgelegten Wertgrenzen (EU-Schwellenwerte) liegt.

Gesetzesvorbehalt

im *verfassungsrechtlichen Sinne* bedeutet, dass das betreffende → *Grundrecht* durch ein einfaches → *Gesetz* eingeschränkt werden kann. Der Gesetzgeber muss allerdings beim Erlass grundrechtseinschränkender Gesetze die Grenzen des Artikels 19 Abs 1 und 2 des → *Grundgesetzes* (GG) beachten. Dies bedeutet, dass es sich um ein allgemeines Gesetz handeln muss (Verbot von Einzelgesetzen), das Grundrecht unter Angabe des Artikels genannt werden muss (Zitiergebot) und das Grundrecht nicht in seinem Wesensgehalt angetastet werden darf (Wesensgehaltstheorie). Außerdem hat der Gesetzgeber den Grundsatz der Verhältnismäßigkeit (→ *Übermaßverbot*) zu beachten.

Im *verwaltungsrechtlichen Sinne* bedeutet der Vorbehalt des Gesetzes, dass die → *öffentliche Verwaltung* nur dann tätig werden darf, wenn sie dazu durch ein Gesetz ermächtigt worden ist. Dieser Grundsatz gilt uneingeschränkt im Bereich der Eingriffsverwaltung, also für Eingriffe der Verwaltung in die Freiheit und das Eigentum des Bürgers.

Im Bereich der Leistungsverwaltung ist der Geltungsbereich dieses Grundsatzes umstritten. Nach der Rechtsprechung des → *Bundesverfassungsgerichts* ist der Gesetzgeber aber gehalten, alle für das Gemeinwesen wesentlichen Grundsatzentscheidungen selbst zu treffen und darf diese nicht der Verwaltung überlassen (sog. Wesentlichkeitstheorie). Der Grundsatz des Vorbehalts des Gesetzes ragt somit auch in den Bereich der Leistungsverwaltung hinein, wobei umstritten ist, was als wesentlich anzusehen ist.

Gesetzesvorrang

ist ein Grundsatz, der besagt, dass die → *öffentliche Verwaltung* keine Maßnahmen treffen darf, die einem → *Gesetz* widersprechen. Dieser Grundsatz, der uneingeschränkt für den gesamten Bereich der Verwaltung gilt, ist neben dem → *Gesetzesvorbehalt* ein wesentliches Element des Grundsatzes der → *Gesetzmäßigkeit der Verwaltung*.

Gesetzgebende Gewalt

→ Gewaltenteilung

Gesetzgebungskompetenz

ist die zwischen dem Bund und den Bundesländern aufgeteilte Gesetzgebungszuständigkeit. Nach dem → *Grundgesetz* (GG) steht grundsätzlich den Ländern das Recht der Gesetzgebung zu (Art. 30 GG). Dem Bund nur insoweit, als ihm das GG die Gesetzgebung verleiht (Art. 70 GG). Durch die umfassenden Zuweisungen an den Bundesgesetzgeber sind den Ländern die Zuständigkeiten zur alleinigen Gesetzgebung aber nur noch in sehr begrenztem Umfang verblieben (z. B. Bereiche des Polizeirechts, kulturelle Angelegenheiten, das kommunale Verfassungsrecht sowie das Straßen- und Wegerecht).

Das GG unterscheidet zwei Arten der Gesetzgebungszuständigkeit des Bundes, und zwar die → *ausschließliche Gesetzgebung* und die → *konkurrierende Gesetzgebung*.

Gesetzgebungsnotstand

ist ein außerordentliches → *Gesetzgebungsverfahren* zur Behebung der Aktionsunfähigkeit der → *Bundesregierung*, wenn diese sich im → *Bundestag* nicht mehr auf eine regierungsfähige Mehrheit stützen kann (Art. 81 GG).

Die Voraussetzungen des Gesetzgebungsnotstandes sind in Artikel 81 Abs. 1 des → *Grundgesetzes* (GG) geregelt. Die Wirkungen des für eine Gesetzesvorlage erklärten Gesetzgebungsnotstandes bestimmen sich nach Artikel 81 Abs. 2 und 3 GG, wobei das GG im Wege des Gesetzgebungsnotstandes jedoch weder geändert, noch ganz oder teilweise außer Kraft oder außer Anwendung gesetzt werden darf (Art. 81 Abs. 4 GG).

Gesetzgebungsverfahren

ist das in der → *Verfassung* geregelte Verfahren zum Erlass eines → *Gesetzes* im formellen Sinne. Das Verfahren über das Zustandekommen der Bundesgesetze ist in Artikel 76 bis 78 des → *Grundgesetzes* (GG) konkretisiert. Danach beginnt das Gesetzgebungsverfahren mit der Gesetzesvorlage, die beim → *Bundestag* durch die → *Bundesregierung*, aus der Mitte des Bundestages (wenn mindestens fünf vom Hundert der Mitglieder des Bundestages oder eine Fraktion eine betreffende Vorlage unterstützen) oder durch den → *Bundesrat* eingebracht werden kann (*Gesetzesinitiative*). Gesetzesvorlagen der Bundesregierung und des Bundesrates gehen zunächst an den Bundesrat bzw. die Bundesregierung, die hierzu innerhalb der in Artikel 76 GG festgelegten Fristen Stellung nehmen können, bevor der Bundestag mit dem Gesetzentwurf befasst ist. Lediglich bei Gesetzesvorlagen aus der Mitte des Bundestages ist der Bundestag sofort mit dem Gesetzentwurf befasst. Die Bundesgesetze werden vom Bundestag beschlossen. Dies geschieht in drei Beratungen, die auch Lesungen genannt werden.

Jedes vom Bundestag beschlossene Gesetz ist durch den Präsidenten des Bundestages unverzüglich dem Bundesrat zuzuleiten. Das Ausmaß der Befugnisse des Bundesrates im Gesetzgebungsverfahren hängt hierbei davon ab, ob es sich um ein Gesetz, für das nach dem GG die Zustimmung des Bundesrates nicht erforderlich ist (Einspruchsgesetz), oder um ein Gesetz, das nach dem GG der Zustimmung des Bundesrates bedarf (Zustimmungsgesetz), handelt. Ist der Bundesrat mit der vom Bundestag beschlossenen Fassung des Gesetzes nicht einverstanden, kann er sowohl bei einem → *Einspruchsgesetz* als auch bei einem → *Zustimmungsgesetz* innerhalb von drei Wochen nach Eingang des Gesetzesbeschlusses die Einberufung des → *Vermittlungsausschusses* verlangen.

Nach erfolgloser Beendigung des Verfahrens im Vermittlungsausschuss kann der Bundesrat gegen ein *Einspruchsgesetz* innerhalb von zwei Wochen Einspruch einlegen und dadurch eine erneute Beschlussfassung durch den Bundestag herbeiführen. Der Einspruch des Bundesrates, der zunächst aufschiebende Wirkung hat, kann jedoch vom Bundestag mit der erforderlichen Stimmenmehrheit, die in Artikel 77 Abs. 4 GG konkret bestimmt ist, zurückgewiesen werden. Überstimmt der Bundestag den Einspruch des Bundesrates, so ist das Gesetz zustande gekommen.

Dagegen kommt ein *Zustimmungsgesetz* nur zustande, wenn ihm der Bundesrat zustimmt. Ist nach dem Verfahren im Vermittlungsausschuss nicht die Zustimmung des Bundesrates zu erreichen, so ist das Zustimmungsgesetz gescheitert.

Die nach den Vorschriften des Grundgesetzes zu Stande gekommenen Gesetze werden vom → *Bundespräsidenten* nach Gegenzeichnung durch den → *Bundeskanzler* oder den zuständigen Ministern ausgefertigt und im Bundesgesetzblatt verkündet (Art. 82 Abs. 1 GG). Falls im Gesetz kein Datum über das Inkrafttreten bestimmt ist, so tritt es 14 Tage nach der Verkündung im → *Bundesgesetzblatt* in Kraft (Art. 82 Abs. 2 GG).

Gesetzgebungszuständigkeit

→ Gesetzgebungskompetenz

Gesetzmäßigkeit der Verwaltung

ist eines der bedeutendsten Merkmale des → *Rechtsstaates*. Die → *öffentliche Verwaltung* als Teil der vollziehenden Gewalt ist nach Artikel 20 Abs. 3 des → *Grundgesetzes* (GG) – ebenso wie die Gesetzgebung und Rechtsprechung – an → *Gesetz* und Recht gebunden. Der Grundsatz der Gesetzmäßigkeit der Verwaltung enthält zwei wesentliche Elemente, und zwar den Grundsatz des Vorrangs des Gesetzes (→ *Gesetzesvorrang*) und den Grundsatz des Vorbehalts des Gesetzes (→ *Gesetzesvorbehalt*).

Gesichtsverhüllung

→ Verhüllungsverbot

Gewährleistung

ist die gesetzlich vorgeschriebene Haftung des Verkäufers für eine → *mangelhafte Lieferung*. Hat der Käufer die mangelhafte Lieferung rechtzeitig beanstandet, kann er → *Gewährleistungsansprüche* geltend machen.

Der Gegenbegriff zur Gewährleistung ist die → *Garantie*.

Gewährleistungsansprüche

sind Rechte, die der Käufer nach § 437 des → *Bürgerlichen Gesetzbuches* (BGB) bei einer → *mangelhaften Lieferung* durch den Verkäufer geltend machen kann. Dies sind Ansprüche auf Nacherfüllung der Leistung (§ 439 BGB), auf Rücktritt vom → *Kaufvertrag* (§§ 440, 323 BGB) oder Minderung des Kaufpreises (§ 441 BGB). Sofern der Verkäufer den Mangel durch eine Pflichtverletzung verschuldet hat, steht dem Käufer auch neben der Nacherfüllung oder Leistung Schadensersatz (§ 280 BGB) oder Ersatz vergeblicher Aufwendungen (§ 284 BGB) zu.

Die Mängelansprüche des Käufers verjähren in der Regel in zwei Jahren (§ 438 Abs. 1 Nr. 3 BGB). Bei arglistig verschwiegenen Mängeln beträgt die Verjährungsfrist drei Jahre (§ 338 Abs. 3 BGB). Mängelansprüche im Zusammenhang mit einem Bauwerk verjähren in fünf Jahren (§ 438 Abs. 1 Nr. 2 BGB).

Gewaltenteilung

ist ein wesentliches Merkmal des → *Rechtsstaates* und beinhaltet die Verteilung der Ausübung der → *Staatsgewalt* auf verschiedene, voneinander unabhängige und einander kontrollierende Gewalten. Der Grundsatz der Gewaltenteilung ergibt sich im → *Grundgesetz* (GG) aus Artikel 20 Abs. 2 Satz 2. Danach steht die gesetzgebende Gewalt (Legislative) der vom Volk gewählten Volksvertretung zu, die vollziehende Gewalt (Exekutive) liegt in den Händen der Regierung und der nachgeordneten → *Behörden* und die rechtsprechende Gewalt (Judikative) wird durch unabhängige Gerichte ausgeübt. Sinn der Gewaltenteilung ist es, eine Zusammenfassung der staatlichen Gewalt in einer Hand durch gegenseitige Kontrolle zu verhindern, den Bürger vor Machtmissbrauch und staatlicher Willkür zu schützen und den demokratischen Rechtsstaat zu sichern. Das Prinzip der Gewaltenteilung ist vom Wesen des Staatsaufbaues her aber nicht in reiner Form zu verwirklichen.

Gewerkschaften

sind freiwillige Vereinigungen der → *Arbeitnehmer* zur gemeinsamen Vertretung ihrer sozialen und wirtschaftlichen Interessen.

Die Gewerkschaften sind in der Regel in der Rechtsform eines nichtrechtsfähigen Vereins organisiert und haben im Rahmen der durch das → *Grundgesetz* (GG) garantierten → *Tarifautonomie* zusammen mit den → *Arbeitgeberverbänden* das Recht, in → *Tarifverträgen* die Arbeits- und Wirtschaftsbedingungen frei von staatlicher Einmischung zu regeln.

Gewohnheitsrecht

ist ein ungeschriebenes → *Recht*, das durch lang andauernde und allgemeine Übung (objektive Voraussetzung) und durch die Überzeugung der Beteiligten, dass sie rechtmäßig handeln (subjektive Voraussetzung), entsteht (z. B. Recht der Einwohner einer Gemeinde, aus einem gemeindlichen Heilbrunnen Wasser zu entnehmen, Verpflichtung der Rechtsanwälte, vor Gericht die Amtstracht zu tragen).

Das Gewohnheitsrecht steht dem gesetzten (geschriebenen) Recht im Rang gleich. Durch das staatlich gesetzte Recht endet aber das Gewohnheitsrecht. Da die meisten Lebensbereiche heute durch das geschriebene Recht geregelt sind, hat das Gewohnheitsrecht nur noch geringe Bedeutung.

GG

ist die Abkürzung für → *Grundgesetz*.

Gläubigerverzug

→ Verzug

Gleichbehandlungsgrundsatz

ist einer der Grundsätze des Verwaltungshandelns, den die → *öffentliche Verwaltung* bei der Ausübung ihrer Tätigkeit zu beachten hat. In Artikel 3 Abs. 1 des → *Grundgesetzes* (GG) heißt es, dass alle Menschen vor dem → *Gesetz* gleich sind. Der Gleichbehandlungsgrundsatz bindet gemäß Artikel 1 Abs. 3 GG die öffentliche Verwaltung als Teil der vollziehenden Gewalt als unmittelbar geltendes → *Recht*.

Der Grundsatz der Gleichbehandlung gebietet der öffentlichen Verwaltung Gleiches gleich und Ungleiches entsprechend seiner Eigenart ungleich zu behandeln. Der Gleichbehandlungsgrundsatz bedeutet somit vor allem das Verbot jeglicher Willkür und verbietet es, dass von der Verwaltung bei ihren Entscheidungen mit zweierlei Maß gemessen wird.

Globalisierung

ist die Bezeichnung für das erdweite Zusammenwachsen von Güter-, Kredit- und Arbeitsmärkten durch Nutzung der Informationstechnologien.

GO-BR

ist die Abkürzung für → *Geschäftsordnung* des → *Bundesrates*.

GO-BT

ist die Abkürzung für → *Geschäftsordnung* des Deutschen → *Bundestages*.

GRCh

ist die Abkürzung für → *Charta der Grundrechte der Europäischen Union*.

GroKo

ist eine umgangssprachliche Bezeichnung und Abkürzung für → *Große Koalition*.

Große Koalition

ist ein Regierungsbündnis der beiden stärksten → *Fraktionen* im → *Bundestag* oder → *Landtag* für eine bestimmte → *Legislaturperiode*. Grund für die Bildung einer Großen Koalition, die umgangssprachlich GroKo genannt wird, ist in der Regel, dass die stärkste Fraktion über keine ausreichende Mehrheit im Parlament verfügt, um mit einer kleineren Partei zusammen regieren zu können. Da in einer Großen Koalition die Regierungsparteien über eine breite Mehrheit im Parlament verfügen und somit nur noch eine sehr kleine → *Opposition* vorhanden ist, wird von der Öffentlichkeit diese Form der Koalitionsregierung häufig wegen der zu großen Machtfülle kritisiert. Große Koalitionen gab es auf der Ebene des Bundes von 1966 bis 1969 unter Bundeskanzler Kurt Georg Kiesinger, von 2005 bis 2009 unter Bundeskanzlerin Angela Merkel sowie von 2013 bis 2021 unter Bundeskanzlerin Angela Merkel.

Grundbuch

ist ein öffentliches Register für Grundstücke und Rechte an Grundstücken. Im Grundbuch sind die Eigentumsverhältnisse und Belastungen bestimmter Grundstücke (sogenannte Flurstücke) eingetragen. Das Grundbuch ist Träger öffentlichen Glaubens und entfaltet einen → *Rechtsschein*. Wer im Grundbuch als Eigentümer eingetragen ist, gilt gegenüber anderen Erwerbern als Eigentümer (§ 892 Abs. 1 BGB). Der Erwerber eines Grundstückes darf sich also darauf verlassen, was im Grundbuch steht. Dies hat Auswirkungen auf den → *guten Glauben*.

Grundgehalt

ist ein Bestandteil der Dienstbezüge eines → *Beamten*, das sich nach der → *Besoldungsgruppe* des dem Beamten verliehenen → *Amtes* bestimmt. Die einzelnen Ämter und ihre Besoldungsgruppen sind für die Beamten des Bundes in den Bundesbesoldungsordnungen und für die Beamten der Länder, Gemeinden, der Gemeindeverbände und der sonstigen der Aufsicht eines Landes unterstehenden → *Körperschaften*, → *Anstalten* und → *Stiftungen des öffentlichen Rechts* in den Landesbesoldungsordnungen ausgewiesen, die Teil einer Anlage des → *Bundesbesoldungsgesetzes* (BBesG) bzw. des Landesbesoldungsgesetzes ist. Ist ein Amt noch nicht in einer → *Besoldungsordnung* enthalten oder ist es mehreren Besoldungsgruppen zugeordnet, bestimmt sich das Grundgehalt nach der Besoldungsgruppe, die in der Einweisungsverfügung bestimmt ist. Ist dem Beamten noch kein Amt verliehen, so bestimmt sich das Grundgehalt nach der Besoldungsgruppe seines Eingangsamtes und soweit die → *Einstellung* in einem anderen als dem Eingangsamt erfolgt ist, nach der entsprechenden Besoldungsgruppe (§ 19 Abs. 1 BBesG bzw. Landesbesoldungsgesetz).

Grüne

→ *Bündnis 90/Die Grünen*

Grundgesetz

ist die → *Verfassung* der → *Bundesrepublik Deutschland*. Das Grundgesetz (GG) wurde in der öffentlichen Sitzung des → *Parlamentarischen Rates* vom 23. Mai 1949 für angenommen erklärt, unterzeichnet und am gleichen Tage im Bundesgesetzblatt verkündet. Am 24. Mai 1949 trat das GG in Kraft. Im GG sind die grundlegenden Rechtssätze über Organisation und Funktionen der → *Staatsgewalt* und die Rechtsstellung des Einzelnen verankert. Das GG steht über allen anderen Bundesgesetzen. Nur Gesetze, die mit dem GG vereinbar sind, sind gültig. Eine Änderung des GG ist nur mit Zwei-Drittel-Mehrheit in → *Bundestag* und → *Bundesrat* möglich (Art. 79 Abs. 2 GG). Bestimmte Teile der Verfassung, wie die → *Grundrechte*, sind unantastbar.

Die verfassungsgestaltenden Grundentscheidungen sind durch das GG in den Artikeln 1, 20 und 28 Abs. 1 getroffen worden. Oberstes Prinzip der vom GG gegebenen Ordnung ist die Unantastbarkeit der Würde des Menschen und die Verpflichtung aller staatlichen Gewalt, sie zu schützen (Art. 1 Abs. 1 GG). Näher ausgestaltet wird diese Grundentscheidung insbesondere durch die Grundrechte in den Artikeln 2 bis 19 GG.

In Artikel 20 Abs. 1 bis 3 legt das GG die fundamentalen Verfassungsgrundsätze fest. Es handelt sich hierbei um die Prinzipien → *Republik*, → *Demokratie*, → *Rechtsstaat*, → *Sozialstaat* und → *Bundesstaat*. Die besondere Bedeutung dieser Verfassungsgrundsätze wird zusätzlich dadurch dokumentiert, dass gemäß Artikel 79 Abs. 3 GG der Kerngehalt dieser Staatsorganisationsprinzipien vor Veränderungen geschützt ist.

Die Grundsätze des republikanischen, demokratischen und sozialen Rechtsstaates sind gemäß Artikel 28 Abs. 1 GG auch ausdrücklich für die Verfassungen der einzelnen Bundesländer vorgeschrieben (→ *Homogenitätsprinzip*).

Grundrechte

sind die Fundamentalrechte, die das Verhältnis des einzelnen Menschen gegenüber dem → *Staat* verbindlich regeln. Die Grundrechte sind in der Regel verfassungsrechtlich gewährleistet. Die besondere Bedeutung, die die

→ *Bundesrepublik Deutschland* den Grundrechten beimisst, zeigt sich bereits darin, dass die Grundrechte am Anfang des → *Grundgesetzes* (GG) stehen. Sie sind das wichtigste Fundament des deutschen Staates.

Die Grundrechte im streng formalen Sinn sind im ersten Abschnitt des GG in den Artikeln 1 bis 19 zusammengefasst. Den Grundrechten gleichgestellte Rechte enthalten die Artikel 20 Abs. 4, 33, 38, 101, 103 und 104 GG. Die Unterscheidung zwischen Grundrechten und grundrechtsähnlichen Rechten hat keine praktische Bedeutung. Die Grundrechte sind keine bloßen Programmsätze, sondern stellen unmittelbar geltendes → *Recht* dar. Sie binden sowohl Gesetzgebung als auch vollziehende Gewalt und Rechtsprechung des Bundes und der Länder (Art. 1 Abs. 3 GG).

Grundsatz der Verhältnismäßigkeit

→ Übermaßverbot

Gruppierungsplan

ist ein zentrales Element der Haushaltssystematik und umfasst die Aufgliederung der Einnahmen und Ausgaben des → *Haushaltsplans* nach ökonomischen Arten auf der Grundlage des Staatskontos der → *Volkswirtschaftlichen Gesamtrechnung*. Das Gruppierungssystem ist nach dem Dezimalsystem aufgebaut, wobei die Gruppierung von einzelnen Hauptgruppen ausgeht. Innerhalb der Hauptgruppen werden dann durch Anhängen einer zweiten Ziffer, die jeweils mit 1 beginnt, Obergruppen mit genauerem, gleichem ökonomischem Inhalt gebildet. Innerhalb der Obergruppen werden ebenfalls durch Anhängen einer dritten Ziffer, die jeweils mit 1 beginnt, Gruppen mit noch genauerem, gleichem ökonomischem Inhalt gebildet.

Beispiel:
Hauptgruppe 4: Personalausgaben

Obergruppe 41: Aufwendungen für Abgeordnete und ehrenamtlich Tätige

Obergruppe 42: Bezüge und Nebenleistungen

Gruppe 411: Aufwendungen für Abgeordnete

Gruppe 421: Bezüge des Bundespräsidenten, Bundeskanzlers, der Ministerpräsidenten, Minister, Parlamentarischen Staatssekretäre und sonstiger Amtsträger.

Güter

im wirtschaftlichen Sinne sind Mittel materieller und immaterieller Art, mit denen Menschen ihre Bedürfnisse befriedigen können.

Die Wirtschaft unterscheidet *freie Güter*, die unbeschränkt verfügbar sind und grundsätzlich nichts kosten (z. B. Luft, Sonne, Wind, Meerwasser), und *wirtschaftliche Güter*, die knapp sind, prinzipiell erreichbar und Nutzen stiften als Beitrag zur Bedürfnisbefriedigung. Die wirtschaftlichen Güter werden unterschieden in Sachgüter (z. B. Lebensmittel, Kleidung), Dienstleistungen (z. B. Beratung durch einen Rechtsanwalt, Leistung eines Arztes) oder Rechte (z. B. Patente, Gebrauchsmuster).

Guter Glaube

ist der Gegenbegriff für → *Böser Glaube*. Guter Glaube bezeichnet beim Eigentumserwerb von beweglichen → *Sachen* (z. B. Auto) oder unbeweglichen Sachen (z. B. Grundstück) den Schutz des Vertrauens des Erwerbers auf das Vorliegen bestimmter Umstände, z. B. dass er darauf vertrauen darf, dass der Veräußerer Eigentümer einer Sache ist. Es handelt sich also um einen Vertrauensschutz des Rechtsverkehrs.

Bei beweglichen Sachen gibt der Besitz an der Sache einen ausreichenden guten Glauben (§ 1006 BGB) und bei unbeweglichen Sachen die Eintragung im → *Grundbuch* (§ 892 BGB).

GWB

ist die Abkürzung für → *Gesetz gegen Wettbewerbsbeschränkungen*

H

Hamburg

ist eine Freie Hansestadt und zugleich neben → *Bremen* und → *Berlin* als → *Stadtstaat* ein Bundesland der → *Bundesrepublik Deutschland*. Das Landesparlament heißt Hamburgische → *Bürgerschaft* und die Landesregierung heißt Senat, an dessen Spitze der Erste Bürgermeister steht.

Handelsgesetzbuch

ist Bestandteil des → *Privatrechts* und beinhaltet das Sonderrecht der Kaufleute bzw. Gewerbetreibenden. Das Handelsgesetzbuch (HGB) gilt für die Offene Handelsgesellschaft (OHG), die Kommanditgesellschaft (KG) und die stille Gesellschaft. Das HGB bildet zugleich die Basis der kaufmännischen Buchführungsregeln. Daneben müssen die Kaufleute die Grundsätze ordnungsgemäßer → *Buchführung* (GoB) beachten. Die Vorschriften des HGB haben Vorrang vor dem → *Bürgerlichen Gesetzbuch* (BGB), da diese spezieller sind. Für die Gesellschaft mit beschränkter Haftung (GmbH) sowie die Aktiengesellschaft (AG) gilt das HGB nicht, da hier gesonderte → *Gesetze* bestehen, und zwar das Gesetz betreffend die Gesellschaften mit beschränkter Haftung (GmbH-Gesetz) und das Aktiengesetz (AktG).

Handelsregister

ist ein öffentliches Register, das nach § 8 Abs. 1 des → *Handelsgesetzbuches* (HGB) von den → *Gerichten*, das heißt den Amtsgerichten, die in dem jeweiligen Gerichtsbezirk ihren Sitz haben, elektronisch geführt wird und in dem jeder → *Kaufmann* unter seiner Firma, das ist der Name unter dem der Kaufmann seine Geschäfte betreibt und die Unterschrift abgibt (§ 17 Abs. 1 HGB), mit einer Handelsregisternummer verzeichnet ist. Die Eintragungen in das Handelsregister macht das Gericht in dem von der Landesjustizverwaltung bestimmten elektronischen Informations- und Kommunikationssystem in der zeitlichen Folge ihrer Eintragung nach Tagen geordnet bekannt (§ 10 HGB). Die Einsichtnahme in das Handelsregister sowie in die zum Handelsregister eingereichten Dokumente ist jedem zu Informationszwecken gestattet (§ 9 Abs. 1 Satz 1 HGB).

Handlungsfähigkeit

ist die Fähigkeit, Handlungen mit rechtlicher Wirkung vornehmen zu können. Die Handlungsfähigkeit ist der Oberbegriff für → *Geschäftsfähigkeit* und → *Deliktsfähigkeit*.

Hare-Niemeyer-Verfahren

ist ein nach dem englischen Juristen Thomas Hare (1806 bis 1891) und dem Aachener Mathematikprofessor Horst Niemeyer (1931 bis 2007) benanntes Verfahren der mathematischen Proportion zur Berechnung der Sitzverteilung bei Wahlen im parlamentarischen Bereich.

Das Hare-Niemeyer-Verfahren, das unter anderem von 1987 bis 2005 bei den Wahlen zum Deutschen → *Bundestag* angewandt worden ist, wurde mit der Bundestagswahl 2009 durch das → *Sainte-Laguë/Schepers-Verfahren* abgelöst. Einige Bundesländer sehen jedoch noch die Sitzzuteilung in den Landesparlamenten nach dem Hare-Niemeyer-Verfahren vor.

Die Berechnung der nach dem Hare-Niemeyer-Verfahren einer Partei zuzuteilenden Sitze erfolgt in zwei Schritten. Zuerst wird jeweils die Anzahl der Stimmen einer Partei mit der Gesamtanzahl der zu vergebenden Sitze multipliziert und durch die Gesamtzahl aller zu berücksichtigenden Stimmen geteilt. Im zweiten Schritt wird das Ergebnis aufgespalten in den ganzzahligen Anteil und den Rest. Die ganzzahligen Anteile, die vor dem Komma abzulesen sind, werden der jeweiligen Partei als Sitze zugeschrieben. Die übrigen noch zu vergebenden Sitze werden den Parteien dann in der Reihenfolge der größten Zahlenbruchteile hinter dem Komma zugewiesen.

Beispielrechnung:
Bei 15.000 für die Sitzverteilung zu berücksichtigenden Stimmen sind 15 Sitze zu vergeben, wobei auf die einzelnen Parteien die folgenden Stimmen entfallen:

Partei A
8.000 Stimmen (53,3 %)

Partei B
6.240 Stimmen (41,6 %)

Partei C
760 Stimmen (5,1 %)

Die Gesamtanzahl der Sitze wird mit der Stimmenzahl der Partei multipliziert und das Produkt durch die Gesamtanzahl der Stimmen aller Parteien geteilt. Diese Berechnung ergibt folgendes Ergebnis:

Partei A
15 · 8.000 = 120.000 : 15.000 = 8,00 = 8 Sitze

Partei B
15 · 6.240 = 93.600 : 15.000 = 6,24 = 6 Sitze

Partei C
15 · 760 = 11.400 : 15.000 = 0,76 = 1 Sitz

Hauptrefinanzierungsgeschäft

ist ein regelmäßiges Offenmarktgeschäft des Europäischen Systems der Zentralbanken (ESZB), mit dem die → *Europäische Zentralbank* (EZB) den Banken kurzfristige Liquidität zur Verfügung stellt. Die Hauptrefinanzierungsgeschäfte sind das wichtigste geldpolitische Instrument der EZB, da hiermit die Zinsen und die Liquidität am Geldmarkt gesteuert sowie der geldpolitische Kurs signalisiert werden.

Weitere geldpolitische Instrumente der EZB sind die → *Einlagefazilität* und die → *Spitzenrefinanzierungsfazilität*.

Hauptstadt

ist in der Regel der Regierungssitz und somit das politische Zentrum eines → *Staates*. Die Hauptstadt der → *Bundesrepublik Deutschland* ist → *Berlin* (Art. 22 Abs. 1 GG).

Haushaltsausgleich

ist ein → *Haushaltsgrundsatz*, der besagt, dass der Haushalt in Einnahmen und Ausgaben auszugleichen ist, das heißt, der Haushalt muss für den Gesamtbetrag der eingestellten Ausgaben die erforderliche Deckung ausweisen, da andernfalls die Vollzugsfähigkeit des → *Haushaltsplans* nicht gewährleistet wäre (Art. 110 Abs. 1 Satz 2 GG). Als Deckung sind auch Kredite im Rahmen des Artikel 115 des → *Grundgesetzes* (GG) oder entsprechender Bestimmungen in den Landesverfassungen zulässig. Hierzu gehören aber nicht die sogenannten Kassenkredite, die zur Aufrechterhaltung einer ordnungsgemäßen Kassenwirtschaft erforderlich sind.

Haushaltsgesetz

ist ein → *Gesetz*, das den → *Haushaltsplan* des Bundes oder eines Landes feststellt, wodurch der Haushaltsplan seine Rechtsverbindlichkeit erhält. Das Haushaltsgesetz enthält darüber hinaus Regelungen, die sich nicht für eine

Aufnahme in die → *Bundeshaushaltsordnung* (BHO) oder die → *Landeshaushaltsordnung* (LHO) eignen.

Sollte sich im Laufe des Haushaltsjahres ergeben, dass durch Umstände, die bei der Aufstellung des Entwurfs des Haushaltsplans noch nicht bekannt waren, die vom Bundes- bzw. Landesfinanzministerium veranschlagten Haushaltseinnahmen erheblich hinter den Planansätzen zurückbleiben oder neue bzw. erheblich höher zu veranschlagende Haushaltsausgaben auftreten werden, so bedarf der Haushaltsplan einer Änderung durch ein *Nachtragshaushaltsgesetz*. Der Entwurf ist hierbei bis zum Ende des Haushaltsjahres einzubringen (§ 33 BHO/LHO).

Haushaltsgrundsätze

sind die historisch gewachsenen, das geltende Haushaltsrecht bestimmenden Prinzipien, deren Einhaltung für eine geordnete und wirtschaftliche Haushaltswirtschaft unerlässlich ist.

Die Haushaltsgrundsätze haben ihre Grundlage heute im → *Grundgesetz* (GG) und den Landesverfassungen und sind im → *Haushaltsgrundsätzegesetz* (HGrG) enthalten sowie in die vom Bund erlassene → *Bundeshaushaltsordnung* (BHO) und in die von den Bundesländern erlassene → *Landeshaushaltsordnung* (LHO) übernommen worden.

Als Haushaltsgrundsätze mit Verfassungsrang unterscheidet man die → *Einheit und Vollständigkeit*, den → *Haushaltsausgleich*, die → *Jährlichkeit*, die → *Vorherigkeit* sowie das → *Bepackungsverbot*.

Haushaltsgrundsätze ohne Verfassungsrang sind die → *Wirtschaftlichkeit und Sparsamkeit*, die → *Gesamtdeckung*, das → *Fälligkeitsprinzip*, das → *Bruttoprinzip*, die → *Einzelveranschlagung*, die → *Haushaltswahrheit und Haushaltsklarheit* und das Prinzip der → *Öffentlichkeit*.

Haushaltsgrundsätzegesetz

enthält den Gesetzesauftrag an Bund und Länder, ihr Haushaltsrecht nach gemeinsamen Grundsätzen zu regeln, wobei einige Vorschriften des Haushaltsgrundsätzegesetzes (HGrG) einheitlich und unmittelbar für Bund und Länder gelten. Das HGrG kann nur mit Zustimmung des → *Bundesrates* geändert werden.

Die Grundsätze des HGrG sind vom Bund durch die → *Bundeshaushaltsordnung* (BHO), von den Ländern durch die → *Landeshaushaltsordnung* (LHO) und für die Gemeinden durch die von den Ländern erlassene → *Gemeindehaushaltsverordnung* näher ausgestaltet worden.

Haushaltsmittel

sind Beträge, die im → *Haushaltsplan* mit Titelnummer und Zweckbestimmung als Ansatz ausgebracht sind.

Zu beachten ist, dass Haushaltsmittel kein Geld sind, da mit der Haushaltsmittelzuweisung lediglich die Ermächtigung erteilt wird, Geldzahlungen im laufenden Haushaltsjahr anzuordnen. Die Verteilung der Haushaltsmittel erfolgt im Bund und in den Ländern nach dem in der → *Bundeshaushaltsordnung* (BHO) oder der betreffenden → *Landeshaushaltsordnung* (LHO) festgelegten Verfahren.

Haushaltsplan

ist beim Bund und den Ländern die durch das → *Haushaltsgesetz* festgestellte, für die Haushalts- und Wirtschaftsführung des Bundes oder Landes maßgebende Zusammenstellung aller veranschlagten Einnahmen und Ausgaben, → *Verpflichtungsermächtigungen*, Planstellen und anderen Stellen von allen Bundes- oder Landesverwaltungen für ein oder zwei Rechnungsjahre (Art. 110 GG). Bei seiner Aufstellung und Ausführung ist den Erfordernissen des gesamtwirtschaftlichen Gleichgewichts Rechnung zu tragen (§ 2 HGrG, § 2 BHO/LHO). Der Haushaltsplan des Bundes oder des Landes kann in einen Verwaltungshaushalt und in einen → *Finanzhaushalt* gegliedert werden (§ 9 Abs. 2 HGrG, § 12 Abs. 2 BHO/LHO). Er besteht aus den → *Einzelplänen* und dem → *Gesamtplan* (§ 10 Abs. 1 HGrG, § 3 Abs. 1 BHO/LHO).

Bei den Gemeinden erhält der Haushaltsplan durch die → *Haushaltssatzung* seine Rechtsverbindlichkeit. Der Haushaltsplan der Gemeinden besteht aus dem Gesamtplan, den Einzelplänen des Verwaltungshaushalts und des Vermögenshaushalts, den Sammelnachweisen und dem Stellenplan.

Haushaltssatzung

ist eine Satzung, mit der der → *Haushaltsplan* einer Gemeinde seine Rechtsverbindlichkeit erhält.

Die Haushaltssatzung muss von der Gemeindevertretung bzw. dem Rat beschlossen und danach öffentlich bekannt gemacht werden. Außerdem sind die Genehmigungs- und Anzeigepflichten gegenüber der Aufsichtsbehörde zu beachten. Die einzelnen Bestandteile der Haushaltssatzung können durch eine *Nachtragshaushaltssatzung* geändert werden. Nach den → *Gemeindehaushaltsverordnungen* besteht unter bestimmten Voraussetzungen die Verpflichtung für die Gemeinden zum Erlass einer Nachtragshaushaltssatzung.

Haushaltsüberwachung

der Einnahmen, Ausgaben und Verpflichtungen zulasten künftiger Haushaltsjahre ist für den Bereich des Bundes in den Allgemeinen Verwaltungsvorschriften zur → *Bundeshaushaltsordnung* (VV-BHO) Nummern 7 bis 9 zu § 34 BHO geregelt. Danach sind die Einnahmen, Ausgaben und Verpflichtungen zulasten künftiger Haushaltsjahre im automatisierter Verfahren für das Haushalts-, Kassen- und Rechnungswesen des Bundes (→ *HKR-Verfahren*) zu überwachen. Der Bewirtschafter hat hierbei festzustellen, ob die erteilten → *Kassenanordnungen* (bei den Haushaltseinnahmen und Haushaltsausgaben) bzw. die erteilten Buchungsanordnungen (bei den Verpflichtungen zulasten künftiger Haushaltsjahre) zutreffend ausgeführt worden sind. Dabei sind die Verfahrensrichtlinien des Bundesministeriums der Finanzen für Mittelverteiler und Titelverwalter (VerfRiB-MVT/TV – HKR) zu beachten, die vorsehen, dass alle Bewirtschaftungsmaßnahmen in den Dialogverfahren – bei diesem tritt der Bewirtschafter mit der zentralen Datenbank in direkten Kontakt und hat damit direkten Zugriff auf seine gesamten Bewirtschafterdaten – oder mithilfe der HKR–Kontoauszüge, die dem Bewirtschafter von den Kassen des Bundes übermittelt werden, zu überwachen sind (Nr. 1.1 Abs. 3 VerfRiB-MVT/TV - HKR).

In den Ländern erfolgt ebenfalls grundsätzlich die Haushaltsüberwachung im automatisierten Verfahren. Die → *Landeshaushaltsordnungen* sehen zum Teil aber noch eine Haushaltsüberwachung in Form von Haushaltsüberwachungslisten vor, wie diese auch beim Bund für die Haushaltsüberwachung bis zur Einführung des automatisierten HKR-Verfahrens vorgeschrieben war. Es werden hierbei Haushaltsüberwachungslisten für angeordnete Einnahmen (HÜL-E), Haushaltsüberwachungslisten für Ausgaben (HÜL-A) und Haushaltsüberwachungslisten für Verpflichtungsermächtigungen (HÜL-VE) unterschieden.

Haushaltsvermerke

sind einschränkende oder erweiternde Bestimmungen zu den Ansätzen des → *Haushaltsplans*. Die → *Bundeshaushaltsordnung* (BHO) und die → *Landeshaushaltsordnungen* (LHO) unterscheiden folgende Haushaltsvermerke:

- Sperren bei Ausgaben (§ 22 BHO/LHO)
- Sperren bei Verpflichtungsermächtigungen (§ 22 BHO/LHO)
- Wegfall von Ausgaben (§ 21 BHO/LHO)
- Übertragbarkeit von Ausgaben (§ 19 BHO/LHO)
- Deckungsfähigkeit von Ausgaben (§ 20 Abs. 1 BHO/LHO)
- Ausnahmen vom Grundsatz der Gesamtdeckung (§ 20 Abs. 2 BHO/LHO)
- Sonstige Vermerke (z. B. Rückeinnahmevermerke, Verbindlichkeit von Erläuterungen, unentgeltliche Abgabe bzw. Nutzung von Vermögensgegenständen; § 15 BHO/LHO).

Haushaltswahrheit und Haushaltsklarheit

ist ein → *Haushaltsgrundsatz*, der besagt, dass die voraussichtlichen Einnahmen und Ausgaben mit größtmöglicher Genauigkeit zu schätzen (*Haushaltswahrheit*) und die Haushaltsansätze nach einem durchgängigen System klar zu gliedern sind (*Haushaltsklarheit*).

Herabgruppierung

ist die Eingruppierung des → *Arbeitnehmers* in eine niedrigere Entgeltgruppe.

Die Herabgruppierung, auch Rückgruppierung genannt, kann durch einen im Einvernehmen zwischen dem → *Arbeitgeber* und dem Arbeitnehmer abgeschlossenen Änderungsvertrag zum → *Arbeitsvertrag* oder durch eine wirksame → *Änderungskündigung* durch den Arbeitgeber oder durch eine vorbehaltslose Übernahme der neuen Tätigkeit durch den Arbeitnehmer (Änderung des Arbeitsvertrages durch konkludentes Handeln) erreicht werden.

Die unter den → *Tarifvertrag für den öffentlichen Dienst* (TVöD), den → *Tarifvertrag für den öffentlichen Dienst der Länder* (TV-L) und den → *Tarifvertrag für den öffentlichen Dienst des Landes Hessen* (TV-H) fallenden Beschäftigten behalten bei der Herabgruppierung die in der bisherigen Entgeltgruppe erreichte Stufe (§ 17 Abs. 5 Satz 4 TVöD (Bund), § 17 Abs. 4 Satz 5 TVöD (VKA), § 17 Abs. 4 Satz 4 TV-L/TV-H). Die sich durch die Herabgruppierung ergebenden Veränderungen des → *Tabellenentgelts* werden jeweils bereits zum Monatsanfang wirksam, auch wenn die Veränderungen erst im Laufe oder zum Ende eines Monats eintreten (§ 17 Abs. 5 Satz 5 TVöD (Bund), § 17 Abs. 4 Satz 6 TVöD (VKA), § 17 Abs. 4 Satz 5 TV-L/TV-H).

Hessen

ist das siebtgrößte Bundesland der → *Bundesrepublik Deutschland.* Nach dem Ende des 2. Weltkrieges wurde mit der Proklamation Nr. 2 vom 19. September 1945 des Militärgouverneurs und späteren amerikanischen Präsidenten Dwight David Eisenhower aus den zur amerikanischen Besatzungszone gehörenden Teilen der ehemaligen preußischen Regierungsbezirke Kassel und Wiesbaden und des vormaligen Volksstaates Hessen die Gründung eines Landes Groß-Hessen verkündet. Nach einer Volksabstimmung über die Hessische Verfassung entstand dann am 1. Dezember 1946 das heutige Land Hessen. Die Landeshauptstadt von Hessen ist Wiesbaden.

HGB

ist die Abkürzung für → *Handelsgesetzbuch*.

HGrG

ist die Abkürzung für → *Haushaltsgrundsätzegesetz*.

Hinterbliebenenversorgung

wird den unmittelbaren Familienangehörigen des verstorbenen → *Beamten* (Witwe, Witwer, Waisen) gewährt. Bei der Hinterbliebenenversorgung handelt es sich um einen selbstständigen Rechtsanspruch der Hinterbliebenen, der diesen in Erfüllung der Fürsorgepflicht des → *Dienstherrn* zusteht. Als Ausfluss des → *Alimentationsprinzips* ist die Hinterbliebenenversorgung durch Artikel 33 Abs. 5 des → *Grundgesetzes* (GG) garantiert.

Nach dem → *Beamtenversorgungsgesetz* (BeamtVG), das der Bund aufgrund seiner → *Gesetzgebungszuständigkeit* nach Artikel 73 Abs. 1 Nr. 8 des GG für die Bundesbeamten erlassen hat, umfasst die Hinterbliebenenversorgung Bezüge für den Sterbemonat, Sterbegeld, Witwen- bzw. Witwergeld, Witwen- bzw. Witwerabfindung, Waisengeld und Unterhaltsbeiträge (§§ 16 bis 28 BeamtVG).

Die Hinterbliebenenversorgung von Familienangehörigen der verstorbenen Beamten, die im Dienste der Länder und der Gemeinden, der Gemeindeverbände sowie der sonstigen der Aufsicht eines Landes unterstehenden → *Körperschaften*, → *Stiftungen* und → *Anstalten des öffentlichen Rechts* gestanden haben, richtet sich nach dem von den Ländern aufgrund der auf sie durch das Gesetz zur Änderung des Grundgesetzes vom 28. August 2006 übergegangenen Gesetzgebungszuständigkeit für die Beamtenversorgung (Art. 70 i.V.m. Art. 74 Abs. 1 Nr. 27 GG) erlassenen Beamtenversorgungsgesetz.

HKR-Verfahren

ist ein vom Bundesministerium der Finanzen entwickeltes automatisiertes Verfahren für das Haushalts-, Kassen- und Rechnungswesen. Im HKR-Verfahren werden alle Maßnahmen zur Ausführung des → *Haushaltsplans*, zur Abwicklung des Zahlungsverkehrs, zur → *Buchführung* und zur Rechnungslegung in einem hierarchischen System miteinander verknüpfter Konten gebucht.

Grundlage für das HKR-Verfahren bilden die Verfahrensrichtlinien für Mittelverteiler und Titelverwalter für das automatisierte Verfahren im Haushalts-, Kassen- und Rechnungswesen des Bundes (VerfRiB-MV/TV – HKR).

Hoheitliche Verwaltung

liegt vor, wenn die → *öffentliche Verwaltung* auf öffentlich-rechtlicher Grundlage dem Bürger im Verhältnis der Über- und Unterordnung gegenübertritt. Innerhalb der hoheitlichen Verwaltung wird je nach den Beziehungen, die zwischen der Verwaltung und dem der → *Staatsgewalt* unterworfenen Bürgern bestehen, unterschieden zwischen obrigkeitlicher Verwaltung und schlicht-hoheitlicher Verwaltung.

Von *obrigkeitlicher Verwaltung* spricht man, wenn die Verwaltung dem Bürger mit der ihr durch → *Gesetz* verliehenen Gewalt etwas gebietet, verbietet, erlaubt oder gewährt (z. B. Festsetzung einer Steuer, Einberufung zum Wehrdienst, Enteignung eines Grundstückes, Abbruchverfügung eines baufälligen Gebäudes).

Von *schlicht-hoheitlicher Verwaltung* spricht man, wenn die Verwaltung auf öffentlich-rechtlicher Grundlage Leistungen zum Wohle des Bürgers frei von Befehl und Zwang erbringt (z. B. Bau und Unterhaltung von öffentlichen Straßen, Abwasseranlagen oder Sportstätten, Betrieb eines öffentlichen Krankenhauses).

Höhergruppierung

ist die Bezeichnung für die Eingruppierung des → *Arbeitnehmers* in eine höhere Entgeltgruppe.

Die unter den → *Tarifvertrag für den öffentlichen Dienst* (TVöD) fallenden Beschäftigten beim Bund werden bei Eingruppierung in eine höhere Entgeltgruppe der gleichen Stufe zugeordnet, die sie in der niedrigeren Entgeltgruppe erreicht haben, mindestens jedoch der Stufe 2 (§ 17 Abs. 5 Satz 1 (TVöD).

Für die Beschäftigten im Bereich der → *Vereinigung der kommunalen Arbeitgeberverbände* (VKA) gilt bei der Höhergruppierung die vorbezeichnete Regelung nur für die Entgeltgruppen 2 bis 14 (§ 17 Abs. 4 Satz 1 TVöD). Die in der Entgeltgruppe 1 eingruppierten Beschäftigten im Bereich der VKA werden bei der Eingruppierung in eine höhere Entgeltgruppe derjenigen Stufe zugeordnet, in der sie mindestens ihr bisheriges Tabellenentgelt erhalten, mindestens jedoch der Stufe 2 (§ 17 Abs. 4a Satz 1 TVöD).

Die Beschäftigten, die unter den → *Tarifvertrag für den öffentlichen Dienst der Länder* (TV-L) fallen, werden bei Eingruppierung in eine höhere Entgeltgruppe derjenigen Stufe zugeordnet, in der sie mindestens ihr bisheriges Tabellenentgelt erhalten, mindestens jedoch der Stufe 2 (§ 17 Abs. 4 Satz 1 TV-L). Sollte der Unterschiedsbetrag zwischen dem künftigen Tabellenentgelt und dem derzeitigen Tabellenentgelt den in § 17 Abs. 4 Satz 2 TV-L genannten Betrag unterschreiten, so erhält der Beschäftigte während der betreffenden Stufenlaufzeit einen Garantiebetrag gezahlt, dessen Höhe sich aus der vorgenannten Tarifvorschrift ergibt. Die unter den → *Tarifvertrag für den öffentlichen Dienst des Landes Hessen* (TV-H) fallenden Beschäftigten werden bei der Höhergruppierung der gleichen Stufe zugeordnet, die sie in der niedrigeren Entgeltgruppe erreicht haben, mindestens jedoch der Stufe 2 (§ 17 Abs. 4 Satz 1 TV-H), wobei die sich aus der Tarifvorschrift des § 17 Abs. 4 Satz 3 bis 6 TV-H ergebenden Sonderregelungen (zusätzliches Entgelt zum Tabellenentgelt, gesonderte Stufenzuordnung) zu beachten sind.

Die Stufenlaufzeit in der höheren Entgeltgruppe beginnt mit dem Tag der Höhergruppierung, wobei die Beschäftigten vom Beginn des Monats an, in dem die Veränderung wirksam wird, das Tabellenentgelt aus der festgelegten Stufe der betreffenden Entgeltgruppe erhalten (§ 17 Abs. 4 Satz 2 und 4 sowie Abs. 4a Satz 3 und 4 TVöD, § 17 Abs. 4 Satz 4 und 6 TV-L, § 17 Abs. 4 Satz 2 und 7 TV-H).

Holschuld

ist die Bezeichnung für eine Schuld, bei der der Gläubiger (Käufer) die Leistung am Wohn- oder Geschäftssitz des Schuldners (Verkäufer) in Empfang nehmen (holen) muss (z. B. Herr Müller, der bei einem Baustoffhändler 10 Sack Zement gekauft hat, muss den Zement abholen, wenn nichts Besonderes vereinbart wurde).

Homogenitätsprinzip

ist ein wesentliches Merkmal der Ordnung eines → *Bundesstaates*, da für einen Bundesstaat ein gewisses Mindestmaß an Übereinstimmung sowohl der Gliedstaaten untereinander als auch der Gliedstaaten und des Bundes unerlässliche Voraussetzung ist (Homogenität).

Für den → *Föderalismus* der → *Bundesrepublik Deutschland* findet das Homogenitätsprinzip insbesondere durch die in Artikel 28 Abs. 1 Satz 1 des → *Grundgesetzes* (GG) getroffene Festlegung, wonach die Bundesländer die gleichen vier Merkmale der Staatsform aufweisen müssen wie die Bundesrepublik, das heißt sie muss republikanisch, demokratisch, rechtsstaatlich und sozial sein, ihren Niederschlag. Außerdem muss in den Ländern, Kreisen und Gemeinden das Volk eine Vertretung haben, die aus allgemeinen, unmittelbaren, freien, gleichen und geheimen Wahlen hervorgegangen ist (Art. 28 Abs. 1 Satz 2 GG).

Humanitarismus

bezeichnet einen philosophischen, ethischen Ansatz das Handeln allein zum Wohle der Menschheit auszurichten. Im völkerrechtlichen Umfeld ist von humanitären Maßnahmen die Rede, wenn Menschen vor existenziellen Bedrohungen gerettet oder geschützt werden. Dies können massive Menschenrechtsverletzungen durch einen Diktator oder auch Umweltkatastrophen sein. So sind beispielsweise sogenannte „Blauhelm-Einsätze", also der Einsatz von Truppen der → *Vereinten Nationen* (UNO) im Rahmen einer humanitären Intervention darauf gerichtet, Menschen zu schützen und das Wohl der Menschen wiederherzustellen.

I

IFG

ist die Abkürzung für → *Informationsfreiheitsgesetz*.

IfSG

ist die Abkürzung für → *Infektionsschutzgesetz*.

Immigration

ist eine Sonderform der → *Migration.* Von Immigration spricht man, wenn eine Person in einen anderen → *Staat* einwandert mit der Absicht, die dortige Staatsbürgerschaft oder eine dauerhafte Arbeitserlaubnis zu erhalten. Die Zuwanderung von → *Ausländern* in die → *Bundesrepublik Deutschland* bestimmt sich nach dem → *Gesetz* über den Aufenthalt, die Erwerbstätigkeit und die Integration von Ausländern im Bundesgebiet (→ *Aufenthaltsgesetz* - AufenthG). Das AufenthG gilt jedoch nicht für Bürger der → *Europäischen Union* (EU) und deren Familienangehörige sowie Diplomaten (§ 1 Abs. 2 AufenthG).

Immunität

ist die Bezeichnung für den Schutz, den → *Abgeordnete* des → *Bundestages* und der → *Parlamente* der Bundesländer vor Strafverfolgung gewährt wird. Die Immunität, die nur durch Zustimmung des Parlaments aufgehoben werden kann, soll dazu beitragen, dass die Funktionsfähigkeit und das Ansehen des Parlaments nicht beeinträchtigt werden. Nach § 46 Abs. 2 des → *Grundgesetzes* (GG) ist eine Zustimmung nur dann nicht erforderlich, wenn ein Abgeordneter bei Begehung der Tat oder im Laufe des folgenden Tages festgenommen wird.

Imperatives Mandat

ist der Gegenbegriff zum → *freien Mandat.* Beim imperativen Mandat handelt der → *Abgeordnete* nach Weisungen der zu Vertretenden und sein Mandant ist an das Einhalten dieser Weisungen gebunden. Das imperative Mandat ist ein Merkmal des kommunistischen Rätesystems, das z. B. in der frühen Sowjetunion zu finden war.

Indemnität

ist die Bezeichnung für den Schutz der → *Abgeordneten* des → *Bun-*

destages und der → *Parlamente* der Bundesländer – auch nach ihrem Ausscheiden aus dem Parlament – vor gerichtlicher oder dienstlicher Verfolgung wegen einer Abstimmung oder wegen einer Äußerung, die im Parlament oder den Ausschüssen getan wurden, wobei von diesem Schutz verleumderische Beleidigungen ausgenommen sind (Art. 46 Abs. 1 GG). Die Indemnität soll gewährleisten, dass Abgeordnete im Parlament frei abstimmen und frei reden können, ohne hierfür zur Verantwortung gezogen zu werden. Sie wird daher auch Verantwortungsfreiheit genannt.

Infektionsschutzgesetz

dient dem Zweck, übertragbare Krankheiten beim Menschen vorzubeugen, Infektionen frühzeitig zu erkennen und ihre Weiterverbreitung zu verhindern (§ 1 Abs. 1 IfSG). Das → *Gesetz* zur Verhütung und Bekämpfung von Infektionskrankheiten beim Menschen (Infektionsschutzgesetz – IfSG) beinhaltet außerdem die vom → *Robert Koch-Institut* als nationale → *Behörde* zur Vorbeugung übertragbarer Krankheiten sowie zur frühzeitigen Erkennung und Verhinderung der Weiterverbreitung von Infektionen wahrzunehmenden Aufgaben (§ 4 IfSG). Darüber hinaus enthält das IfSG einen Katalog meldepflichtiger übertragbarer Krankheiten und legt fest, in welchem Umfang und auf welchem Wege die Meldungen anzuzeigen sind (§§ 6 ff. IfSG).

Inflation

ist der Gegenbegriff zur → *Deflation*. Bei der Inflation handelt es sich um einen relativ hohen Anstieg der Geldmenge im Verhältnis zur Gütermenge. Dies führt unter anderem zu Preissteigerungen und zur Geldentwertung.

Informationsfreiheit

ist ein Grundrecht auf Zugang zu Auskünften, Akten oder sonstigen Informationen der → *öffentlichen Verwaltung*. Im → *Grundgesetz* (GG) verankert ist diese Freiheit im Rahmen einer Gesamtschau der sogenannten Medienfreiheit (Art. 5 GG). Der Anspruch und das Verfahren sind u. a. im → *Informationsfreiheitsgesetz* des Bundes und in den von den Bundesländern erlassenen Informationsfreiheitsgesetzen bzw. Transparenzgesetzen geregelt.

Informationsfreiheitsgesetz

ist ein Bundesgesetz, das Bürgern einen Anspruch auf Erteilung von Auskünften, Akteneinsicht oder auf sonstigen Zugang zu Informationen gewährt (§ 1 IFG). Dieser Anspruch besteht grundsätzlich unbeschränkt, soweit die Informationen nicht besonders schutzbedürftig und nicht für die Öffentlichkeit bestimmt sind. Wann dies der Fall ist, regeln die §§ 3 bis 6 des Informationsfreiheitsgesetzes (IFG).

Als Bundesgesetz richtet sich der Auskunftsanspruch gegen Bundesbehörden. Für die Landes- und Kommunalbehörden bedarf es daher entsprechender gesetzlicher Regelungen in den Bundesländern. Bis auf wenige Ausnahmen haben die Bundesländer für ihren Bereich eigene Informationsfreiheitsgesetze oder Transparenzgesetze erlassen. Der Anspruch auf Zugang zu Informationen kann sich im Einzelfall auch aus → *Grundrechten* ergeben.

Informationelle Selbstbestimmung

ist ein Grundrecht, das die Befugnis des Einzelnen, grundsätzlich selbst über die Preisgabe und Verwendung seiner persönlichen Daten zu bestimmen, beinhaltet. Das Recht auf informationelle Selbstbestimmung hat das → *Bundesverfassungsgericht* aus Anlass der Entwicklung der elektronischen Datenverarbeitung im Urteil vom 15. Dezember 1983, das in der Alltagssprache als Volkszählungsurteil bezeichnet wird, als → *Grundrecht* vom allgemeinen Persönlichkeitsrecht und der Menschenwürde aus den Artikeln 1 und 2 des → *Grundgesetzes* (GG) hergeleitet. Einschränkungen des Rechts auf informationelle Selbstbestimmung sind nach dem Bundesverfassungsgericht nur im überwiegenden Allgemeininteresse zulässig, wofür eine gesetzliche Grundlage erforderlich ist.

Informationstechnologie

umfasst die Verarbeitung von Daten und Informationen durch technische Geräte. Zur Informationstechnologie gehören primär Geräte wie Computer, Telefone sowie Smartphones, die sich dadurch auszeichnen, dass sie Daten und Informationen schnell verarbeiten, speichern und weitergeben können.

Inputsteuerung

ist die Bezeichnung für die herkömmliche Steuerung des Verwaltungshandelns über die im → *Haushaltsplan* zur Verfügung gestellten Haushaltsmittel.

Der Gegenbegriff zur Inputsteuerung ist die → *Outputsteuerung*.

Integration

im soziologischen Sinne ist das teilhaben lassen einer kulturell fremden Gruppe an der eigenen Gesellschaft zum Ziele einer friedlichen Koexistenz innerhalb einer gemeinsamen Gesellschaft. Im Gegensatz zur Inklusion werden die Anschauungen nicht vermengt, sondern sie existieren innerhalb der eigenen Anschauungen als eigener Kreis fort.

Mit Integration wird meist die Integration von → *Migranten* verbunden, die als Ziel ein geordnetes Zusammenleben zweier Kulturen unter gegenseitigen Eingeständnissen hat. In der Politik werden die verschiedenen Integrationsansätze vielfach diskutiert und zur Assimilation abgegrenzt, die eine Anpassung an vorherrschende Werte und Regeln voraussetzt.

Islamismus

ist ein Sammelbegriff für eine politische Bewegung, deren Anhänger eine allein religiös legitimierte Gesellschafts- und Staatsordnung entsprechend ihrer Auslegung des Korans, der heiligen Schrift des Islam, errichten wollen. Innerhalb der Muslime sind die Islamisten nur eine kleine Minderheit, die zum Teil auch versucht, ihre Version des Islam mit Gewalt durchzusetzen. Begründet wird dies damit, dass im Koran die Aufforderung zu einem Krieg gegen Andersgläubige zu finden sei. Islamisten fordern, dass die alte islamische Gesetzgebung, Scharia genannt, eingeführt wird.

Istkostenrechnung

ist ein Kostenrechnungssystem, bei dem die in einer vergangenen Rechnungsperiode tatsächlich angefallenen Kosten die Grundlage der Berechnung bilden.

Nach dem zeitlichen Bezug kommen als weitere Kostenrechnungssysteme noch die → *Normalkostenrechnung* und die → *Plankostenrechnung* in Betracht.

IT

ist die Abkürzung für → *Informationstechnologie*.

IT-Planungsrat

ist ein Gremium zur Koordination der Zusammenarbeit von Bund- und Ländern im Bereich der → *Informationstechnologie*.

Den rechtlichen Rahmen bildet der Vertrag über die Errichtung des IT-Planungsrats und über die Grundlagen der Zusammenarbeit beim Einsatz der Informationstechnologie in den Verwaltungen von Bund und Ländern – Vertrag zur Ausführung von Artikel 91c GG, der auch als IT-Staatsvertrag bezeichnet wird. Die Aufgaben des IT-Planungsrats, der sich aus dem Beauftragten der Bundesregierung für Informationstechnik und jeweils einem für Informationstechnik zuständigen Vertreters jedes Bundeslandes zusammensetzt, sind im Einzelnen in § 1 des IT-Staatsvertrages aufgeführt.

J

Jahresarbeitsentgeltgrenze

gibt entsprechend den Regelungen des → *Sozialgesetzbuches* (SGB) den Höchstwert des Einkommens an, bis zu dem jeder → *Arbeitnehmer* in der gesetzlichen Kranken- und Pflegeversicherung pflichtversichert ist (§ 6 SGB V). Überschreitet das Einkommen die Jahresarbeitsentgeltgrenze, die auch als Versicherungspflichtgrenze bezeichnet wird, kann der Arbeitnehmer wählen, ob er freiwillig in der gesetzlichen Kranken- und Pflegeversicherung versichert bleibt oder ob er eine private Kranken- und Pflegeversicherung wählt. Die Versicherungspflicht endet jedoch erst dann, wenn die Jahresarbeitsentgeltgrenze in drei aufeinanderfolgenden Jahren überschritten wird.

Die Jahresarbeitsentgeltgrenze wird anhand der Entwicklung der Bruttolohnsumme und der Bruttogehaltssumme der durchschnittlich beschäftigten Arbeitnehmer des voran vergangenen Kalenderjahres zu dem vergangenen Kalenderjahr aktualisiert und in der von der → *Bundesregierung* mit Zustimmung des → *Bundesrates* erlassenen Sozialversicherungs-Rechengrößenverordnung im → *Bundesgesetzblatt* veröffentlicht.

Jahressonderzahlung

ist eine zusätzliche Leistung des → *Arbeitgebers* zum Arbeitsentgelt.

Im Geltungsbereich des → *Tarifvertrages für den öffentlichen Dienst* (TVöD Bund bzw. VKA), des → *Tarifvertrages für den öffentlichen Dienst der Länder* (TV-L) und des → *Tarifvertrages für den öffentlichen Dienst des Landes Hessen* (TV-H) haben alle Beschäftigten, die am 1. Dezember in einem → *Arbeitsverhältnis* stehen, Anspruch auf die Jahressonderzahlung, die das bisherige Urlaubsgeld und die bisherige Zuwendung (Weihnachtsgeld) zusammenfasst (§ 20 Abs. 1 TVöD/TV-L/TV-H). Die Jahressonderzahlung bemisst sich nach sozial gestaffelten Prozentsätzen, deren genaue Höhe sich aus § 20 Abs. 2 Satz 1 und Abs. 3 TVöD Bund bzw. VKA und § 20 Abs. 2 Satz 1 TV-L/TV-H ergibt.

Jährlichkeit

ist ein → *Haushaltsgrundsatz*, der besagt, dass der → *Haushaltsplan* für ein oder zwei Rechnungsjahre, nach Jahren getrennt, vor Beginn des ersten Rechnungsjahres durch das → *Haushaltsgesetz* festgestellt wird. Dies bedeutet, dass auch bei zweijährigen Haushalten mithin ein Jahreshaushalt aufgestellt wird, wodurch eine jährliche Rechnungslegung und Rechnungskontrolle gewährleistet wird (Art. 110 Abs. 2 GG, §§ 8 Abs. 1, 9 Abs. 1 HGrG, §§ 1, 11 Abs. 1, 12 Abs. 1 BHO/LHO). Die haushaltsrechtlichen Vorschriften lassen jedoch Ausnahmen von dem Grundsatz der Jährlichkeit zu, die übertragbare Ausgabebewilligungen (§ 19 BHO/LHO), Selbstbewirtschaftungsmittel (§ 12 Abs. 3 HGrG, § 15 Abs. 2 BHO/LHO) und → *Wegfall- und Umwandlungsvermerke* (§§ 21, 47 BHO/LHO) betreffen.

JArbSchG

ist die Abkürzung für → *Jugendarbeitsschutzgesetz.*

Jubiläumsgeld

ist die im → *Tarifvertrag für den öffentlichen Dienst* (TVöD), im → *Tarifvertrag für den öffentlichen Dienst der Länder* (TV-L) und im → *Tarifvertrag für den öffentlichen Dienst des Landes Hessen* (TV-H) festgelegte Bezeichnung für eine finanzielle Zuwendung, die der → *Arbeitnehmer* nach 25-jähriger und 40-jähriger → *Beschäftigungszeit* erhält.

Das Jubiläumsgeld beträgt bei Vollendung einer Beschäftigungszeit von 25 Jahren 350 € und bei Vollendung einer Beschäftigungszeit von 40 Jahren 500 €, wobei Teilzeitbeschäftigte das Jubiläumsgeld ebenfalls in voller Höhe erhalten (§ 23 Abs. 2 TVöD/TV-L/TV-H). Im Bereich der → *Vereinigung der kommunalen Arbeitgeberverbände* (VKA) können durch Dienst- oder Betriebsvereinbarung günstigere Regelungen getroffen werden (§ 23 Abs. 2 Satz 3 TVöD).

Der Gegenbegriff zum Jubiläumsgeld im Beamtenrecht ist die → *Dienstjubiläumszuwendung*.

Judikative

→ Gewaltenteilung

Jugend- und Auszubildendenvertretung

ist eine nach Maßgabe des → *Bundespersonalvertretungsgesetzes* (BPersVG) von den wahlberechtigten Beschäftigten, die am Wahltag das 18. Lebensjahr noch nicht vollendet haben oder sich in einer beruflichen Ausbildung befinden (§ 100 Abs. 1 BPersVG) oder nach Maßgabe des von dem jeweiligen Land erlassenen Personalvertretungsgesetzes gewählte Interessenvertretung, die in der Personalvertretung die besonderen Belange des genannten Personenkreises zu vertreten hat.

Jugendarbeitsschutzgesetz

enthält Schutzvorschriften für Personen unter 18 Jahren, die in einem Ausbildungs- oder Arbeitsverhältnis stehen. Das Jugendarbeitsschutzgesetz (JArbSchG) verbietet grundsätzlich die Beschäftigung von Personen, die noch keine 15 Jahre alt sind (Kinder). Bei den zwischen 15 und 18 Jahre alten Personen (Jugendliche) sieht das Gesetz jugendgerechte Schutzmaßnahmen hinsichtlich der Beschäftigung unter Berücksichtigung des Entwicklungsstadiums der Jugendlichen vor.

Juristische Personen

sind Vereinigungen bzw. Zusammenschlüsse von Menschen oder von Vermögensmassen, denen der Gesetzgeber die → *Rechtsfähigkeit* und → *Handlungsfähigkeit* verliehen hat. Die juristische Person ist damit also Träger von Rechten und Pflichten und kann selbst so handeln, als ob sie eine natürliche Person wäre. Man unterscheidet juristische Personen des privaten Rechts (z. B. Aktiengesellschaft, Gesellschaft mit beschränkter Haftung, eingetragener Verein) und juristische Personen des öffentlichen Rechts, die unterteilt werden in → *Körperschaften*, → *Anstalten* und → *Stiftungen des öffentlichen Rechts*.

Justizgrundrechte

sind grundrechtsähnliche Verfahrensrechte des Justizrechts. Zu den Justizgrundrechten zählen das Recht auf den gesetzlichen Richter und das Verbot von Ausnahmegerichten (Art. 101 GG), der Anspruch auf rechtliches Gehör vor Gericht (Art. 103 Abs. 1 GG), das Verbot der Rückwirkung von Strafgesetzen und das Gebot der Bestimmtheit des Strafgesetzes (Art. 103 Abs. 2 GG), das Verbot der Mehrfachbestrafung wegen derselben Tat (Art. 103 Abs. 3 GG) und der Schutz vor willkürlicher Verhaftung (Art. 104 GG).

K

Kalkulation

→ Kostenträgerrechnung

Kalkulatorische Kosten

sind Kosten, denen kein Aufwand oder ein Aufwand in geringer Höhe gegenübersteht. Die kalkulatorischen Kosten dienen dazu, die Genauigkeit der Kalkulation bei der → *Kosten- und Leistungsrechnung* zu erhöhen. Die wichtigsten kalkulatorischen Kostenarten sind die kalkulatorischen Mieten, die kalkulatorischen Zinsen, die kalkulatorischen Abschreibungen, die kalkulatorischen Wagniskosten und der kalkulatorische Unternehmerlohn.

Kameralistik

ist ein Verfahren der → *Buchführung*, bei der im Gegensatz zur doppelten Buchführung eine einfache Buchführung mit Einnahme- und Ausgaberechnung erfolgt. Die Kameralistik betrachtet lediglich die reinen Einzahlungen und Auszahlungen, jedoch nicht die Erträge und Aufwendungen. Die *Erweiterte Kameralistik* ergänzt das kamerale Rechnungswesen um Instrumente der doppelten Buchführung (insbesondere → *Kosten- und Leistungsrechnung*) und eine Ergebnisorientierung (z. B. Produkte, Leistungsaufträge). Das öffentliche Rechnungswesen erfährt seit Jahren eine zunehmende Umstellung von der bisher zum Einsatz gekommenen Kameralistik auf das kaufmännische Rechnungswesen in Form der doppelten Buchführung oder zumindest eine Ergänzung um Elemente des kaufmännischen Rechungswesens in Form der Erweiterten Kameralistik. Durch das am 1. Januar 2010 in Kraft getretene Haushaltsgrundsätzemodernisierungsgesetz (HGrGMoG) wurde durch Einfügung eines neuen § 1a in das → *Haushaltsgrundsätzegesetz* (HGrG) dem Bund und den Ländern die Möglichkeit eröffnet, ihre Haushaltswirtschaft auch nach den Grundsätzen der staatlichen doppelten Buchführung (staatliche → *Doppik*) zu gestalten.

Kanzlerprinzip

ist die umgangssprachliche Bezeichnung für den in Artikel 65 Satz 1 des → *Grundgesetzes* (GG) festgelegten Regierungsgrundsatz, wonach der → *Bundeskanzler* die Richtlinien der inneren und äußeren Politik bestimmt (Richtlinienkompetenz) und dafür die alleinige politische Verantwortung für die Politik gegenüber dem → *Bundestag* trägt.

Das GG kennt als weitere Regierungsgrundsätze das → *Ressortprinzip* und das → *Kollegialprinzip.*

Kapitel

im haushaltsrechtlichen Sinne sind eine Untergliederung des → *Haushaltsplanes*. Die Kapitel bilden zusammen mit dem → *Titel* die → *Einzelpläne* des Haushaltsplanes.

Innerhalb eines Kapitels sind die Einnahmen und Ausgaben in ihrer Reihenfolge entsprechend dem Aufbau des → *Gruppierungsplans* aufzuführen. Jedem Kapitel sind „Vorbemerkungen" vorangestellt, die im Wesentlichen kurzgefasste Angaben über die Aufgaben der jeweiligen Organisations- bzw. Funktionseinheit enthalten. Die Kapitel werden zweistellig nummeriert und bilden zusammen mit der zweistelligen Nummer des Einzelplans die Kapitelbezeichnung.

Beispiel:
Kapitel 0601 – Bundesministerium des Innern und für Heimat
Kapitel 0602 – Allgemeine Bewilligungen.

Karriereplanung

umfasst die Planung des zukünftigen Einsatzes von Beschäftigten im Zuge der Organisationsentwicklung und Stellenbesetzungsplanung und die mit ihnen verknüpfte Planung der beruflichen Zukunft von Beschäftigten. Sie ist ein Teilsystem der → *Personalentwicklung*.

Kassenanordnungen

sind schriftliche Anordnungen an die Kasse, → *Zahlungen* anzunehmen oder zu leisten und die Buchungen vorzunehmen (Zahlungsanordnungen) sowie andere buchführungspflichtige Vorgänge in die Bücher einzutragen (Buchungsanordnungen).

Die Kassenanordnungen sind auf vorgeschriebenen Vordrucken oder nach vorgeschriebenen Druckbildern (in der Bundesverwaltung gemäß Muster des Bundesministeriums der Finanzen) zu erteilen. Das Bundesfinanzministerium bzw. Landesfinanzministerium kann im Einvernehmen mit dem Bundesrechnungshof bzw. Landesrechnungshof für bestimmte Zahlungsfälle zulassen, dass von der förmlichen Kassenanordnung abgewichen wird und eine allgemeine Kassenanordnung erteilt werden kann (Anlage 1 zur VV Nr. 2.6 zu § 34 BHO/LHO).

Kassenanweisungen

sind Weisungen an die Kasse, nicht buchungspflichtige Vorgänge (z. B. Zuweisung von Haushaltsmitteln und Verpflichtungsermächtigungen) aufzuzeichnen. Die Kassenanweisungen sind den Kassen auf vorgeschriebenen Vordrucken (in der Bundesverwaltung gemäß Muster des Bundesministeriums der Finanzen) zu erteilen. Das Bundesfinanzministerium bzw. Landesfinanzministerium kann im Einvernehmen mit dem Bundesrechnungshof bzw. Landesrechnungshof zulassen, dass Kassenanweisungen den Kassen auch in anderer Form als durch Verwendung der vorgeschriebenen Vordrucke (z. B. elektronisch) erteilt werden können (Anlage 1 zur VV Nr. 2.6 zu § 34 BHO/LHO).

Kaufmann

im Sinne des → *Handelsgesetzbuches* (HGB) ist, wer ein Handelsgewerbe betreibt (§ 1 Abs. 1 HGB). Ein Handelsgewerbe ist jeder Gewerbebetrieb, es sei denn, dass das Unternehmen nach Art und Umfang einen in kaufmännischer Weise eingerichteten Geschäftsbetrieb nicht erfordert (§ 1 Abs. 2 HGB).

Kaufmännische Buchführung

→ Buchführung

Kaufvertrag

ist ein → *Vertrag*, der auf die Veräußerung von Sachen und Rechten gegen Entgelt gerichtet ist (§§ 433 bis 515 BGB).

Der Kaufvertrag kommt wie alle Verträge durch mindestens zwei übereinstimmende → *Willenserklärungen* der vertragsschließenden Parteien, von Käufer und Verkäufer, zustande. Durch den Kaufvertrag verpflichtet sich der Verkäufer, einen Kaufgegenstand zu veräußern und diesen dem Verkäufer zu übergeben und ihm das Eigentum an der Sache oder dem verkauften Recht zu verschaffen, und zwar frei von Rechts- und Sachmängeln (§ 433 Abs. 1 BGB). Im Gegenzug dazu verpflichtet sich der Käufer, dem Verkäufer den vereinbarten Kaufpreis zu zahlen und die gekaufte Sache abzunehmen (§ 433 Abs. 2 BGB). Eine bestimmte Form ist für den Abschluss von Kaufverträgen gesetzlich nicht vorgeschrieben (Grundsatz der Formfreiheit). Ausnahmen gelten lediglich für Grundstücks- und Erbschaftskaufverträge sowie Kaufverträge über ein gegenwärtiges Vermögen einer Person (z. B. Übertragungsverträge), die der → *notariellen Beurkundung* bedürfen (§§ 311b Abs. 1 und 3 BGB).

Der Vertrag besteht in rechtlicher Hinsicht aus einem schuldrechtlichen → *Verpflichtungsgeschäft*, dem Kaufvertrag, und einem sachenrechtlichen (dinglichen) → *Verfügungsgeschäft* (auch Erfüllungsgeschäft genannt), der Eigentumsübertragung. Beides sind Verträge, jedoch mit verschiedenem Inhalt. Das Verfügungsgeschäft ist gegenüber dem Verpflichtungsgeschäft in seiner Wirksamkeit unabhängig (*Abstraktionsprinzip*). Grundsätzlich berührt also ein Mangel des Verpflichtungsgeschäftes (z. B. Nichtigkeit oder Anfechtbarkeit des Kaufvertrages) nicht das Verfügungsgeschäft (z. B. die Wirksamkeit der Eigentumsübertragung).

Kennzahlen

sind Messgrößen, die auf Daten über Tätigkeiten, Ergebnisse, dafür eingesetzte Ressourcen und erzielte Wirkungen beruhen und eine Aussagekraft über diese Daten erlauben. Durch Kennzahlen können Überlastung und Unterforderung sichtbar gemacht werden.

KI

ist die Abkürzung für → *Künstliche Intelligenz*.

Klage

ist eine Prozesshandlung, die ein gerichtliches Verfahren einleitet.

Im → *verwaltungsgerichtlichen Verfahren* (Verwaltungsprozess) ist die Klage bei dem Verwaltungsgericht schriftlich oder zur Niederschrift des Urkundsbeamten der Geschäftsstelle zu erheben, wobei der Klage und allen Schriftsätzen Abschriften für die Beteiligten beigefügt sein sollen (§ 81 VwGO). Die Klage muss den Kläger, den Beklagten und den Gegenstand des Klagebegehrens bezeichnen. Sie soll einen bestimmten Antrag enthalten. Die zur Begründung dienenden Tatsachen und Beweismittel sollen angegeben, die angefochtene Verfügung und der Widerspruchsbescheid sollen in Urschrift oder in Abschrift beigefügt werden. Fehlen diese Angaben, so können der Vorsitzende oder ein von ihm bestimmter Richter (Berichterstatter) den Kläger zu der erforderlichen Ergänzung innerhalb einer bestimmten Frist auffordern. Kommt der Kläger dieser Aufforderung nicht oder nicht fristgemäß nach, so kann die Klage als unzulässig abgewiesen werden. Diese Folge muss dem Kläger mit der Aufforderung angedroht werden (§ 82 VwGO).

Klagearten im Verwaltungsprozess

sind vor allem – die → *Verwaltungsgerichtsordnung* (VwGO) enthält keine abschließende Aufzählung der zulässigen Klagearten im Verwaltungsprozess – die Anfechtungsklage, die Verpflichtungsklage, die allgemeine Leistungsklage und die Feststellungsklage.

Ziel der *Anfechtungsklage* ist die Aufhebung eines → *Verwaltungsakts* (§ 42 Abs. 1 1. Halbsatz VwGO). *Beispiele:* Klage gegen Gebührenbescheide, Klage gegen Gewerbeuntersagungen.

Ziel der *Verpflichtungsklage* ist die Verurteilung der → *Behörde* zum Erlass eines abgelehnten Verwaltungsakts in Form der Vornahmeklage – auch als Weigerungs- oder Versagensgegenklage bezeichnet – oder eines unterlassenen Verwaltungsakts in Form der Untätigkeitsklage (§ 42 Abs. 1 2. Halbsatz VwGO). *Beispiele:* Klage auf Verurteilung der Behörde zur Vornahme eines beantragten Verwaltungsaktes (*Vornahmeklage*), der von der zuständigen Behörde nach Durchführung eines erfolglosen Widerspruchsverfahrens abgelehnt wurde. Klage auf Verurteilung der Behörde zum Erlass des unterlassenen Verwaltungsaktes *(Untätigkeitsklage)*, da die zuständige Behörde auf den Antrag zum Erlass eines Verwaltungsaktes nicht reagiert hat.

Ziel der *allgemeinen Leistungsklage* ist die Verurteilung der Behörde zur Vornahme einer Leistung (Tun, Dulden oder Unterlassen), die nicht im Erlass eines Verwaltungsakts besteht. *Beispiele:* Klage eines → *Beamten* auf Auszahlung zurückbehaltener Besoldung, Klage auf Erstattung einer versehentlich doppelt entrichteten Verwaltungsgebühr.

Ziel der *Feststellungsklage* ist es, das Bestehen eines Rechtsverhältnisses (*positive Feststellungsklage*) oder Nichtbestehen eines Rechtsverhältnisses (*negative Feststellungsklage*) oder die Nichtigkeit eines Verwaltungsaktes (*Nichtigkeitsfeststellungsklage*) feststellen zu lassen (§ 43 Abs. 1 VwGO).

Beispiele: Klage auf Feststellung, ob die Registrierung von dienstlichen Ferngesprächen durch den → *Dienstherrn* rechtmäßig ist, Klage auf Feststellung des aktiven bzw. passiven → *Wahlrechts*.

KLR

ist die Abkürzung für → *Kosten- und Leistungsrechnung*.

KMK

ist die Abkürzung für → *Kultusministerkonferenz*.

Koalitionsfreiheit

ist das grundgesetzlich für jedermann garantierte Recht, zur Wahrung und Förderung der Arbeits- und Wirtschaftsbedingungen Vereinigungen zu gründen, ihnen beizutreten, sie wieder zu verlassen oder ihnen von vornherein fernzubleiben (Art. 9 Abs. 3 GG). Die Koalitionsfreiheit gewährleistet auch die → *Tarifautonomie*.

Koalitionsvertrag

ist die Bezeichnung für einen Vertrag zwischen mindestens zwei Regierungsparteien, der die Zusammenarbeit und gemeinsame Regierungsbildung für eine Legislaturperiode regelt. Inhalte sind sowohl sachliche Vereinbarungen (gemeinsames Regierungsprogramm) und personelle Vereinbarungen (Besetzung von Ämtern, insbesondere der → *Bundesminister* oder Landesminister). Der Koalitionsvertrag ist jedoch kein bindender Vertrag im Sinne des Privatrechts, da die → *Abgeordneten* des → *Bundestages oder Landtages* ein → *freies Mandat* (Art. 38 Abs. 1 Satz 2 GG) haben und Meinungsverschiedenheiten politisch gelöst werden müssen. Der Koalitionsvertrag entfaltet insoweit lediglich Orientierungswirkung und keine Bindungswirkung.

Kollegialprinzip

ist die umgangssprachliche Bezeichnung für den in Artikel 65 Satz 3 des → *Grundgesetzes* (GG) festgelegten Regierungsgrundsatz, wonach bestimmte Entscheidungen durch Beratung und Mehrheitsbeschluss der Mitglieder der → *Bundesregierung* (Kabinettbeschluss) getroffen werden.

Das GG kennt als weitere Regierungsgrundsätze das → *Kanzlerprinzip* und das → *Ressortprinzip.*

Kollegialsystem

ist eine den inneren Verwaltungsaufbau einer → *Behörde* betreffende Organisationsform. Das Kollegialsystem ist dadurch gekennzeichnet, dass die Behörde ein aus mehreren gleichberechtigten Amtsträgern zusammengesetztes Organ als Verwaltungsspitze hat, das durch Mehrheitsbeschluss entscheidet und nach außen hin als Gesamtheit auftritt (z. B. Kreisausschuss, Magistrat).

Der Gegenbegriff zum Kollegialsystem ist das → *Einmannsystem*.

Kommune

im kommunalrechtlichen Sinne ist die örtliche Gemeinschaft in Form einer Gebietskörperschaft, die als Gemeinde oder Stadt bezeichnet wird. Die Kommune wird durch die jeweiligen → *Gemeindeordnungen* der Bundesländer mit eigenen Rechten ausgestattet und übernimmt Verwaltungsaufgaben auf der Ebene der örtlichen Gemeinschaft. Das → *Grundgesetz* (GG) enthält in Artikel 28 Abs. 2 eine Einrichtungsgarantie für die Gemeinden, alle Angelegenheiten der örtlichen Gemeinschaft im Rahmen der Gesetze in eigener Verantwortung zu regeln.

Konjunktur

ist die Bezeichnung für die Schwankungen der Wirtschaftslage oder der wirtschaftlichen Tätigkeit.

Konjunkturphase

→ Konjunkturzyklus

Konjunkturzyklus

ist der Zeitabschnitt, der für den Verlauf einer Konjunkturbewegung vom Beginn der ersten Konjunkturphase bis zum Ende der letzten Konjunkturphase vergeht. Innerhalb eines Konjunkturzyklus unterscheidet man vier Konjunkturphasen, und zwar → *Expansion* (Aufschwung), → *Boom* (Hochkonjunktur), → *Abschwung* (Rezession) und → *Depression* (Tiefstand).

Konkurrentenklage

→ Ämterstabilität

Konkurrierende Gesetzgebung

umfasst die Befugnis der Länder zur Gesetzgebung, solange und soweit der Bund von seiner Gesetzgebungszuständigkeit nicht durch → *Gesetz* Gebrauch gemacht hat (Art. 72 Abs. 1 GG).

Die Gebiete, in denen der Bund → *Gesetze* erlassen darf, sind in Artikel 74 Abs. 1 des → *Grundgesetzes* (GG) aufgezählt (z. B. Bürgerliches Recht, Strafrecht, Vereinsrecht). Bei einigen der in Artikel 74 Abs. 1 GG aufgeführten Gebieten (z. B. Aufenthalts- und Niederlassungsrecht der → *Ausländer*, öffentliche Fürsorge, wirtschaftliche Sicherung der Krankenhäuser und Regelung der Krankenhauspflegesätze) hat der Bund die Gesetzgebungsbefugnis nur, wenn und soweit die Herstellung gleichwertiger Lebensverhältnisse im Bundesgebiet oder die Wahrung der Rechts- oder Wirtschaftseinheit im gesamtstaatlichen Interesse eine bundesgesetzliche Regelung erforderlich macht (Art. 72 Abs. 2 GG). Hat der Bund von seiner Gesetzgebungszuständigkeit Gebrauch gemacht, können die Länder durch Gesetz zum Teil hiervon abweichende Regelungen auf bestimmten Gebieten treffen, die in Artikel 72 Abs. 3 GG näher bestimmt sind. Dies gilt beispielsweise für das Jagdwesen (ohne das Recht der Jagdscheine), den Naturschutz und die Landschaftspflege (ohne die allgemeinen Grundsätze des Naturschutzes, das Recht des Artenschutzes oder des Meeresnaturschutzes) und die Hochschulzulassung und die Hochschulabschlüsse.

Das GG kennt als weitere Art der Gesetzgebungszuständigkeit des Bundes die → *ausschließliche Gesetzgebung*.

Konnexitätsprinzip

im staatsrechtlichen Sinne ist ein verfassungsrechtlicher und finanzwirtschaftlicher Grundsatz, der besagt, dass bei der Erfüllung einer öffentlichen Aufgabe, die der Bund auf die Länder oder ein Flächenland auf seine → *Kommunen* überträgt, diejenige staatliche Ebene für die damit verbundene Finanzierung verantwortlich ist die über die Wahrnehmung der Aufgabe entscheidet. Das Konnexitätsprinzip ist im Verhältnis zwischen dem Bund und den Ländern in Artikel 104a des → *Grundgesetzes* (GG) sowie im Verhältnis zwischen den Flächenländern und den Kommunen in den Landesverfassungen verankert.

Konservatismus

ist eine politische Strömung, die versucht bestehende und gefestigte Werte beizubehalten und zu verteidigen. Dies kann der Strukturkonservatismus sein, der Strukturen und Institutionen beibehalten möchte, oder aber der Wertekonservativismus, der bestehende gesellschaftliche Werte erhalten möchte. In der → *Bundesrepublik Deutschland* ist die → *Christlich Demokratische Union Deutschlands* (CDU) und die → *Christlich Soziale Union in Bayern* (CSU) dieser politischen Strömung zuzuordnen. Der Konservatismus bildet neben dem → *Sozialismus* und dem → *Liberalismus* einen der drei großen politischen Strömungen des 18./19. Jahrhunderts.

Konstitutionelle Monarchie

ist eine → *Staatsform*, in der die → *Staatsgewalt* des Monarchen durch eine geschriebene → *Verfassung* beschränkt ist, aus der sich die Befugnisse der Volksvertretung ergeben (z. B. Mitwirkung beim Erlass von Gesetzen, Kontrolle der Regierung).

Der Monarch hat aber das Recht, die Mitglieder seiner Regierung nach eigenem Ermessen zu bestimmen. Die konstitutionelle Monarchie prägte im Wesentlichen das gesamte 19. Jahrhundert als die herrschende Staatsform in Europa.

Konstruktives Misstrauensvotum

ist die in Artikel 67 des → *Grundgesetzes* (GG) eröffnete Möglichkeit der Abwahl des → *Bundeskanzlers* durch den → *Bundestag*.

Das konstruktive Misstrauensvotum ist durch einen Antrag einzuleiten, der nach § 97 Abs. 1 der Geschäftsordnung des Bundestages (GO-BT) von einem Viertel der Mitglieder des Bundestages oder einer → *Fraktion*, die ein Viertel der Mitglieder des Bundestages umfasst, unterzeichnet werden muss. Der Antrag ist in der Weise zu stellen, dass dem Bundestag ein namentlich benannter Kandidat als Nachfolger zur Wahl vorgeschlagen wird. Über den Antrag darf nicht vor Ablauf von 48 Stunden abgestimmt werden (Art. 67 Abs. 1 GG). Das konstruktive Misstrauensvotum ist erfolgreich, wenn der Bundestag mit absoluter Mehrheit einen Nachfolger wählt. Der → *Bundespräsident* ist gemäß Artikel 67 Abs. 1 Satz 2 GG verpflichtet, den bisherigen Bundeskanzler zu entlassen und den Gewählten zum Bundeskanzler zu ernennen. Da der Bundestag dem Bundeskanzler das Misstrauen nur dadurch aussprechen kann, dass er mit der Mehrheit seiner Mitglieder einen Nachfolger wählt, wird das Verfahren als „konstruktiv" bezeichnet.

Kontraktmanagement

beinhaltet die Steuerung der Verwaltung über verbindliche Absprachen – auch Zielvereinbarungen oder Kontrakte genannt – zwischen den politischen Gremien und der Verwaltungsführung sowie zwischen der Verwaltungsführung und den ihr unterstellten Fachbereichen hinsichtlich der künftigen Ausgestaltung der Aufgabenerfüllung, wobei die Fachbereiche für die Erstellung der von den politischen Gremien bzw. der Verwaltungsführung definierten Produkte (Verwaltungsleistungen) verantwortlich sind. Das Kontraktmanagement bildet zugleich eines der Kernelemente des → *Neuen Steuerungsmodells*.

Konzentration

ist eine Form der Verwaltungsorganisation, bei der möglichst viele der in einem Verwaltungsbezirk anfallenden Verwaltungsaufgaben bei einer → *Behörde* zusammengefasst sind (z. B. Regierungspräsidien, Bezirksregierungen).

Weitere Organisationsformen sind die → *Dekonzentration*, die → *Dezentralisation* und die → *Zentralisation*.

Kooperationsverbot

ist die umgangssprachliche Bezeichnung für das in Artikel 104a des → *Grundgesetzes* (GG) verankerte Trennungsprinzip, wonach der Bund in den Bereichen, in denen er keine Gesetzgebungs-, Verwaltungs- und Finanzierungskompetenz hat, nicht mit den Ländern zusammenarbeiten, das heißt kooperieren, darf. In der Praxis betrifft dies den Kernbereich der Bildung (Schulen, Hochschulen), wo der Bund keine Kompetenzen hat. Ausnahmen von dem Kooperationsverbot bilden die Bund-Länder-Vereinbarungen nach Artikel 91b GG und die Finanzhilfekompetenz des Bundes für Investitionen in die kommunale Bildungsinfrastruktur nach Artikel 104c GG in der Fassung des Gesetzes zur Änderung des GG vom 28. März 2019.

Koordinationsrechtlicher Vertrag

→ Öffentlich-rechtlicher Vertrag

Koppelungsverbot

ist im Bereich des Verwaltungsrechts in § 56 des → *Verwaltungsverfahrensgesetzes* (VwVerfG) des Bundes bzw. den entsprechenden VwVerfG der Bundesländer geregelt, der den → *Austauschvertrag* zum Gegenstand hat, der dadurch geprägt ist, dass eine Hauptleistung und Gegenleistung bestehen, die in einem Abhängigkeitsverhältnis stehen. Das Koppelungsverbot besagt zum einen, dass durch einen öffentlich-rechtlichen Vertrag nichts miteinander verknüpft werden darf, was nicht ohnedies schon in einem inneren Zusammenhang steht und verbietet es zum anderen, hoheitliche Entscheidungen ohne entsprechende gesetzliche Ermächtigung von wirtschaftlichen Gegenleistungen abhängig zu machen. Die Behörde darf mithin nicht durch öffentlichen Vertrag die Erfüllung öffentlicher Aufgaben von einer Gegenleistung des Bürgers abhängig machen, wodurch zum Schutz des Bürgers der Ausverkauf von Hoheitsrechten verhindert werden soll.

Körperschaft

ist ein Zusammenschluss mehrerer Personen zu einem bestimmten Zweck und eine → *juristische Person*. Es gibt Körperschaften des Privatrechts – auch Kapitalgesellschaften genannt – und → *Körperschaften des öffentlichen Rechts*.

Körperschaften des öffentlichen Rechts

sind mitgliedschaftlich organisierte Verwaltungseinheiten, die unabhängig vom Wechsel ihrer Mitglieder bestehen, in der Regel rechtsfähig sind und Aufgaben der → *öffentlichen Verwaltung* erfüllen.

Nach der Art der Mitgliedschaft lassen sich die Körperschaften des öffentlichen Rechts unterscheiden in → *Gebietskörperschaften*, → *Personalkörperschaften*, → *Realkörperschaften* und → *Verbandskörperschaften*.

Korruption

ist ein anderes Wort für Bestechung und meint im juristischen Sinne den Missbrauch einer Entscheidungsposition zum eigenen materiellen oder immateriellen Nutzen.

Beispiel: Sachbearbeiter A bei der Bauaufsichtsbehörde stellt Bürger B eine Baugenehmigung aus, obwohl bauordnungsrechtliche Gründe gegen die Erteilung einer Baugenehmigung sprechen. Weil B dem A aber 4.000 € angeboten hat, sieht Sachbearbeiter A darüber hinweg.

Als wirksame Maßnahme der → *öffentlichen Verwaltung* zur Korruptionsprävention gilt die Bestellung von → *Antikorruptionsbeauftragten*. Korruption im Allgemeinen ist strafbar.

Kosten

sind der bewertete Verbrauch von → *Gütern* und Dienstleistungen für die Herstellung der behördlichen Leistung und die Aufrechterhaltung der dafür erforderlichen Kapazität.

Von diesem Kostenbegriff, der in der → *Kosten- und Leistungsrechnung* verwendet wird, ist der pagatorische Kostenbegriff abzugrenzen. Dabei geht es nicht um den bewerteten Ressourcenverzehr, sondern allein um die Frage der Ausgaben bzw. Auszahlungen. Unter dem pagatorischen Kostenbegriff wird daher die Zahlungswirksamkeit betrachtet, unabhängig von dem tatsächlichen Verbrauch der Produktionsfaktoren.

Kosten- und Leistungsrechnung

ist ein Teilgebiet des kaufmännischen Rechnungswesens, in dem Kosten und Leistungen erfasst, gespeichert, den verschiedenen Bezugsgrößen zugeordnet und für spezielle Zwecke ausgewertet werden.

Aufgabe der Kosten- und Leistungsrechnung (KLR) in der → *öffentlichen Verwaltung* ist die Erfassung und Zurechnung der Kosten und Erlöse, die durch die Verwaltungstätigkeit anfallen. Das Hauptziel der KLR in der öffentlichen Verwaltung ist das Schaffen von Kosten- und Leistungstransparenz zur Erhöhung von Effektivität und Effizienz des Verwaltungshandelns. Weitere Ziele der KLR, deren Priorität die jeweilige → *Behörde* nach ihren Erfordernissen festlegen muss, sind insbesondere die Ermittlung kostendeckender Gebühren und Entgelte, die Ermittlung von Schwachstellen und Einsparungsmöglichkeiten, die Prüfung der Möglichkeiten der Fremdvergabe und der Privatisierung und die bedarfsgerechte Haushaltsmittelveranschlagung und Haushaltsmittelbewirtschaftung.

Innerhalb der KLR unterscheidet man drei Abrechnungsstufen, und zwar die → *Kostenartenrechnung*, die → *Kostenstellenrechnung* und die → *Kostenträgerrechnung*. Bei der Aufstellung der Kosten- und Leistungsrechnung kommen in der öffentlichen Verwaltung – in Abhängigkeit von dem verfolgten Zweck – verschiedene Rechnungssysteme in Betracht, und zwar die → *Vollkostenrechnung*, die → *Teilkostenrechnung* sowie nach der Art bzw. dem Ausmaß der Kostenrechnung und nach der zeitlichen Orientierung der Kostengrößen die → *Istkostenrechnung*, die → *Normalkostenrechnung* und die → *Plankostenrechnung*.

Kostenartenrechnung

informiert darüber, welche Kosten in einer bestimmten Rechnungsperiode, das heißt grundsätzlich in einem Haushaltsjahr, angefallen sind, wobei Ausgangspunkt für die Kostenartenrechnung der Haushalts-Gruppierungsplan ist, auf dessen Grundlage alle definierten Kostenarten in einem Kostenartenplan mit Kontenrahmen zu erfassen sind. Die Kostenartenrechnung ist die erste Abrechnungsstufe der → *Kosten- und Leistungsrechnung* und bildet die Grundlage für die → *Kostenstellenrechnung* und die → *Kostenträgerrechnung*.

Kostenstelle

ist derjenige selbstständige Bereich der → *Behörde*, für den der Anfall von Kosten erfasst und verfolgt wird.

Kostenstellenrechnung

dient der Zuordnung der Kostenarten zu den Kostenstellen (Organisationseinheiten), wobei die entstandenen Kosten in dem Kostenstellenplan erfasst werden.

Die Kostenstellenrechnung ist die zweite Abrechnungsstufe der → *Kosten- und Leistungsrechnung* (KLR) und beantwortet die Frage, wo die Kosten verursacht wurden. Die erste Abrechnungsstufe der KLR bildet die → *Kostenartenrechnung* und die dritte und letzte Abrechnungsstufe ist die → *Kostenträgerrechnung*.

Kostenträgerrechnung

gibt an, für welchen Zweck, das heißt für welches Produkt bzw.

Teilprodukt einer → *Behörde* die Kosten in welcher Höhe angefallen sind. Eine vollständige Übersicht aller Kostenträger mit einer meist numerischen Systematik lässt sich im Kostenträgerplan wiederfinden, der Bestandteil des Kontenplanes ist. Nach der → *Kostenartenrechnung* als der ersten Abrechnungsstufe und der → *Kostenstellenrechnung* als der zweiten Abrechnungsstufe bildet die Kostenträgerrechnung die dritte und letzte Abrechnungsstufe der → *Kosten- und Leistungsrechnung* (KLR). Sie ist gegliedert in die Kostenträgerstückrechnung – auch Selbstkostenrechnung oder Kalkulation genannt – und die Kostenträgerzeitrechnung.

Die *Kostenträgerstückrechnung* dient der Kalkulation von speziellen Einnahmen (Gebühren, Entgelten, Kostenerstattungen) für das jeweilige Produkt und ermöglicht Wirtschaftsvergleiche durch die Ermittlung der Kosten pro Produkt. Außerdem spielt sie eine wichtige Rolle bei der Aufstellung des Haushaltes und der Finanzplanung, weil auf der Basis der prognostizierten Leistungen die Ansätze für Ausgaben und Einnahmen festgelegt werden können. In der → *öffentlichen Verwaltung* kommen als Verfahren der Kostenträgerstückrechnung (Kalkulationsverfahren) vor allem die → *Divisionskalkulation*, die → *Äquivalenzziffernkalkulation* und die → *Zuschlagskalkulation* zur Anwendung.

Die → *Kostenträgerzeitrechnung* liefert Wirtschaftlichkeits- oder Ergebnisrechnungen für bestimmte Leistungen oder Leistungsgruppen in einer bestimmten Zeitperiode.

Kostenträgerstückrechnung

→ Kostenträgerrechnung

Kostenträgerzeitrechnung

→ Kostenträgerrechnung

Krankenbezüge

→ Arbeitsunfähigkeit

Krankengeldzuschuss

→ Arbeitsunfähigkeit

Krankenversicherung

ist eine von fünf Zweigen der gesetzlichen Sozialversicherung, die im Fünften Buch → *Sozialgesetz-*

buch (SGB V) geregelt ist. Die gesetzliche Krankenversicherung hat die Aufgabe, die Gesundheit der Versicherten zu erhalten, wiederherzustellen oder ihren Gesundheitszustand zu verbessern, wobei die Krankenkassen die dafür erforderlichen Leistungen zur Verfügung stellen. Finanziert werden die Leistungen der gesetzlichen Krankenversicherung weitgehend durch die je zur Hälfte von den → *Arbeitgebern* und versicherungspflichtigen → *Arbeitnehmern* prozentual vom Arbeitsentgelt erhobenen Beiträge.

Die → *Beamten* sind von der Versicherungspflicht in der gesetzlichen Krankenversicherung ausgenommen und haben bei Krankheit Anspruch auf → *Beihilfe* durch ihren → *Dienstherrn*.

Kryptowährung

ist der Überbegriff für → *virtuelle Währungen*. Die Kryptowährung fungiert als digitales Zahlungsmittel. Durch eine kryptografische (verschlüsselte) Technologie, der sog. → *Blockchain*, wird eine Manipulation der Kryptowährung bzw. virtuellen Währung sichergestellt.

Kultusministerkonferenz

ist ein freiwilliger Zusammenschluss der für Bildung und Erziehung, Hochschulen und Forschung sowie kulturelle Angelegenheiten zuständigen Ministerinnen und Minister aller 16 Bundesländer. Die Ständige Konferenz der Kultusminister der Länder in der Bundesrepublik Deutschland (Kultusministerkonferenz – KMK) behandelt nach dem Vorwort ihrer Geschäftsordnung Angelegenheiten der Bildungspolitik, der Hochschul- und Forschungspolitik sowie der Kulturpolitik von überregionaler Bedeutung mit dem Ziel einer gemeinsamen Meinungs- und Willensbildung und der Vertretung gemeinsamer Anliegen. Organe der Kultusministerkonferenz sind das Plenum, das Präsidium und die Präsidentin bzw. der Präsident. Gremien der Kultusministerkonferenz, die die Beratungen und Entscheidungen des Plenums vorbereiten, sind die Amtschefskonferenz, Ausschüsse und Kommissionen. Die Kultusministerkonferenz hat keine Rechtssetzungsbefugnis, sodass ihre Entscheidungen nicht unmittelbar bindend sind und von dem jeweiligen Land als landesrechtliche Rechtsvorschriften erlassen werden müssen.

Kumulieren

ist ein aus dem lateinischen Wort „cumulus" abgeleiteter Begriff, der mit „Anhäufung" oder „Häufeln" übersetzt werden kann. Im → *Wahlrecht* bezeichnet der Begriff Kumulieren die bei Kommunalwahlen in verschiedenen Bundesländern vorgesehene Möglichkeit, mehrere Stimmen einem Kandidaten zu geben. Kumulieren wird oft zusammen mit dem Begriff → *Panaschieren* verwendet.

Kündigung

im arbeitsrechtlichen Sinne ist eine einseitige Erklärung einer der beiden Vertragsparteien des → *Arbeitsvertrages*, durch die das → *Arbeitsverhältnis* für die Zukunft aufgelöst werden soll. Die Kündigung des Arbeitsverhältnisses bedarf zu ihrer Wirksamkeit der Schriftform (§ 623 BGB). Man unterscheidet folgende Arten der Kündigung, und zwar die → *ordentliche Kündigung* und die → *außerordentliche Kündigung* sowie als Sonderform die → *Änderungskündigung*.

Kündigungsfristen

im arbeitsrechtlichen Sinne bemessen sich nach der vom → *Arbeitnehmer* zurückgelegten → *Beschäftigungszeit*, wobei für die Dauer der Kündigungsfrist grundsätzlich die erreichte Beschäftigungszeit am Tage des Zugangs der Kündigung entscheidend ist.

Für die unter den → *Tarifvertrag für den öffentlichen Dienst* (TVöD), den → *Tarifvertrag für den öffentlichen Dienst der Länder* (TV-L) und den → *Tarifvertrag für den öffentlichen Dienst des Landes Hessen* (TV-H) fallenden Beschäftigten beträgt die Kündigungsfrist bis zum Ende des sechsten Monats seit Beginn des Arbeitsverhältnisses zwei Wochen zum Monatsschluss. Im Übrigen beträgt die Kündigungsfrist bei einer Beschäftigungszeit

bis zu einem Jahr	ein Monat zum Monatsschluss
von mehr als einem Jahr	6 Wochen
von mind. 5 Jahren	3 Monate
von mind. 8 Jahren	4 Monate
von mind. 10 Jahren	5 Monate
von mind. 12 Jahren	6 Monate

zum Schluss eines Kalendervierteljahres (§ 34 Abs. 1 TVöD/TV-L/TV-H).

Die Kündigungsfristen gelten nur für die → *ordentliche Kündigung* eines Arbeitsverhältnisses. Zu beachten ist, dass das Recht des → *Arbeitgebers* zur ordentlichen Kündigung des Arbeitsverhältnisses von Beschäftigten, die unter die Regelungen des Tarifgebiets West fallen und das 40. Lebensjahr vollendet und eine Beschäftigungszeit von mehr als 15 Jahren abgeleistet haben sowie bei Beschäftigten, die vor Inkrafttreten des TVöD,TV-L und TV-H unkündbar waren, ausgeschlossen ist (§ 34 Abs. 2 TVöD/TV-L/TV-H).

Bei der → *außerordentlichen Kündigung* eines Arbeitsverhältnisses müssen keine Kündigungsfristen eingehalten werden, wobei zu beachten ist, dass die außerordentliche Kündigung nur innerhalb von zwei Wochen, gerechnet von dem Zeitpunkt, in dem der Kündigungsberechtigte von den für die Kündigung maßgebenden Tatsachen Kenntnis erlangt hat, erfolgen kann (§ 626 BGB).

Kündigungsschutzgesetz

beschränkt den → *Arbeitgeber* in seinen Möglichkeiten, das → *Arbeitsverhältnis* mit dem → *Arbeitnehmer* durch → *Kündigung* zu beenden.

Das Kündigungsschutzgesetz (KSchG) gilt für Betriebe und Verwaltungen des privaten und öffentlichen Rechts. Der Kündigungsschutz kommt jedoch nur zur Anwendung, wenn das Arbeitsverhältnis in demselben Betrieb oder derselben Verwaltung ohne Unterbrechung länger als sechs Monate bestanden hat (§ 1 Abs. 1 KSchG) und dem Betrieb oder der Dienststelle mehr als fünf Arbeitnehmer länger als sechs Monate ohne Unterbrechung angehören (§ 23 Abs. 1 Satz 2 KSchG). Für ab dem 1. Januar 2004 eingestellte Arbeitnehmer gilt der Kündigungsschutz nur, wenn sie in Betrieben oder Verwaltungen mit mehr als 10 Arbeitnehmern beschäftigt sind (§ 23 Abs. 1 Satz 3 KSchG).

Die Kündigung ist grundsätzlich nur dann wirksam, wenn sie sozial gerechtfertigt ist (§ 1 Abs. 1 KSchG). Dies ist nur dann der Fall, wenn das Verhalten des Arbeitnehmers (z. B. häufiges Zuspätkommen, Schlechtarbeit) oder in seiner Person liegende Gründe (z. B. Wegfall der Arbeitserlaubnis, dauernde krankheitsbedingte Arbeitsunfähigkeit) die Kündigung notwendig machen oder wenn dringende betriebliche Erfordernisse (z. B. Stilllegung einer Betriebsabteilung, längerfristige Absatzschwierigkeiten) der Weiterbeschäftigung des Arbeitnehmers entgegenstehen (§ 1 Abs. 2 KSchG).

Über diesen allgemeinen Kündigungsschutz hinaus besteht ein besonderer gesetzlich geregelter Kündigungsschutz für besonders schutzbedürftige oder schutzwürdige Arbeitnehmer. Zu diesem Personenkreis gehören → *Auszubildende* (§ 22 Abs. 2 Nr. 1 BBiG), Mitglieder eines Betriebsrates, einer Personalvertretung oder einer → *Jugend- und Auszubildendenvertretung* einschließlich der Wahlbewerber und des Wahlvorstandes für ein solches Gremium (§ 15 KSchG), schwerbehinderte Menschen (§§ 85 ff. SGB IX), Mitglieder der Schwerbehindertenvertretung (§ 93 Abs. 3 SGB IX), Vertrauenspersonen schwerbehinderter Menschen (§ 96 Abs. 3 SGB IX), Schwangere und Mütter bis zum Ablauf von vier Monaten nach der Entbindung (§ 17 MuSchG), Mütter und Väter in Elternzeit (§ 18 BEEG), Gleichstellungsbeauftragte (§ 18 Abs. 5 BGleiG) und Wehr- und Zivildienstleistende (§ 2 Abs. 1 ArbPlSchG, § 78 Abs. 1 Nr. 1 ZDG).

Künstliche Intelligenz

ist ein Begriff, für den es keine einheitliche Definition gibt. Die künstliche Intelligenz ist ein Teilgebiet der Informatik, die sich mit der Nachbildung bestimmter menschlicher Fähigkeiten (Sehen, Hören, Sprechen, Analysieren, Entscheiden und Handeln) auf Computersystemen befasst, und versucht, diese zu ergänzen und zu stärken. Im Ergebnis beinhaltet der Begriff künstliche Intelligenz mitdenkende und selbstlernende Maschinen.

L

Landesarbeitsgericht

→ Arbeitsgerichtsbarkeit

Landeshaushaltsordnung

beinhaltet für den jeweiligen Bereich des Landes die nähere Ausgestaltung des sich aus dem → *Haushaltsgrundsätzegesetz* (HGrG) für den Bund und die Länder ergebenden Gesetzesauftrages zur Regelung ihres Haushaltsrechtes nach gemeinsamen Grundsätzen.

Landtag

ist die Bezeichnung für die → *Parlamente* der deutschen Bundesländer mit Ausnahme der → *Stadtstaaten* → *Berlin*, → *Bremen* und → *Hamburg*.

Laufbahn

umfasst nach der Definition des § 16 Abs. 1 des → *Bundesbeamtengesetzes* (BBG) alle → *Ämter*, die verwandte und gleichwertige Vor- und Ausbildungen voraussetzen. Die Befähigung für die Laufbahn, in die eingestellt, gewechselt oder von einem anderen → *Dienstherrn* versetzt werden soll, ist festzustellen und dem → *Beamten* schriftlich mitzuteilen. Gleiches gilt, wenn der Beamte infolge der Umbildung einer Körperschaft übernommen wird oder kraft → *Gesetzes* in den Dienst der aufnehmenden → *Körperschaft* übertritt (§ 16 Abs. 2 BBG). Weitere gesetzliche Grundlagen des Laufbahnrechts des Bundes enthalten die §§ 17 bis 25 BBG. Nähere Regelungen zur Gestaltung der Beamtenlaufbahnen und → *Vorbereitungsdienste* im Bereich des Bundes beinhaltet die von der Bundesregierung aufgrund der Ermächtigung des § 26 BBG erlassene Verordnung über die Laufbahnen der Bundesbeamtinnen und Bundesbeamten (Bundeslaufbahnverordnung – BLV), die eine Zuordnung der Laufbahnen in vier Laufbahngruppen (einfacher, mittlerer, gehobener und höherer Dienst) vorsieht.

Die Länder haben aufgrund ihrer Gesetzgebungszuständigkeit nach Artikel 70 i. V. m. Artikel 74 Abs. 1 Nr. 27 des → *Grundgesetzes* (GG) für das Laufbahnrecht der Landesbeamten und der im Dienst der Gemeinden, der Gemeindeverbände sowie der sonstigen der Aufsicht eines Landes unterstehenden → *Körperschaften*, → *Anstalten* und → *Stiftungen des öffentlichen Rechts* in ihren Beamtengesetzen bzw. Laufbahnverordnungen die Laufbahnen zum Teil abweichend vom Bund gestaltet.

Laufbahnbewerber

ist der Regeltyp des Berufsbeamten. Laufbahnbewerber besitzen die für ihre → *Laufbahn* vorgeschriebene oder – mangels solcher Vorschriften – übliche Vorbildung und haben den für den Erwerb der Laufbahnbefähigung vorgeschriebenen → *Vorbereitungsdienst* abgeleistet und die Laufbahnprüfung abgelegt.

Daneben kann nach dem Laufbahnrecht des Bundes und der Länder die Befähigung als Laufbahnbewerber auch ohne Vorbereitungsdienst und Laufbahnprüfung erworben werden. Es handelt sich dabei um die für Fachkräfte mit besonderen technischen, wissenschaftlichen oder künstlerischen Kenntnissen geschaffenen *Laufbahnen besonderer Fachrichtungen*, die es ermöglichen, diesem Personenkreis, für den eine verwaltungseigene Ausbildung und Prüfung wegen der Eigenart der zu erfüllenden Aufgaben nicht sachgemäß wäre, aufgrund einer innerhalb oder außerhalb des → *öffentlichen Dienstes* abgeleisteten hauptberuflichen Tätigkeit die Befähigung für eine Laufbahn besonderer Fachrichtung zuzuerkennen.

Legalitätsprinzip

ist der Gegenbegriff zum → *Opportunitätsprinzip.* Das Legalitätsprinzip ist im Verwaltungsrecht ein Verfahrensgrundsatz, der besagt, dass die → *Behörde* von Amts wegen oder auf Antrag ein Verwaltungsverfahren durchführen muss und dies nicht in ihrem → *Ermessen* liegt (§ 22 Satz 2 VwVfG).

Legislative

→ Gewaltenteilung

Legislaturperiode

ist der Zeitraum, in dem das gesetzgebende → *Parlament* (Volksvertretung) im Amt ist. Die Legislaturperiode wird auch als Wahlperiode bezeichnet.

Leihvertrag

ist ein → *Vertrag*, der auf die Überlassung von → *Sachen* zum Gebrauch ohne Entgelt gerichtet ist (§§ 598 bis 606 BGB).

Leistungsentgelt

ist eine variable und leistungsorientierte Bezahlung zusätzlich zum → *Tabellenentgelt*.

Für die unter den Geltungsbereich des → *Tarifvertrages für den öffentlichen Dienst* (TVöD) fallenden Beschäftigten beim Bund bestimmt sich das Leistungsentgelt nach dem → *Tarifvertrag* über das Leistungsentgelt für die Beschäftigten des Bundes (LeistungsTV-Bund), der den Rahmen regelt und die wesentlichen Details für die Gewährung des Leistungsentgelts nach § 18 TVöD (Bund) beinhaltet.

Der → *Tarifvertrag für den öffentlichen Dienst der Länder* (TV-L) und der → *Tarifvertrag für den öffentlichen Dienst des Landes Hessen* (TV-H) enthalten keine Regelungen über ein Leistungsentgelt, sodass für die unter den Geltungsbereich dieser Tarifverträge fallenden Beschäftigten kein Anspruch auf Zahlung eines Leistungsentgeltes besteht.

Für die Beschäftigten bei Gemeinden und Gemeindeverbänden sowie kommunalen Betrieben, deren Arbeitgeber Mitglied eines Mitgliedverbandes der → *Vereinigung der kommunalen Arbeitgeberverbände* (VKA) ist, sieht § 18 TVöD (VKA) eine betriebliche Vereinbarung über das jeweilige System der leistungsbezogenen Bezahlung vor, wobei die Zahlung des Leistungsentgelts in Form einer Leistungsprämie, Erfolgsprämie oder Leistungszulage sowie das Verbinden der verschiedenen Formen des Leistungsentgelts zulässig sind. Solange keine betriebliche Regelung (Dienst- oder Betriebsvereinbarung) über die Feststellung oder Bewertung von Leistungen zustande kommt, die durch das Vergleichen von Zielerreichungen mit den in der Zielvereinbarung angestrebten Zielen oder über eine systematische Leistungsbewertung erfolgt sein muss, erhalten die Beschäftigten jeweils mit dem → *Tabellenentgelt* des Monats Dezember ein Leistungsentgelt gezahlt, dessen Höhe sich nach der in der Protokollerklärung zu § 18 Abs. 4 TVöD (VKA) getroffenen Regelung bemisst.

Leistungsort

ist der Ort, an dem innerhalb eines Schuldverhältnisses die Leistungen zu bewirken sind. Der Leistungsort, den man oft auch als Erfüllungsort oder Schuldort bezeichnet, wird in erster Linie bestimmt durch Vereinbarung der Vertragsparteien (vertraglicher Leistungsort). Fehlt eine entsprechende Vereinbarung, dann gilt die gesetzliche Regelung. Der gesetzliche Leistungsort ist der Wohn- bzw. Geschäftssitz des Schuldners zurzeit der Entstehung des Schuldverhältnisses (§ 269 BGB).

Leistungsprämie

im beamtenrechtlichen Sinne ist eine nicht ruhegehaltfähige Einmalzahlung, die → *Beamten* in → *Besoldungsgruppen* der → *Besoldungsordnung* A zur Abgeltung von bereits erbrachten herausragenden besonderen Leistungen nach näherer Festlegung in einer von der → *Bundesregierung* oder der jeweiligen Landesregierung zu erlassenden → *Rechtsverordnung* gewährt werden kann.

Für den Bereich des *Bundes* sind die Voraussetzungen und die Höhe der Gewährung von Leistungsprämien an Beamte in der von der Bundesregierung aufgrund des § 42a des → *Bundesbesoldungsgesetzes* (BBesG) erlassenen Verordnung des Bundes über leistungsbezogene Besoldungsinstrumente (Bundesleistungsbesoldungsverordnung – BLBV) geregelt. Im Bereich der *Länder* bildet die von der Landesregierung erlassene Rechtsverordnung die Grundlage für die Gewährung von → *Leistungszulagen* und Leistungsprämien an Beamte.

Leistungsverwaltung

ist der Teil der Verwaltungstätigkeit, die der Sicherung und Verbesserung der Lebensverhältnisse der Bürger dient (z. B. Gewährung von Studienbeihilfen, Bau von Schulen, Kindergärten und Krankenhäusern). Die Leistungsverwaltung wird auch als Daseinsvorsorge bezeichnet.

Leistungszulage

im beamtenrechtlichen Sinne ist eine nicht ruhegehaltfähige Zulage, die → *Beamten* in → *Besoldungsgruppen* der → *Besoldungsordnung* A zur Abgeltung von herausragenden besonderen Leistungen nach näherer Festlegung in einer von der → *Bundesre-*

gierung oder der jeweiligen Landesregierung zu erlassenden → *Rechtsverordnung* gewährt werden kann.

Für den Bereich des *Bundes* sind die Voraussetzungen und die Höhe der Gewährung von Leistungszulagen an Beamte in der von der Bundesregierung aufgrund des § 42a des → *Bundesbesoldungsgesetzes* (BBesG) erlassenen Verordnung des Bundes über leistungsbezogene Besoldungsinstrumente (Bundesleistungsbesoldungsverordnung – BLBV) geregelt. Im Bereich der *Länder* bildet die von der Landesregierung erlassene Rechtsverordnung die Grundlage für die Gewährung von Leistungszulagen und → *Leistungsprämien* an Beamte.

Leitzinsen

sind Zinssätze, die eine Zentralbank im Rahmen ihres geldpolitischen Instrumentariums festsetzt, um damit die Zinsverhältnisse am Geldmarkt und darüber auch die allgemeine Zinsentwicklung in einer Volkswirtschaft maßgeblich zu beeinflussen bzw. zu „leiten". Für die Mitgliedsstaaten der → *Europäischen Union* (EU), die den → *Euro* eingeführt haben, bestimmt die → *Europäische Zentralbank* (EZB) die Leitzinsen, wobei es drei verschiedene Leitzinsen gibt, und zwar den Zinssatz für das → *Hauptrefinanzierungsgeschäft*, den Zinssatz für die → *Einlagefazilität* und den Zinssatz für die → *Spitzenrefinanzierungsfazilität*.

Lernmittelzuschuss

ist eine finanzielle Unterstützung, die → *Auszubildende*, die unter den → *Tarifvertrag für Auszubildende des öffentlichen Dienstes* (TVAöD) fallen, in jedem Ausbildungsjahr in Höhe von 50 € brutto erhalten (§ 11 Abs. 3 Satz 1 TVAöD – Besonderer Teil BBiG). Von der Gewährung des Lernmittelzuschusses unberührt bleibt dabei die sich aus § 14 Abs. 3 des → *Berufsbildungsgesetzes* (BBiG) bzw. § 11 Abs. 2 des TVAöD – Besonderer Teil BBiG – ergebende Verpflichtung des → *Ausbildenden*, den Auszubildenden kostenlos die Ausbildungsmittel zur Verfügung zu stellen, die zur Berufsausbildung und zum Ablegen von Zwischen- und Abschlussprüfungen erforderlich sind (§ 11 Abs. 3 Satz 2 TVAöD – Besonderer Teil BBiG).

Der Begriff „Lernmittel", der nicht mit dem Begriff „Ausbildungsmittel" gleichgesetzt werden darf, erfasst die in den Bereich der Berufsschule gehörenden Bücher und Hilfsmittel, die keine Ausbildungsmittel in dem vorbezeichneten Sinne darstellen. Der Lernmittelzuschuss ist möglichst mit dem Ausbildungsentgelt des ersten Monats des jeweiligen Ausbildungsjahres zu zahlen und spätestens im Zahlungsmonat September des betreffenden Ausbildungsjahres fällig (§ 11 Abs. 3 Satz 3 TVAöD – Besonderer Teil BBiG).

LHO

ist die Abkürzung für → *Landeshaushaltsordnung*.

Liberalismus

ist eine politische Strömung, in dessen Zentrum die Freiheit des Einzelnen steht. Leitziel des Liberalismus ist es, dass sich der → *Staat* so wenig wie möglich in die Angelegenheiten des Einzelnen und den Markt einmischt, wobei besonders die Selbstverantwortung des Bürgers hervorgehoben wird. In Deutschland ist die → *FDP* dieser Strömung zuzuordnen. Der Liberalismus bildet neben dem → *Konservatismus* und dem → *Sozialismus* einen der drei großen politischen Strömungen des 18./19. Jahrhunderts.

Linke

→ Die Linke

Lobbyismus

ist die Bezeichnung für den Versuch einer Einflussnahme auf politische Entscheidungen oder die öffentliche Meinung durch Dritte, insbesondere gesellschaftlicher Interessengruppen (z. B. Unternehmerverbände, Gewerkschaften, Umweltschutzorganisationen). Der Begriff Lobbyismus geht auf die aus dem Englischen übernommenen Bezeichnung Lobby (= Vorhalle des Parlaments) zurück. Das am 1. Januar 2022 in Kraft getretene → *Lobbyregistergesetz* sieht die Einführung eines Lobbyregisters vor.

Im Gegensatz zur → *Korruption* ist Lobbyismus grundsätzlich nicht verboten. Die Einflussnahme erfolgt nicht durch Bestechung, sondern durch Argumentation und Überzeugung der politischen Entscheidungsträger.

Lobbyregistergesetz

dient dem Ziel der Registrierung von Interessenvertretern, die Kontakt zu den Organen, Mitgliedern, Fraktionen oder Gruppen des Deutschen → *Bundestages* und zu der → *Bundesregierung* sowie zu Parlamentarischen Staatssekretären, Staatssekretären, Abteilungsleitenden sowie Unterabteilungsleitenden aufnehmen, um unmittelbar oder mittelbar Einfluss auf deren Willensbildungs- und Entscheidungsprozess zu nehmen (§ 1 LobbyRG). Das → *Gesetz* zur Einführung eines Lobbyregisters für die Interessenvertretung gegenüber dem Deutschen Bundestag und gegenüber der Bundesregierung (Lobbyregistergesetz – LobbyRG) ist am 1. Januar 2022 in Kraft getreten. Es sieht die Einrichtung eines öffentlichen Verzeichnisses (Lobbyregisters) vor und regelt für die Interessenvertreter, die gesetzlich verpflichtet sind, sich in das Register einzutragen oder sich dort freiwillig registrieren, die einzutragenden Angaben (§§ 2 und 3 LobbyRG). Die Interessenvertretung darf nur auf Basis von Offenheit, Transparenz, Ehrlichkeit und Integrität stattfinden und die Interessenvertretenden müssen einen Verhaltenskodex akzeptieren, der vom Deutschen Bundestag und der Bundesregierung unter Beteiligung der Zivilgesellschaft festgelegt wird (§ 5 Abs. 1 und 2 LobbyRG). Das Lobbyregister wird in elektronischer Form beim Deutschen Bundestag eingerichtet und geführt (§ 4 Abs. 1 Satz 1 LobbyRG).

Lohn

→ Entgelt

Lohnfortzahlung

ist die Bezeichnung für die gesetzlich vorgeschriebene Zahlung des → *Arbeitsentgeltes* an den → *Arbeitnehmer* durch den → *Arbeitgeber*. Die Einzelheiten der Lohnfortzahlung an gesetzlichen Feiertagen und bei Krankheit sind im → *Entgeltfortzahlungsgesetz* (EFZG) geregelt.

M

Magisches Viereck

ist eine häufig verwandte Bezeichnung für die der deutschen Wirtschaftspolitik im → *Stabilitätsgesetz* vorgegebenen vier Hauptziele, und zwar Stabilität des Preisniveaus, hoher Beschäftigungsstand, außenwirtschaftliches Gleichgewicht und stetiges und angemessenes Wirtschaftswachstum.

Diese vier Ziele werden deshalb als „magisch" bezeichnet, weil sie wegen der zwischen einzelnen Zielen des Stabilitätsgesetzes bestehenden Zielkonflikte nicht alle gleichzeitig verwirklicht werden können und es somit offenbar magischer Kräfte bedarf, um die Zielsetzung des → *Staates* zu erreichen.

In den letzten Jahren sind zu den Zielen des magischen Vierecks zwei weitere Hauptziele der staatlichen Wirtschaftspolitik hinzugetreten, zum einen die gerechte Einkommensverteilung und zum anderen die Erhaltung einer lebenswerten Umwelt. Man spricht dann vom magischen Sechseck.

Mangelhafte Lieferung

liegt vor, wenn der Verkäufer zwar rechtzeitig geliefert hat, die Kaufsache aber einen Sachmangel oder Rechtsmangel aufweist. Der Käufer muss die gelieferte Ware auf eventuell bestehende Mängel prüfen (sog. *Prüfungspflicht*) und die festgestellten Mängel dem Verkäufer mitteilen (sog. *Rügepflicht*). Wenn die Vertragsparteien keine anderen Vereinbarungen getroffen haben, gelten für die Prüfung und Rüge von Mängeln in Abhängigkeit von der Art des Kaufes (zweiseitiger Handelskauf, Verbrauchsgüterkauf, Bürgerlicher Kauf) die gesetzlichen Fristen (§ 377 Abs. 3 HGB, § 438 BGB). Der Käufer hat bei mangelhafter Lieferung → *Gewährleistungsansprüche*, die er gegenüber dem Verkäufer geltend machen kann.

Markt

im volkswirtschaftlichen Sinne ist jedes Zusammentreffen von Angebot und Nachfrage zum Zweck des Gütertauschs. Dies gilt unabhängig davon, ob der Markt geografisch oder zeitlich eindeutig bestimmbar ist (z. B. Wochenmarkt, Immobilienmarkt), wobei es auch gleichgültig ist, unter welchen Umständen Angebot und Nachfrage zusammentreffen (z. B. schriftliche oder telefonische Bestellung von Waren). Es handelt sich hierbei um den Markt im weiteren Sinne, auch *abstrakter Markt* genannt.

Im alltäglichen Sprachgebrauch versteht man unter einem Markt einen bestimmten geografischen Ort, an dem sich Anbieter und Nachfrager unmittelbar gegenüberstehen (z. B. Wochenmarkt, Flohmarkt). Es handelt sich hierbei um den Markt im engeren Sinne, auch *konkreter Markt* genannt.

Marktform

ist die Bezeichnung für ein gedankliches Modell, das die Situation auf den Märkten nach Anzahl und relativer Größe der Marktteilnehmer auf beiden Marktseiten (Anbieter und Nachfrager) charakterisiert. Die volkswirtschaftliche Theorie geht in der Regel von drei Marktformen aus, und zwar dem → *Polypol*, dem → *Oligopol* und dem → *Monopol*.

Marktwirtschaft

ist eine Wirtschaftsform, in der der → *Preis* der → *Güter* über → *Angebot* und Nachfrage bestimmt wird. Der Preis ermöglicht es dem Konsumenten demnach nicht nur zu erkennen, wie hoch das Angebot ist oder wie knapp das Gut oder der Produktionsfaktor ist, sondern auch den eigentlichen wirtschaftlichen Gegenwert des zu erwerbenden Gutes (Allokationsfunktion). Die Marktwirtschaft funktioniert nur unter Garantie individueller Freiheiten wie Eigentum, Gewerbefreiheit, Wettbewerbsfreiheit.

Der Gegenbegriff zur Marktwirtschaft ist die → *Zentralverwaltungswirtschaft*, auch Planwirtschaft genannt.

Matrixorganisation

ist eine Weiterentwicklung des → *Mehrliniensystems*, wobei ergänzend zu den vertikalen Weisungswegen der Linie ein weiterer Weisungsweg bzw. mehrere Weisungswege eingerichtet werden. Dadurch wird die Struktur der → *Aufbauorganisation* zweidimensional oder mehrdimensional. Die Teamarbeit steht hier also im Vordergrund.

Maximalprinzip

ist eine Vorgehensweise, bei der versucht wird, mit einem gegebenen Aufwand einen möglichst hohen Ertrag zu erwirtschaften (z. B. ein Autofahrer will mit 10 Liter Benzin möglichst viele Kilometer fahren).

Der Gegenbegriff zum Maximalprinzip ist das → *Minimalprinzip*.

MdB

ist die Kurzbezeichnung für Mitglied des → *Bundestages*.

MdL

ist die Kurzbezeichnung für Mitglied des → *Landtages*.

Mecklenburg-Vorpommern

ist das sechstgrößte Bundesland der → *Bundesrepublik Deutschland*, das in seiner heutigen Form mit der Wiedervereinigung Deutschlands am 3. Oktober 1990 errichtet wurde. Die Landeshauptstadt von Mecklenburg-Vorpommern ist Schwerin.

Mehrheitswahl

→ Wahlsystem

Mehrliniensystem

ist eine Organisationsform, die durch Mehrfachunterstellung von Stellen/Dienstposten gekennzeichnet ist, das heißt, den verschiedenen Funktionsbereichen (Abteilungen) wird ein direktes fachliches Weisungsrecht gegenüber den untergeordneten Stellen eingeräumt. Ein Stelleninhaber kann also seine Arbeitsaufträge von verschiedenen Funktionsstellen (Vorgesetzten) bekommen. Deshalb wird das Mehrliniensystem auch als Funktionalsystem bezeichnet.

Menschenrechte

sind Freiheitsrechte, die jedem Menschen aufgrund seiner Natur als Mensch zustehen. Sie gelten uneingeschränkt für jeden Menschen gleich. Das → *Grundgesetz* (GG) bekennt sich in Artikel 1 Abs. 2 zu den Menschenrechten als Grundlage jeder menschlichen Gemeinschaft, des Friedens und der Gerechtigkeit in der Welt.

Menschenrechte sind elementare Rechte, die das Leben, die körperliche Unversehrtheit und Freiheit von Menschen schützen. Menschenrechte verbieten deshalb nicht nur Folter, sondern auch Kriegsverbrechen oder willkürliche Verurteilungen und Überwachung durch polizeiliche Maßnahmen.

Menschenrechte sind auch in der → *Konvention zum Schutz der Menschenrechte und Grundfreiheiten* sowie der → *Charta der Grundrechte der Europäischen Union* enthalten.

Mietvertrag

ist ein → *Vertrag*, der auf die Überlassung von → *Sachen* zum Gebrauch gegen Entgelt gerichtet ist (§§ 535 bis 580a BGB).

Migranten

sind Personen, die ihren Lebensmittelpunkt räumlich verlegen, und zwar meistens freiwillig und in der Regel in einen anderen → *Staat*, wobei die Gründe sehr vielfältig sein können, z. B. Arbeitsmigration, Familiennachzug. Umgangssprachlich werden Migranten auch als Auswanderer bezeichnet.

Migration

ist der Oberbegriff für → *Emigration* und → *Immigration* und die Bezeichnung für den Prozess der Auswanderung eines Menschen aus seinem bisherigen Heimatland bis hin zur Einwanderung in einen anderen → *Staat* und die Erlangung der dortigen Staatsbürgerschaft. Im Gegensatz zu den → *Flüchtlingen* und den → *Asylbegehrenden* sind die Motive für die Migration grundsätzlich wirtschaftlicher Natur, um bessere Lebensbedingungen zu finden.

Minderheitsregierung

ist die Form einer Regierungsbildung, bei der die aus einer oder mehreren → *Parteien* gebildete Regierung keine absolute Mehrheit im → *Parlament* hat. Diese Form der Regierungsbildung wird als sehr schwierig verstanden, da die Regierung zur Durchsetzung von → *Gesetzen* zusätzlich auf die Stimmen anderer → *Fraktionen* angewiesen ist.

Mindestreserven

sind Pflichtguthaben, die die Geschäftsbanken bei der → *Europäischen Zentralbank* (EZB) bzw.

ihren nationalen Zentralbanken für bestimmte Bankgeschäfte unterhalten müssen. Die Mindestreserven dienen in erster Linie dazu, die Geldmarktzinsen zu stabilisieren und beeinflussen die Liquidität und damit die Möglichkeiten der Kreditvergabe der Geschäftsbanken. Das heißt durch eine Anhebung der Mindestreserve werden die den Banken zur Verfügung stehenden Kreditmittel verringert und bei einer Senkung vergrößert. Um mögliche Wettbewerbsnachteile gegenüber Geschäftsbanken außerhalb des Euro-Raums zu mildern, wird die Einlage marktmäßig verzinst.

Minimalprinzip

ist eine Vorgehensweise, bei der versucht wird, einen bestimmten Ertrag mit möglichst geringem Aufwand zu erzielen (z. B. ein Autofahrer will 100 Kilometer fahren mit geringstmöglichem Benzinverbrauch).

Der Gegenbegriff zum Minimalprinzip ist das → *Maximalprinzip.*

Ministerpräsident

ist die Bezeichnung für das Regierungsoberhaupt der Landesregierung in den Bundesländern der → *Bundesrepublik Deutschland.* Abweichendes gilt lediglich in den → *Stadtstaaten*, und zwar heißt das Regierungsoberhaupt in → *Hamburg* Erster Bürgermeister, in → *Berlin* Regierender Bürgermeister und in → *Bremen* Bürgermeister.

Die Funktion des Ministerpräsidenten ist länderabhängig unterschiedlich ausgestaltet. Der Ministerpräsident wird von den Landesparlamenten gewählt und bestimmt seine Minister (→ *Kabinett*). Als Regierungsoberhaupt bestimmt er die Leitlinien der Politik der Landesregierung und vertritt das jeweilige Bundesland im → *Bundesrat*.

Ministerrat

ist die Kurzbezeichnung für den → *Rat der Europäischen Union*.

Mitarbeiterbefragung

dient insbesondere dazu, Einstellungen und Meinungen der Mitarbeitenden bezüglich Betriebsklima, Führungsstil, Zufriedenheit mit der Aufgabe, Qualität der Arbeit, Nutzen von Personalentwicklungsmaßnahmen sichtbar zu machen.

Mitarbeitergespräch

ist ein institutionalisiertes Gespräch zwischen Vorgesetzten und Mitarbeitenden. Das Mitarbeitergespräch ist das zentrale Führungs- und Steuerungsinstrument, das aus den Gesprächselementen der Beratung, der Zielvereinbarung und der Förderung besteht.

Mittelbare Staatsverwaltung

→ Staatsverwaltung

Monarchie

ist eine → *Staatsform*, in der eine einzelne Person auf Lebenszeit mit fürstlichen Ehrenrechten ausgestattetes Staatsoberhaupt ist. Diese Herrscherwürde ist verbunden mit einem Titel, wie z. B. Kaiser, König, Zar, Schah, die meistens innerhalb einer Familie oder Dynastie nach einer bestimmten Thronfolgeordnung vererbt wird *(Erbmonarchie)*. Die Besetzung des Thrones kann jedoch auch durch eine besondere Wahl erfolgen *(Wahlmonarchie)*. Nach dem Umfang der Befugnisse des Monarchen werden die Monarchien unterschieden in → absolute Monarchie, → *konstitutionelle Monarchie* und → *parlamentarische Monarchie*.

Monopol

ist eine → *Marktform*, in der nur ein einziger Anbieter auftritt, der auf eine Vielzahl von Nachfragern trifft. Der Monopolist braucht in seiner Marktstrategie keine Konkurrenten zu berücksichtigen und kann daher eine insoweit uneingeschränkte Preispolitik betreiben (Monopolpreis). Häufig beruhen Monopole auf staatlichen Regulierungen (z. B. Deutsche Post AG für bestimmte Briefsendungen).

Weitere Marktformen sind das → *Oligopol* und das → *Polypol*.

Moral

ist eine Verhaltensregel, die sich auf die innere Haltung bezieht, das heißt die Gesinnung und das Gewissen des Menschen, wobei sittliches Handeln darauf abzielt, das Gute zu tun und das Böse zu unterlassen (z. B. unmoralisch ist es, sein Ehrenwort zu brechen). Die Moral wird auch als Sittlichkeit oder Ethik bezeichnet.

Multilateralismus

ist die Bezeichnung für eine Zusammenarbeit mehrerer → *Staaten* mit dem Ziel, Lösungen für politische, gesellschaftliche oder technische Probleme zu erzielen, die von einzelnen Staaten nicht mehr allein bewältigt werden können.

Der Gegenbegriff zum Multilateralismus ist der → *Unilateralismus*.

MuSchG

ist die Abkürzung für → *Mutterschutzgesetz*.

Musterfeststellungsklage

ist eine zivilrechtliche Verbandsklage, die mit dem → *Gesetz* zur Einführung einer zivilprozessualen Musterfeststellungsklage vom 12. Juli 2018 mit Wirkung vom 1. November 2018 Eingang in das deutsche Recht gefunden hat. Mit der Musterfeststellungsklage können eingetragene Verbraucherschutzverbände zugunsten von mindestens zehn betroffenen → *Verbrauchern* das Vorliegen oder Nichtvorliegen zentraler anspruchsbegründender bzw. anspruchsausschließender Voraussetzungen feststellen lassen (Feststellungsziele). Die erstinstanzliche Zuständigkeit liegt bei den → *Oberlandesgerichten*, wobei es den Bundesländern vorbehalten bleibt, die Zuständigkeiten bei einzelnen Oberlandesgerichten zu konzentrieren. Das → *Gericht* entscheidet mit einem Urteil bei einer Musterfeststellungsklage lediglich darüber, ob ein Sachverhalt vorliegt, der den Verbraucher zur Zahlung von Schadensersatz durch den Beklagten berechtigt. Jeder einzelne betroffene Verbraucher muss daher in der Regel trotz eines positiven Feststellungsurteils gerichtlich gegen den Beklagten vorgehen, um seine Schadensersatzansprüche geltend zu machen. Hierzu ist es erforderlich, dass die betroffenen Verbraucher bei einer Zulassung der Musterfeststellungsklage ihre Ansprüche gegen die beklagte Partei in dem beim Bundesamt für Justiz ohne Anwaltszwang kostenfrei geführten Musterfeststellungsklageregister anmelden, da ansonsten ein Musterfeststellungsurteil für sie ohne Wirkung bleibt. Wegen der Bindungswirkung des Musterfeststellungsurteils für nachfolgende → *Klagen* der Verbraucher dürfte jedoch die Wahrscheinlichkeit einer einvernehmlichen Regelung aufgrund einer erfolgreichen Musterentscheidung steigen und diese Entscheidung dabei insbesondere als Grundlage für Einigungen der Parteien im Rahmen der außergerichtlichen Streitschlichtung dienen.

Mutterschutzgesetz

hat das Ziel, die Gesundheit der Frau und ihres Kindes am Arbeits-, Ausbildungs- und Studienplatz während der Schwangerschaft, nach der Entbindung und in der Stillzeit zu schützen und ermöglicht es der Frau, ihre Beschäftigung oder sonstige Tätigkeit in dieser Zeit ohne Gefährdung ihrer Gesundheit oder der ihres Kindes fortzusetzen und wirkt Benachteiligungen während der Schwangerschaft, nach der Entbindung und in der Stillzeit entgegen (§ 1 Abs. 1 Satz 1 und 2 MuSchG). Regelungen in anderen Arbeitsschutzgesetzen bleiben unberührt (§ 1 Abs. 1 Satz 3 MuSchG). Das in einer reformierten Fassung am 1. Januar 2018 in Kraft getretene Gesetz zum Schutz von Müttern bei der Arbeit, in der Ausbildung und im Studium (Mutterschutzgesetz – MuSchG), mit dem das bis dahin geltende MuSchG ersetzt wurde, gilt für alle Mütter, die in einem → *Arbeitsverhältnis* stehen, und zwar auch für Heimarbeiterinnen, Hausangestellte, geringfügig Beschäftigte, weibliche Auszubildende und unter bestimmten Voraussetzungen auch für Schülerinnen und Studentinnen (§ 1 Abs. 2 MuSchG).

Der Gesundheitsschutz des gesetzlichen Mutterschutzes hat zum Inhalt den *arbeitszeitlichen Gesundheitsschutz*, der eine Reihe mutterschaftsrechtlicher Beschäftigungsverbote vor und nach der Entbindung sowie Freistellungregelungen für Untersuchungen und Pausenregelungen zum Stillen umfasst (§§ 3 bis 8 MuSchG), den *betrieblichen Gesundheitsschutz*, der die Verpflichtung des → *Arbeitgebers* enthält, eine werdende oder stillende Mutter während der Schwangerschaft und nach der Entbindung am Arbeitsplatz vor Gefährdungen für die Gesundheit durch entsprechende Gestaltung der Arbeitsbedingungen ausreichend zu schützen (§§ 9 bis 15 MuSchG) und den *ärztlichen Gesundheitsschutz*, der individuelle ärztliche Beschäftigungsverbote vorsieht (§ 16 MuSchG).

Während der Zeit des Beschäftigungsverbots sieht das MuSchG verschiedene Mutterschaftsleistungen (Mutterschutzlohn, Mutterschaftsgeld, Arbeitgeberzuschuss zum Mutterschaftsgeld), die Weitergewährung des Entgelts bei Freistellung für Untersuchungen und zum Stillen sowie das Fortbestehen des Erholungsurlaubs vor (§§ 18 bis 24 MuSchG). Mit dem Ende des Beschäftigungsverbots hat eine Frau das Recht, entsprechend den vertraglich vereinbarten Bedingungen beschäftigt zu werden (§ 25 MuSchG). Außerdem ist eine → *Kündigung* des Arbeitsverhältnisses durch den Arbeitgeber während der Schwangerschaft und bis zum Ablauf von vier Monaten nach der Entbindung grundsätzlich unzulässig (Kündigungsverbot – § 17 MuSchG). Im Übrigen sieht § 27 MuSchG eine Mitteilungspflicht vor, wonach der Arbeitgeber die zuständige Aufsichtsbehörde, das Arbeitsschutzamt oder Gewerbeaufsichtsamt, unverzüglich über die Schwangerschaft zu benachrichtigen hat.

Für → *Beamtinnen* gilt das Mutterschutzgesetz nicht (§ 1 Abs 3 Satz 1 MuSchG), wobei entsprechende Regelungen in der Mutterschutz- und Elternzeitverordnung (MuSchEltZV) des Bundes, zum Teil mit Verweis auf die Anwendung bestimmter Vorschriften des MuSchG, und in den Mutterschutz- und Elternzeitverordnungen der Länder getroffen wurden.

N

Nachlass

bezeichnet das gesamte Vermögen des Erblassers, das nach seinem Tod im Rahmen der → *Erbfolge* auf die Erben übergeht. Dazu gehören neben den sogenannten Aktiva (Geld, Forderungen, Immobilien und andere Wertgegenstände) auch die sogenannten Passiva (Schulden und andere Verbindlichkeiten). Nicht zu den Verbindlichkeiten des Nachlasses, weil unvererblich, gehören bestimmte Unterhaltsansprüche (z. B. Kindesunterhalt, Trennungsunterhalt), soweit diese nicht rückständig sind.

Nachtragshaushaltsgesetz

→ Haushaltsgesetz

Nachtragshaushaltssatzung

→ Haushaltssatzung

NachwG

ist die Abkürzung für → *Nachweisgesetz.*

Nachweisgesetz

beinhaltet die Verpflichtung für den → *Arbeitgeber*, spätestens einen Monat nach dem vereinbarten Beginn des → *Arbeitsverhältnisses* die wesentlichen Vertragsbedingungen schriftlich niederzulegen, die Niederschrift zu unterzeichnen und dem → *Arbeitnehmer* auszuhändigen, sofern sich die geforderten Angaben nicht bereits aus dem schriftlich abgeschlossenen → *Arbeitsvertrag* ergeben.

Die in die Niederschrift mindestens aufzunehmenden Angaben sind in § 2 des Nachweisgesetzes (NachwG) aufgeführt. Das NachwG gilt grundsätzlich für alle Arbeitnehmer sowohl im → *öffentlichen Dienst* als auch in der Privatwirtschaft (§ 1 NachwG).

Nationaleinkommen

ist die Summe der Wertschöpfungen, die durch die → *Volkswirtschaftlichen Gesamtrechnungen* (VGR) für eine Volkswirtschaft und eine Periode ermittelt wird.

Der Begriff Nationaleinkommen (frühere Bezeichnung Sozialprodukt) ist mehrdeutig. Damit kann sowohl das Bruttonationaleinkommen (frühere Bezeichnung Bruttosozialprodukt), und zwar das Einkommen der Inländer, als auch das Nettosozialeinkommen (frühere Bezeichnung Nettosozialprodukt), und zwar das Einkommen der Inländer abzüglich der Abschreibungen, gemeint sein.

Nationaler Normenkontrollrat

ist ein beim Bundesministerium der Justiz durch das → *Gesetz* zur Einsetzung eines Nationalen Normenkontrollrates eingerichtetes unabhängiges Beratungs- und Kontrollgremium, das die → *Bundesregierung* bei der Umsetzung ihrer Maßnahmen auf den Gebieten des Bürokratieabbaus und der besseren Rechtsetzung unterstützt. Der Nationale Normenkontrollrat prüft insbesondere die Darstellung des Erfüllungsaufwandes neuer Regelungen für Bürger, Wirtschaft und → *öffentliche Verwaltung* auf ihre Nachvollziehbarkeit und Methodengerechtigkeit sowie die Darstellung der sonstigen Kosten der Wirtschaft, insbesondere für die mittelständischen Unternehmen. Er besteht aus zehn Mitgliedern, die auf Vorschlag des Bundesministers der Justiz im Einvernehmen mit den anderen Mitgliedern der → *Bundesregierung* vom → *Bundespräsidenten* für eine Amtszeit von fünf Jahren berufen werden, wobei eine erneute Berufung zulässig ist. Den Vorsitz im Nationalen Normenkontrollrat führt das vom Bundesministerium der Justiz bestimmte Mitglied. Die Mitgliedschaft im Nationalen Normenkontrollrat ist ein Ehrenamt. Darüber hinaus haben auch einzelne Bundesländer (z. B. Baden-Württemberg, Sachsen) Normenkontrollräte eingerichtet, die sie beim Abbau der Bürokratie unterstützen sollen.

NATO

ist eine internationale Organisation mit Sitz in Brüssel, deren Ziel die Stärkung der Sicherheit durch Zusammenarbeit insbesondere auf sicherheitspolitischem und militärischem Gebiet ist. Der am 4. April 1949 in Washington gegründeten NATO (englisch: North Atlantic Treaty Organization, deutsch: Organisation des Nordatlantikvertrages), häufig auch Nordatlantikpakt oder Atlantisches Bündnis genannt, gehören 29 Staaten an. Hauptorgane der NATO sind der Atlantische Ministerrat (Nordatlantikrat), der Ständige NATO-Rat, der Militärausschuss und das von einem Generalsekretär geleitete

Sekretariat. Die → *Bundesrepublik Deutschland* ist seit dem 6. Mai 1955 Mitglied der NATO.

Natürliche Personen

ist der Gegenbegriff zu → *juristische Personen*. Natürliche Personen sind die Menschen.

Nebenabreden

im arbeitsrechtlichen Sinne sind zusätzliche Vereinbarungen über tariflich vorgesehene oder sonst zulässige besondere Leistungen. Typische Gegenstände einer Nebenabrede sind beispielsweise die Vereinbarung, Ausbildungskosten zurückzuzahlen, wenn das Beschäftigungsverhältnis nach Abschluss der Ausbildung nicht eine bestimmte Zeit fortgesetzt wird, die Verkürzung der → *Probezeit*, die Genehmigung bestimmter Nebentätigkeiten und die Möglichkeit der → *ordentlichen Kündigung* bei befristeten → *Arbeitsverhältnissen*.

Zu beachten ist, dass Nebenabreden nur wirksam sind, wenn sie schriftlich vereinbart wurden (§ 2 Abs. 3 TVöD/TV-L/TV-H). Die mündliche Vereinbarung von Nebenabreden ist gemäß § 125 Abs. 2 des → *Bürgerlichen Gesetzbuches* (BGB) nichtig.

Nebenbestimmung

im verwaltungsrechtlichen Sinne ist eine der Hauptregelung des → *Verwaltungsaktes* beigefügte Nebenregelung. Die Nebenbestimmung dient dazu, den Regelungsinhalt des Verwaltungsaktes den Besonderheiten des zu entscheidenden Einzelfalles anzupassen.

Verwaltungsakte, auf die ein Rechtsanspruch besteht (sog. gebundene Verwaltungsakte), dürfen mit einer Nebenbestimmung jedoch nur versehen werden, wenn dies durch Rechtsvorschrift ausdrücklich zugelassen ist oder wenn sie sicherstellen sollen, dass die gesetzlichen Voraussetzungen des Verwaltungsaktes erfüllt werden (§ 36 Abs. 1 VwVfG). Bei Verwaltungsakten der Ermessensverwaltung steht die Beifügung einer Nebenbestimmung im pflichtgemäßen Ermessen der Behörde (§ 36 Abs. 2 VwVfG). Eine Nebenbestimmung darf jedoch nicht dem Zweck des Verwaltungsaktes zuwiderlaufen (Verbot der Zweckwidrigkeit; § 36 Abs. 3 VwVfG).

Als Nebenbestimmungen zum Verwaltungsakt kommen die → *Befristung*, die → *Bedingung*, der → *Widerrufsvorbehalt*, die → *Auflage* und der → *Auflagenvorbehalt* in Betracht.

NetzDG

ist die Abkürzung für → *Netzwerkdurchsetzungsgesetz*.

Netzwerkdurchsetzungsgesetz

verpflichtet Anbieter sozialer Netzwerke mit mehr als zwei Millionen registrierten Nutzern (z. B. Facebook, YouTube, Twitter), halbjährlich einen deutschsprachigen Bericht über den Umgang mit Beschwerden über rechtswidrige Inhalte (z. B. Beleidigung, üble Nachrede, Verleumdung, öffentliche Aufforderung zu Straftaten, Volksverhetzung, Gewaltdarstellung und Bedrohung) auf ihren Plattformen zu erstellen und im Bundesanzeiger sowie auf der eigenen Homepage zu veröffentlichen, wenn sie im Kalenderjahr mehr als 100 Beschwerden über rechtwidrige Inhalte erhalten (§ 2 NetzDG). Darüber hinaus verpflichtet das Gesetz zur Verbesserung der Rechtsdurchsetzung in sozialen Netzwerken (Netzwerkdurchsetzungsgesetz – NetzDG) Anbieter eines sozialen Netzwerks, ein wirksames und transparentes Verfahren für den Umgang mit Beschwerden über rechtswidrige Inhalte vorzuhalten und den Nutzenden ein bei der Wahrnehmung des Inhalts leicht erkennbares, unmittelbar erreichbares, leicht bedienbares und ständig verfügbares Verfahren zur Übermittlung von Beschwerden über rechtswidrige Inhalte zur Verfügung zu stellen. (§ 3 NetzDG). Mit dem Gesetz zur Änderung des Netzwerkdurchsetzungsgesetzes vom 3. Juni 2021 wurden die Rechte der Nutzenden gegenüber den sozialen Netzwerken durch verschiedene Maßnahmen verbessert, die im Einzelnen in den §§ 3a bis c NetzDG aufgeführt sind, und die grundsätzliche Geltung der Vorschriften des NetzG für Anbieter von Videosharingplattform-Diensten vorgeschrieben (§§ 3d bis f NetzDG). Pflichtverstöße können als Ordnungswidrigkeit mit Bußgeldern gegen das Unternehmen und die Aufsichtspflichtigen geahndet werden (§ 4 NetzDG). Zur besseren Rechtsdurchsetzung sind die Anbieter sozialer Netzwerke außerdem verpflichtet, für Zustellungen in Bußgeldverfahren und in zivilgerichtlichen Verfahren einen inländischen Zustellungsbevollmächtigten zu benennen und auf ihren Plattformen in leicht erkennbarer und unmittelbar erreichbarer Weise auf ihn aufmerksam zu machen (§ 5 NetzDG).

Neues Steuerungsmodell

ist ein Sammelbegriff für eine Vielzahl von Reformansätzen innerhalb der → *öffentlichen Verwaltung*, die alle die verstärkte Anwendung betriebswirtschaftlicher Instrumente und Methoden in der Verwaltung zum Gegenstand haben.

Die Kernelemente des „Neuen Steuerungsmodells", das von der Kommunalen Gemeinschaftsstelle für Verwaltungsvereinfachung (KGSt) in Köln im Jahre 1991 als ganzheitliches Konzept zur Verwaltungsmodernisierung entwickelt wurde, sind die → *outputorientierte Steuerung*, das → *Ressourcenverbrauchskonzept*, das → *Kontraktmanagement*, die → *dezentrale Ressourcenverantwortung* und → *Budgetierung* sowie das → *Controlling* und → *Berichtswesen*.

Nicht offenes Verfahren

→ Ausschreibung

Nichtigkeit

bedeutet bei einem → *Rechtsgeschäft*, dass dieses wegen der Schwere seines Mangels von → *Gesetzes* wegen keine Rechtswirkungen entfaltet und somit unwirksam ist.

Nichtigkeit im verwaltungsrechtlichen Sinne ist die im → *Verwaltungsverfahrensgesetz* (VwVfG) verwendete Bezeichnung für eine Rechtsfolge bei einem → *Verwaltungsakt*, der an einem besonders schwerwiegenden Fehler leidet und damit nicht im Einklang mit der Rechtsordnung steht (§ 44 Abs. 1 VwVfG). Der nichtige Verwaltungsakt ist von Anfang an unwirksam (§ 43 Abs. 3 VwVfG). Er entfaltet keine Rechtswirkungen und der Betroffene braucht ihn nicht zu beachten. Zu unterscheiden ist Nichtigkeit von der → *Anfechtbarkeit* eines rechtswidrigen Verwaltungsaktes.

Niedersachsen

ist das zweitgrößte Bundesland der → *Bundesrepublik Deutschland.* Nach dem Ende des 2. Weltkrieges verloren mit der Verordnung der Britischen Militärregierung Nr. 55, die am 1. November 1946 in Kraft trat, das zur britischen Besatzungszone gehörende Land Hannover sowie die → *Freistaaten* Braunschweig, Oldenburg und Schaumburg-Lippe ihre Selbstständigkeit und wurden Teile des neu gebildeten Landes Niedersachsen. Die Landeshauptstadt von Niedersachsen ist Hannover.

Niederschlagung

im haushaltsrechtlichen Sinne ist eine verwaltungsinterne Maßnahme, mit der von der Weiterverfolgung eines fälligen Anspruchs abgesehen wird (VV Nr. 2.1 zu § 59 BHO/LHO). Mit der Niederschlagung, die keines Antrags des Anspruchsgegners bedarf, erlischt jedoch der Anspruch nicht, sondern ruht lediglich, sodass die weitere Rechtsverfolgung hierdurch nicht ausgeschlossen wird (§ 31 Abs. 2 Nr. 2 HGrG, § 59 Abs. 1 Nr. 2 BHO/LHO).

Nießbrauch

ist ein umfassendes Nutzungsrecht am Eigentum. Danach ist derjenige, zu dessen Gunsten die Belastung erfolgt, berechtigt, die Nutzungen der Sache zu ziehen (§ 1030 Abs. 1 BGB). Der Nießbrauch kann an Sachen (§§ 1031 bis 1067 BGB), an Rechten (§§ 1068 bis 1084 BGB) und an einem Vermögen (§§ 1085 bis 1089 BGB) bestellt werden. In der Praxis ist der Nießbrauch an einer Immobilie der häufigste Fall.

NKR

ist die Abkürzung für → *Nationaler Normenkontrollrat*.

Nordrhein-Westfalen

ist das bevölkerungsreichste und viertgrößte Bundesland der → *Bundesrepublik Deutschland*. Nach dem Ende des 2. Weltkrieges verloren mit der Verordnung der Britischen Militärregierung Nr. 46 vom 23. August 1946 der zur britischen Besatzungszone gehörende nördliche Teil der preußischen Rheinprovinz mit den Regierungsbezirken Aachen, Düsseldorf und Köln sowie die preußische Provinz Westfalen ihre Selbstständigkeit und wurden Teile des neu gebildeten Landes Nordrhein-Westfalen. Außerdem wurde mit der Verordnung der Britischen Militärregierung Nr. 77 vom 2[illegible]. Januar 1947 das Land Lippe aufgelöst und wurde Teil des Landes Nordrhein-Westfalen. Die Landeshauptstadt von Nordrhein-Westfalen ist Düsseldorf.

Normalkostenrechnung

ist ein Kostenrechnungssystem, bei dem die Kosten nicht mit ihrem tatsächlichen Wert angesetzt werden, sondern auf Durchschnittswerten vergangener Rechnungsperioden basieren.

Nach dem zeitlichen Bezug kommen als weitere Kostenrechnungssysteme noch die → *Istkostenrechnung* und die → *Plankostenrechnung* in Betracht.

Notar

ist nach der Definition der Bundesnotarordnung (BNotO) ein unabhängiger Träger eines öffentlichen → *Amtes*, der für die Beurkundung von Rechtsvorgängen und andere Aufgaben auf dem Gebiet der vorsorgenden Rechtspflege in den Ländern bestellt wird (§ 1 BNotO). Der Notar hat sein Amt getreu seinem Eid zu verwalten. Er ist nicht Vertreter einer Partei im prozessualen Sinne, sondern unabhängiger und unparteiischer Betreuer der Beteiligten (§ 14 Abs. 1 BNotO).

Notarielle Beurkundung

ist eine durch einen → *Notar* in Form einer Urkunde über einen Beurkundungsvorgang (z. B. → *Kaufvertrag* über eine Immobilie) erstellte Niederschrift, die er den beteiligten Personen laut vorgelesen hat und die anschließend von den Beteiligten und dem Notar eigenhändig unterschrieben wurde (§ 128 BGB). Die notarielle Beurkundung bescheinigt die inhaltliche Richtigkeit von Willenserklärungen.

Der Gegenbegriff zur notariellen Beurkundung ist die → *öffentliche Beglaubigung*.

Notermächtigungsrecht

im haushaltsrechtlichen Sinne ist das dem Bundesminister der Finanzen nach Artikel 112 des → *Grundgesetzes* (GG) eingeräumte Recht, im Falle eines unvorhergesehenen und unabweisbaren Bedürfnisses an Stelle des Gesetzgebers die Ermächtigung zur Leistung von → *überplanmäßigen* und → *außerplanmäßigen Haushaltsausgaben* zu erteilen.

Die Verfassungen der Länder enthalten ähnliche Ermächtigungen für die Landesfinanzminister. Die → *Gemeindeordnungen* lassen ebenfalls vergleichbare Regelungen zu.

Nothaushaltsrecht

ist das der → *Bundesregierung* nach Artikel 111 des → *Grundgesetzes* (GG) eingeräumte Recht, alle zur Aufrechterhaltung der Wirtschaftsführung nötigen Ausgaben zu leisten, wenn bis zum Schluss eines Rechnungsjahres der → *Haushaltsplan* durch das → *Haushaltsgesetz* für das folgende Rechnungsjahr noch nicht festgestellt wurde.

Die → *Verfassungen* der Länder enthalten ähnliche Ermächtigungen zur vorläufigen Haushaltsführung für die Landesregierungen. Die → *Gemeindeordnungen* lassen ebenfalls vergleichbare Regelungen zu.

NSM

ist die Abkürzung für → *Neues Steuerungsmodell*.

O

Oberste Dienstbehörde

des → *Beamten* ist die oberste → *Behörde* seines → *Dienstherrn*, in deren Bereich der Beamte ein → *Amt* innehat. Welche Behörde jeweils die oberste Dienstbehörde ist, ergibt sich aus dem Verwaltungsaufbau. Die Zuständigkeit der obersten Dienstbehörde ist gesetzlich ausdrücklich bestimmt.

Oberverwaltungsgericht

ist die zweite Instanz der → *Verwaltungsgerichtsbarkeit* und zugleich das höchste → *Gericht* innerhalb der Verwaltungsgerichtsbarkeit des jeweiligen Bundeslandes. Das Oberverwaltungsgericht (OVG) entscheidet gemäß § 46 der → *Verwaltungsgerichtsordnung* (VwGO) über das → *Rechtsmittel* der → *Berufung* gegen Urteile des Verwaltungsgerichts und der → *Beschwerde* gegen andere Entscheidungen des Verwaltungsgerichts. Daneben entscheidet das Oberverwaltungsgericht auch über Normenkontrollanträge (§ 47 VwGO), in bestimmten atom- und energiewirtschaftlichen Angelegenheiten und Planfeststellungsverfahren (§ 48 Abs. 1 VwGO) sowie über Vereinsverbote (§ 48 Abs. 2 VwGO). In Baden-Württemberg, Bayern und Hessen wurde durch landesrechtliche Bestimmung festgelegt, dass das OVG die frühere Bezeichnung „Verwaltungsgerichtshof" weiterführt (§ 184 VwGO).

Obrigkeitliche Verwaltung

→ Hoheitliche Verwaltung

Offenes Verfahren

→ Ausschreibung

Öffentlich-Private Partnerschaft

ist die durch Abschluss eines langjährigen → *Vertrages* geregelte Zusammenarbeit zwischen einem öffentlichen Auftraggeber (z. B. Bund, Land) und einem Unternehmen der Privatwirtschaft als Auftragnehmer, um gemeinsam ein Projekt, z. B. im öffentlichen Hochbau oder Bundesfernstraßenbau, umzusetzen, wobei jeder Vertragspartner klar definierte Aufgaben und Risiken übernimmt und die öffentliche Hand ihre hoheitliche Funktion wahrt.

Die Öffentlich-Private Partnerschaft (ÖPP) – auch als „Public-Private Partnership (PPP)“ bezeichnet – sol dazu führen, öffentliche Leistungen mit geringeren Kosten schneller und früher sowie in höherer Qualität bereit zu stellen. Mit dem am 8. September 2005 in Kraft getretenen ÖPP-Beschleunigungsgesetz wurden durch Änderungen des → *Gesetzes gegen Wettbewerbsbeschränkungen* (GWB) und der → *Vergabeverordnung* (VgV) die gesetzlichen Rahmenbedingungen geschaffen, um die Umsetzung von Öffentlich Privaten Partnerschaften zu erleichtern und als neue Verfahrensart der Vergabe öffentlicher Aufträge der wettbewerbliche Dialog eingeführt.

Öffentliche Aufträge

im Sinne des → *Gesetzes* gegen Wettbewerbsbeschränkungen (GWB) sind entgeltliche → *Verträge* zwischen öffentlichen Auftraggebern oder Sektorenauftraggebern und Unternehmen über die Beschaffung von Leistungen, die die Lieferung von Waren, die Ausführung von Bauleistungen oder die Erbringung von Dienstleistungen zum Gegenstand haben (§ 103 Abs. 1 GWB). Öffentliche Aufträge werden grundsätzlich durch eine → *Ausschreibung* vergeben.

Öffentliche Beglaubigung

ist die von einer zur öffentlichen Beglaubigung berechtigten Person (z. B. → *Notar*) in Form eines Beglaubigungsvermerks bestätigte Echtheit der Unterschrift oder des Handzeichens einer Person zu einer schriftlich abgefassten Erklärung (§ 129 BGB). Durch die öffentliche Beglaubigung wird jedoch die der Beglaubigung zugrundeliegende Erklärung nicht bestätigt.

Der Gegenbegriff zur öffentlichen Beglaubigung ist die → *notarielle Beurkundung*.

Öffentliches Auftragswesen

beinhaltet die durch das Vergaberecht geregelten Rechtsgrundsätze der Vergabe von Aufträgen durch öffentliche Stellen und weitere besonders definierte Auftraggeber an private Anbieter. Das öffentliche Auftragswesen wird auch als Vergabe- oder Beschaffungswesen bezeichnet. Die öffentlichen Auftraggeber sind bei der Vergabe von Aufträgen grundsätzlich verpflichtet die Leistungen öffentlich auszuschreiben. Die → *Ausschreibung* eines Auftrags ist Teil der Vergabe eines öffentlichen Auftrags.

Öffentliche Verwaltung

lässt sich begrifflich nur schwer erfassen. Ursache hierfür ist, dass es keinen einheitlichen Verwaltungsbegriff gibt, da die Verwaltung nach verschiedenen Gesichtspunkten betrachtet werden kann. Es wird dabei unterschieden zwischen Verwaltung im organisatorischen Sinn, Verwaltung im materiellen Sinn und Verwaltung im formellen Sinn.

Mit *Verwaltung im organisatorischen Sinn* ist der Verwaltungsapparat gemeint, der für die Erfüllung der Verwaltungsaufgaben geschaffen wurde (z. B. Ministerien, Finanzämter, Gemeindeverwaltungen).

Unter *Verwaltung im materiellen Sinn* versteht man die Staatstätigkeit, die auf die Wahrnehmung der Verwaltungstätigkeit ausgerichtet ist (z. B. Erteilung einer Baugenehmigung, Gewährung von Grundsicherungsleistungen, Ausstellung eines Reisepasses).

Verwaltung im formellen Sinn umfasst die gesamte von den Verwaltungsbehörden ausgeübte Tätigkeit, ohne Rücksicht darauf, ob sie inhaltlich (materiell) verwaltender Natur ist oder nicht (z. B. Erlass einer Polizeiverordnung durch den Bürgermeister als Ortspolizeibehörde, die nach ihrem Inhalt eine Tätigkeit der Gesetzgebung ist).

Öffentlicher Dienst

ist die Tätigkeit im Dienste einer → *juristischen Person* des → *öffentlichen Rechts*, das sind der Bund, die Länder, Gemeinden und Gemeindeverbände sowie die sonstigen → *Körperschaften*, → *Anstalten* und → *Stiftungen des öffentlichen Rechts*.

Öffentliches Recht

ist der Gegenbegriff zum → *Privatrecht*. Das öffentliche Recht regelt die Rechtsbeziehungen des einzelnen Bürgers zum → *Staat* und zu den sonstigen → *juristischen Personen* des öffentlichen Rechts sowie die Rechtsbeziehungen dieser juristischen Personen untereinander (z. B. Verfassungsrecht, Verwaltungsrecht, Strafrecht, Völkerrecht).

Öffentlichkeitsprinzip

ist ein → *Haushaltsgrundsatz*, der sich aus dem Wesen der repräsentativen → *Demokratie* ergibt. Der → *Haushaltsplan* und das → *Haushaltsgesetz* werden in öffentlichen Lesungen im → *Bundestag* bzw. in den Landtagen beraten. Öffentlichkeit wird hierbei durch die Berichterstattung über die Haushaltsberatungen in den Medien hergestellt. Die Verkündung des Haushaltsgesetzes mit → *Gesamtplan* im → *Bundesgesetzblatt* bzw. den Gesetzblättern der Länder ermöglicht es darüber hinaus dem Bürger, sich gezielt zu informieren. Nicht der öffentlichen Beratung in den gesetzgebenden Körperschaften unterliegen die Staatsausgaben geheimer Natur.

Öffentlich-rechtlicher Vertrag

ist ein → *Vertrag*, der auf die Begründung, Änderung oder Aufhebung eines Rechtsverhältnisses auf dem Gebiet des → *öffentlichen Rechts* gerichtet ist (§ 54 VwVfG).

Die öffentlich-rechtlichen Verträge (auch Verwaltungsverträge genannt), werden zumeist nach dem Verhältnis eingeteilt, in dem die Vertragsparteien zueinander stehen. Hierbei wird unterschieden zwischen *koordinationsrechtlichen Verträgen*, das sind Verträge, bei denen sich die Beteiligten grundsätzlich gleichgeordnet gegenüberstehen (z. B. Kommunale Gebietsänderungsverträge, Zweckverbandsvereinbarungen zwischen Gemeinden, Schulfinanzierungsverträge), und *subordinationsrechtlichen Verträgen*, das sind Verträge, bei denen sich die Beteiligten grundsätzlich im Verhältnis der Über- und Unterordnung gegenüberstehen (z. B. Erschließungsverträge.

Die beiden wichtigsten Formen der subordinationsrechtlichen Verträge sind der → *Vergleichsvertrag* und der → *Austauschvertrag*.

Ökologie

ist ein aus dem Griechischen abgeleiteter Begriff und bedeutet wörtlich übersetzt „Lehre vom Haushalt“ (oikos = Haus, logos = Lehre). Heute wird unter Ökologie zumeist die Umweltlehre verstanden, die Wechselbeziehungen zwischen Lebewesen und Umwelt untersucht.

Ökonomie

ist die Lehre von der Wirtschaft, die versucht, wirtschaftliche Vorgänge zu beschreiben und zu erklären. Der Begriff Ökonomie stammt aus dem Griechischen und bedeutet wörtlich übersetzt oikos „Haus" und nomos „Gesetzmäßigkeit, Ordnung".

Oligopol

ist eine → *Marktform*, in der nur wenige große Anbieter auftreten, die um eine Vielzahl von Nachfragern konkurrieren. Die großen Anbieter können mit ihrem Verhalten den Marktpreis beeinflussen, wobei sie allerdings die Reaktionen ihrer Mitkonkurrenten berücksichtigen müssen. Typisch für das Oligopol ist oft nicht der Preiswettbewerb, sondern nur ein Qualitäts- und Werbungswettbewerb (z. B. Mineralölmarkt).

Weitere Marktformen sind das → *Monopol* und das → *Polypol*.

Ombudsmann

ist eine unparteiische Schiedsperson, die zwischen streitenden Parteien vermittelt. Im → *öffentlichen Dienst* werden Ombudsleute u. a. zusammen mit dem → *Antikorruptionsbeauftragten* zur Korruptionsprävention eingesetzt.

Onlinezugangsgesetz

regelt die Verpflichtung für Bund, Länder und Kommunen bis Ende des Jahres 2022 ihre Verwaltungsleistungen auch elektronisch über → *Verwaltungsportale* anzubieten, wobei Bund und Länder zugleich verpflichtet sind, ihre Verwaltungsportale miteinander zu einem → *Portalverbund* zu verknüpfen (§ 1 OZG). Das Gesetz zur Verbesserung des Onlinezugangs zu Verwaltungsleistungen (Onlinezugangsgesetz – OZG) sieht vor, dass die technischen Kommunikationsstandards für die Kommunikation zwischen den im Portalverbund genutzten informationstechnischen Systemen das Bundesministerium des Innern und für Heimat im Benehmen mit dem → *IT-Planungsrat* durch → *Rechtsverordnung* festlegt (§ 6 Abs. 1 OZG).

Open-House-Verfahren

ist ein außerhalb des Vergaberechts stattfindendes Verfahren, bei dem der öffentliche Auftraggeber im Rahmen einer europaweiten Veröffentlichung jedem geeigneten

Unternehmen die Beschaffung eines bestimmten Produktes zu vorher vorgegebenen vertraglichen Bedingungen und einem zuvor festgelegten Preis für die Laufzeit des Vertrages einräumt und dabei keine Auswahlentscheidung trifft.

ÖPP

ist die Abkürzung für → *Öffentlich-Private Partnerschaft*.

Opportunitätsprinzip

ist der Gegenbegriff zum → *Legalitätsprinzip*. Das Opportunitätsprinzip ist im Verwaltungsrecht ein Verfahrensgrundsatz, der besagt, dass es im pflichtgemäßen → *Ermessen* der → *Behörde* liegt, ob und wann sie ein → *Verwaltungsverfahren* durchführt (§ 22 Satz 1 VwVfG).

Opposition

im staatsrechtlichen Sinne ist die Bezeichnung für die im → *Parlament* vertretenen, aber nicht an der Regierung beteiligten → *Parteien*, die im Gegensatz zu der Regierung und den Regierungsparteien stehen. Die Opposition wird im → *Grundgesetz* (GG) nicht erwähnt. Ihre Arbeit ist unter anderem durch bestimmte → *Grundrechte*, z. B. Meinungs-, Presse-, Versammlungs- und Vereinigungsfreiheit (Art. 5, 8 und 9 GG) und die Gewährung parlamentarischer Kontrollrechte, z. B. Zitierrecht (Art. 43 GG), Stellung von Großen und Kleinen Anfragen, Antrag auf Einsetzung von → *Untersuchungsausschüssen* (Art. 44 GG) garantiert. Die Opposition hat die Aufgabe, die Regierung zu kontrollieren, deren Politik zu kritisieren und politische Alternativen anzubieten.

Ordentliche Kündigung

ist eine Maßnahme, ein auf unbestimmte Zeit abgeschlossenes → *Arbeitsverhältnis* unter Einhaltung bestimmter, in der Regel gesetzlich oder tarifvertraglich geregelter → *Fristen*, zu beenden.

Ordnungsverwaltung

ist die Bezeichnung für eine Verwaltungstätigkeit, die der Gefahrenabwehr und der Aufrechterhaltung der öffentlichen Sicherheit und Ordnung dient (z. B. Regelung des Straßenverkehrs, Bekämpfung von Seuchen). Die Ordnungsverwaltung wird auch als Eingriffsverwaltung bezeichnet.

Ordnungswidrigkeit

ist nach der Definition des § 1 Abs. 1 des → *Gesetzes* über Ordnungswidrigkeiten (OWiG) eine rechtswidrige und vorwerfbare Handlung, die den Tatbestand eines Gesetzes verwirklicht, das die Ahndung mit einer Geldbuße zulässt. Eine mit Geldbuße bedrohte Handlung ist eine rechtswidrige Handlung, die den Tatbestand eines Gesetzes in dem vorgenannten Sinne verwirklicht, auch wenn sie nicht vorwerfbar begangen ist (§ 1 Abs. 2 OWiG). Zu beachten ist, dass Ordnungswidrigkeiten, die sich in verschiedenen verwaltungsrechtlichen Gesetzen finden, beispielsweise im Straßenverkehrsrecht oder Gewerberecht, keinen Straftatbestand darstellen, da für eine Straftat die Androhung einer Geld- oder Freiheitsstrafe kennzeichnend ist.

Organ

im verwaltungsrechtlichen Sinne ist die Bezeichnung für die rechtlich geschaffene Einrichtung eines Verwaltungsträgers (z. B. Bund, Länder, Gemeinden und Gemeindeverbände), die dessen Zuständigkeit für diesen wahrnimmt. Das Organ, das keine → *Rechtsfähigkeit* besitzt, dient ausschließlich dem Zweck, die Einrichtung eines Verwaltungsträgers handlungsfähig zu machen. Dabei kann das Organ sowohl die Aufgabe der ausschließlich internen Willensbildung als Beschlussorgan erfüllen (z. B. → *Bundestag*, Kreistag, Gemeindevertretung) als auch der externen Willensäußerung als Handlungs- bzw. Vollzugsorgan dienen (z. B. Gemeindedirektor, Bürgermeister).

Organisationsbefugnis

ist das Recht, → *Behörden* zu errichten oder aufzulösen und ihre innere organisatorische Ausgestaltung zu bestimmen. Die Organisationsbefugnis besitzen die einzelnen Verwaltungsträger (z. B. Bund, Länder, Gemeinden und Gemeindeverbände). Den Verwaltungsträgern ist die Organisationsbefugnis durch → *Gesetz* oder aufgrund eines Gesetzes übertragen.

Organisationsplan

ist eine grafische Darstellung des organisatorischen Aufbaues der → *Behörde* in einer Bundes- oder Landesverwaltung getrennt nach Organisationseinheiten (z. B. Abteilungen, Dezernate, Referate, Sachgebiete, Ämter).

Organwalter

ist die Bezeichnung für Menschen, die konkret die dem Verwaltungsorgan zugewiesene Zuständigkeit ausüben (z. B. Mitglieder der Bundes- und Landesregierung, Mitglieder der Gemeindevertretung oder des Rates).

Outputsteuerung

ist die Steuerung des Verwaltungshandelns über Ergebnisse, die auf der Grundlage der Definition von Produkten (Verwaltungsleistungen) erfolgt, wobei damit einhergehend festzulegen ist, welche Leistungen in welcher Menge und welcher Qualität zu welchen Kosten erbracht werden sollen. Die Outputsteuerung bildet zugleich eines der Kernelemente des → *Neuen Steuerungsmodells*.

Der Gegenbegriff zur Outputsteuerung ist die → *Inputsteuerung*.

Outsourcing

ist eine aus den englischen Worten „outside“, „resource“ und „using“ zusammengesetzte Wortschöpfung, welche alle Aktivitäten der Auslagerung einzelner Aufgaben entweder innerhalb der → *öffentlichen Verwaltung* (internes Outsourcing) oder ihre Vergabe an externe Anbieter (externes Outsourcing) beschreibt.

OVG

ist die Abkürzung für → *Oberverwaltungsgericht.*

OZG

ist die Abkürzung für → *Onlinezugangsgesetz*.

P

Pachtvertrag

ist ein → *Vertrag*, der die Überlassung von Sachen und Rechten zum Gebrauch und die Berechtigung zur Nutznießung (z. B. Ernten von Obst auf einem gepachteten Grundstück) gegen Entgelt zum Gegenstand hat (§§ 581 bis 597 BGB).

Panaschieren

ist ein aus dem französischen Wort „panacher" abgeleiteter Begriff, der mit „buntmachen oder mischen" übersetzt werden kann. Im → *Wahlrecht* bezeichnet der Begriff Panaschieren die bei Kommunalwahlen in verschiedenen Bundesländern vorgesehene Möglichkeit, mehrere Stimmen auf die Kandidaten verschiedener Listen aufzuteilen. Panaschieren wird oft zusammen mit dem Begriff → *Kumulieren* verwendet.

Pandemie

ist ein aus den Griechischen stammender Begriff, der mit „im Volk verbreitet" übersetzt werden kann. Von einer Pandemie spricht man, wenn sich eine Infektionskrankheit stark gehäuft und örtlich unbegrenzt, d. h. über Ländergrenzen hinaus in viele andere Länder und sogar weltweit ausbreitet. *Beispiele:* Pest-Pandemien im Mittelalter, die sog. Spanische Grippe von 1918 - 1920, die in den 80er Jahren aufgetretene HIV- und AIDS-Pandemie sowie die im Jahre 2020 aufgetretene CoViD-19 Pandemie.

Der Begriff Pandemie darf nicht verwechselt werden mit der → *Endemie* und der → *Epidemie*.

Parlament

ist die Bezeichnung in demokratischen → *Staaten* für die Vertretung des Volkes (z. B. Deutscher → *Bundestag*, Hessischer → *Landtag*).

Parlamentarische Monarchie

ist eine → *Staatsform*, in der sich die Aufgaben des Monarchen als Staatsoberhaupt im Wesentlichen auf die Repräsentation des → *Staates* beschränken. Die → *Staatsgewalt* liegt beim Volk, repräsentiert durch das → *Parlament*. Die Regierung ist nicht vom Monarchen, sondern ausschließlich vom Vertrauen des Parlaments abhängig. Die parlamentarische → *Monarchie*, dessen Entstehungsland England ist, ist die Staatsform in den meisten heute noch bestehenden europäischen Monarchien.

Parlamentarischer Rat

ist die Bezeichnung für die verfassungsgebende Versammlung, die vom September 1948 bis Mai 1949 das → *Grundgesetz* für die → *Bundesrepublik Deutschland* endgültig ausarbeitete und verabschiedete. Der Parlamentarische Rat bestand aus 65 stimmberechtigten → *Abgeordneten*, die von den Landesparlamenten der in den drei westlichen Besatzungszonen Deutschlands bestehenden elf Ländern gewählt wurden, und fünf nicht stimmberechtigten Abgeordneten der Berliner Westsektoren.

Partei

→ Politische Parteien

Parteiverbotsverfahren

bedarf eines schriftlichen an das → *Bundesverfassungsgericht* gerichteten Verbotsantrages, der nach Maßgabe des Bundesverfassungsgerichtsgesetzes (BVerfGG) nur von den Verfassungsorganen → *Bundestag*, → *Bundesrat* und → *Bundesregierung* gestellt werden kann (§ 43 Abs. 1 BVerfGG). Eine Landesregierung kann den Verbotsantrag nur gegen eine Partei stellen, deren Organisation sich auf das Gebiet ihres Landes erstreckt (§ 43 Abs. 2 BVerfGG).

Die Voraussetzungen, unter denen Parteien verboten werden können, sind in Artikel 21 Abs. 2 Satz 1 des → *Grundgesetzes* (GG) abschließend aufgezählt. Erweist sich der Verbotsantrag als begründet, so stellt das Bundesverfassungsgericht fest, dass die politische Partei verfassungswidrig ist. Mit der Feststellung ist die Auflösung der Partei oder des selbstständigen Teils der Partei und das Verbot, eine Ersatzorganisation zu schaffen, zu verbinden (§ 46 BVerfGG).

In der Praxis hat das Bundesverfassungsgericht auf Antrag der Bundesregierung bisher zwei Parteien für verfassungswidrig erklärt, und zwar im Jahr 1952 die Sozialistische Reichspartei (SRP) und im Jahr 1956 die Kommunistische Partei Deutschlands (KPD).

Passiva

im handelsrechtlichen Sinne ist die Summe des einem Unternehmen zur Verfügung stehenden Kapitals (Eigenkapital, Verbindlichkeiten und Rückstellungen). Die Passivseite (§ 266 Abs. 3 HBG) ist jeweils auf der rechten Seite einer → *Bilanz* zu finden.

Der Gegenbegriff zur Passiva ist die → *Aktiva*.

Passives Wahlrecht

ist das Recht eines Menschen, sich als Kandidat bei Wahlen aufstellen zu lassen und gewählt zu werden.

Für die Wahlen zum → *Bundestag* besitzen nach dem → *Bundeswahlgesetz* (BWG) das passive → *Wahlrecht* alle Personen, die am Wahltag Deutsche im Sinne des Artikels 116 Abs. 1 des → *Grundgesetzes* (GG) sind und das 18. Lebensjahr vollendet haben, es sei denn, dass sie vom Wahlrecht nach § 13 BWG ausgeschlossen sind oder infolge eines Richterspruchs die Wählbarkeit oder die Fähigkeit zur Bekleidung öffentlicher Ämter nicht besitzen (§ 15 BWG).

Der Gegenbegriff zum passiven Wahlrecht ist das → *aktive Wahlrecht*.

Personalbedarfsplanung

ist ein Teilbereich der → *Personalplanung*. Die Personalbedarfsplanung umfasst alle systematisch erarbeiteten und festgelegten Überlegungen über die Steuerung des Personaleinsatzes, der Personalerhaltung und der → *Personalentwicklung*, um durch entsprechende Maßnahmen einen positiven Personalbedarf (Unterdeckung) oder negativen Personalbedarf (Überdeckung) zu vermeiden.

Personaleinsatzplanung

ist ein Teilbereich der → *Personalplanung*. Die Personaleinsatzplanung beinhaltet alle systematisch erarbeiteten und festgelegten Überlegungen über zukünftige Stellenbesetzungen insbesondere hinsichtlich der optimalen Zuordnung der verfügbaren Arbeitskräfte zu den Arbeitsplätzen (Stellen).

Ziel der Personaleinsatzplanung ist es, verfügbare Beschäftigte den Arbeitsplätzen so zuzuordnen, dass der Arbeitsanfall sach- und termingerecht unter bestmöglicher Ausnutzung der vorhandenen Mittel in der verfügbaren Arbeitszeit erledigt werden kann, das heißt, das Anforderungsprofil des Arbeitsplatzes und das Eignungsprofil des Beschäftigten sollten möglichst weitgehend übereinstimmen.

Personalentwicklung

ist der Oberbegriff für alle Maßnahmen, die der individuellen beruflichen Entwicklung der Beschäftigten dient und die erforderlichen Qualifikationen zur optimalen Wahrnehmung jetziger und künftiger Aufgaben unter Berücksichtigung der persönlichen Interessen der Beschäftigten vermitteln.

Das Hauptziel der Personalentwicklung ist es, die Leistungsfähigkeit, die Leistungsbereitschaft und die Motivation der Beschäftigten zu steigern. Die wesentlichsten Personalentwicklungsinstrumente sind das → *Mitarbeitergespräch*, die → *Mitarbeiterbefragung*, die → dienstliche Beurteilung, die → *Karriereplanung*, die → *Anpassungsfortbildung* und die → *Aufstiegsfortbildung*.

Personalgestellung

ist nach der begrifflichen Bestimmung des → *Tarifvertrages für den öffentlichen Dienst* (TVöD), des → *Tarifvertrages des öffentlichen Dienstes der Länder* (TV-L) und des → *Tarifvertrages für den öffentlichen Dienst des Landes Hessen* (TV-H) die auf Dauer angelegte Beschäftigung bei einem Dritten unter Fortsetzung des bestehenden → *Arbeitsverhältnisses* (Protokollerklärung zu § 4 Abs. 3 TVöD/TV-L/TV-H).

Personalkörperschaft

ist eine → *Körperschaft des öffentlichen Rechts*, bei der sich die Mitgliedschaft durch die Zugehörigkeit zu einer bestimmten Berufsgruppe oder anderer auf die Person bezogene Merkmale ergibt, z. B. Handwerkskammern, Rechtsanwaltskammern, Ärztekammern, Hochschulen.

Personalplanung

ist die planvolle gedankliche Vorwegnahme aller das Personalwesen betreffenden zukünftigen Maßnahmen und Entscheidungen.

Aufgabe der Personalplanung ist es, sicherzustellen, dass das für die Erfüllung künftiger Aufgaben der Verwaltung notwendige Personal in der erforderlichen Anzahl, mit den erforderlichen Qualifikationen, zum richtigen Zeitpunkt und am richtigen Ort zur Verfügung steht.

Personalrat

ist eine von den Beschäftigten im → *öffentlichen Dienst* gewählte, mit weitgehenden Rechten und Pflichten ausgestattete Vertretung aller Beschäftigten gegenüber dem öffentlichen → *Dienstherrn*. Der Personalrat wird von den in der Dienststelle wahlberechtigten Beschäftigten aus ihrer Mitte in geheimer und unmittelbarer Wahl gewählt. Die Zahl der Personalräte ist abhängig von der Anzahl der regelmäßig bei der Dienststelle Beschäftigten. Die regelmäßige Amtszeit des Personalrates beträgt vier Jahre.

Das Personalvertretungsrecht ist im → *Bundespersonalvertretungsgesetz* (BPersVG) und den Personalvertretungsgesetzen der Länder geregelt.

Personalversammlung

ist die Zusammenkunft aller Beschäftigten der Dienststelle. Sie wird in jedem Kalenderhalbjahr (in einigen Bundesländern in jedem Kalenderjahr) vom → *Personalrat* einberufen und vom Vorsitzenden des Personalrats geleitet.

Die Personalversammlung, die nichtöffentlich ist, hat die Aufgabe, den Tätigkeitsbericht des Personalrats entgegenzunehmen. Außerdem kann die Personalversammlung dem Personalrat Anträge unterbreiten, sie kann zu den Beschlüssen des Personalrats Stellung nehmen und alle Angelegenheiten behandeln, die die Dienststelle oder ihre Beschäftigten unmittelbar betreffen.

Personenbezogene Daten

sind gemäß der → *Datenschutzgrundverordnung* (DSGVO) alle Informationen, die sich auf eine identifizierte oder identifizierbare natürliche Person beziehen. Identifizierbar ist eine natürliche Person, die direkt oder indirekt, insbesondere mittels Zuordnung zu einem Namen, zu einer Kennnummer, zu Standortdaten, zu einer Online-Kennung oder zu einem oder mehreren besonderen Merkmalen identifiziert werden kann, die Ausdruck der physischen, physiologischen, genetischen, psychischen, wirtschaftlichen, kulturellen oder sozialen Identität dieser natürlichen Person sind (Art. 4 Nr. 1 DSGVO).

Petitionsrecht

ist ein in Artikel 17 des → *Grundgesetzes* (GG) verankertes → *Grundrecht*. Danach hat jedermann das Recht, sich einzeln oder in Gemeinschaft mit anderen schriftlich mit Bitten oder Beschwerden an die zuständigen Stellen und an die Volksvertretung zu wenden. Volksvertretung in diesem Sinne sind nur der → *Bundestag* und die → *Parlamente* der Bundesländer, nicht dagegen die Vertretung in den Gemeinden und Landkreisen.

Pflegezeitgesetz

dient dem Ziel, Beschäftigten die Möglichkeit zu eröffnen, pflegebedürftige nahe Angehörige in häuslicher Umgebung zu pflegen und damit die Vereinbarkeit von Beruf und familiärer Pflege zu verbessern (§ 1 PflegeZG). Nach § 2 Abs. 1 des → *Gesetzes* über die Pflegezeit (Pflegezeitgesetz – PflegeZG) haben Beschäftigte das Recht, bis zu zehn Arbeitstage der Arbeit fernzubleiben, wenn dies erforderlich ist, um für einen pflegebedürftigen nahen Angehörigen in einer akut aufgetretenen Pflegesituation eine bedarfsgerechte Pflege zu organisieren oder eine pflegerische Versorgung in dieser Zeit sicherzustellen. Daneben haben Beschäftigte bei Vorliegen der in § 3 PflegeZG genannten Voraussetzungen gegenüber Arbeitgebern mit mehr als 15 Beschäftigten einen Anspruch auf vollständige oder teilweise Freistellung von der Arbeit. Die Dauer der Inanspruchnahme der Pflegezeit beträgt für jeden pflegebedürftigen nahen Angehörigen längstens sechs Monate (§ 4 Abs. 1 Satz 1 PflegeZG), wobei im Rahmen der Palliativpflege eine Freistellung von der Arbeitsleistung bis zur Höchstdauer von drei Monaten möglich ist (§ 4 Abs 3 Satz 2 PflegeZG). Bei zusätzlicher Inanspruchnahme der Familienpflegezeit nach dem → *Familienpflegezeitgesetz* darf eine Gesamtdauer von 24 Monaten nicht überschritten werden (§ 4 Abs. 1 Satz 4 PflegeZG).

Das Pflegezeitgesetz beinhaltet außerdem einen Kündigungsschutz (§ 5 PflegeZG). Zu beachten ist, dass aus Anlass der Corona-Pandemie Sonderregelungen über eine erneute Pflegezeit nach Inanspruchnahme einer Freistellung (§ 4a PflegeZG) und über die Höchstdauer des Fernbleibens von der Arbeit (§ 9 PflegeZG) getroffen wurden.

Für Beamte mit Anspruch auf → *Besoldung* gilt das Pflegezeitgesetz (PflegeZG) nicht, wobei entsprechende Regelungen in § 92b des → *Bundesbeamtengesetzes* (BBG) und in den Beamtengesetzen der Länder enthalten sind.

PflegeZG

ist die Abkürzung für → *Pflegezeitgesetz*.

Plankostenrechnung

ist ein Kostenrechnungssystem, bei dem die für eine zukünftige Rechnungsperiode erwarteten Kosten mithilfe von vorgegebenen Planzahlen (z. B. voraussichtlicher Beschäftigungsgrad) dargestellt werden.

Nach dem zeitlichen Bezug kommen als weitere Kostenrechnungssysteme noch die → *Istkostenrechnung* und die → *Normalkostenrechnung* in Betracht.

Planungsverwaltung

ist die Bezeichnung für eine Verwaltungstätigkeit, die der Vorbereitung und Ausführung eines bestimmten in der Zukunft liegenden Vorhabens zur Sicherstellung eines reibungslosen Ablaufs dient (z. B. Aufstellung eines Flächennutzungsplans oder eines Bebauungsplans durch die Gemeinde, Beschlussfassung eines regionalen Raumordnungsplans durch einen Planungsverband).

Planwirtschaft

→ *Zentralverwaltungswirtschaft*

Plenarsaal

ist der zentrale Raum, in dem die im → *Parlament* vertretenen → *Abgeordneten* zu einer Sitzung zusammenkommen.

Plenum

ist die Bezeichnung für die Sitzung in einem → *Parlament*, in der die vom Volk gewählten → *Abgeordneten* vertreten sind.

Politische Beamte

sind → *Beamte*, die ein → *Amt* wahrnehmen, bei dessen Ausübung sie in fortdauernder Übereinstimmung mit den grundsätzlichen politischen Ansichten und Zielen der Regierung stehen müssen. Es handelt sich dabei um Beamte, denen aufgrund ihres Amtes eine unmittelbare politische Einflussnahme zusteht und die somit in besonderer Weise des Vertrauens der Regierung bedürfen (z. B. Staatssekretäre, Ministerialdirektoren). Der Kreis der politischen Beamten ist im → *Bundesbeamtengesetz* (BBG) und in den Beamtengesetzen der Länder genau bestimmt. Der politische Beamte kann – soweit er sich im → *Beamtenverhältnis* auf Probe befindet – jederzeit entlassen werden (§ 36 BBG, § 30 Abs. 2 BeamtStG); befindet er sich im Beamtenverhältnis auf Lebenszeit, so kann er jederzeit in den einstweiligen Ruhestand versetzt werden (§ 54 BBG, § 30 Abs. 1 BeamtStG).

Politische Parteien

sind nach der Legaldefinition des § 2 Abs. 1 des → *Gesetzes* über die politischen Parteien (Parteiengesetz) Vereinigungen von Bürgern, die dauernd oder für längere Zeit für den Bereich des Bundes oder eines Landes auf die politische Willensbildung Einfluss nehmen und an der Vertretung des Volkes im Deutschen → *Bundestag* oder einem → *Landtag* mitwirken wollen, wenn sie nach dem Gesamtbild der tatsächlichen Verhältnisse, insbesondere nach Umfang und Festigkeit ihrer Organisation, nach der Zahl ihrer Mitglieder und nach ihrem Hervortreten in der Öffentlichkeit eine ausreichende Gewähr für die Ernsthaftigkeit dieser Zielsetzung bieten. Keine politischen Parteien im Sinne des Artikel 21 des → *Grundgesetzes* (GG) sind hiernach die sich ausschließlich an Kommunalwahlen beteiligenden Wählervereinigungen (sog. Rathausparteien).

Den politischen Parteien wird in Artikel 21 GG eine besondere verfassungsrechtliche Stellung zugewiesen, die sie gegenüber anderen Organisationen oder Verbänden hervorhebt. Nach Auffassung des → *Bundesverfassungsgerichts* sind die Parteien zwar selbst keine Verfassungsorgane, wohl aber verfassungsrechtliche Institutionen. Die hervorgehobene Rolle der Parteien zeigt sich darin, dass dieser Verfassungsartikel die Mitwirkung der Parteien bei der politischen Willensbildung des Volkes garantiert, was in § 1 des Parteiengesetzes präzisiert wird. Danach sind die Parteien ein verfassungsrechtlich notwendiger Bestandteil der → *freiheitlichen demokratischen Grundordnung*. Sie erfüllen mit ihrer freien, dauernden Mitwirkung an der politischen Willensbildung des Volkes eine ihnen nach dem GG obliegende und von ihm verbürgte öffentliche Aufgabe. Das GG gewährleistet in Artikel 21 das Recht der freien Parteiengründung, das heißt, die Gründung einer Partei ist keiner staatlichen Genehmigung oder Zulassung unterworfen. Die Entscheidung über die Frage der Verfassungswidrigkeit einer Partei obliegt ausschließlich dem → *Bundesverfassungsgericht* (sog. Parteienprivileg).

Polypol

ist eine → *Marktform*, in der viele kleine Anbieter vielen kleinen Nachfragern gegenüberstehen. In dieser Marktform ist der Preis- und Qualitätswettbewerb häufig besonders ausgeprägt (z. B. Wochenmarkt).

Weitere Marktformen sind das → *Monopol* und das → *Oligopol*.

Portalverbund

ist nach der Legaldefinition des § 2 Abs. 1 des → *Onlinezugangsgesetzes* (OZG) eine technische Verknüpfung der → *Verwaltungsportale* von Bund und Ländern, über den der Zugang zu Verwaltungsleistungen auf unterschiedlichen Portalen angeboten wird.

PPP

ist die Abkürzung für → *Public-Private Partnership*.

Preis

ist der Tauschwert eines Gutes auf dem → *Markt*, der in der modernen Wirtschaft in Geld ausgedrückt wird.

Preisbildung

ist der Prozess des Zustandekommens eines → *Preises* durch das Zusammenspiel von Angebot und Nachfrage auf den → *Märkten*.

Preisniveaustabilität

ist eines der Hauptziele der deutschen Wirtschaftspolitik nach dem

→ *Stabilitätsgesetz*. Stabilität des Preisniveaus bedeutet, dass die Preise über einen möglichst langen Zeitraum unverändert bleiben sollen. Die Preisniveaustabilität, die an der Inflationsrate gemessen wird, ist auch vorrangig ein Ziel der → *Europäischen Zentralbank* (EZB).

Privatisierung

ist die begriffliche Umschreibung für die unterschiedlichsten Maßnahmen des → *Staates*, vormals übernommene Aufgaben ganz oder teilweise in den privaten Bereich der Volkswirtschaft zu verlagern. Dies geschieht in der Regel durch Übertragung von öffentlichem → *Vermögen* in Privatbesitz (z. B. Post, Telekom) oder die Umwandlung von Einrichtungen der öffentlichen Hand in private Rechtsformen (z. B. Stadtschwimmbad GmbH). In der Öffentlichkeit wird die Privatisierung damit begründet, dass private Unternehmen auf dem Markt flexibler und wirtschaftlicher handeln und so mit weniger Ressourcen mehr Bürger versorgen können.

Privatrecht

ist der Gegenbegriff zum → *öffentlichen Recht*. Das Privatrecht, das auch als Zivilrecht bezeichnet wird, regelt die Rechtsbeziehungen der Personen untereinander oder von Personen zu → *Sachen* (z. B. Bürgerliches Recht, Handels- und Gesellschaftsrecht).

Probezeit

im arbeitsrechtlichen Sinne ist die Zeit, mit der grundsätzlich das → *Arbeitsverhältnis* beginnt.

Für die unter den → *Tarifvertrag für den öffentlichen Dienst* (TVöD), den → *Tarifvertrag für den öffentlichen Dienst der Länder* (TV-L) und den → *Tarifvertrag für den öffentlichen Dienst des Landes Hessen* (TV-H) fallenden Beschäftigten gelten die ersten sechs Monate der Beschäftigung als Probezeit, soweit nicht eine kürzere Zeit vereinbart ist (§ 2 Abs. 4 Satz 1 TVöD/TV-L/TV-H). Bei Übernahme von → *Auszubildenden* im unmittelbaren Anschluss an das Ausbildungsverhältnis in ein → *Arbeitsverhältnis* entfällt die Probezeit (§ 2 Abs. 4 Satz 2 TVöD/TV-L/TV-H). Stellt der → *Arbeitgeber* während der Probezeit fest, dass der → *Arbeitnehmer* für die Tätigkeit nicht geeignet ist, muss er das Arbeitsverhältnis kündigen, da das Arbeitsverhältnis auch während der Probezeit unbefristet ist. Die

Kündigungsfrist beträgt in diesen Fällen zwei Wochen zum Monatsschluss (§ 34 Abs. 1 Satz 1 TVöD/TV-L/TV-H).

Für Berufsausbildungsverhältnisse im Bereich der → *öffentlichen Verwaltung* sehen der → *Tarifvertrag für Auszubildende des öffentlichen Dienstes* (TVAöD), der → *Tarifvertrag für Auszubildende der Länder in Ausbildungsberufen nach dem Berufsbildungsgesetz* (TVA-L BBiG) und der → *Tarifvertrag für Auszubildende des Landes Hessen in Ausbildungsberufen nach dem Berufsbildungsgesetz* (TVA-H BBiG) eine Probezeit von drei Monaten vor (§ 3 Abs. 1 TVAöD/TVA-L BBiG/TVA-H BBiG). Nach der Rechtsprechung des Bundesarbeitsgerichts ist es jedoch zulässig im → *Berufsausbildungsvertrag* zu vereinbaren, dass sich die Probezeit um den Zeitraum der Unterbrechung verlängert, wenn die Berufsausbildung um mehr als ein Drittel dieser Zeit unterbrochen wird. Während der Probezeit kann das Berufsausbildungsverhältnis jederzeit sowohl vom → *Ausbildenden* als auch vom Auszubildenden ohne Angaben von Gründen und ohne Einhalten einer Kündigungsfrist schriftlich gekündigt werden (§ 22 Abs. 1 und 3 BBiG, § 3 Abs. 2 TVAöD/TVA-L BBiG/TVA-H BBiG).

Im *beamtenrechtlichen Sinne* versteht man unter der Probezeit die Zeit im → *Beamtenverhältnis* auf Probe, während der sich die → *Beamten* nach Erwerb der Laufbahnbefähigung zur späteren Verwendung auf Lebenszeit oder zur Übertragung eines → *Amtes* mit leitender Funktion bewähren müssen. Die Dauer der Probezeit der Beamten ist im Einzelnen in den jeweiligen Laufbahnverordnungen des Bundes und der Länder festgelegt.

Profiling

ist nach der Definition des Artikels 4 Nr. 4 der → *Datenschutz-Grundverordnung* (DSGVO) jede Art der automatisierten Verarbeitung → *personenbezogener Daten*, die darin besteht, dass diese personenbezogenen Daten verwendet werden, um bestimmte persönliche Aspekte, die sich auf eine natürliche Person beziehen, zu bewerten (z. B. Arbeitsleistung, wirtschaftliche Lage, Gesundheit, persönliche Vorlieben, Interessen, Zuverlässigkeit, Verhalten). Die betroffene Person hat das Recht, nicht einer auf dem Profiling beruhenden Entscheidung unterworfen zu werden, die ihr gegenüber rechtliche Wirkung entfaltet oder sie in ähnlicher Weise erheblich beeinträchtigt, es sei denn eine Ausnahme ist zugelassen (Art. 22 DSGVO).

Pseudonymisierung

ist nach der Definition des Artikels 4 Nr. 5 der → *Datenschutz-Grundverordnung* (DSGVO) die Verarbeitung → *personenbezogener Daten* in einer Weise, dass die personenbezogenen Daten ohne Hinzuziehung zusätzlicher Informationen nicht mehr einer spezifischen betroffenen Person zugeordnet werden können, sofern diese zusätzlichen Informationen gesondert aufbewahrt werden und technischen und organisatorischen Maßnahmen unterliegen, die gewährleisten, dass die personenbezogenen Daten nicht einer identifizierten oder identifizierbaren natürlichen Person zugewiesen werden.

Public-Private Partnership

→ Öffentlich-Private Partnerschaft

R

Rabatt

ist ein Nachlass auf den allgemein verlangten Verkaufspreis, der in Form eines prozentualen Abzugs oder eines Sonderpreises bestimmten Personen gewährt wird.

Rat der Europäischen Union

ist gemeinsam mit dem → *Europäischen Parlament* als Gesetzgeber der → *Europäischen Union* (EU) tätig und übt gemeinsam mit ihm die Haushaltsbefugnisse aus. Dem Rat der EU, der auch als Ministerrat bezeichnet wird, gehört je ein Vertreter jedes Mitgliedstaates auf Ministerebene an. Zu seinen Aufgaben gehören die Festlegung der Politik und die Koordinierung der Politik der EU nach Maßgabe des Vertrages über die Europäische Union (EUV) sowie der sonstigen Verträge der EU (Art. 16 EUV).

Der Rat der Europäischen Union darf nicht verwechselt werden mit dem → *Europäischen Rat* und dem → *Europarat*.

Rat der Europäischen Zentralbank

ist das oberste Organ der → *Europäischen Zentralbank* (EZB). Der EZB-Rat besteht aus den Mitgliedern des → *Direktoriums der Europäischen Zentralbank* (EZB-Direktorium) und den Präsidenten der nationalen Zentralbanken der Mitgliedstaaten der → *Europäischen Union,* deren Währung der → *Euro* ist (Art. 283 Abs. 1 AEUV). Er bewertet die wirtschaftliche und finanzielle Entwicklung, legt die Währungspolitik für den Euroraum fest und bestimmt die Zinssätze, zu denen sich Geschäftsbanken Geld von der Bank beschaffen können. Der EZB-Rat erlässt die zur Erfüllung seiner Aufgaben notwendigen Leitlinien und Beschlüsse zur Geldpolitik und fungiert als Bankenaufsicht.

Realakt

ist die Bezeichnung für eine Maßnahme der → *öffentlichen Verwaltung*, die im Gegensatz zu den → *Rechtsverordnungen*, → *Satzungen* oder → *Verwaltungsakten* nicht auf einen rechtlichen, sondern auf einen tatsächlichen Erfolg gerichtet ist. Realakte werden auch tatsächliches oder faktisches Verwaltungshandeln genannt.

Innerhalb der Realakte ist zu unterscheiden zwischen *internen Handlungen* (z. B. Dienstbesprechungen, Führung von Akten) und *externen Handlungen* (z. B. Errichtung eines Verwaltungsgebäudes, Reinigung einer Straße), wobei sich die externen Realakte weiter unterteilen lassen in Wissenserklärungen, das sind unverbindliche Mitteilungen der Behörde über Sach- und Rechtslagen (z. B. Auskünfte, gutachtliche Äußerungen) und sonstige Verrichtungen tatsächlicher Art, das sind Verwaltungstathandlungen ohne eigenen Regelungsgehalt (z. B. Bau einer Straße, Streifenfahrten der Polizei).

Realkörperschaft

ist eine → *Körperschaft des öffentlichen Rechts*, bei der die Mitgliedschaft auf dem Eigentum an einer Liegenschaft oder auf dem wirtschaftlichen Besitz eines Betriebes beruht, z. B. Jagdgenossenschaften, Deichverbände, Wasser- und Bodenverbände.

Rechnungsbeleg

ist eine schriftliche Unterlage, die die Buchungen in den Rechnungslegungsbüchern begründen und die → *Zahlungen* beweisen. Die Rechnungsbelege bestehen aus der → *Kassenanordnung*, den die Zahlung begründenden Unterlagen und dem Zahlungsbeweis, soweit ein solcher erforderlich ist. Der Zahlungsbeweis wird durch die Unterschrift des Einzahlers bzw. des Empfangsberechtigten erbracht.

Recht

im *objektiven Sinne* beinhaltet die Rechtsordnung des → *Staates*, die die Gesamtheit der Rechtsvorschriften umfasst, durch die das Leben in der menschlichen Gemeinschaft verbindlich geordnet wird.

Unter Recht im *subjektiven Sinne* versteht man die dem Einzelnen von der → *Rechtsordnung*, das heißt vom objektiven Recht, eingeräumte Befugnis. Das subjektive Recht kann ein Anspruch (der Berechtigte kann von dem anderen ein Tun oder Unterlassen verlangen), ein Gestaltungsrecht (der Berechtigte ist ermächtigt, ein Rechtsverhältnis zu begründen, zu verändern oder aufzuheben) oder ein Herrschaftsrecht (der Berechtigte kann über Gegenstände nach seinem Belieben verfügen) sein.

Recht auf Asyl

→ Asylrecht

Rechtsaufsicht

ist die inhaltliche Aufsicht über die Rechtmäßigkeit von Sachentscheidungen in Selbstverwaltungsangelegenheiten gegenüber → *juristischen Personen* des → *öffentlichen Rechts*. Die Rechtsaufsicht ist eine – mit Rücksicht auf die Selbstständigkeit des beaufsichtigten Organs – eingeschränkte Form der → *Fachaufsicht*.

Rechtsbehelf

ist ein Abwehrrecht, das dem Bürger gegen Verwaltungsmaßnahmen zur Verfügung steht. Man unterscheidet formlose Rechtsbehelfe und förmliche Rechtsbehelfe.

Innerhalb der *formlosen Rechtsbehelfe*, die weder an eine bestimmte Form noch eine Frist gebunden sind und ihre verfassungsrechtlichen Wurzeln im → *Petitionsrecht* haben (Art. 17 GG), werden die → *Gegenvorstellung* und die → *Aufsichtsbeschwerde* unterschieden.

Die *förmlichen Rechtsbehelfe*, die ihre verfassungsrechtliche Grundlage in der Rechtsweggarantie des Artikel 19 Abs. 4 des → *Grundgesetzes* (GG) haben und an bestimmte Voraussetzungen gebunden sind, die durch gesetzliche Verfahrensordnungen festgelegt sind, werden unterteilt in → *Rechtsmittel* und sonstige förmliche Rechtsbehelfe.

Die Einzelheiten für das Rechtsbehelfsverfahren in der → *öffentlichen Verwaltung* und das gerichtliche Verfahren sind im Wesentlichen in der → *Verwaltungsgerichtsordnung* (VwGO) geregelt. Die VwGO kennt als Rechtsmittel die → *Berufung*, die → *Revision*, die → *Beschwerde* und die → *Anhörungsrüge* und als sonstige förmliche Rechtsbehelfe den → *Widerspruch* und die → *Klage*.

Rechtsbehelfsbelehrung

ist die schriftliche Belehrung einer → *Behörde* gegenüber dem Adressaten eines → *Verwaltungsaktes*, welcher förmliche → *Rechtsbehelf* ergriffen werden kann, welche → *Frist* hierbei zu beachten ist und an wen der Rechtsbehelf zu richten ist.

Rechtsfähige Personengesellschaft

ist nach der Legaldefinition des § 14 Abs. 2 des → *Bürgerlichen Gesetzbuches* (BGB) eine Personengesellschaft, die mit der Fähigkeit ausgestattet ist, Rechte zu erwerben und Verbindlichkeiten einzugehen, z. B. GbR – Gesellschaft bürgerlichen Rechts, OHG – Offene Handelsgesellschaft.

Rechtsfähigkeit

ist die Fähigkeit → *natürlicher Personen* und → *juristischer Personen*, Träger von Rechten und Pflichten zu sein. Die Rechtsfähigkeit des Menschen beginnt mit der Vollendung der Geburt (§ 1 BGB) und endet mit dem Tod. Juristische Personen des privaten Rechts erhalten die Rechtsfähigkeit durch einen staatlichen Hoheitsakt, das heißt entweder durch Eintragung in das entsprechende öffentliche Register oder mit der staatlichen Verleihung bzw. staatlichen Genehmigung (§§ 21, 22, 80 BGB).

Rechtsgeschäft

ist ein Tatbestand, dessen wesentlicher Bestandteil eine → *Willenserklärung* (einseitiges Rechtsgeschäft) oder mehrere Willenserklärungen (mehrseitiges Rechtsgeschäft) sind, und dessen Wirkungen sich nach dem Inhalt dieser Erklärungen bestimmen (z. B. Testamentserrichtung, Kündigung, Vertrag).

Rechtsmittel

sind → *Rechtsbehelfe* zur Überprüfung von Gerichtsentscheidungen durch ein höheres → *Gericht*, bevor die Entscheidung rechtskräftig wird.

Als Rechtsmittel kennt die → *Verwaltungsgerichtsordnung* (VwGO) die → *Berufung* (§§ 124 bis 130b VwGO), die → *Revision* (§§ 132 bis 144 VwGO), die → *Beschwerde* (§§ 146 bis 152 VwGO) und die → *Anhörungsrüge* (§ 152a VwGO). Wesentliche gemeinsame Merkmale der Rechtsmittel sind die *Hemmungswirkung* (→ *Suspensiveffekt*), das heißt die Einlegung des Rechtsmittels hemmt den Eintritt der Rechtskraft der angefochtenen gerichtlichen Entscheidung und die *Anfallwirkung* (→ *Devolutiveffekt*), das heißt der Rechtsstreit geht auf eine höhere Instanz über und begründet deren Zuständigkeit für das Rechtsmittelverfahren.

Rechtsnorm

ist eine generell-abstrakte hoheitliche Anordnung, die sich an eine unbestimmte Vielzahl von Personen (generell) zur Regelung einer unbestimmten Vielzahl von Fällen (abstrakt) wendet. Die verschiedenen Formen, in denen Rechtsnormen vorkommen, werden unter dem Begriff → *Rechtsquellen* zusammengefasst. Die Rechtsnorm ist dadurch gekennzeichnet, dass sie eine Rechtsfolge an einen Tatbestand knüpft, das heißt die Rechtsfolge schreibt die rechtlichen Konsequenzen fest, wenn der gesetzlich vorgegebene Sachverhalt vorliegt.

Beispiel: Wer vorsätzlich oder fahrlässig das Leben, den Körper, die Gesundheit, die Freiheit, das Eigentum oder ein sonstiges Recht eines anderen widerrechtlich verletzt (Tatbestand), ist dem anderen zum Ersatz des daraus entstehenden Schadens verpflichtet (Rechtsfolge).

Rechtsobjekte

sind Gegenstände des Rechts, die von → *Rechtssubjekten* beherrscht werden.

Rechtsordnung

ist die Bezeichnung für die Gesamtheit aller von einer Gemeinschaft festgelegten Regeln, nach denen der Einzelne und die staatlichen Organe ihr Verhalten auszurichten haben. Die Rechtsordnung hat im Wesentlichen die Aufgabe, die verschiedenen Lebensbereiche und Angelegenheiten des Gemeinschaftslebens sinnvoll zu ordnen (Ordnungsfunktion), die Rechtsgüter und Interessen des Einzelnen und der Gemeinschaft zu schützen (Schutzfunktion) und einen gerechten Ausgleich der zwischenmenschlichen Interessengegensätze herbeizuführen (Ausgleichsfunktion).

Rechtspflege

ist die Durchsetzung des Rechts und seine Anwendung im Einzelfall durch staatliche Institutionen, z. B. → *Behörden*. Zur Rechtspflege gehören → *Gerichte* und Rechtsanwälte, sowie die Staatsanwaltschaften, Gerichtsvollzieher, Urkundsbeamte der Geschäftsstellen der Gerichte und der Gemeindeverwaltungen.

Rechtsprechende Gewalt

→ Gewaltenteilung

Rechtsquelle

gibt die Herkunft und die Verankerung des Rechts an. Rechtsquellen sind die → *Verfassung*, die → *Gesetze*, die → *Rechtsverordnungen*, die → *Satzungen*, das → *Gewohnheitsrecht* und das → *Richterrecht*.

Rechtsschein

umfasst den Anschein bestimmter Umstände, die für ein bestimmtes Recht bestehen müssen, obwohl diese in Wahrheit nicht vorliegen. Im Bürgerlichen Recht finden sich Rechtsscheintatbestände zum Schutze des Rechtsverkehrs an vielen Stellen, beispielsweise in § 1106 BGB (Vermutung des → *Besitzes*) und § 892 BGB (öffentlicher Glaube des → *Grundbuches*). Der Rechtsschein geht von einem sogenannten Rechtsscheinträger aus, dies kann sowohl ein Verhalten, das beim Vertragspartner ein Vertrauen begründet, als auch ein öffentliches Register, wie das Grundbuch oder das → *Handelsregister*, sein.

Rechtssicherheit

ist ein wesentliches Merkmal des → *Rechtsstaates*. Das Gebot der Rechtssicherheit beinhaltet, dass → *Rechtsnormen* klar und inhaltsbestimmt gefasst sein müssen, damit sie für den Bürger kalkulierbar sind. Außerdem bedeutet Rechtssicherheit für den Bürger vor allem Vertrauensschutz. In diesem Zusammenhang stellt sich das Problem der Zulässigkeit der Rückwirkung von → *Gesetzen*. Diese Rückwirkung ist grundsätzlich nur für Strafgesetze ausgeschlossen (Art. 103 Abs. 2 GG). Problematisch kann jedoch eine Gesetzesregelung mit rückwirkender Kraft sein, wenn sie den Bürger belastet, indem sie in bestehende Rechtspositionen eingreift. Ob eine solche Rückwirkung zulässig ist, hängt von der Art der Rückwirkung ab. Dabei ist zu unterscheiden zwischen *echter Rückwirkung*, das heißt das Gesetz greift nachträglich ändernd in abgewickelte, der Vergangenheit angehörende Tatbestände ein, und *unechter Rückwirkung*, das heißt auf Rechtsbeziehungen wird für die Zukunft verschlechternd eingewirkt, die in der Vergangenheit begründet wurden, auf Dauer angelegt und noch nicht abgeschlossen sind.

Rechtsstaat

ist die Bezeichnung für einen → *Staat*, in dem das Handeln der staatlichen Organe durch → *Recht* und → *Gesetz* geregelt und begrenzt wird und der Verwirklichung von Freiheit und Gerechtigkeit dient.

Die wesentlichsten Merkmale des Rechtsstaates sind im → *Grundgesetz* (GG) verwirklicht durch den Grundsatz der → *Gewaltenteilung* (Art. 20 Abs. 2 Satz 2 GG), den Grundsatz des Vorrangs des Rechts (→ *Gesetzesvorrang*; Art. 20 Abs. 3 GG), die Bindung der drei Gewalten (Legislative, Exekutive und Judikative) an die → *Grundrechte* (Art. 1 Abs. 3 GG), die Gewährleistung von Rechtsschutz durch unabhängige Gerichte (Rechtsweggarantie ; Art. 19 Abs. 4 GG), das Vorhandensein sogenannter → *Justizgrundrechte* (Art. 101 Abs. 1, 103 und 104 GG), das Gebot der → *Rechtssicherheit* und den Grundsatz der Verhältnismäßigkeit (→ *Übermaßverbot*).

Rechtsstaatsprinzip

ist einer der fundamentalen Verfassungsgrundsätze. Das Rechtsstaatsprinzip ist in Artikel 20 des → *Grundgesetzes* (GG) zwar nicht ausdrücklich aufgeführt; nach herrschender Meinung ist es aber gleichwohl in ihm enthalten. Durch die in Artikel 20 Abs. 3 GG geregelte Bindung der Legislative an die verfassungsmäßige Ordnung und der Exekutive und Judikative an → *Gesetz* und → *Recht* wird das Prinzip eines vornehmlich am Recht orientierten Staates aber bereits deutlich. Mittelbar ergibt sich die allgemeine Geltung des Rechtsstaatsprinzips aus dem Artikel 28 Abs. 1 Satz 1 GG, der für die Verfassung der einzelnen Länder verbindlich den → *Rechtsstaat* im Sinne des GG vorschreibt.

Rechtssubjekt

ist jede Person, die Träger von Rechten und Pflichten sein kann.

Rechtsverordnung

ist eine → *Rechtsnorm*, die von einem Exekutivorgan (Regierung, Minister oder Verwaltungsbehörde) aufgrund einer gesetzlichen Ermächtigung erlassen worden ist (z. B. Verordnung über die Berufsausbildung zum Verwaltungsfachangestellten/zur Verwaltungsfachangestellten, Verordnung über die Laufbahnen der Bundesbeamtinnen und Bundesbeamten). Die

Rechtsverordnung dient der Ausführung der → *Gesetze*, in deren Rahmen sie sich halten muss. Sie ist nur dann gültig, wenn sie ordnungsgemäß verkündet worden ist.

Rechtsweg

bezeichnet die Möglichkeit, durch unabhängige → *Gerichte* Rechtsschutz zu erhalten und ist einer der Merkmale des → *Rechtsstaatsprinzips*.

Nach Artikel 19 Abs. 4 des → *Grundgesetzes* (GG) steht der Rechtsweg offen, wenn jemand durch die öffentliche Gewalt in seinen Rechten verletzt wird (Rechtsweggarantie). Das GG gewährt dem Einzelnen somit einen durchsetzbaren Anspruch auf richterlichen Schutz gegen staatliche Eingriffe. Bei Grundrechtsverletzungen ist außerdem die → *Verfassungsbeschwerde* an das → *Bundesverfassungsgericht*, in der Regel nach Ausschöpfung des Rechtsweges, möglich (Art. 93 Abs. 1 Nr. 4a GG).

Registermodernisierungsgesetz

bildet den rechtlichen Rahmen zur Einführung und Verwendung der Steuer-Identifikationsnummer in der → *öffentlichen Verwaltung* als Identifizierungsmerkmal, damit personenbezogene Daten aus verschiedenen in der Verwaltung verwendeten Registern (z. B. Melderegister, Personenstandsregister, Fahrzeugregister) der richtigen Person zugeordnet werden können. Der nach dem Registermodernisierungsgesetz (die genaue Bezeichnung ist Gesetz zur Einführung und Verwendung einer Identifikationsnummer in der öffentlichen Verwaltung (Identifikationsnummerngesetz – IDNrG)) erlaubte Datenaustausch wird von den öffentlichen Stellen für Verwaltungsleistungen zur Umsetzung des → *Onlinezugangsgesetzes* (OZG) benötigt. Betroffene können mithilfe eines sogenannten Datencockpits Einsicht in die gespeicherten und abgefragten Daten nehmen (§ 10 OZG).

Reisekostenvergütung

ist der Oberbegriff für die finanziellen Leistungen, die den Beschäftigten des → *öffentlichen Dienstes* zur Abgeltung eines dienstlich bedingten Aufwandes bei Dienstreisen bzw. Dienstgängen für die Erledigung von Dienstgeschäften außerhalb der Dienststelle gewährt werden. Die Anspruchsvoraussetzungen und der Umfang der

Leistungen sind in dem vom Bund und den Ländern erlassenen Reisekostengesetz geregelt.

Reisevertrag

ist ein → *Vertrag*, der auf das Erbringen von Reiseleistungen gegen Entgelt gerichtet ist (§§ 651a bis 651y BGB).

Remonstration

ist die Bezeichnung für die in § 63 Abs. 2 des → *Bundesbeamtengesetzes* (BBG) und § 36 Abs. 2 des → *Beamtenstatusgesetzes* (BeamtStG) geregelte Pflicht eines → *Beamten*, Bedenken gegen die Rechtmäßigkeit dienstlicher Anordnungen unverzüglich bei dem unmittelbaren Vorgesetzten bzw. auf dem Dienstweg geltend zu machen. Wird die Anordnung aufrechterhalten und die Bedenken bestehen fort, hat sich der Beamte an den nächst höheren Vorgesetzten zu wenden. Wird die Anordnung bestätigt, muss der Beamte sie ausführen und ist von der eigenen Verantwortung befreit. Dies gilt nicht, wenn das aufgetragene Verhalten die Würde des Menschen verletzt oder strafbar oder ordnungswidrig ist und die Strafbarkeit oder Ordnungswidrigkeit für den Beamten erkennbar ist. Die Bestätigung hat auf Verlangen schriftlich zu erfolgen.

Rentenversicherung

ist eine von fünf Zweigen der gesetzlichen Sozialversicherung, die im Sechsten Buch → *Sozialgesetzbuch* (SGB VI) geregelt ist. Die Aufgaben der Rentenversicherung sind die Erbringung von Leistungen zur medizinischen Rehabilitation, Leistungen zur Teilhabe am Arbeitsleben sowie ergänzende Leistungen (§ 9 SGB VI), die Gewährung von Renten an Versicherte wegen Alters, verminderter Erwerbsfähigkeit oder wegen Todes (§ 33 SGB VI), die Zahlung von Beiträgen zur Kranken- und Pflegeversicherung der Rentner (§ 249a SGB V, § 106 SGB VI, § 59 Abs. 1 Satz 1 SGB XI) und die Aufklärung, Auskunftserteilung und Beratung Versicherter, Rentner und → *Arbeitgeber* (§§ 13 bis 15 SGB I). Finanziert werden die Leistungen der Rentenversicherung weitgehend durch die je zur Hälfte von den Arbeitgebern und den versicherungspflichtigen → *Arbeitnehmern* prozentual vom Arbeitsentgelt erhobenen Beiträge. Außerdem beteiligt sich der Bund aufgrund seiner Verantwortung für die Alterssicherung an der Finanzierung der gesetzlichen Rentenversicherung mit dem Bundeszuschuss aus Steuermitteln.

Die Aufgaben der Rentenversicherung werden seit der am 1. Oktober 2005 in Kraft getretenen Neuorganisation der gesetzlichen Rentenversicherung von einem Bundesträger, und zwar der Deutschen Rentenversicherung Bund, und 16 Regionalträgern, die neben der Bezeichnung „Deutsche Rentenversicherung" einen Zusatz für ihre jeweilige regionale Zuständigkeit führen, z. B. Deutsche Rentenversicherung Westfalen, Deutsche Rentenversicherung Rheinland-Pfalz.

Der Gegenbegriff zur Rentenversicherung im Beamtenrecht ist die → *Beamtenversorgung*.

Republik

ist die Bezeichnung für einen → *Staat*, dessen Staatsoberhaupt kein Monarch, sondern in der Regel ein Präsident ist. Das Wort Republik ist aus dem lateinischen Begriff „res publicae" abgeleitet, das mit „öffentlichen Angelegenheiten" oder „Gemeinwesen" übersetzt werden kann. Innerhalb dieser → *Staatsform* werden als mögliche Formen die demokratische Republik und als Entartung die didaktorische Republik (z. B. Volksrepublik China, ehemalige Sowjetunion) unterschieden.

In der *demokratischen Republik* ist das ganze Volk Träger der → *Staatsgewalt*, wobei an der Spitze des Staates der gewählte Präsident steht. Je nach der verfassungsrechtlichen Stellung des Präsidenten, die sehr unterschiedlich sein kann, werden zwei Formen der demokratischen Republik unterschieden, die Präsidialrepublik und die Parlamentsrepublik.

In der *Präsidialrepublik* sind die Machtbereiche zwischen dem → *Parlament* als der Volksvertretung und dem Präsidenten als dem Staatsoberhaupt weitgehend voneinander unabhängig gestaltet. Der auf eine bestimmte Zeit vom Volk gewählte Präsident ernennt und entlässt die Mitglieder seiner Regierung, die nur ihm verantwortlich sind. Der Präsident hat dadurch eine große Machtfülle. Er besitzt aber nicht das Recht, das Parlament vorzeitig aufzulösen. Diese Staatsform ist beispielsweise in den Vereinigten Staaten von Amerika und in Frankreich vorzufinden.

In der *Parlamentsrepublik* hat die Volksvertretung, das Parlament, neben der Gesetzgebungsbefugnis maßgebenden Einfluss auf die Regierungsbildung. Die Regierung ist vom Vertrauen des Parlaments abhängig und diesem verantwortlich. Diese Staatsform ist beispielsweise in der → *Bundesrepublik Deutschland* und in Österreich vorzufinden.

Ressortprinzip

ist die umgangssprachliche Bezeichnung für den in Artikel 65 Satz 2 des → *Grundgesetzes* (GG) festgelegten Regierungsgrundsatz, wonach die Bundesminister innerhalb der vom →*Bundeskanzler* bestimmten Richtlinien der Politik ihren Geschäftsbereich selbstständig und unter eigener Verantwortung gegenüber dem Bundeskanzler leiten.

Das GG kennt als weitere Regierungsgrundsätze das → *Kanzlerprinzip* und das → *Kollegialprinzip.*

Ressourcenverbrauchskonzept

hat die Erfassung aller Daten des für die Erstellung der Produkte (Verwaltungsleistungen) erforderlichen Verbrauches an Finanzen, Sachmittel und Personal (Ressourcen) zum Inhalt, wobei auch die Abschreibungen, die Rückstellungen und die kalkulatorische Verzinsung mit einbezogen werden. Das Ressourcenverbrauchskonzept bildet zugleich eines der Kernelemente des → *Neuen Steuerungsmodells*.

Revision

ist ein → *Rechtsmittel*, das im Verwaltungsprozess gegen Urteile der → *Oberverwaltungsgerichte* oder die vom Oberverwaltungsgericht ohne mündliche Verhandlung gefassten Beschlüsse in Betracht kommt, wenn das Oberverwaltungsgericht (oder auf eine Nichtzulassungsbeschwerde das → *Bundesverwaltungsgericht*) sie zugelassen hat (§ 132 Abs. 1 VwGO). Die Revision führt beim Bundesverwaltungsgericht zu einer Überprüfung des Urteils ausschließlich in rechtlicher Hinsicht, da das Bundesverwaltungsgericht bei der Prüfung der Revision an die in dem angefochtenen Urteil getroffenen tatsächlichen Feststellungen gebunden ist (§ 137 Abs. 2 VwGO).

Rezession

im wirtschaftlichen Sinne bezeichnet im → *Konjunkturzyklus* die Phase des wirtschaftlichen Abschwungs. Von einer Rezession wird nach der gängigen Definition erst gesprochen, wenn die Wirtschaft in zwei aufeinanderfolgenden Quartalen im Vergleich zum Vorquartal nicht wächst oder ein Rückzug zu verzeichnen ist. Weitere Konjunkturphasen sind die → *Expansion*, der → *Boom* und die → *Depression*.

Rheinland-Pfalz

ist das neuntgrößte Bundesland der → *Bundesrepublik Deutschland*. Nach dem Ende des 2. Weltkrieges wurde mit der Verordnung der Französischen Militärregierung Nr. 57 vom 30. August 1946 das zur französischen Besatzungszone gehörende Land Rheinland-Pfalz aus Teilen der ehemaligen bayerischen Pfalz, der Regierungsbezirke Koblenz und Trier der ehemaligen preußischen Rheinprovinz, der linksrheinischen Teile der ehemals zum Volksstaat Hessen gehörenden Provinz Rheinhessen, der preußischen Provinz Hessen-Nassau (Montabaur) und aus dem ehemals oldenburgischen Gebiet um Birkenfeld gegründet. Die Landeshauptstadt von Rheinland-Pfalz ist Mainz.

Richter

sind diejenigen Amtsträger, denen die rechtsprechende Gewalt anvertraut ist (Art. 92 GG). Die Richter sind nach Artikel 97 des → *Grundgesetzes* (GG) nur an → *Gesetz* und → *Recht* und nicht an Weisungen gebunden (*sachliche Unabhängigkeit*) und grundsätzlich unabsetzbar und unversetzbar und werden auf Lebenszeit ernannt (*persönliche Unabhängigkeit*). Der besondere Status der Richter findet daneben auch seinen Niederschlag in Artikel 98 Abs. 1 und 3 GG, der den Bund und die Länder verpflichtet, die Rechtstellung der Richter durch besondere Gesetze zu regeln. Dieser Verpflichtung sind Bund und Länder durch den Erlass von Richtergesetzen (Deutsches Richtergesetz, Landesrichtergesetze) nachgekommen.

Richterrecht

ist die Bezeichnung für die von unabhängigen → *Richtern* ausgeübte Auslegung und Fortbildung des → *Rechts*. Das Richterrecht greift ein, wenn keine → *Rechtsnormen* vorhanden sind oder wenn sie ein Rechtsproblem nicht regeln (z. B. Ausfüllung von Gesetzeslücken im Wege der Auslegung, Grundsatzentscheidungen der oberen → *Gerichte* zu streitigen Rechtsfragen und Fortentwicklung oder Überprüfung bereits bestehender Auslegungen).

Richtlinienkompetenz

→ Kanzlerprinzip

RKI

ist die Abkürzung für → *Robert Koch-Institut*.

Robert Koch-Institut

ist ein im Geschäftsbereich des Bundesministeriums für Gesundheit als selbstständige Bundesoberbehörde errichtetes Bundesinstitut für Infektionskrankheiten und nicht übertragbare Krankheiten mit Sitz in Berlin (§ 2 Abs. 1 und 2 des Gesetzes über Nachfolgeeinrichtungen des Bundesgesundheitsamtes – BGA-Nachfolgegesetz). Benannt wurde das Robert Koch-Institut (RKI) nach dem deutschen Nobelpreisträger für Medizin und Physiologie Robert Koch (1843 - 1910). Die Kernaufgaben des RKI sind die Erkennung, Verhütung und Bekämpfung von übertragbaren und nicht übertragbaren Krankheiten, insbesondere der Infektionskrankheiten (§ 2 Abs. 3 Nr. 1 BGA-Nachfolgegesetz).

Darüber hinaus ist das RKI die nationale Behörde zur Vorbeugung übertragbarer Krankheiten sowie zur frühzeitigen Erkennung und Verhinderung der Weiterverbreitung von Infektionen. Die Einzelheiten der in dieser Eigenschaft vom RKI wahrzunehmenden Aufgaben sind in § 4 des → *Infektionsschutzgesetzes* (IfSG) näher festgelegt, wobei das RKI im Rahmen seiner gesetzlichen Aufgaben im Fall einer vom → *Bundestag* festgestellten epidemischen Lage von nationaler Tragweite (§ 5 Abs. 1 IfSG) die Zusammenarbeit zwischen den Ländern und zwischen den Ländern und dem Bund sowie weiteren beteiligten Behörden und Stellen koordiniert und Informationen austauscht (§ 5 Abs. 7 IfSG). Für die Erfüllung der Aufgaben nach dem IfSG hat das RKI nach Weisung des Bundesministers der Gesundheit und nach Maßgabe der technischen Möglichkeiten ein elektronisches Melde- und Informationssystem eingerichtet (§ 14 Abs. 1 IfSG).

Rückwirkung von Gesetzen

→ Rechtssicherheit

Ruhegehalt

ist ein Bestandteil der → *Beamtenversorgung*.

Nach dem Beamtenversorgungsgesetz (BeamtVG), das der Bund aufgrund seiner → *Gesetzgebungszuständigkeit* nach Artikel 73 Abs. 1 Nr. 8 des → *Grundgesetzes* GG) für die Bundesbeamten erlassen hat, entsteht der Anspruch auf Ruhegehalt für den → *Beamten* grundsätzlich mit dem Beginn des Ruhestandes. Das Ruhegehalt, das auf der Grundlage der ruhegehaltfähigen Dienstbezüge und der ruhegehaltfähigen → *Dienstzeit* berechnet wird, beträgt seit dem 1. Januar 2003 für jedes Jahr ruhegehaltfähiger Dienstzeit 1,79375 vom Hundert, insgesamt jedoch höchstens 71,75 vom Hundert.

Die von den *Ländern* aufgrund der auf sie durch das → *Gesetz* zur Änderung des Grundgesetzes (GG) vom 28. August 2006 gemäß Artikel 70 i. V.m Art. 74 Abs. 1 Nr. 27 GG übergegangenen Gesetzgebungszuständigkeit erlassenen Beamtenversorgungsgesetze, die für die im Dienste der Länder und der Gemeinden, Gemeindeverbände sowie der sonstigen der Aufsicht eines Landes unterstehenden → *Körperschaften*, → *Anstalten* und → *Stiftungen des öffentlichen Rechts* stehenden Beamten gelten, enthalten ebenfalls entsprechende Regelungen über das Ruhegehalt in Anlehnung an das BeamtVG.

Für die zum Zeitpunkt des Inkrafttretens der Änderungsgesetze des Beamtenversorgungsrechtes vorhandenen Beamten und Ruhestandsbeamten sehen die Beamtenversorgungsgesetze Übergangsregelungen vor.

S

Saarland

ist das kleinste Bundesland der → *Bundesrepublik Deutschland*, und zwar ohne Berücksichtigung der → *Stadtstaaten*. Nach dem Ende des 2. Weltkrieges wurde das Saarland Teil der französischen Besatzungszone. Frankreich strebte hierbei den wirtschaftlichen Anschluss des Saarlandes an die französische Republik und die Währungs- und Zolleinheit an. Dies führte zur Gründung eines Saarstaates mit dem Inkrafttreten der Verfassung vom 15. Dezember 1947. Im Zuge der Europäisierung wurde im Jahre 1954 zur Lösung der Saarfrage ein Europäisches Saarstatut ausgearbeitet, das in einer am 23. Oktober 1955 durchgeführten Volksbefragung von über zwei Dritteln der stimmberechtigten Saarländer abgelehnt worden ist. Das Saarland wurde dann am 1. Januar 1957 ein Bundesland der im Jahre 1949 neu gegründeten Bundesrepublik Deutschland. Die Landeshauptstadt des Saarlandes ist Saarbrücken.

Sachen

im Sinne des bürgerlichen Rechts sind alle körperlichen Gegenstände (§ 90 BGB).

Sachsen

ist das zehntgrößte Bundesland der → *Bundesrepublik Deutschland*, das in seiner heutigen Form mit der Wiedervereinigung Deutschlands am 3. Oktober 1990 errichtet wurde und sich einen → *Freistaat* nennt. Die Landeshauptstadt von Sachsen ist Dresden.

Sachsen-Anhalt

ist das achtgrößte Bundesland der → *Bundesrepublik Deutschland*, das in seiner heutigen Form mit der Wiedervereinigung Deutschlands am 3. Oktober 1990 errichtet wurde. Die Landeshauptstadt von Sachsen-Anhalt ist Magdeburg.

Sainte-Laguë/Schepers-Verfahren

ist ein nach dem französischen Mathematiker André Sainte-Laguë (1882 bis 1950) und dem deutschen Physiker Dr. Hans Schepers (*1928) benanntes Verfahren –

auch Divisormethode mit Standardrundung genannt – zur Berechnung der Sitzverteilung bei Wahlen im parlamentarischen Bereich.

Mit dem Sainte-Laguë/Schepers-Verfahren, das bei den Wahlen zum Deutschen → *Bundestag* zur Berechnung der Sitzverteilung erstmals im Jahre 2009 angewandt worden ist, wurde das → *Hare-Niemeyer-Verfahren*, welches von 1987 bis 2005 der Berechnung der Sitzzuteilung bei den Bundestagswahlen zugrunde lag, abgelöst. Zur Berechnung der Sitzverteilung gibt es beim Sainte-Laguë/Schepers-Verfahren drei Methoden, die im Ergebnis rechnerisch gleich und damit rechtlich gleichwertig sind, und zwar das Höchstzahlverfahren, das Rangmaßzahlverfahren und das iterative Verfahren. Bei der Berechnung der Sitzverteilung bei den Wahlen zum Deutschen Bundestag wird das iterative Verfahren angewandt. Die seit der Wahl zum 18. Deutschen Bundestag am 22. September 2013 geltende Berechnung der Sitzverteilung, die in § 6 des → *Bundeswahlgesetzes* (BWG) geregelt ist, sieht unter Beibehaltung des Systems der personalisierten Verhältniswahl vor, dass → *Überhangmandate* im Verhältnis der Parteien zueinander durch → *Ausgleichsmandate* ausgeglichen werden, sodass die Zahl der Sitze der Parteien ihrem jeweiligen Zweitstimmenergebnis entspricht, wobei für die am 26. September 2021 stattfindende Bundestagswahl zur Verminderung der Bundestagsvergrößerung das BWG dahingehend geändert wurde, dass drei Überhangsmandate nicht durch Ausgleichsmandate für die Parteien ersetzt werden (§ 6 Abs. 5 BWG).

Sammelbelege

sind Schriftstücke (z. B. Verträge), die innerhalb eines Haushaltsjahres zur Begründung für mehrere → *Kassenanordnungen* über Einzelhaushaltseinnahmen oder -ausgaben verwendet werden.

Satzung

ist eine → *Rechtsnorm*, die von → *juristischen Personen* des öffentlichen Rechts im Rahmen der ihnen verliehenen Autonomie zur Regelung ihrer eigenen Angelegenheiten in einem dafür vorgeschriebenen förmlichen Verfahren erlassen worden ist (z. B. Bebauungspläne, Haushaltssatzungen, Gebührensatzungen).

Schickschuld

ist die Bezeichnung für eine Schuld, bei der der Schuldner (Verkäufer) zwar die ihm obliegende Leistung an seinem Wohn- bzw. Geschäftssitz zu erbringen hat, jedoch verpflichtet ist, die Versendung der Ware an den Gläubiger (Käufer) vorzunehmen (z. B. Kauf eines Fernsehgerätes bei einem Versandhaus).

Schleswig-Holstein

ist das nördlichste und zwölftgrößte Bundesland der → *Bundesrepublik Deutschland*. Nach dem Ende des 2. Weltkrieges gehörte Schleswig-Holstein zur britischen Besatzungszone. Mit der Verordnung Nr. 46 der britischen Militärregierung vom 23. August 1946 „Betreffend die Auflösung der Provinzen des ehemaligen Landes Preußen in der Britischen Zone und ihre Neubildung als selbständige Länder" wurde das Land Schleswig-Holstein wieder hergestellt. Die Landeshauptstadt von Schleswig-Holstein ist Kiel.

Schlicht-hoheitliche Verwaltung

→ Hoheitsverwaltung

Schuldenbremse

ist eine verfassungsrechtliche Haushaltsregel, die im Jahre 2009 im Rahmen der Föderalismusreform II durch eine Änderung des Artikels 109 Abs. 3 des → *Grundgesetzes* (GG) neben dem → *Stabilitätsrat* als zweite institutionelle Grundlage für die Sicherung der langfristigen Tragfähigkeit der Haushalte von Bund und Ländern eingeführt wurde. Die Schuldenbremse sieht eine Begrenzung der staatlichen Kreditaufnahme im Bund und in den Ländern mit Übergangsregelungen, die in Artikel 134d GG getroffen wurden, vor und macht Bund und Ländern verbindliche Vorgaben zum schrittweisen Abbau ihrer Haushaltsdefizite. Die strukturelle, also nicht konjunkturbedingte, jährliche Nettokreditaufnahme des Bundes darf maximal 0,35 Prozent des → *Bruttoinlandproduktes* betragen. Den Bundesländern ist seit dem Jahre 2020 keine Nettokreditaufnahme mehr gestattet. Ausnahmen vom Neuverschuldungsverbot sind unter bestimmten Bedingungen, und zwar in einer von der Normallage abweichenden konjunkturellen Entwicklung, im Falle von Naturkatastrophen oder bestimmten außergewöhnlichen Notsituationen, aber zulässig.

Schuldnerverzug

→ Verzug

Schuldverhältnis

im Sinne des → *Bürgerlichen Gesetzbuches* (BGB) ist eine rechtliche Beziehung zwischen mindestens zwei Personen kraft derer eine Person (Gläubiger) berechtigt ist, von einer anderen Person (Schuldner) eine Leistung zu fordern (§ 241 Satz 1 BGB).

Beispiel: → *Kaufvertrag*, → *Mietvertrag*, → *Dienstvertrag*.

Schwerbehindertenrecht

ist zusammenfassend im Neunten Buch Sozialgesetzbuch – Rehabilitation und Teilhabe behinderter Menschen – (SGB IX) geregelt. Das Schwerbehindertenrecht verfolgt das Ziel, schwerbehinderte Menschen mit einem Grad der Behinderung von wenigstens 50 % (oder wenigstens 30 %, wenn sie auf ihren Antrag von der Agentur für Arbeit den schwerbehinderten Menschen gleichgestellt worden sind) in den Arbeitsprozess einzugliedern und deren Arbeitsplätze zu schützen.

Sektorenverordnung

trifft nähere Bestimmungen über das einzuhaltende Verfahren bei der dem Teil 4 des → *Gesetzes gegen Wettbewerbsbeschränkungen* (GWB) unterliegenden Vergabe von Aufträgen und die Ausrichtung von Wettbewerben zum Zwecke von Tätigkeiten auf dem Gebiet der Trinkwasser- oder Energieversorgung oder des Verkehrs (Sektorentätigkeiten) durch Sektorenauftraggeber (§ 1 Abs. 1 SektVO). Die Verordnung über die Vergabe von öffentlichen Aufträgen im Bereich des Verkehrs, der Trinkwasserversorgung und der Energieversorgung (Sektorenverordnung – SektVO) entspricht in weiten Teilen der → *Vergabeverordnung*.

SektVO

ist die Abkürzung für → *Sektorenverordnung*.

Selbstkostenrechnung

→ Kostenträgerrechnung

Selbstverwaltung

ist diejenige Verwaltungstätigkeit, die durch rechtsfähige → *Körper-*

schaften des öffentlichen Rechts in eigener Verantwortung unter der → *Rechtsaufsicht* des → *Staates* wahrgenommen wird (z. B. Gemeinde- und Kreisverwaltungen, Handwerkskammern, Industrie- und Handelskammern).

Die Selbstverwaltung wird in der Literatur auch häufig der mittelbaren Staatsverwaltung (im weiteren Sinne) zugeordnet. Diese Zuordnung ist jedoch zweifelhaft und umstritten, da sie der Selbstverwaltung nur bedingt gerecht wird. Dies gilt insbesondere für die gemäß Artikel 28 Abs. 2 des → *Grundgesetzes* (GG) garantierte kommunale Selbstverwaltung, bei der es sich um eine Wahrnehmung eigener Angelegenheiten handelt, die nicht von der staatlichen Verwaltung verliehen oder von ihr abgeleitet sind.

SGB

ist die Abkürzung für → *Sozialgesetzbuch.*

SGG

ist die Abkürzung für → *Sozialgerichtsgesetz.*

Sicherer Drittstaat

ist eine Bezeichnung aus dem → *Asylrecht* und findet sich auch in Artikel 16a Abs. 2 Satz 1 des → *Grundgesetzes* (GG). Ein sicherer Drittstaat ist ein Staat, in dem die Anwendung des Abkommens über die Rechtsstellung der → *Flüchtlinge* (auch Genfer Konvention genannt) und der Konvention zum Schutze der Menschenrechte und Grundfreiheiten (Europäische Konvention) gewährleistet ist. Sichere Drittstaaten sind nach § 26a Abs. 2 des → *Asylgesetzes* (AsylG) außer den Mitgliedstaaten der → *Europäischen Union* (EU) die in der Anlage I zu § 26a AsylG aufgeführten Staaten Norwegen und Schweiz. Eine Einstufung als sicherer Drittstaat ist nur mit Zustimmung des → *Bundesrates* möglich (→ *Zustimmungsgesetz*).

Personen, die aus einem sicheren Drittstaat im Sinne des Artikels 16a Abs. 2 Satz 1 GG in die Bundesrepublik Deutschland eingereist sind, können regelmäßig kein → *Asyl* in Deutschland beantragen, wenn diese Möglichkeit bereits in einem anderen sicheren Drittstaat bestand (§ 26a Abs. 1 AsylG).

Sitte

ist eine Verhaltensregel, die die in einer Gemeinschaft über einen längeren Zeitraum entstandenen Lebensgewohnheiten und Verhaltensformen beinhaltet (z. B. es ist Sitte, in einer bestimmten Weise und für eine bestimmte Zeit Trauerkleidung zu tragen). Die Sitte unterscheidet sich vom → *Brauch* dadurch, dass ihr Grad der Verbindlichkeit und damit der Anspruch auf Beachtung seitens der Gemeinschaft zumeist deutlich höher ist, wobei der Begriff Brauch in der Praxis jedoch oft in Verbindung mit Sitte verwendet wird.

Sofortiger Vollzug

→ Verwaltungsvollstreckung

Solidaritätszuschlag

ist eine Ergänzungsabgabe bzw. Zuschlagsteuer zur Einkommensteuer. Der Solidaritätszuschlag ist außerhalb des Einkommensteuergesetzes im Solidaritätszuschlagsgesetz geregelt und wird bei der Gehaltsabrechnung getrennt ausgewiesen und abgerechnet und in Höhe von 5,5 % der einbehaltenen Lohnsteuer vom → *Arbeitgeber* an das Finanzamt abgeführt. Das → *Gesetz* zur Rückführung des Solidaritätszuschlags 1995 vom 10. Dezember 2019 sieht für die große Mehrzahl der Steuerzahler ab dem 1. Januar 2021 den vollständigen Wegfall des Solidaritätszuschlags vor.

Sonderzahlung

→ Jahressonderzahlung

Sozialdemokratische Partei Deutschlands

ist eine im Jahre 1945 wieder gegründete → *politische Partei,* die ihre Wurzeln in der Arbeiterbewegung im 19. Jahrhundert hat und seitdem für soziale Gerechtigkeit steht. Als sogenannte → *Volkspartei* umfasst das Parteiprogramm der Sozialdemokratischen Partei Deutschlands (SPD) eine breite Vielfalt an politischen Themen. Kernpunkte sind der Sozialstaat in den Ausprägungen von Arbeitspolitik, Rentenpolitik und Familienpolitik. Die SPD ist seit der ersten Bundestagswahl im Jahre 1949 im → *Bundestag* als → *Fraktion* vertreten.

Soziale Marktwirtschaft

ist die Bezeichnung für eine Wirtschaftsordnung auf der Grundlage des Systems der freien Marktwirtschaft, die wirtschaftliche Leistungsfähigkeit und soziale Gerechtigkeit bei einem hohen Maß an individueller Freiheit gewährleisten will.

Die soziale Marktwirtschaft ist die Wirtschaftsordnung in der → *Bundesrepublik Deutschland*. Der Begriff soziale Marktwirtschaft wurde von dem Volkswirtschaftler und Soziologen Alfred Müller-Armack (1901 bis 1978) geprägt, der hierunter eine Wirtschaftsordnung verstand, die das Prinzip der Freiheit auf dem Markt mit dem des sozialen Ausgleichs verbindet. Eingeführt wurde die soziale Marktwirtschaft nach der Währungsreform im Jahre 1948 durch den damaligen Direktor des Zweizonen-Wirtschaftsrates und späteren Bundeskanzler Ludwig Erhard (1897 bis 1977).

Sozialgerichtsgesetz

regelt das Verfahrensrecht und die Gerichtsverfassung innerhalb der Sozialgerichtsbarkeit. Erstinstanzlich sind regelmäßig die Sozialgerichte, sodann Landessozialgerichte und in der Revisionsinstanz das → *Bundesozialgericht* mit Sitz in Kassel zuständig. Nach § 51 des → *Sozialgerichtsgesetzes* (SGG) entscheiden die → *Gerichte* der Sozialgerichtsbarkeit über öffentlich-rechtliche Streitigkeiten u. a. in Angelegenheiten der gesetzlichen Renten-, Kranken- und Unfallversicherung, der sozialen und privaten Pflegeversicherung, der Grundsicherung für Arbeitssuchende, der Sozialhilfe und des Asylbewerberleistungsgesetzes.

Sozialgesetzbuch

ist ein Gesetzeswerk, in dem alle wesentlichen Bereiche des Sozialrechtes der → *Bundesrepublik Deutschland* geregelt sind. Das Sozialgesetzbuch (SGB) gliedert sich in zwölf Bücher: Allgemeiner Teil (SGB I), Grundsicherung für Arbeitssuchende (SGB II), Arbeitsförderung (SGB III), Gemeinsame Vorschriften für die Sozialversicherung (SGB IV), Gesetzliche Krankenversicherung (SGB V), Gesetzliche Rentenversicherung (SGB VI), Gesetzliche Unfallversicherung (SGB VII), Kinder- und Jugendhilfe (SGB VIII), Rehabilitation und Teilhabe behinderter Menschen (SGB IX), Sozialverwaltungsverfahren und Sozialdatenschutz (SGB X), Soziale Pflegeversicherung (SGB XI) und Sozialhilfe (SGB XII).

Sozialismus

ist eine politische Strömung, in dessen Zentrum Gleichheit, Gerechtigkeit und Solidarität der Gesellschaft nebeneinandersteht. In der → *Bundesrepublik Deutschland* ist diese politische Strömung der Partei → *Die Linke* und der → *Sozialdemokratischen Partei Deutschlands* (SPD) (in gemäßigter Form) zuzuordnen.

Neben dem → *Konservatismus* und dem → *Liberalismus* bildet der Sozialismus einen der drei großen politischen Strömungen des 18./19. Jahrhunderts.

Sozialprodukt

→ Nationaleinkommen

Sozialstaat

ist die Bezeichnung für das in Artikel 20 Abs. 1 des → *Grundgesetzes* (GG) verankerte Sozialstaatsprinzip. Bei dem Sozialstaatsprinzip handelt es sich nicht nur um einen Programmsatz, sondern um geltendes, den Gesetzgeber und die → *öffentliche Verwaltung* vor allem bei Ermessensentscheidungen bindendes Recht, das auch von den → *Gerichten* zu beachten ist.

Der Inhalt des Sozialstaatsprinzips lässt sich dahin umschreiben, dass der → *Staat* zur Herstellung und Erhaltung sozialer Gerechtigkeit und sozialer Sicherheit verpflichtet wird. Der Einzelne kann aus dem Sozialstaatsprinzip grundsätzlich keinen direkten Anspruch auf eine Leistung gegenüber dem Staat ableiten. Eine Ausnahme von diesem Grundsatz ergibt sich jedoch in Verbindung mit dem → *Grundrecht* der Würde des Menschen (Art. 1 Abs. 1 GG) bei dem Anspruch des Einzelnen auf ein Mindestmaß an materieller Sicherheit (Existenzminimum). Alle Bedürftigen haben dementsprechend einen Anspruch auf Grundsicherungsleistungen nach den Regelungen des Zweiten und Zwölften Buch Sozialgesetzbuch (SGB II und SGB XII).

Allerdings verpflichtet die Sozialstaatsklausel den Staat, auf dem Gebiet der sogenannten Daseinsvorsorge (z. B. Versorgung mit Gas, Wasser, Strom, Gesundheitsvorsorge, Schulwesen) Leistungen für den Einzelnen zu erbringen, die jedoch nicht kostenlos sein müssen. Darüber hinaus hat der Staat für ein sozial gerechtes Steuersystem zu sorgen. Außerdem ist die Zwangsversicherung bestimmter Gruppen Ausfluss des Sozialstaatsprinzips (z. B. die Sozial- und Arbeitslosenversicherung). Konkretisierungen des Sozialstaatsprinzips enthält das GG unter anderem in den Artikeln 6 Abs. 4 (Anspruch jeder Mutter auf Schutz und Fürsorge durch die Gemeinschaft), 9 Abs. 3 (→ *Koalitionsfreiheit*) und 14 Abs. 2 (Pflicht zum sozialgerechten Gebrauch des Eigentums). Im Übrigen richtet sich das Sozialstaatsprinzip vor allem an den Gesetzgeber und begründet für diesen die gesetzgeberische Aufgabe, dem Sozialstaatsprinzip durch die Verabschiedung entsprechender Regelungen Rechnung zu tragen.

Spätaussiedler

sind Deutsche im Sinne des Artikels 116 Abs. 1 des → *Grundgesetzes* (GG). Nach der Definition des § 4 des Bundesvertriebenengesetzes (BVFG) sind Spätaussiedler deutsche Volkszugehörige, die ihren Wohnsitz in den sogenannten Aussiedlungsgebieten östlich der Oder-Neiße-Linie, also ehemaligen Gebieten des Deutschen Reiches und vergangenen Sowjetrepubliken hatten und im Wege des vertriebenenrechtlichen Aufnahmeverfahrens nach dem 31. Dezember 1992 verlassen haben, um in der → *Bundesrepublik Deutschland* Aufnahme zu finden.

SPD

ist die Abkürzung für → *Sozialdemkratische Partei Deutschlands.*

Spitzenrefinanzierungsfazilität

→ Fazilität

Staat

ist ein aus dem lateinischen Wort „status" abgeleiteter Begriff, der mit „Zustand oder Ordnung" übersetzt werden kann. Eingeführt wurde dieser Begriff von dem florentinischen Gelehrten Niccolo Machiavelli (1469 bis 1527), der in seinem Werk „Il Principe" („Der Fürst") den Staat mit dem Wort „stato" bezeichnet hat.

Unter dem Begriff Staat im rechtlichen Sinne versteht man heute eine Einrichtung, durch die eine Vielzahl von Menschen auf einem bestimmten Teil der Erde unter einer hoheitlichen Gewalt in einer geordneten Gemeinschaft zur Verwirklichung von Gemeinschaftsaufgaben verbunden ist. Nach dieser Definition müssen drei Elemente, und zwar ein → *Staatsgebiet*, ein → *Staatsvolk* und eine → *Staatsgewalt* vorhanden sein, um von einem Staat sprechen zu können (Drei-Elemente-Theorie).

Staatenbund

ist eine auf völkerrechtlichem Vertrag bestehende Verbindung mehrerer selbstständiger → *Staaten* zur Erreichung gemeinsamer Ziele (z. B. der Deutsche Bund von 1815 bis 1866).

Im Staatenbund behalten die einzelnen Staaten ihre volle Souveränität. Die Mitgliedstaaten können sich aber verpflichten, gemeinschaftliche Einrichtungen zu unterhalten und inhaltlich gleiche → *Gesetze* zu erlassen. Ein Gesetz erhält jedoch in den einzelnen Staaten erst dann Gesetzeskraft, wenn es von den jeweiligen Volksvertretungen ratifiziert wird.

Staatengemeinschaften

sind völkerrechtliche Zusammenschlüsse selbstständig bleibender → *Staaten* zu bestimmten Zwecken, die meistens im wirtschaftlichen, politischen oder militärischen Bereich liegen, z. B. Vereinte Nationen (UNO), Europarat, Nord-Atlantik-Pakt (NATO).

Staatsformen

werden im Allgemeinen in zwei Gruppen untergliedert, und zwar in → *Monarchien* und → *Republiken*. Aus der Staatsform ergibt sich, wer jeweils Inhaber der → *Staatsgewalt* ist.

Staatsgebiet

ist der abgegrenzte bewohnbare Teil der Erde, in dem der → *Staat* seine Herrschaft ausübt. Das Staatsgebiet der → *Bundesrepublik Deutschland* besteht aus 16 Bundesländern. Dies sind → *Baden-Württemberg*, → *Bayern*, → *Berlin*, → *Brandenburg*, → *Bremen*, → *Hamburg*, → *Hessen*, → *Mecklenburg-Vorpommern*, → *Niedersachsen*, → *Nordrhein-Westfalen*, → *Rheinland-Pfalz*, → *Saarland*, → *Sachsen*, → *Sachsen-Anhalt*, → *Schleswig-Holstein* und → *Thüringen*.

Staatsgewalt

ist die auf dem → *Staatsgebiet* ordnende und beherrschende hoheitliche Gewalt über die sich in ihm aufhaltenden Menschen.

Die Staatsgewalt wird von Staatsorganen ausgeübt, die für den → *Staat* handeln. Dies kann eine Einzelperson oder eine Mehrheit von Personen sein. Je nach ihrem Rechtsgrund unterscheidet man zwischen den *unmittelbaren Staatsorganen*, deren Einrichtung und Rechtsstellung sich unmittelbar aus der → *Verfassung* ergeben (z. B. Volksvertretung, Staatsregierung) und den *mittelbaren Staatsorganen*, die ihr Dasein und ihre Zuständigkeit aus einfachen → *Gesetzen* und Anordnungen der unmittelbaren Staatsorgane ableiten (z. B. staatliche → *Behörden*, → *Gerichte*). Wer jeweils Inhaber der Staatsgewalt ist, ergibt sich aus der → *Staatsform*.

Die Verfassungen demokratischer Staaten sehen die Aufteilung der Staatsgewalt (Grundsatz der → *Gewaltenteilung*) vor allem in folgende drei Funktionen vor, und zwar die gesetzgebende Gewalt (Legislative), die vollziehende Gewalt (Exekutive) und die rechtsprechende Gewalt (Judikative).

Staatsquote

ist die Bezeichnung für die Gesamtausgaben eines → *Staates* (einschließlich Sozialversicherung) in Prozent des → *Bruttoinlandsprodukts* (BIP). Die Staatsquote gibt also an, wie hoch der Anteil der Staatsausgaben am BIP ist. Je höher die Staatsquote, desto größer ist der Anteil des Staates am Wirtschaftsleben einer Volkswirtschaft.

Staatsverwaltung

ist die Bezeichnung für eine Verwaltungstätigkeit, die der → *Staat* durch eigene Verwaltungseinrichtungen wahrnimmt.

Innerhalb der Staatsverwaltung wird unterschieden zwischen unmittelbarer und mittelbarer Staatsverwaltung. Von *unmittelbarer Staatsverwaltung* spricht man, wenn Verwaltungsaufgaben von Bundes- oder Landesbehörden wahrgenommen werden (z. B. Bundes- oder Landesministerien, Bundesverwaltungsamt, Oberfinanzdirektionen). Von *mittelbarer Staatsverwaltung* (im engeren Sinne) spricht man, wenn Verwaltungsaufgaben durch die der Aufsicht des Bundes oder der Länder unterstehenden rechtsfähigen

→ *Anstalten* und → *Stiftungen des öffentlichen Rechts* wahrgenommen werden (z. B. Rundfunk- und Fernsehanstalten, Stiftung Preußischer Kulturbesitz).

Staatsvolk

ist die auf dem → *Staatsgebiet* lebende Gesamtheit von Menschen gleicher Staatsangehörigkeit.

Stabilitätsgesetz

ist die im Sprachgebrauch verwandte Bezeichnung für das → *Gesetz* zur Förderung der Stabilität und des Wachstums der Wirtschaft (Stabilitäts- und Wachstumsgesetz – StWG). Das Stabilitätsgesetz stellt für den Bund und die Länder geltende Grundsätze für eine konjunkturgerechte, antizyklische Haushalts- und Wirtschaftsführung und eine mehrjährige Finanzplanung auf. Außerdem verpflichtet das Stabilitätsgesetz die Gemeinden und Gemeindeverbände bei ihrer Haushaltswirtschaft den Erfordernissen des gesamtwirtschaftlichen Gleichgewichts Rechnung zu tragen. Danach sind die Maßnahmen so zu treffen, dass sie im Rahmen der marktwirtschaftlichen Ordnung gleichzeitig zur Stabilität des Preisniveaus, zu einem hohen Beschäftigungsstand und außenwirtschaftlichem Gleichgewicht bei stetigem und angemessenem Wirtschaftswachstum beitragen (§ 16 Abs. 1 StWG). Ferner haben die Länder durch geeignete Maßnahmen darauf hinzuwirken, dass die Haushaltswirtschaft der Gemeinden und Gemeindeverbände den konjunkturpolitischen Erfordernissen entspricht (§ 16 Abs. 2 StWG).

Stabilitätsrat

wurde im Jahre 2009 im Rahmen der Föderalismusreform II durch Einfügung des Artikels 109a in das → *Grundgesetz* (GG) unter dem Vorbehalt eines Ausführungsgesetzes neben der neuen → *Schuldenbremse* als zweite institutionelle Grundlage zur Sicherung der langfristigen Tragfähigkeit der Haushalte von Bund und Ländern geschaffen und hat den Finanzplanungsrat abgelöst. Die erforderliche Ausgestaltung durch ein Bundesgesetz erfolgte mit dem → *Gesetz* zur Errichtung eines Stabilitätsrates und zur Vermeidung von Haushaltsnotlagen (Stabilitätsratsgesetz – StabiRatG), das am 1. Januar 2010 in Kraft getreten ist. Zentrale Aufgabe des Stabilitätsrates, der sich aus dem

Bundesminister der Finanzen, den Finanzministern der Länder und dem Bundesminister für Wirtschaft und Energie zusammensetzt, ist die laufende Überwachung der Haushalte des Bundes und der Länder, um so drohende Haushaltsnotlagen frühzeitig zu erkennen und geeignete Gegenmaßnahmen rechtzeitig einleiten zu können. Grundlage für das Haushaltsüberwachungsverfahren bilden jährlich vom Bund und von den Ländern vorzulegende Berichte. Sie enthalten die Darstellung bestimmter, vom Stabilitätsrat festgelegter Kennziffern zur aktuellen Haushaltslage, zur Finanzplanung und zur Einhaltung der verfassungsmäßigen Kreditaufnahmegrenzen sowie eine Projektion der mittelfristigen Haushaltsentwicklung, wobei die allgemein geltenden Haushaltskennziffern die Einheitlichkeit des Haushaltsüberwachungsverfahrens beim Bund und den Ländern gewährleisten sollen.

Stabliniensystem

ist eine Weiterentwicklung des Einliniensystems, wobei der Grundaufbau des Einliniensystems durch sogenannte → *Stabsstellen* ergänzt wird.

Stabsstelle

ist eine in der Regel der Verwaltungsspitze einer → *Behörde* zugeordnete organisatorische Einheit – besetzt mit einer oder mehreren Personen – mit Beratungs- und Unterstützungsfunktion und bereitet Entscheidungen vor. Die Stabsstelle hat keine Weisungs- und Entscheidungsbefugnis.

Stadtstaat

ist ein → *Staat*, der grundsätzlich nur das Gebiet einer Stadt umfasst. Stadtstaaten in Deutschland sind → *Berlin*, → *Bremen* (mit Bremerhaven) und → *Hamburg*, die somit zugleich Bundesland und → *Kommune* sind.

Stagflation

ist ein aus den Begriffen → *Stagnation* und → *Inflation* zusammengesetztes Wort und beschreibt die Situation, in der ein sehr geringes oder sinkendes Wirtschaftswachstum (Stagnation) und gleichzeitig steigende Preise (Inflation) auftreten.

Stagnation

im wirtschaftlichen Sinne beschreibt einen zeitlichen Abschnitt der Entwicklung der → *Konjunktur*, in dem das Wirtschaftswachstum ins Stocken gerät (= geringes oder sinkendes Wirtschaftswachstum).

Ständige Fazilität

→ Fazilität

Ständige Konferenz der Kultusminister der Länder in der Bundesrepublik Deutschland

→ Kultusministerkonferenz

Stellenbeschreibung

ist die schriftliche Festlegung der wesentlichen Inhalte und Merkmale einer Stelle (z. B. Aufgaben, Kompetenzen und Verantwortung des Stelleninhabers), wobei die Stellenbeschreibung üblicherweise unabhängig von der Person des Stelleninhabers betrachtet wird. Die Stellenbeschreibung wird auch als Tätigkeitsbeschreibung oder Arbeitsplatzbeschreibung bezeichnet.

Stellenbesetzungsplan

zeigt auf, von wem die einzelnen Stellen besetzt werden, wobei dadurch gleichzeitig auch ersichtlich wird, welche Stellen noch unbesetzt sind. Der Stellenbesetzungsplan enthält neben der Bezeichnung der Stelle, den Namen, das Geburtsdatum, die Amts- oder Dienstbezeichnung und die Besoldungs- oder Entgeltgruppe des Stelleninhabers.

Stellenzulagen

werden für herausgehobene Funktionen bestimmten → *Beamten* für die Dauer der Wahrnehmung der herausgehobenen Funktionen nach näherer Festlegung in der → *Besoldungsordnung* des Bundes oder Landes gewährt. Die Stellenzulagen sind widerruflich und nur dann ruhegehaltfähig, wenn dies gesetzlich ausdrücklich bestimmt ist (§ 42 Abs. 3 und 4 BBesG bzw. Landesbesoldungsgesetz).

Stellvertretung

ist die Abgabe oder der Empfang einer → *Willenserklärung* für einen anderen und in dessen Namen mit der Folge, dass die Wirkungen unmittelbar den Vertretenen treffen (§§ 164 ff. BGB).

An eine wirksame Stellvertretung sind bestimmte Voraussetzungen geknüpft. So muss die Stellvertretung für das betreffende → *Rechtsgeschäft* zulässig sein und sich auf die Abgabe oder den Empfang einer Willenserklärung beziehen. Außerdem muss der Vertreter im Namen des Vertretenen handeln und die Befugnis besitzen, einen anderen zu vertreten (Vertretungsmacht).

Hinsichtlich der Vertretungsmacht wird unterschieden zwischen der gesetzlichen Vertretungsmacht, die auf einer Ermächtigung beruht, die das → *Gesetz* jemand erteilt hat, und der rechtsgeschäftlichen Vertretungsmacht (Vollmacht), die durch einseitige empfangsbedürftige Willenserklärung gegenüber dem zu Bevollmächtigenden (Innenvollmacht) oder gegenüber dem Geschäftsgegner (Außenvollmacht) erteilt wird.

Stiftungen des öffentlichen Rechts

sind rechtsfähige öffentlich-rechtliche Verwaltungseinheiten, die in der Regel durch → *Gesetz* oder aufgrund eines Gesetzes gegründet werden und die mit einem Kapital- oder Sachbestand bestimmte Aufgaben der → *öffentlichen Verwaltung* unter der Aufsicht des → *Staates* erfüllen (z. B. Stiftung Preußischer Kulturbesitz, Stiftung Bundeskanzler-Adenauer-Haus, Bundeskanzler-Helmut-Schmidt-Stiftung, Stiftung Bundespräsident-Theodor-Heuss-Haus).

Stückschuld

ist der Gegenbegriff zur → *Gattungsschuld*. Bei der Stückschuld – auch Speziesschuld genannt – bestimmen die Vertragsparteien den Leistungsgegenstand von vornherein eindeutig auf einen individuellen Kaufgegenstand, sodass die Schuld nur mit diesem bestimmten Kaufgegenstand erfüllt werden kann, z. B. ein bestimmtes Gemälde, ein bestimmtes Buch oder ein bestimmter Schrank in einem Antiquitätengeschäft.

Stundung

im haushaltsrechtlichen Sinne ist eine Maßnahme, durch die die Fälligkeit eines Anspruchs hinausgeschoben wird. Bei Gewährung der Stundung ist eine Stundungsfrist festzulegen (VV Nr. 1.1 zu § 59 BHO/LHO).

Die gesetzlichen Anforderungen für die Stundung, die nur auf Antrag gewährt wird, sind gegeben, wenn die sofortige Einziehung mit erheblichen Härten für den Anspruchsgegner des Bundes oder Landes verbunden wäre und der Anspruch des Bundes oder Landes durch die Stundung nicht gefährdet wird. Die Stundung soll gegen angemessene Verzinsung und in der Regel nur gegen Sicherheitsleistung gewährt werden (§ 31 Abs. 2 Nr. 1 HGrG, § 59 Abs. 1 Nr. 1 BHO/LHO).

StWG

ist die Abkürzung für Stabilitäts- und Wachstumsgesetz.

Subordinationsrechtlicher Vertrag

→ Öffentlich-rechtlicher Vertrag

Subsumtion

ist die Unterordnung eines konkreten Lebenssachverhaltes unter den generell-abstrakten Tatbestand einer → *Rechtsnorm*.

Suspensiveffekt

→ Aufschiebende Wirkung

T

Tabellenentgelt

ist ein Bestandteil der Arbeitsvergütung der unter den Geltungsbereich des → *Tarifvertrages für den öffentlichen Dienst* (TVöD), des → *Tarifvertrages für den öffentlichen Dienst der Länder* (TV-L) und des → *Tarifvertrages für den öffentlichen Dienst des Landes Hessen* (TV-H) fallenden → *Arbeitnehmer*.

Die Höhe des Tabellenentgelts bestimmt sich nach der Entgeltgruppe, in die der Beschäftigte eingruppiert ist, und nach der für ihn geltenden Stufe (§ 15 Abs. 1 TVöD/TV-L/TV-H). Die dem Beschäftigten konkret zustehenden Beträge des Tabellenentgelts können der Tabelle der Anlage A zum TVöD (Bund) bzw. TVöD (VKA) und den Anlagen B und (für Pflegekräfte) zum TV-L bzw. TV-H entnommen werden (§ 15 Abs. 2 TVöD/TV-L/TV-H).

Tarifautonomie

ist das Recht der → *Arbeitgeber*, der → *Arbeitgeberverbände* und der → *Gewerkschaften*, in → *Tarifverträgen* eigenverantwortlich und ohne staatliche Einflussnahme, jedoch im Rahmen der → *Verfassung* und der → *Gesetze*, die Arbeitsbedingungen und Arbeitsentgelte zu vereinbaren und sie den jeweiligen wirtschaftlichen und sozialen Entwicklungen anzupassen. Die Tarifautonomie wird durch die im → *Grundgesetz* (GG) garantierte → *Koalitionsfreiheit* gewährleistet (Art. 9 Abs. 3 GG).

Tarifeinheitsgesetz

bildet den rechtlichen Rahmen für die Regelung des Grundsatzes der Tarifeinheit nach dem betriebsbezogenen Mehrheitsprinzip, innerhalb dessen die → *Tarifvertragsparteien* die Arbeits- und Wirtschaftsbedingungen der → *Arbeitnehmer* sinnvoll ordnen können, um die Kollision von → *Tarifverträgen* konkurrierender → *Gewerkschaften* zu vermeiden. Die gesetzliche Regelung wurde notwendig, da das → *Bundesarbeitsgericht* seine bisherige Rechtsprechung zum Grundsatz der Tarifeinheit, wonach der Tarifvertrag der größeren Gewerkschaft Vorrang hatte, im Jahre 2010 änderte. Seinen Niederschlag findet der Grundsatz der Tarifeinheit einschließlich flankierender Verfahrensregelungen, die den Belangen der Minderheitsgewerkschaften Rechnung tragen, in § 4a des → *Tarifvertragsgesetzes* (TVG).

Tarifgebundenheit

ist die Bindung des einzelnen → *Arbeitnehmers* an die Vereinbarungen im → *Tarifvertrag*. Uneingeschränkt gilt dies jedoch nur, wenn → *Arbeitgeber* und Arbeitnehmer Mitglied der tarifvertragsschließenden Parteien sind.

Die Anwendung des Tarifvertrages für nicht tarifgebundene Arbeitnehmer kann aber durch den Einzelarbeitsvertrag vereinbart werden. Dies ist im → *öffentlichen Dienst* regelmäßig der Fall, sodass für die Beschäftigten des öffentlichen Dienstes ein einheitliches Tarifrecht gilt.

Tarifgemeinschaft deutscher Länder

ist der Arbeitgeberverband der Bundesländer in der Rechtsform eines nicht eingetragenen Vereins, der die Bundesländer als → *Tarifvertragspartei* im → *öffentlichen Dienst* bei den → *Arbeitgebern* vertritt. Mitglied der Tarifgemeinschaft deutscher Länder (TdL) oder eines Mitgliedsverbandes der TdL sind alle Bundesländer mit Ausnahme des Landes Hessen, das der TdL seit dem Jahr 2004 nicht mehr angehört.

Tarifvertrag

ist ein schriftlicher → *Vertrag*, der zwischen einem oder mehreren → *Arbeitgebern* oder → *Arbeitgeberverbänden* und einer oder mehreren → *Gewerkschaften* abgeschlossen wird.

Der Tarifvertrag bildet die Grundlage zur Regelung von arbeitsrechtlichen Rechten und Pflichten für die Zusammenarbeit von → *Arbeitnehmern* und Arbeitgebern (schuldrechtlicher Teil) und zur Festlegung von → *Rechtsnormen*, insbesondere über den Abschluss, den Inhalt und die Beendigung der erfassten → *Arbeitsverhältnisse* (normativer Teil).

Tarifvertrag für Auszubildende der Länder in Ausbildungsberufen nach dem Berufsbildungsgesetz

gilt für Personen, die in Verwaltungen und Betrieben, die unter den Geltungsbereich des → *Tarifvertrages für den öffentlichen Dienst der Länder* (TV-L) fallen, in einem staatlich anerkannten oder als staatlich anerkannt geltenden Ausbildungsberuf nach dem → *Berufsbildungsgesetz* (BBiG) ausgebildet werden (§ 1 Abs. 1 TVA-L BBiG). Bestimmte Beschäftigungsgruppen, die in § 1 Abs. 2 TVA-L aufgeführt sind, sind von der Geltung dieses Tarifvertrages ausgenommen.

Tarifvertrag für Auszubildende des Landes Hessen in Ausbildungsberufen nach dem Berufsbildungsgesetz

gilt für Personen, die in Verwaltungen und Betrieben, die unter den Geltungsbereich des → *Tarifvertrages für den öffentlichen Dienst des Landes Hessen* (TV-H) fallen, in einem staatlich anerkannten oder als staatlich anerkannt geltenden Ausbildungsberuf nach dem → *Berufsbildungsgesetz* (BBiG) ausgebildet werden (§ 1 Abs. 1 TVA-H BBiG). Bestimmte Beschäftigungsgruppen, die in § 1 Abs. 2 TVA-H BBiG aufgeführt sind, sind von der Geltung dieses Tarifvertrages ausgenommen.

Tarifvertrag für Auszubildende des öffentlichen Dienstes

gilt für Personen, die in Verwaltungen und Betrieben, deren Beschäftigte unter den Geltungsbereich des → *Tarifvertrages für den öffentlichen Dienst* (TVöD) fallen, in einem staatlich anerkannten oder als staatlich anerkannt geltenden Ausbildungsberuf ausgebildet werden, für Schüler in der Gesundheits- und Krankenpflege, Gesundheits- und Kinderkrankenpflege, Entbindungspflege und Altenpflege, die in Verwaltungen und Betrieben, die unter den Geltungsbereich des TVöD fallen, ausgebildet werden, und für Auszubildende in Betrieben oder Betriebsteilen der Versorgung und des Nahverkehrs, die den Tarifvertrag für Versorgungsbetriebe (TV-V), den Tarifvertrag Wasserwirtschaft Nordrhein-Westfalen (TV-WW/NW) oder den Tarifvertrag Nahverkehr (TV-N), solange nicht eine anderweitige bezirkliche Regelung getroffen wurde, anwenden (§ 1 Abs. 1 TVAöD). Bestimmte Beschäftigungsgruppen, die in § 1 Abs. 2 TVAöD aufgeführt sind, sind von der Geltung dieses Tarifvertrages ausgenommen.

Tarifvertrag für den öffentlichen Dienst

ist ein Manteltarifvertrag, in dem die allgemeinen Arbeitsbedingungen der unter den Geltungsbereich fallenden → *Arbeitnehmer* festgelegt sind.

Der → *Tarifvertrag* für den öffentlichen Dienst (TVöD) gilt für Arbeitnehmer, die in einem → *Arbeitsverhältnis* zum Bund oder zu einem → *Arbeitgeber* stehen, der Mitglied eines Mitgliedverbandes der → *Vereinigung der kommunalen Arbeitgeberverbände* (VKA) ist (§ 1 Abs. 1 TVöD). Bestimmte Beschäftigtengruppen, die in § 1 Abs. 2 TVöD aufgeführt sind, sind von der Geltung dieses Tarifvertrages ausgenommen.

Mit dem TVöD, der am 1. Oktober 2005 in Kraft getreten ist, wurden die bisher für die → *Angestellten* und → *Arbeiter* in der → *öffentlichen Verwaltung* geltenden Tarifverträge ersetzt bzw. abgelöst, wobei jedoch nach näherer Maßgabe des neuen Tarifrechts zahlreiche Vorschriften der bisherigen Tarifverträge weiter gelten oder die Grundlage für besitzstandswahrende Übergangsregelungen bilden.

Tarifvertrag für den öffentlichen Dienst der Länder

ist ein Manteltarifvertrag, in dem die allgemeinen Arbeitsbedingungen der unter den Geltungsbereich fallenden → *Arbeitnehmer* festgelegt sind.

Der → *Tarifvertrag* für den öffentlichen Dienst der Länder (TV-L) gilt für Arbeitnehmer, die in einem → *Arbeitsverhältnis* zu einem → *Arbeitgeber* stehen, der Mitglied der → *Tarifgemeinschaft deutscher Länder* (TdL) oder eines Mitgliedsverbandes der TdL ist (§ 1 Abs. 1 TV-L). Bestimmte Beschäftigungsgruppen, die in § 1 Abs. 2 und 3 TV-L aufgeführt sind, sind von der Geltung dieses Tarifvertrages ausgenommen. Mit dem TV-L, der am 1. November 2006 in Kraft getreten ist, wurden die bisher für die → *Angestellten* und → *Arbeiter* in der → *öffentlichen Verwaltung* geltenden Tarifverträge ersetzt bzw. abgelöst, wobei jedoch nach näherer Maßgabe des neuen Tarifrechts zahlreiche Vorschriften der bisherigen Tarifverträge weiter gelten oder die Grundlage für besitzstandswahrende Übergangsregelungen bilden. Zugleich wurde mit dem neuen Tarifrecht die bisherige Trennung in Tarifverträge für das Gebiet der Bundesrepublik Deutschland (Tarifgebiet West) und das Beitrittsgebiet (Tarifgebiet Ost) aufgegeben.

Zu beachten ist, dass im Land Berlin der am 1. Januar 2013 in Kraft getretene → *Tarifvertrag zur Überleitung der Beschäftigten des*

Landes Berlin in das Tarifrecht der TdL (TV Wiederaufnahme Berlin) und in Hessen der am 1. Januar 2010 in Kraft getretene → *Tarifvertrag für den öffentlichen Dienst des Landes Hessen* (TV-H) die Grundlage für die Arbeitsbedingungen der unter den Geltungsbereich dieser Tarifverträge fallenden Arbeitnehmer bilden. Diese Tarifverträge entsprechen in weiten Teilen dem TV-L.

Tarifvertrag für den öffentlichen Dienst des Landes Hessen

ist ein Manteltarifvertrag, in dem die allgemeinen Arbeitsbedingungen der unter den Geltungsbereich fallenden → *Arbeitnehmer* festgelegt sind.

Der → *Tarifvertrag* für den öffentlichen Dienst des Landes Hessen (TV-H) gilt für Arbeitnehmer (Beschäftigte), die in einem → *Arbeitsverhältnis* zum Land Hessen stehen (§ 1 Abs. 1 TV-H). Bestimmte Beschäftigungsgruppen, die in § 1 Abs. 2 und 3 TV-H aufgeführt sind, sind von der Geltung dieses Tarifvertrages ausgenommen. Mit dem TV-H, der am 1. Januar 2010 in Kraft getreten ist, wurden die bisher für die → *Angestellten* und → *Arbeiter* in der öffentlichen Verwaltung des Landes Hessen geltenden Tarifverträge ersetzt bzw. abgelöst, wobei jedoch nach näherer Maßgabe des neuen Tarifrechts zahlreiche Vorschriften der bisherigen Tarifverträge weiter gelten oder die Grundlage für besitzstandswahrende Übergangsregelungen bilden.

Tarifvertragsgesetz

bildet den rechtlichen Rahmen für die Gestaltung von → *Tarifverträgen* durch die → *Tarifvertragsparteien* und die Geltung von Tarifverträgen. Daneben enthält das Tarifvertragsgesetz (TVG) Regelungen über die Führung von Tarifregistern und die Bekanntgabe von Tarifverträgen. Die verfassungsrechtliche Grundlage für die Konkretisierung des Tarifvertragsrechts bildet das in Artikel 9 Abs. 3 des → *Grundgesetzes* (GG) verankerte Recht auf → *Koalitionsfreiheit*.

Tarifvertragsparteien

ist die Bezeichnung für die Verbände der → *Arbeitnehmer* (→ *Gewerkschaften*) und der → *Arbeitgeber* (→ *Arbeitgeberverbände*).

Tarifvertragsparteien im → *öffentlichen Dienst* sind bei den Arbeitnehmern die → *Vereinte Dienstleistungsgewerkschaft* (Ver.di) und der → *Deutsche Beamtenbund* (dbb). Bei den Arbeitgebern sind Tarifvertragsparteien die → *Bundesrepublik Deutschland*, die durch den Bundesminister des Inneren, für Bau und Heimat vertreten wird, die → *Tarifgemeinschaft deutscher Länder* (TdL), deren gewählter Vorsitzender in der Regel der Finanzminister eines Landes ist, und die → *Vereinigung der kommunalen Arbeitgeberverbände* (VKA).

Tarifvertrag zur Überleitung der Beschäftigten des Landes Berlin in das Tarifrecht der TdL

bildet die Grundlage für die Arbeitsbedingungen der unter diesen → *Tarifvertrag* fallenden → *Arbeitnehmer*. Die → *Tarifvertragsparteien* haben mit dem Tarifvertrag zur Überleitung der Beschäftigten des Landes Berlin in das Tarifrecht der TdL (TV Wiederaufnahme Berlin), der am 1. Januar 2013 in Kraft getreten ist und Berliner Besonderheiten Rechnung trägt, die Rückkehr des Landes Berlin in den → *Tarifvertrag für den öffentlichen Dienst der Länder* (TV-L) gestaltet. Zugleich leistet das Land Berlin mit der Rückkehr in die → *Tarifgemeinschaft deutscher Länder* (TdL) einen Beitrag zur Stärkung des Tarifvertragssystems im → *öffentlichen Dienst*.

Tätigkeitsbeschreibung

→ Stellenbeschreibung

TdL

ist die Abkürzung für → *Tarifgemeinschaft deutscher Länder*.

Teilkostenrechnung

ist ein Verfahren der → *Kosten- und Leistungsrechnung*. Der Ansatz der Teilkostenrechnung ist die Einteilung der Werteverzehre in fixe und variable Kosten. Die Teilkostenrechnung geht ebenso wie die → *Vollkostenrechnung* von der Gliederung in Kostenarten, Kostenstellen und Kostenträgern aus, wobei die fixen Kosten aber nicht über Umlagen auf die Produkte weitergewälzt werden, sondern sich dem Grunde nach die Kostenkontrolle auf die beeinflussbaren variablen Kosten beschränkt.

Die wichtigste Form der Teilkostenrechnung ist die *Deckungsbeitragsrechnung*, deren Gegenstand die Ermittlung des Deckungsbeitrages der Kostenträger je Stück oder je Periode ist. Der Deckungsbeitrag ergibt sich dabei aus der Differenz der Erlöse minus den variablen Kosten.

Teilzeitbeschäftigung

ist für die Beschäftigten des → *öffentlichen Dienstes* in Ergänzung der Regelungen des Teilzeit- und Befristungsgesetzes (TzBfG) und der für die Erwerbstätigkeit in der Elternzeit nach dem → *Bundeselterngeld- und Elternzeitgesetz* (BEEG) geltenden Vorschriften in § 11 des → *Tarifvertrages für den öffentlichen Dienst* (TVöD), des → *Tarifvertrages für den öffentlichen Dienst der Länder* (TV-L) und des → *Tarifvertrages für den öffentlichen Dienst des Landes Hessen* (TV-H) geregelt. Danach haben die Beschäftigten einen Anspruch auf eine geringere als die vertraglich festgelegte Arbeitszeit, wenn sie ein Kind unter 18 Jahren oder einen nach ärztlichem Gutachten pflegebedürftigen sonstigen Angehörigen tatsächlich betreuen oder pflegen und dringende dienstliche bzw. betriebliche Belange nicht entgegenstehen. Auf Antrag des Beschäftigten ist die Teilzeitbeschäftigung für einen Zeitraum von zunächst bis zu fünf Jahren zu befristen. Die Befristung kann auf Antrag aber verlängert werden, wobei der Antrag spätestens sechs Monate vor Ablauf der vereinbarten Teilzeitbeschäftigung zu stellen ist.

Beschäftigte, die in anderen als den vorgenannten familiären Fällen eine Teilzeitbeschäftigung vereinbaren wollen, können von ihrem Arbeitgeber verlangen, dass er mit ihnen die Möglichkeit einer Teilzeitbeschäftigung mit dem Ziel erörtert, zu einer entsprechenden Vereinbarung zu gelangen.

Termin

ist ein bestimmter Zeitpunkt, der für ein Ereignis (z. B. den Beginn einer → *Frist*) maßgebend ist. *Beispiel:* Fälligkeit der Leistung am 1. Dezember.

Thüringen

ist das elftgrößte Bundesland der → *Bundesrepublik Deutschland*, das in seiner heutigen Form mit der Wiedervereinigung Deutschlands am 3. Oktober 1990 errichtet wurde und sich einen → *Freistaat* nennt. Die Landeshauptstadt von Thüringen ist Erfurt.

Titel

im haushaltsrechtlichen Sinne ist die unterste Stufe der Gliederung des → *Haushaltsplans* und umfasst die Titelnummer und die Funktion, die Zweckbestimmung (diese bestimmt den Grund der Einnahme oder den Zweck der Ausgabe und wird daher auch Dispositiv genannt), den Ansatz für Einnahmen oder Ausgaben sowie gegebenenfalls die → *Verpflichtungsermächtigungen*, die → *Haushaltsvermerke* und die Erläuterungen.

Die → *Titelnummer* besteht aus einer dreistelligen Gruppierungsnummer (die für Bund und Länder einheitlich festgelegt ist und auch mit der Haushaltssystematik der Gemeinden abgestimmt wurde) und einer zweistelligen Zählnummer (die nach Ermessen des Bundes und der Länder angefügt wird) sowie einer dreistelligen Funkstionenkennziffer, die lediglich statistischen Zwecken dient. Für den Bund sind in den Allgemeinen Hinweisen zum Gruppierungsplan verschiedene Titel mit einer fünfstelligen Titelnummer verbindlich vorgeschrieben, die die Bezeichnung Festtitel führen. Die in die Haushaltsflexibilisierung einbezogenen Titel werden durch ein der Titelnummer vorangestelltes „F" gekennzeichnet.

Wenn eine – innerhalb des Kapitels – abgrenzbare übergeordnete Zweckidentität vorliegt, können Titel unterschiedlicher ökonomischer Einnahme- oder Ausgabearten oder Funktionen auch zu einer *Titelgruppe* zusammengefasst werden, wodurch die Übersicht über sachlich zusammenhängende Titel erleichtert wird. Die Bildung von Titelgruppen ist jedoch auf Ausnahmefälle zu begrenzen.

Die Einteilung der Titel ist durch den → *Gruppierungsplan* → und den → *Funktionenplan* vorgegeben.

Titelgruppe

→ Titel

Titelnummer

→ Titel

Top-down

ist ein aus dem Englischen stammender Begriff, der wörtlich übersetzt von „oben nach unten" bedeutet und in der öffentlichen Verwaltung im Haushaltsrecht seinen Niederschlag findet. Das interne Verfahren zur Aufstellung des Regierungsentwurfs des Haushalts des Bundes geschieht seit dem Jahre 2012 „top-down“, das heißt mit einem Eckwertebeschluss legt das Bundeskabinett im Vorfeld des weiteren Haushaltsaufstellungsverfahrens verbindliche Einnahme- und Ausgabevolumina fest. Auch bei den Ländern wird der Haushalt „top down“ aufgestellt. Bis zum Jahre 2011 erfolgte die Aufstellung des Bundeshaushalts in entgegengesetzter Richtung „von unten nach oben“, also → *bottom-up*.

Träger der öffentlichen Verwaltung

sind die → *juristischen Personen* des öffentlichen Rechts und die → *beliehenen Unternehmer*.

Trennungsgeld

ist eine finanzielle Leistung, die den Beschäftigten des → *öffentlichen Dienstes* zum Ausgleich der Mehrbelastung gewährt wird, die bei einer dienstlich veranlassten getrennten Haushaltsführung entstanden ist (z. B. bei einer Versetzung aus dienstlichen Gründen an einen anderen Ort). Die Anspruchsvoraussetzungen und der Umfang der Leistungen sind in dem vom Bund und den Ländern erlassenen → *Gesetz* bzw. der Verordnung über das Trennungsgeld geregelt.

Treu und Glauben

ist ein in § 242 des → *Bürgerlichen Gesetzbuches* (BGB) niedergelegter allgemeiner Rechtsgrundsatz, der sowohl im privaten als auch im → *öffentlichen Recht* gilt. Die Ausgestaltung dieses Grundsatzes ist sehr vielschichtig. Der Grundsatz von Treu und Glauben verpflichtet insbesondere die → *öffentliche Verwaltung*, sich mit ihrem früheren Tun nicht in Widerspruch zu setzen *(Verbot widersprüchlichen Verhaltens)* und hat seine Ausprägung vor allem im Vertrauensschutzprinzip erfahren. Zugleich bedeutet der Grundsatz, dass die Verwaltung darauf hinzuwirken hat, dass der Bürger beim Vollzug der gesetzlichen Regelungen durch die Verwaltung auf diese vertrauen kann.

Außerdem lässt sich aus dem Grundsatz von Treu und Glauben für den Bürger die Verpflichtung der Verwaltung zu einer allgemeinen Hilfe und Belehrung herleiten.

Auf dem Grundsatz von Treu und Glauben beruht auch die *Verwir-*

kung, das heißt, die Beschränkung eines Rechts dahingehend, dass das Recht nicht mehr geltend gemacht werden darf. Die öffentliche Verwaltung kann dabei die ihr zustehenden Rechte verwirken, wenn sie das Recht über einen sehr langen Zeitraum hinweg nicht geltend gemacht hat und der Betroffene aufgrund aller Umstände davon ausgehen durfte, dass die → *Behörde* ihre Befugnisse auch in der Zukunft nicht mehr ausüben wird.

TVA-H BBiG

ist die Abkürzung für → *Tarifvertrag für Auszubildende des Landes Hessen in Ausbildungsberufen nach dem Berufsbildungsgesetz*.

TVA-L BBiG

ist die Abkürzung für → *Tarifvertrag für Auszubildende der Länder in Ausbildungsberufen nach dem Berufsbildungsgesetz*.

TVAöD

ist die Abkürzung für → *Tarifvertrag für Auszubildende des öffentlichen Dienstes*.

TVG

ist die Abkürzung für → *Tarifvertragsgesetz*.

TV-H

ist die Abkürzung für → *Tarifvertrag für den öffentlichen Dienst des Landes Hessen*.

TV-L

ist die Abkürzung für → *Tarifvertrag für den öffentlichen Dienst der Länder*.

TVöD

ist die Abkürzung für → *Tarifvertrag für den öffentlichen Dienst*.

TVÜ-Bund

ist die Abkürzung für Tarifvertrag zur Überleitung der Beschäftigten des Bundes in den TVöD und zur Regelung des Übergangsrechts.

TVÜ-H

ist die Abkürzung für Tarifvertrag zur Überleitung der Beschäftigten des Landes Hessen in den TV-H und zur Regelung des Übergangsrechts.

TVÜ-Länder

ist die Abkürzung für Tarifvertrag zur Überleitung der Beschäftigten der Länder in den TV-L und zur Regelung des Übergangsrechts.

TVÜ-VKA

ist die Abkürzung für Tarifvertrag zur Überleitung der Beschäftigten der kommunalen Arbeitgeber in den TVöD und zur Regelung des Übergangsrechts.

TV Wiederaufnahme Berlin

ist die Abkürzung für → *Tarifvertrag zur Überleitung der Beschäftigten des Landes Berlin in das Tarifrecht der TdL.*

TzBfG

ist die Abkürzung für Teilzeit- und Befristungsgesetz.

U

Überhangmandate

können bei einer Kombination von → *Mehrheitswahl* und → *Verhältniswahl*, die auch als personalisierte Verhältniswahl bezeichnet wird, entstehen, wenn eine Partei, die mit der → *Erststimme* in den Wahlkreisen nach den Grundsätzen der Mehrheitswahl mehr Direktmandate errungen hat, als ihr nach dem Zweitstimmenanteil entsprechend den Grundsätzen der Verhältniswahl zustehen. Die direkt erworbenen Wahlkreissitze verbleiben dann der → *Partei* und die Gesamtzahl der Sitze in den → *Parlamenten* erhöht sich um diese Mandate, die als Überhangmandate bezeichnet werden.

Das System der personalisierten Verhältniswahl wird bei der Wahl zum Deutschen → *Bundestag* und in einigen Bundesländern sowie teilweise auch bei Kommunalwahlen angewandt. Damit Parteien, die keine Überhangmandate bekommen haben, nicht benachteiligt werden, das heißt entsprechend ihrem Zweitstimmenanteil im Parlament vertreten sind, sehen das → *Bundeswahlgesetz* (BWG) und einige Wahlgesetze der Länder ein Verfahren der Zuteilung von → *Ausgleichsmandaten* vor.

Übermaßverbot

ist Ausfluss und Bestandteil des → *Rechtsstaatsprinzips*. Das Übermaßverbot bedeutet, dass das gewählte Mittel und der beabsichtigte Erfolg in einem vernünftigen Verhältnis zueinander stehen müssen. Es wird deshalb auch als *Grundsatz der Verhältnismäßigkeit* bezeichnet.

Das Übermaßverbot beinhaltet die Prinzipien der Geeignetheit, das heißt, die Maßnahme der Verwaltung muss zur Erreichung des angestrebten Zweckes tauglich sein, der Erforderlichkeit, das heißt, die Verwaltung hat von mehreren möglichen Maßnahmen diejenige zu treffen, die den Einzelnen und die Allgemeinheit am wenigsten beeinträchtigt, und der Angemessenheit, das heißt, die Maßnahme der Verwaltung darf nicht zu einem Nachteil führen, der zu dem angestrebten Zweck erkennbar außer Verhältnis steht.

Die Grundzüge des Übermaßverbotes müssen von der → *öffentlichen Verwaltung* insbesondere bei Ermessensentscheidungen, aber auch bei der Auslegung von → *un-*

bestimmten Rechtsbegriffen beachtet werden. Darüber hinaus ist der Grundsatz der Verhältnismäßigkeit auch in einigen Rechtsbereichen ausdrücklich gesetzlich geregelt.

Überplanmäßige Haushaltsausgaben

sind Ausgaben, bei denen der für die Zweckbestimmung im → *Haushaltsplan* vorgesehene Ansatz unter Berücksichtigung der Ausgabereste, der Haushaltsvorgriffe und der zur Verstärkung verwendeten deckungspflichtigen Ausgaben überschritten werden muss (VV Nr. 1 zu § 37 BHO).

Beim Bund dürfen überplanmäßige Haushaltsausgaben nur im Falle eines unvorhergesehenen und unabweisbaren Bedürfnisses mit der Zustimmung des Bundesministeriums der Finanzen geleistet werden (Art. 112 GG, § 37 BHO). Die überplanmäßigen Ausgaben sollen durch Einsparungen bei anderen Ausgaben in demselben Einzelplan ausgeglichen werden (§ 37 Abs. 3 BHO) und sind dem → *Bundestag* und dem → *Bundesrat* vierteljährlich, in Fällen von grundsätzlicher oder erheblicher finanzieller Bedeutung unverzüglich mitzuteilen (§ 37 Abs. 4 BHO).

Die → *Landeshaushaltsordnungen* enthalten im Vergleich → zur *Bundeshaushaltsordnung* – mit Rücksicht auf Landesverfassungsrecht – teilweise sachlich verschiedenartige Regelungen bei der Bewilligung von überplanmäßigen Ausgaben.

Nach den → *Gemeindeordnungen* sind überplanmäßige Ausgaben nur zulässig, wenn sie unvorhergesehen und unabweisbar sind und die Deckung gewährleistet ist. Die Frage, wer über die Leistung von über- und außerplanmäßigen Ausgaben entscheidet, ist in den Gemeindeordnungen der Länder unterschiedlich geregelt. Sind die Ausgaben erheblich, so bedürfen sie in allen Ländern der vorherigen Zustimmung der Gemeindevertretung bzw. des Rates.

Umsetzung

im beamtenrechtlichen Sinne ist jede das statusrechtliche → *Amt* und das funktionelle Amt im abstrakten Sinne unberührt lassende Zuweisung eines anderen Dienstpostens (funktionelles Amt im konkreten Sinne) an den → *Beamten* innerhalb derselben → *Behörde*.

Beispiel: Regierungsamtmann Meier, beschäftigt beim Bundesverwaltungsamt, wird von der Haushaltsabteilung in die Personalabteilung des Bundesverwaltungsamtes durch schriftliche Verfügung des Behördenleiters umgesetzt.

Umzugskostenvergütung

ist eine finanzielle Leistung, die den Beschäftigten des → *öffentlichen Dienstes* zur Abgeltung des bei einem dienstlich veranlassten Umzug entstandenen Aufwandes in Form der Erstattung von Auslagen gewährt wird. Die Anspruchsvoraussetzungen und der Umfang der Leistungen sind in dem vom Bund und den Ländern erlassenen → *Gesetz* bzw. der Verordnung über die Umzugskostenvergütung geregelt

UN

ist die englische Abkürzung für United Nations der deutschen Bezeichnung → *Vereinten Nationen*.

Unbestimmte Rechtsbegriffe

sind die in einer → *Pechtsnorm* zur Umschreibung der Tatbestandsmerkmale verwendeten Begriffe, die der Auslegung bedürfen (z. B. Eignung, Befähigung, Leistung, Zuverlässigkeit). Die unbestimmten Rechtsbegriffe sind vom Begriff des → *Ermessens* streng zu trennen.

Nach herrschender Auffassung lässt die Anwendung unbestimmter Rechtsbegriffe grundsätzlich nur eine Entscheidung zu, sodass der Verwaltung im Einzelfall kein Ermessen zusteht, da es hier um die Einordnung (→ *Subsumtion*) des konkreten Sachverhaltes unter einen gesetzlichen Tatbestand und nicht – wie beim Ermessen – der Setzung einer Rechtsfolge geht. Die Auslegung unbestimmter Rechtsbegriffe unterliegt als Rechtsfrage in vollem Umfange der Nachprüfung durch die Verwaltungsgerichte. Nur bei Prüfungsentscheidungen und sonstigen Leistungsbewertungen, insbesondere im Schulrecht und im Beamtenrecht, räumt die Rechtsprechung der Verwaltung mit Rücksicht auf die dabei zu treffenden höchstpersönlichen und nicht nachvollziehbaren Werturteile einen Beurteilungsspielraum ein, der nur einer eingeschränkten richterlichen Überprüfung auf bestimmte Beurteilungsfehler unterliegt.

Unerlaubte Handlung

ist der widerrechtlich, das heißt ohne Rechtfertigungsgrund (z. B. Notwehr) vorgenommene Eingriff in ein vom → *Gesetz* geschütztes Rechtsgut (z. B. das Leben, den Körper, die Gesundheit, die Freiheit, das Eigentum) eines anderen, durch das diesem ein Schaden zugefügt wird (z. B. ein Autofahrer verletzt bei einem selbstverschuldeten Unfall einen Fußgänger). Der Geschädigte hat aus einer unerlaubten Handlung Anspruch auf Schadensersatz (§ 823 BGB).

Unfallfürsorge

sind Leistungen, die dem durch einen Dienstunfall verletzten → *Beamten* und seine Hinterbliebenen durch den → *Dienstherrn* gewährt werden. Der Umfang der Leistungen der Unfallfürsorge ist in den §§ 30 bis 46 des Beamtenversorgungsgesetzes (BeamtVG) und in den von den Ländern erlassenen Beamtenversorgungsgesetzen konkret bezeichnet.

Unfallversicherung

ist eine von fünf Zweigen der gesetzlichen Sozialversicherung, die im Siebten Buch → *Sozialgesetzbuch* (SGB VII) geregelt ist. Aufgabe der gesetzlichen Unfallversicherung ist es, mit allen geeigneten Mitteln Arbeitsunfälle und Berufskrankheiten sowie arbeitsbedingte Gesundheitsgefahren zu verhüten und bei Arbeitsunfällen oder Berufskrankheiten die Gesundheit und die Leistungsfähigkeit wiederherzustellen und die Versicherten oder ihre Hinterbliebenen durch Geldleistungen zu entschädigen. Finanziert werden die Leistungen der gesetzlichen Unfallversicherung im Umlageverfahren durch Beiträge der Unternehmen und der öffentlichen Hand. Träger der gesetzlichen Unfallversicherung sind die nach Branchenzugehörigkeit des Unternehmens gegliederten gewerblichen Berufsgenossenschaften und die landwirtschaftlichen Berufsgenossenschaften sowie die Unfallversicherungsträger der öffentlichen Hand.

Ungerechtfertigte Bereicherung

ist die Vermehrung des Vermögens, die jemand ohne rechtlichen Grund auf Kosten eines anderen erlangt hat (z. B. Herr Maier begleicht eine Rechnung versehentlich doppelt, sodass der Verkäufer nun ungerechtfertigt bereichert wäre, wenn er die doppelte Summe behalten dürfte). Der Leistende kann von dem Bereicherten die Herausgabe des Erlangten verlangen (§ 812 BGB). Ist die Herausgabe nicht oder nicht mehr möglich (z. B. weil der Bereicherte den Gegenstand weiterveräußert hat), so kann der Leistende Ersatz des Wertes verlangen (§ 818 Abs. 2 BGB). Der Anspruch auf Herausgabe oder Wertersatz ist jedoch in bestimmten Fällen ausgeschlossen, die abschließend in den §§ 814 und 815 des → *Bürgerlichen Gesetzbuches* (BGB) geregelt sind.

Unilateralismus

ist die Bezeichnung für das vorrangig oder ausschließlich an den nationalen Interessen eines → *Staates* orientierte Handeln.

Der Gegenbegriff zum Unilateralismus ist der → *Multilateralismus*.

Unionsbürger

ist, wer die Staatsangehörigkeit eines Mitgliedstaats der → *Europäischen Union* (EU) besitzt. Die Unionsbürgerschaft ist in den Artikeln 20 bis 25 des Vertrages über die Arbeitsweise der Europäischen Union (AEUV) geregelt. Sie ergänzt die nationale Staatsbürgerschaft, ersetzt sie aber nicht.

Unkündbarkeit

beinhaltet das durch → *Tarifvertrag* oder Einzelvereinbarung ausgeschlossene Recht des → *Arbeitgebers* zur ordentlichen → *Kündigung* eines → *Arbeitsverhältnisses*.

Im Geltungsbereich des → *Tarifvertrages für den öffentlichen Dienst* (TVöD), des → *Tarifvertrages für den öffentlichen Dienst der Länder* (TV-L) und des → *Tarifvertrages für den öffentlichen Dienst des Landes Hessen* (TV-H) ist eine ordentliche Kündigung des Arbeitsverhältnisses nur ausgeschlossen bei Beschäftigten des Tarifgebietes West, die eine → *Beschäftigungszeit* von mehr als 15 Jahren abgeleistet und das 40. Lebensjahr vollendet haben, und bei Beschäftigten, die bereits nach den bis zum 30. September 2005 im Bereich des Bundes bzw. der Kommunen und nach den bis zum 31. Oktober 2006 im Bereich der Länder (ausgenommen Hessen) sowie nach den bis zum 31. Dezember 2009 im Bereich des Landes Hessen geltenden Tarifregelungen unkündbar waren (§ 34 Abs. 2 TVöD/TV-L/TV-H).

Unmittelbare Staatsverwaltung

→ Staatsverwaltung

Unmittelbarer Zwang

ist die Einwirkung auf Personen oder Sachen durch Anwendung von körperlicher Gewalt, von Hilfsmitteln der körperlichen Gewalt oder von Waffen (z. B. zwangsweise Vorführung einer Person, gewaltsames Öffnen einer Wohnungstür durch die Polizei um einen Flüchtigen zu ergreifen, Einsatz von Wasserwerfern). Der unmittelbare Zwang ist im Rahmen der → *Verwaltungsvollstreckung* das schärfste → *Zwangsmittel*, das nach den Verwaltungsvollstreckungsgesetzen nur dann angewendet werden darf, wenn die Zwangsmittel → *Ersatzvornahme* oder → *Zwangsgeld* nicht zum Erfolg führen oder nicht zweckmäßig sind. Ausgeübt werden darf der unmittelbare Zwang nur durch besonders ermächtigte Vollzugsbeamte, wobei vielfach für den Schusswaffengebrauch zusätzliche persönliche und sachliche Beschränkungen vorgesehen sind.

Unmöglichkeit der Leistung

ist gegeben, wenn es dem Verkäufer nicht möglich ist, die geschuldete Leistung zu erbringen. Der Käufer hat im Falle der Unmöglichkeit keinen Anspruch auf die Kaufsache (Leistung), wobei jede Art der Unmöglichkeit zur Befreiung von der Leistungspflicht des Verkäufers führt, und zwar ohne Rücksicht auf ihren objektiven oder subjektiven Charakter, den Zeitpunkt ihres Eintritts oder die Frage des Vertretenmüssens (§ 275 Abs. 1 BGB). Der → *Kaufvertrag* ist jedoch wirksam, und zwar unabhängig davon, dass der Verkäufer nicht zu leisten braucht und das Leistungshindernis schon bei Vertragsabschluss vorliegt (§ 311a Abs. 1 BGB). Der Käufer kann in diesem Fall ohne Fristsetzung vom Kaufvertrag zurücktreten (§ 326 Abs. 5 BGB).

Untätigkeitsklage

→ Klagearten im Verwaltungsprozess

Unterschwellenvergabeordnung

→ Ausschreibung

Untersuchungsausschuss

ist ein nach Artikel 44 des → *Grundgesetzes* (GG) oder nach entsprechender Bestimmung der → *Verfassung* des jeweiligen Bundeslandes vom → *Bundestag* bzw. → *Landtag* als parlamentarisches Kontrollgremium eingesetzter Ausschuss. Aufgabe der Untersuchungsausschüsse ist es, Vorgänge, deren Aufklärung im öffentlichen Interesse liegen, zu untersuchen und dem → *Parlament* davon zu berichten.

Der Bundestag hat auf Antrag eines Viertels seiner Mitglieder die Pflicht, einen Untersuchungsausschuss einzusetzen (Art. 44 Abs. 1 Satz 1 GG). Im Übrigen richtet sich die Einsetzung und das Verfahren der Untersuchungsausschüsse des Bundestages nach dem Gesetz zur Regelung des Rechts der Untersuchungsausschüsse des Deutschen Bundestages (Untersuchungsausschussgesetz – PUAG).

Unternehmer

ist nach der Legaldefinition des § 14 Abs. 1 des → *Bürgerlichen Gesetzbuches* (BGB) eine → *natürliche Person* oder → *juristische Person* oder eine → *rechtsfähige Personengesellschaft*, die bei Abschluss eines → *Rechtsgeschäfts* in Ausübung ihrer gewerblichen oder selbstständigen beruflichen Tätigkeit handelt.

Unternehmerverbände

ist ein Sammelbegriff für den Zusammenschluss von Interessensvereinigungen der → *Arbeitgeber*. Ziel der Unternehmerverbände ist die Förderung und Durchsetzung gemeinsamer sozialpolitischer Interessen der Arbeitgeber gegenüber Politik, → *Behörden*, → *Gewerkschaften* und anderen Organisationen vor Ort sowie in den Bundesländern oder im Bund.

Die Unternehmerverbände können sowohl freiwillige privatrechtliche Zusammenschlüsse in den Formen von → *Arbeitgeberverbänden* oder Wirtschaftsfachverbänden als auch zwangsweise Zusammenschlüsse in den Formen von Wirtschaftskammern (Industrie- und Handelskammern oder Handwerkskammern) als → *Körperschaften des öffentlichen Rechts* mit der Pflicht zur Mitgliedschaft sein.

Urlaubsgeld

→ Jahressonderzahlung

V

Ver.di

ist die Abkürzung für → *Vereinte Dienstleistungsgewerkschaft*.

Verbandskörperschaft

ist eine → *Körperschaft des öffentlichen Rechts*, bei der die Mitglieder → *juristische Personen* sind, die sich zum Erreichen eines öffentlichen Zweckes zusammengeschlossen haben, z. B. kommunale Zweckverbände, Umlandverbände.

Verbraucher

ist nach der Legaldefinition des § 13 des → *Bürgerlichen Gesetzbuches* (BGB) jede → *natürliche Person,* die ein → *Rechtsgeschäft* zu Zwecken abschließt, die überwiegend weder ihrer gewerblichen noch ihrer selbstständigen beruflichen Tätigkeit zugerechnet werden können.

Verbrauchsgüter

sind solche → *Güter* (Konsum- oder Produktionsgüter), die nur eine einmalige Nutzung gestatten und dabei als selbstständiges Gut untergehen oder verbraucht werden (z. B. Nahrungsmittel, Toilettenpapier).

Verbrauchsgüterkauf

ist nach der Legaldefinition des § 474 Abs. 1 Satz 1 des → *Bürgerlichen Gesetzbuches* (BGB) ein → *Vertrag*, durch den ein → *Verbraucher* von einem → *Unternehmer* eine Ware (§ 241a Abs. 1 BGB) kauft. Um einen Verbrauchgüterkauf handelt es sich auch bei einem Vertrag, der neben dem Verkauf einer Ware die Erbringung einer Dienstleistung durch den Unternehmer zum Gegenstand hat (§ 474 Abs. 1 Satz 2 BGB). Zum Schutz des Verbrauchers enthalten die §§ 475 bis 479 BGB besondere Regelungen, die u. a. den Gefahrenübergang, die → *Beweislastumkehr* und diverse Fristerleichterungen zum Inhalt haben.

Vereinigung der kommunalen Arbeitgeberverbände

ist der tarifpolitische und arbeitsrechtliche Dachverband der kommunalen Verwaltungen und Betriebe. Die Vereinigung der kommunalen Arbeitgeberverbände (VKA) vertritt die in den einzelnen

Bundesländern bestehenden kommunalen → *Arbeitgeberverbände* und ist zugleich eine der → *Tarifvertragsparteien* im → *öffentlichen Dienst* bei den → *Arbeitgebern*.

Vereinte Dienstleistungsgewerkschaft

ist aus dem Zusammenschluss der Deutschen Angestellten-Gewerkschaft (DAG), der Deutschen Postgewerkschaft (DPG), der Gewerkschaft Handel, Banken und Versicherungen (HBV), der Industriegewerkschaft Medien und der Gewerkschaft Öffentliche Dienste, Transport und Verkehr (ÖTV) entstanden und wurde am 2. Juli 2001 in das Vereinsregister eingetragen. Die Vereinte Dienstleistungsgewerkschaft (Ver.di) ist zugleich eine der → *Tarifvertragsparteien* im → *öffentlichen Dienst* bei den → *Arbeitnehmern*.

Vereinten Nationen

sind eine internationale Organisation mit Sitz in New York, deren Hauptziele die Erhaltung des Friedens und die Förderung der Zusammenarbeit der Nationen bei der Lösung internationaler Probleme sind. Die Vereinten Nationen (englisch: United Nations – UN), häufig auch UNO (englisch: United Nations Organization) genannt, die am 26. Juni 1945 mit dem Beschluss der „Charta der Vereinten Nationen", die am 24. Oktober 1945 in Kraft trat, gegründet wurde, gehören fast alle Staaten der Welt an. Hauptorgane der Vereinten Nationen sind die Generalversammlung (Vollversammlung), der Sicherheitsrat, der Wirtschafts- und Sozialrat, der Treuhandrat, der Internationale Gerichtshof und das Generalsekretariat. Weiter bestehen Sonderorganisationen der Vereinten Nationen. Solche Sonderorganisationen sind unter anderem die Einrichtung für Aufgaben der Erziehung, Wissenschaft und Kultur (UNESCO) in Paris und das Weltkinderhilfswerk (UNICEF) in New York. Die → *Bundesrepublik Deutschland* ist seit dem 18. September 1973 Vollmitglied der Vereinten Nationen.

Verfassung

ist die Gesamtheit der geschriebenen und ungeschriebenen → *Rechtsnormen*, welche die Grundordnung eines → *Staates* bestimmen. Die Verfassung der → *Bundesrepublik Deutschland* ist das → *Grundgesetz* (GG). Aufgrund des föderalen Aufbaus der

Bundesrepublik Deutschland hat jedes Bundesland ebenfalls eine eigene Landesverfassung, die jedoch den in Artikel 28 Abs. 1 Satz 1 des GG festgelegten Grundsätzen des republikanischen, demokratischen und sozialen Rechtsstaates (→ *Homogenitätsprinzip*) entsprechen muss.

Verfassungsbeschwerde

kann jedermann beim → *Bundesverfassungsgericht* mit der Behauptung einlegen, von der öffentlichen Gewalt in einem seiner → *Grundrechte* verletzt zu sein (Art. 93 Abs. 1 Nr. 4 a GG). Die Verfassungsbeschwerde kann jedoch grundsätzlich erst eingelegt werden, wenn der → *Rechtsweg* erfolglos ausgeschöpft worden ist.

Die Einzelheiten über Form, Inhalt und Zulässigkeitsvoraussetzungen der Verfassungsbeschwerde sind im Gesetz über das Bundesverfassungsgericht (Bundesverfassungsgerichtsgesetz – BVerfGG) geregelt.

Verfügungsgeschäft

ist ein → *Rechtsgeschäft*, das unmittelbar auf ein bestehendes Recht einwirkt, indem es übertragen, mit neuen Rechten belastet, inhaltlich umgestaltet oder aufgehoben wird. Das Verfügungsgeschäft wird auch als Erfüllungsgeschäft bezeichnet.

Beispiel: Herr Müller (Käufer) holt aufgrund eines am 15. Januar abgeschlossenen Vertrages über den Kauf einer Briefmarkensammlung (Verpflichtungsgeschäft) am 16. Januar bei Herrn Meier (Verkäufer) die Briefmarkensammlung ab und zahlt ihm den vereinbarten Kaufpreis (Verfügungsgeschäft).

Der Gegenbegriff zum Verfügungsgeschäft ist das → *Verpflichtungsgeschäft*.

Vergabeverordnung

trifft nähere Bestimmungen über das einzuhaltende Verfahren bei der dem Teil 4 des → *Gesetzes gegen Wettbewerbsbeschränkungen* (GWB) unterliegenden Vergabe von Aufträgen und die Ausrichtung von Wettbewerben, bei denen der Auftragswert oberhalb den in der entsprechenden Richtlinie der → *Europäischen Union* (EU) festgelegten Wertgrenzen (EU-Schwellenwerte) liegt, durch den öffentlichen Auftraggeber (§ 1

Abs. 1 VgV). Bei Bauaufträgen gilt ergänzend der 2. Abschnitt der Vergabe- und Vertragsordnung für Bauleistungen (VOB/A). Die bisher gesondert in der Vergabe- und Vertragsordnung für Leistungen (VOL/A, 2. Abschnitt) und der Vergabeordnung für freiberufliche Leistungen (VOF) enthaltenen Verfahrensvorschriften sind mit der am 18. April 2016 in Kraft getretenen Vergaberechtsreform in die Verordnung über die Vergabe öffentlicher Aufträge (Vergabeverordnung – VgV) integriert worden. Die Vergabe von öffentlichen Aufträgen im Bereich des Verkehrs, der Trinkwasserversorgung und der Energieversorgung ist in der → *Sektorenverordnung* (SektVO) geregelt.

Vergleichsvertrag

ist eine Vereinbarung zwischen der → *öffentlichen Verwaltung* und einer Privatperson, mit der eine bei verständiger Würdigung des Sachverhalts oder der Rechtslage bestehende Ungewissheit durch gegenseitiges Nachgeben beseitigt wird (z. B. Erschließungsvertrag, da Ungewissheit über die Rechtslage besteht und die höchstrichterliche Entscheidung noch aussteht; § 55 VwVfG).

Vergütung

→ Entgelt

Vergütungsordnung

→ Entgelttabelle

Verhältnismäßigkeitsgrundsatz

→ Übermaßverbot

Verhältniswahl

→ Wahlverfahren

Verhandlungsverfahren

→ Ausschreibung

Verhüllungsverbot

beinhaltet in verschiedenen Bereichen, unter anderem des → *öffentlichen Dienstes*, Verbote der Gesichtsverhüllung. So dürfen beispielsweise → *Beamte* ihr Gesicht bei Ausübung des Dienstes oder bei einer Tätigkeit mit unmittelbarem Dienstbezug nicht durch Kleidung verhüllen, es sei denn, dienstliche Gründe (z. B. wenn der Polizeibeamte bei einem Einsatz unerkannt bleiben muss) oder gesundheitliche Gründe (z. B. wenn der Beamte Quarantänekleidung tragen muss) erfordern dies. Rechtliche Grundlage bildet § 61 Abs. 2 Satz 6 des → *Bundesbeamtengesetzes* (BBG) bzw. § 34 Abs. 2 Satz 6 des → *Beamtenstatusgesetzes* (BeamtStG). Nicht betroffen von dem Verhüllungsverbot sind jedoch Kopfbedeckungen wie die jüdische Kippa, das islamische Kopftuch oder der Habit in der katholischen Kirche.

Verjährung

ist die Möglichkeit, eine Leistungsverpflichtung nach Ablauf einer bestimmten → *Frist* zu verweigern (§ 214 BGB). Durch die Verjährung erlischt das Recht des Gläubigers, den Anspruch durchzusetzen, wobei der Anspruch auf die Leistung aber bestehen bleibt.

Die wichtigsten Verjährungsfristen sind:

- Die *regelmäßige Verjährungsfrist*, die drei Jahre beträgt, und immer dann zum Tragen kommt, wenn besondere Verjährungsfristen fehlen (§ 195 BGB).
- Die *zehnjährige Verjährungsfrist*, der die Rechte an Grundstücken unterliegen (§ 196 BGB).
- Die *dreißigjährige Verjährungsfrist*, der Herausgabeansprüche aus Eigentum und anderen dinglichen Rechten, familien- und erbrechtliche Ansprüche sowie rechtskräftig festgestellte Ansprüche und bestimmte vollstreckbare Ansprüche unterliegen (§ 197 Abs. 1 Nr. 1 bis 5 BGB).

Vermittlungsausschuss

ist ein nach Artikel 77 des → *Grundgesetzes* (GG) eingerichtetes Gremium, das aus sechzehn Mitgliedern des → *Bundestages* (entsprechend der Stärke der Fraktionen) und sechzehn Mitgliedern des → *Bundesrates* (aus jedem Land eines) besteht.

Aufgabe des Vermittlungsausschusses ist es, eine Einigungsmöglichkeit zwischen Bundestag und Bundesrat zu finden, wenn vom Bundestag beschlossene → *Gesetze* im Bundesrat keine Mehrheit gefunden haben. Dies geschieht dadurch, indem der Vermittlungsausschuss entweder einen Einigungsvorschlag vorlegt oder feststellt, dass eine Einigung nicht zu erzielen ist. Schlägt der Vermittlungsausschuss eine Änderung des Gesetzesbeschlusses vor, so hat der Bundestag erneut darüber zu beschließen (Art. 77 Abs. 2 Satz 5 GG)

Die Zusammensetzung und das Verfahren des Vermittlungsausschusses sind in der Gemeinsamen → *Geschäftsordnung* des Bundestages und des Bundesrates über den Ausschuss nach Artikel 77 des Grundgesetzes (Vermittlungsausschuss) geregelt.

Vermögen

im juristischen Sinne ist die Gesamtheit aller geldwerten Rechte einer Person. Das ist die Summe aller Gegenstände, Immobilien oder anderer wertvoller Sachen und Forderungen, jedoch nicht die Schulden.

Im wirtschaftlichen Sinne wird Vermögen als Gesamtheit aller Güter und Wertgegenstände einer Wirtschaftseinheit verstanden, die als → *Aktiva* in der → *Bilanz* veröffentlicht werden.

Vermögensrechnung

ist ein Teil der Drei-Komponenten-Rechnung der kommunalen doppelten Buchführung in Konten (→ *Doppik*). Die Vermögensrechnung – auch als Bilanz bezeichnet – weist den Bestand des Bruttovermögens, der Schulden und des Reinvermögens der → *Kommune* nach. Die Aktivseite der Bilanz, in der sich in enger Anlehnung an das → *Handelsgesetzbuch* (HGB) im Wesentlichen das Anlage- und Umlaufvermögen mit den zum Bilanzstichtag ermittelten Werten findet, beantwortet die Frage: „Wie ist das Vermögen der Kommune angelegt?“. Die Passivseite der Bilanz, in der im Wesentlichen das Eigenkapital, die Sonderposten, die Rückstellungen und die Verbindlichkeiten ausgewiesen sind, gibt Antwort auf die Frage: „Wie ist das Vermögen der Kommune finanziert?“.

Weitere Teile der Drei-Komponenten-Rechnung sind der → *Ergebnishaushalt* und der → *Finanzhaushalt*.

Vermögenswirksame Leistungen

sind Geldleistungen, die der → *Arbeitgeber* für den → *Arbeitnehmer* nach Maßgabe des Vermögensbildungsgesetzes (VermBG) anlegt (z. B. auf einen Bausparvertrag). In der Regel beinhalten vermögenswirksame Leistungen zusätzliche Leistungen des Arbeitgebers zum Arbeitsentgelt. Die Arbeitnehmer können jedoch auch einen Teil ihres Arbeitsentgelts vom Arbeitgeber vermögenswirksam anlegen lassen.

Die unter den → *Tarifvertrag für den öffentlichen Dienst* (TVöD), den → *Tarifvertrag für den öffentlichen Dienst der Länder* (TV-L) und den → *Tarifvertrag für den öffentlichen Dienst des Landes Hessen* (TV-H) fallenden Beschäftigten, deren Arbeitsverhältnis voraussichtlich mindestens sechs Monate dauert, haben nach Maßgabe des jeweiligen Vermögensbildungsgesetzes Anspruch auf vermögenswirksame Leistungen. Die weiteren Einzelheiten hierzu sind in § 23 Abs. 1 TVöD/TV-L/TV-H geregelt.

Für Personen, die in öffentlichen Verwaltungen und Betrieben, deren Beschäftigte unter den Geltungsbereich des TVöD, TV-L oder TV-H fallen, in einem Ausbildungsberuf nach dem → *Berufsbildungsgesetz* (BBiG) ausgebildet werden, bildet § 13 des → *Tarifvertrages für Auszubildende des öffentlichen Dienstes* (TVAöD), § 15 des → *Tarifvertrages für Auszubildende der Länder in Ausbildungsberufen nach dem Berufsbildungsgesetz* (TVA-L BBiG) bzw. § 15 des → *Tarifvertrages für Auszubildende des Landes Hessen in Ausbildungsberufen nach dem Berufsbildungsgesetz* (TVA-H BBiG) die Anspruchsgrundlage für die vermögenswirksamen Leistungen.

Für die → *Beamten* des Bundes, der Länder, der Gemeinden, der Gemeindeverbände und der sonstigen der Aufsicht eines Landes unterstehenden → *Körperschaften*, → *Anstalten* und → *Stiftungen des öffentlichen Rechts* (ausgenommen Ehrenbeamte und entpflichtete Hochschullehrer) sind die Voraussetzungen und Höhe der vermögenswirksamen Leistungen im → *Gesetz* über vermögenswirksame Leistungen für Beamte, Richter, Berufssoldaten und Soldaten auf Zeit (BBVLG) geregelt.

Verpflichtungsermächtigungen

im Sinne des *staatlichen Haushaltsrechts* sind Ermächtigungen zum Eingehen von Verpflichtungen zur Leistung von Ausgaben in künftigen Jahren, die zur Erfüllung der Aufgaben des Bundes oder eines Landes notwendig sind (§ 5 HGrG).

Im *kommunalen Haushaltsrecht* versteht man unter Verpflichtungsermächtigungen die im → *Haushaltsplan* veranschlagte Ermächtigung, Verpflichtungen zur Leistung von Ausgaben für Investitionen und Investitionsförderungsmaßnahmen einzugehen, durch die die Gemeinde in den nächsten Jahren belastet wird. Diese Verpflichtungsermächtigungen sind nur dann zulässig, wenn die Finanzierung der aus ihrer Inanspruchnahme entstehenden Ausgaben in den künftigen Haushalten gesichert erscheint.

Verpflichtungsgeschäft

ist ein → *Rechtsgeschäft*, durch das ein Schuldverhältnis entsteht, in dem eine oder mehrere Personen eine Leistungspflicht übernehmen.

Beispiel: Herr Meier (Verkäufer) macht Herrn Müller (Käufer) am 15. Januar das Angebot, ihm seine Briefmarkensammlung für 1.000 € zu verkaufen. Herr Müller nimmt dieses Angebot an. Damit ist ein Kaufvertrag wirksam abgeschlossen.

Der Gegenbegriff zum Verpflichtungsgeschäft ist das → *Verfügungsgeschäft*.

Verpflichtungsklage

→ Klagearten im Verwaltungsprozess

Verschulden

im zivilrechtlichen Sinne ist ein schuldhaftes und zurechenbares Verhalten einer Person. Verschuldensformen sind → *Vorsatz* und → *Fahrlässigkeit*. Voraussetzung für die Verschuldenshaftung ist die → *Deliktsfähigkeit*.

Versetzung

im beamtenrechtlichen Sinne ist die auf Dauer angelegte Übertragung eines anderen → *Amtes* (im funktionellen Sinne) an den → *Beamten* bei einer anderen Dienststelle bei demselben oder einem anderen → *Dienstherrn* unter Fortdauer des → *Beamtenverhältnisses* zu dem neuen Dienstherrn.

Die Voraussetzungen, unter denen eine Versetzung erfolgen kann, sind für die Beamten des Bundes in § 28 Bundesbeamtengesetz (BBG) und für die Beamten, die im Dienste der Länder, der Gemeinden, der Gemeindeverbände und der sonstigen der Aufsicht eines Landes unterstehenden → *Körperschaften*, → *Stiftungen* und → *Anstalten des öffentlichen Rechts stehen*, in den Beamtengesetzen der Länder sowie in den Fällen der landesübergreifenden Versetzung und der Versetzung aus einem Land in die Bundesverwaltung in § 15 des → *Beamtenstatusgesetzes* (BeamtStG) geregelt.

Für die → *Arbeitnehmer* bestimmt sich das Verfahren der Versetzung nach dem Tarifvertragsrecht. In dem → *Tarifvertrag für den öffentlichen Dienst* (TVöD), dem → *Tarifvertrag für den öffentlichen Dienst der Länder* (TV-L) und dem → *Tarifvertrag für den öffentlichen Dienst des Landes Hessen* (TV-H) wird der Begriff Versetzung definiert als Zuweisung einer auf Dauer bestimmten Beschäftigung bei einer anderen Dienststelle oder einem anderen Betrieb desselben oder eines anderen → *Arbeitgebers* unter Fortsetzung des bestehenden → *Arbeitsverhältnisses* (Protokollerklärung zu § 4 Abs. 1 Nr. 2 TVöD/TV-L/TV-H).

Versicherungspflichtgrenze

→ Jahresarbeitsentgeltgrenze

Versorgung

→ Beamtenversorgung

Vertrag

ist ein → *Rechtsgeschäft*, bei dem die Rechtsfolge durch übereinstimmende → *Willenserklärungen* von mindestens zwei Personen herbeigeführt wird. Der Vertrag kommt durch Antrag, das ist die Willenserklärung des Vertragsanbieters (z. B. Verkäufer), und Annahme, das ist die Willenserklärung des Vertragsannehmers (z. B. Käufer) zustande.

Vertragsfreiheit

beinhaltet das Recht der Vertragsparteien, frei darüber entscheiden zu können, ob sie einen → *Vertrag* abschließen wollen und in welcher Form und mit welchem Inhalt dies geschehen soll, sofern dies nicht gesetzlich ausdrücklich untersagt ist.

Die Vertragsfreiheit wird jedoch in verschiedenen Fällen eingeschränkt, so unter anderem durch die Vorschriften des → *Bürgerlichen Gesetzbuches* (BGB) zur → *Geschäftsfähigkeit*, zur Einhaltung gesetzlicher Formvorschriften und durch die Nichtigkeit und Anfechtbarkeit von Verträgen sowie durch die Einbeziehung von → *Allgemeinen Geschäftsbedingungen* (AGB) in den Vertrag, die häufig bei der Begründung von → *Kaufverträgen* anzutreffen sind. Eine sehr weitgehende Einschränkung der Vertragsfreiheit besteht insbesondere für die öffentlichen Monopolbetriebe (z. B. Deutsche Bahn AG, Versorgungsgesellschaften für Strom, Gas, Wasser), die gesetzlich verpflichtet sind, Verträge bestimmten Inhalts mit jedem Antragsteller abzuschließen (*Abschluss- oder Kontrahierungszwang*).

Vertrag über die Europäische Union

→ Europäische Union

Vertrauensfrage

ist ein in Artikel 68 des → *Grundgesetzes* (GG) geregeltes politisches Instrumentarium, mit der der → *Bundeskanzler* überprüfen lassen kann, ob er noch die Zustimmung der Mehrheit der Mitglieder des → *Bundestages* hat. Die Vertrauensfrage erfordert gemäß Artikel 68 Abs.1 Satz 1 des GG einen Antrag des Bundeskanzlers an den Bundestag, ihm das Vertrauen auszusprechen. Der Bundeskanzler kann den Antrag allgemein stellen oder mit einer Abstimmung über ein Gesetz oder eine andere Sachentscheidung des Bundestages verbinden. Er verfügt damit auch über ein Mittel, die Bundestagsabgeordneten der Regierungsfraktionen zur Geschlossenheit zu drängen, sie also politisch zu disziplinieren. Über den Antrag darf nicht vor Ablauf von 48 Stunden abgestimmt werden (Art. 68 Abs. 2 GG).

Erreicht der Bundeskanzler bei der Abstimmung über seinen Antrag, ihm das Vertrauen auszusprechen, nicht die Zustimmung der Mehrheit der Mitglieder des Bundestages, so steht es ihm frei, welche weiteren Schritte er einleitet. So kann er dem → *Bundespräsidenten* die Auflösung des Bundestages vorschlagen. Der Bundespräsident kann dann nach politischem Ermessen entweder den Bundestag binnen 21 Tagen auflösen (bei der Bundestagsauflösung muss dieser nach Artikel 39 Abs. 1 Satz 4 GG innerhalb von 60 Tagen neu gewählt werden) oder den Antrag des Bundeskanzlers ablehnen (Art. 68 Abs. 1 Satz 1 GG). Die Ablehnung des Antrages hat zur Folge, dass die bisherige Bundesregierung als → *Minderheitsregierung* weiterhin im Amt bleibt. Die Möglichkeit der Bundestagsauflösung erlischt nach Ablauf der 21-Tage-Frist sowie dann, wenn der Bundestag in dieser Zeit mit der Mehrheit seiner Mitglieder einen anderen Bundeskanzler wählt (Art. 68 Abs. 1 Satz 2 GG). Auch kann der Bundeskanzler untätig bleiben und als sogenannter Minderheitskanzler, auch mithilfe der Möglichkeiten des → *Gesetzgebungsnotstandes* nach Artikel 81 GG, weiter regieren. Ebenso kann der Bundeskanzler auch versuchen eine neue Koalition zustande zu bringen, die über eine Mehrheit im Bundestag verfügt und es ihm ermöglicht weiter zu regieren, wobei er sich das neue Bündnis durch eine erneute Vertrauensfrage legitimieren lassen kann. Außerdem kann der Bundeskanzler auch den Rücktritt von seinem Amt erklären.

Verwaltung

→ öffentliche Verwaltung

Verwaltungsakt

ist jede Verfügung, Entscheidung oder andere hoheitliche Maßnahme, die eine → *Behörde* zur Regelung eines Einzelfalles auf dem Gebiet des → *öffentlichen Rechts* trifft und die auf unmittelbare Rechtswirkung nach außen gerichtet ist (§ 35 Satz 1 VwVfG). Das → *Verwaltungsverfahrensgesetz* (VwVfG) unterscheidet hinsichtlich der Rechtsfolgen bei rechtswidrigen Verwaltungsakten, das heißt wenn er den Rechtsmäßigkeitsvoraussetzungen nicht entspricht und damit nicht im Einklang mit der Rechtsordnung steht, zwischen der → *Anfechtbarkeit* und der → *Nichtigkeit*.

Verwaltungsgerichtliches Verfahren

ist das in der → *Verwaltungsgerichtsordnung* (VwGO) für den Bereich der → *Verwaltungsgerichtsbarkeit* geregelte Verfahren, das der Entscheidung öffentlich-rechtlicher Streitigkeiten nicht verfassungsrechtlicher Art dient, soweit die Streitigkeiten nicht durch Bundesgesetz einem anderen → *Gericht* ausdrücklich zugewiesen sind (§ 40 Abs. 1 VwGO). Das verwaltungsgerichtliche Verfahren wird eingeleitet durch die → *Klage*, da es ohne Klage keinen Verwaltungsprozess gibt. Dies gilt lediglich nicht für die Überprüfung der Gültigkeit von → *Satzungen* und Rechtsvorschriften in den in § 47 VwGO genannten Normenkontrollverfahren, die nur auf Antrag durchgeführt werden.

Verwaltungsgerichtsbarkeit

ist dreistufig aufgebaut und besteht aus den Verwaltungsgerichten in den Bundesländern als erster Instanz und je einem → *Oberverwaltungsgericht* (Verwaltungsgerichtshof) in den Ländern als zweite Instanz und dem → *Bundesverwaltungsgericht* mit Sitz in Leipzig als dritte Instanz (§ 2 VwGO).

Zweck der Verwaltungsgerichtsbarkeit ist es, den Bürger vor Maßnahmen der → *öffentlichen Verwaltung* durch eine umfassende Kontrolle des → *Verwaltungshandelns* zu schützen.

Verwaltungsgerichtsordnung

ist ein → *Gesetz* des Bundes, welches das → *verwaltungsgerichtliche Verfahren* regelt.

Verwaltungsgliederungsplan

bestimmt den Verwaltungsaufbau in einer kommunalen Verwaltung. Der Verwaltungsgliederungsplan beinhaltet die Bildung von Organisationseinheiten, wobei für jede Aufgabenhauptgruppe eine Einzelverwaltung und für jede Aufgabengruppe (in kleineren kommunalen Verwaltungen für mehrere Aufgabengruppen) ein → *Amt* vorgesehen ist. Die größte Gliederungseinheit stellen die Dezernate dar, gefolgt von den Ämtern, welche in größeren kommunalen Verwaltungen in Abteilungen untergliedert sind.

Verwaltungshandeln

wird unterschieden in Verwaltungshandeln auf privatrechtlicher Grundlage und Verwaltungshandeln auf öffentlich-rechtlicher Grundlage.

Privatrechtliches Verwaltungshandeln ist gegeben, wenn die Verwaltung entsprechend den Regelungen im → *Bürgerlichen Gesetzbuch* tätig wird und Kauf-, Miet-, Pacht-, Werk- oder Dienstverträge abschließt.

Öffentlich-rechtliches Verwaltungshandeln liegt vor, wenn die Verwaltung → *Rechtsverordnungen*, → *Satzungen* oder → *Verwaltungsakte* erlässt und → *öffentlich-rechtliche Verträge* abschließt. Darüber hinaus gehören zum öffentlich-rechtlichen Verwaltungshandeln die → *Realakte*, das planende Verwaltungshandeln (z. B. Haushaltspläne, Raumordnungspläne, Bauleitpläne) und das interne Verwaltungshandeln (z. B. Verwaltungsvorschriften, allgemeine Dienstordnungen, Geschäftsverteilungspläne, Stellenpläne). Entscheidend für die Zuordnung ist hierbei, ob die betreffende Handlungsform durch Normen des privaten oder des öffentlichen Rechts geregelt ist.

Verwaltungsportal

bezeichnet nach der Legaldefinition des § 2 Abs. 2 des → *Onlinezugangsgesetzes* (OZG) ein bereits gebündeltes elektronisches Verwaltungsangebot eines Landes oder des Bundes mit entsprechenden Angeboten einzelner → *Behörden*.

Verwaltungsrechtsweg

ist nach der Generalklausel des § 40 Abs. 1 der → *Verwaltungsgerichtsordnung* (VwGO) in allen öffentlich-rechtlichen Streitigkeiten nichtverfassungsrechtlicher Art gegeben, soweit die Streitigkeiten nicht durch Bundesgesetz einem anderen → *Gericht* ausdrücklich zugewiesen sind. Öffentlich-rechtliche Streitigkeiten auf dem Gebiet des Landesrechts können einem anderen Gericht auch durch Landesgesetz zugewiesen werden. Im Sprachgebrauch ist unter dem Verwaltungsrechtsweg die Anrufung der Verwaltungsgerichte zu verstehen.

Verwaltungsverfahren

ist die Bezeichnung für die nach außen wirkende Tätigkeit der → *Behörden*, die auf die Prüfung der Voraussetzungen, die Vorbereitung und den Erlass eines → *Verwaltungsaktes* oder auf den Abschluss eines → *öffentlich-rechtlichen Vertrages* gerichtet ist; es schließt den Erlass des Verwaltungsaktes oder den Abschluss des öffentlich-rechtlichen Vertrages ein (§ 9 VwVfG). Das Verwaltungsverfahren ist im → *Verwaltungsverfahrensgesetz* des Bundes (VwVfG) und in den Verwaltungsverfahrensgesetzen der Länder geregelt.

Verwaltungsverfahrensgesetz

enthält sämtliche das → *Verwaltungsverfahren* betreffenden Vorschriften. Das Verwaltungsverfahrensgesetz (VwVfG) des Bundes gilt für die öffentlich-rechtliche Verwaltungstätigkeit der → *Behör-*

den des Bundes, der bundesunmittelbaren → *Körperschaften*, → *Anstalten* und → *Stiftungen des öffentlichen Rechts* sowie der Länder, der Gemeinden und Gemeindeverbände, der sonstigen der Aufsicht des Landes unterstehenden → *juristischen Personen* des öffentlichen Rechts, wenn sie Bundesrecht im Auftrag des Bundes ausführen, soweit nicht → *Rechtsvorschriften* des Bundes inhaltsgleiche oder entgegenstehende Bestimmungen enthalten (§ 1 Abs. 1 VwVfG). Ebenso gilt das VwVfG des Bundes auch für die öffentlich-rechtliche Verwaltungstätigkeit der vorbezeichneten Behörden, wenn die Länder Bundesrecht, das Gegenstände der → *ausschließlichen Gesetzgebung* oder → *konkurrierenden Gesetzgebung* des Bundes betrifft, als eigene Angelegenheit ausführen, soweit nicht Rechtsvorschriften des Bundes inhaltsgleiche oder entgegenstehende Bestimmungen enthalten in (§ 1 Abs. 2 Satz 1 VwVfG). Daneben hat jedes Bundesland ein eigenes Gesetz zum Verwaltungsverfahren für den Bereich seiner öffentlich-rechtlichen Verwaltungstätigkeit erlassen. Die Verwaltungsverfahrensgesetze der Länder stimmen inhaltlich weitgehend mit dem VwVfG überein.

Verwaltungsvertrag

→ Öffentlich-rechtlicher Vertrag

Verwaltungsvollstreckung

umfasst die zwangsweise Durchsetzung öffentlich-rechtlicher Ansprüche aus → *Verwaltungsakten* in einem verwaltungseigenen Verfahren (Verwaltungsvollstreckungsverfahren). Das Verwaltungsvollstreckungsverfahren ist im Verwaltungsvollstreckungsgesetz des Bundes (VwVG) und in den Verwaltungsvollstreckungsgesetzen der Länder, die in den Grundzügen mit dem Verwaltungsvollstreckungsgesetz des Bundes übereinstimmen, geregelt. Die Verwaltungsvollstreckungsgesetze unterscheiden zwei Verfahrensarten, und zwar das gestreckte Verwaltungsvollstreckungsverfahren und den sofortigen Vollzug.

Das *gestreckte Verwaltungsverfahren* beinhaltet drei aufeinander folgende Stufen, und zwar die Androhung des → *Zwangsmittels*, die Festsetzung des angedrohten Zwangsmittels und die Anwendung des zuvor angedrohten und festgesetzten Zwangsmittels (§§ 13 bis 15 VwVG).

Der *sofortige Vollzug* kommt nur in Ausnahmefällen in Betracht und ist nur zulässig, wenn er zur Verhinderung einer rechtswidrigen Tat, die einen Straf- oder Bußgeldtatbestand verwirklicht oder zur Abwendung einer drohenden Gefahr notwendig ist und die → *Behörde* hierbei innerhalb ihrer gesetzlichen Befugnisse handelt (§ 6 Abs. 2 VwVG). Der sofortige Vollzug kann in diesen Fällen ohne vorausgegangenen Verwaltungsakt angewendet werden, wobei auch die Androhung und die Festsetzung des Zwangsmittels entfallen (§§ 13 Abs. 1 und 14 Abs. 2 VwVG).

Bei der Verwaltungsvollstreckung von Verwaltungsakten werden zwei Vollstreckungsarten unterschieden, die als → *Zwangsbeitreibung* und → *Verwaltungszwang* bezeichnet werden.

Verwaltungsvorschrift

ist eine verwaltungsinterne Anordnung einer → *Behörde* an nachgeordnete Behörden oder eines Vorgesetzten an die ihm unterstellten Bediensteten, die dazu dient, die Tätigkeit der Verwaltung näher zu bestimmen und einheitlich zu gestalten (z. B. Verfügung, Erlass, Dienstanweisung, Rundschreiben).

Verwaltungszustellungsgesetz

regelt die Art und Weise der schriftlichen Bekanntgabe (Zustellung) eines → *Verwaltungsaktes*. Das vom Bund erlassene Verwaltungszustellungsgesetz (VwZG) unterscheidet folgende Arten der Zustellung, und zwar Zustellung durch die Post mit Zustellungsurkunde (§ 3 VwZG), Zustellung durch die Post mittels Einschreiben (§ 4 VwZG), Zustellung durch die Behörde gegen Empfangsbekenntnis; elektronische Zustellung (§ 5 VwZG), elektronische Zustellung gegen Abholbestätigung über De-Mail-Dienste (§ 5a VwZG) sowie als Sonderarten die Zustellung im Ausland (§ 9 VwZG) und die öffentliche Zustellung (§ 10 VwZG). Die Verwaltungszustellungsgesetze der Bundesländer stimmen inhaltlich im Wesentlichen mit den Regelungen des Verwaltungszustellungsgesetzes des Bundes überein.

Verwaltungszwang

ist die Bezeichnung für eine Form der → *Verwaltungsvollstreckung*, bei der die Erzwingung von Handlungen, Duldungen oder Unterlassungen aus einem → *Verwaltungsakt* Gegenstand der Vollstreckung sind. Nach den

Verwaltungsvollstreckungsgesetzen stehen der → *Behörde* zur Durchsetzung dieser öffentlich-rechtlichen Ansprüche drei → *Zwangsmittel* zur Verfügung, und zwar die → *Ersatzvornahme*, das → *Zwangsgeld* und der → *unmittelbare Zwang*.

Eine weitere Form der Verwaltungsvollstreckung ist die → *Zwangsbeitreibung*.

Verwirkung

→ Treu und Glauben

Verzug

tritt ein, wenn eine Vertragspartei (Käufer oder Verkäufer) ihre vertraglichen oder gesetzlichen Verpflichtungen aus einem → *Kaufvertrag* nicht oder nicht vollständig erfüllt. Hierbei ist zwischen Schuldnerverzug und Annahmeverzug (das BGB spricht von Gläubigerverzug) zu unterscheiden.

Der Verkäufer (Schuldner) gerät nach dem → *Bürgerlichen Gesetzbuch* (BGB) in Schuldnerverzug, wenn die Leistung (Lieferung) fällig ist und der Verkäufer trotz Fälligkeit nicht leistet. Außerdem muss der Käufer die Lieferung nach Fälligkeit durch eine Mahnung angefordert haben, wobei der Mahnung die Erhebung der Klage auf die Leistung sowie die Zustellung eines Mahnbescheides im Mahnverfahren gleichstehen (§ 286 Abs. 1 BGB). Eine Mahnung ist nicht erforderlich, wenn für die Leistung eine Zeit nach dem Kalender bestimmt ist oder der Leistung ein Ereignis vorauszugehen hat und eine angemessene Zeit für die Leistung in der Weise bestimmt ist, dass sie sich von dem Ereignis an nach dem Kalender berechnen lässt, oder der Verkäufer die Leistung ernsthaft und endgültig verweigert oder wenn aus besonderen Gründen unter Abwägung der beiderseitigen Interessen der sofortige Eintritt des Verzugs gerechtfertigt ist (§ 286 Abs. 2 BGB).

Der Käufer (Gläubiger) gerät in Annahmeverzug (Gläubigerverzug), wenn er die ihm vom Verkäufer ordnungsgemäß angebotene, fällige Leistung (Kaufsache) nicht annimmt (§ 293 BGB). Dies gilt unabhängig davon, welche Gründe für die Nichtannahme vorliegen. Unter ordnungsgemäß angeboten versteht man die Lieferung der bestellten Ware zur rechten Zeit, an dem rechten Ort und in der richtigen Güte und Menge.

VGR

ist die Abkürzung für → *Volkswirtschaftliche Gesamtrechnungen.*

VgV

ist die Abkürzung für → *Vergabeverordnung*.

Virtuelle Währung

ist eine Währung, die sich im Online-Bereich entwickelt hat und ausschließlich digital vorhanden ist und von der es keine Währung in physischer Form, wie Banknoten oder Münzen, gibt. Die bekannteste und weltweit verbreiteste virtuelle Währung ist Bitcoin. Das Bitcoin-System basiert auf einer dezentralen Datenbank, die von allen Nutzern gemeinsam verwaltet und durch komplexe Sicherungstechniken, dem sog. → *Blockchain* verschlüsselt wird, da es kein zentrales Kreditinstitut gibt, die die Freigabe für eine Transaktion oder Überweisung erteilen muss.

VKA

ist die Abkürzung für → *Vereinigung der kommunalen Arbeitgeberverbände*.

VOB/A

ist die Abkürzung für Vergabe- und Vertragsordnung für Bauleistungen Teil A.

VOF

ist die Abkürzung für Vergabe- und Vertragsordnung für freiberufliche Leistungen.

VOL/A

ist die Abkürzung für Vergabe- und Vertragsordnung für Leistungen Teil A.

Volksbegehren

ist auf der Ebene des Bundes oder eines Bundeslandes ein Antrag aus der Mitte der wahlberechtigten Bevölkerung auf Durchführung eines → *Volksentscheids* oder auf Befassung einer der Gesetzgebungsorgane mit einer bestimmten Maßnahme. Auf der Ebene des Bundes ist ein Volksbegehren ausschließlich über eine Maßnahme zur Neugliederung des Bundesgebietes nach Artikel 29 des → *Grundgesetzes* (GG) vorgesehen, deren Einzelheiten im → *Gesetz* über das Verfahren bei

→ *Volksentscheid*, Volksbegehren und Volksbefragung nach Artikel 29 Abs. 6 des Grundgesetzes (G Art. 29 Abs. 6) und der Verordnung zur Durchführung des Gesetzes nach Artikel 29 Abs. 6 des Grundgesetzes (Neugliederungsdurchführungsverordnung – NeuGlV) geregelt sind. Auf der Ebene der Bundesländer ist das Volksbegehren in den jeweiligen Landesverfassungen und den hierzu erlassenen Landesgesetzen geregelt, wobei die Maßnahmen, über die die wahlberechtigte Bevölkerung abstimmen kann, und die Quoren, damit das Volksbegehren verbindlich werden kann, recht unterschiedlich ausgestaltet sind.

Der Gegenbegriff zum Volksbegehren ist auf der kommunalen Ebene das → *Bürgerbegehren*.

Volksentscheid

ist die auf der Ebene des Bundes oder eines Bundeslandes bestehende Möglichkeit für die wahlberechtigte Bevölkerung, über bestimmte Maßnahmen abzustimmen. Auf der Ebene des Bundes ist ein Volksentscheid ausschließlich über eine Maßnahme zur Neugliederung des Bundesgebietes nach Artikel 29 des → *Grundgesetzes* (GG) vorgesehen, wobei der Volksentscheid in den Ländern stattfindet, aus deren Gebieten oder Gebietsteilen ein neues oder neu umgrenztes Land gebildet werden soll (betroffene Länder, Art. 29 Abs. 3 Satz 1 GG) und über die Frage abzustimmen ist, ob die betroffenen Länder wie bisher bestehen bleiben sollen oder ob das neue oder neu umgrenzte Land gebildet werden soll (Art. 29 Abs. 3 Satz 2 GG). Die Einzelheiten sind im → *Gesetz* über das Verfahren bei Volksentscheid, → *Volksbegehren* und Volksbefragung nach Artikel 29 Abs. 6 des Grundgesetzes (G Art. 29 Abs. 6) und der Verordnung zur Durchführung des Gesetzes nach Artikel 29 Abs. 6 des Grundgesetzes (Neugliederungsdurchführungsverordnung – NeuGlV) geregelt. Auf der Ebene der Bundesländer ist der Volksentscheid in den jeweiligen Landesverfassungen und den hierzu erlassenen Landesgesetzen geregelt, wobei die Maßnahmen, über die die wahlberechtigte Bevölkerung abstimmen kann, und die Quoren, damit der Volksentscheid verbindlich werden kann, recht unterschiedlich ausgestaltet sind.

Der Gegenbegriff zum Volksentscheid ist auf der kommunalen Ebene der → *Bürgerentscheid*.

Volkspartei

ist die umgangssprachliche Bezeichnung für eine → *politische Partei,* die ihr Parteiprofil auf große Teile der Bevölkerung ausgelegt hat und somit fast alle Bevölkerungsschichten anspricht. Das jeweilige Parteiprogramm einer Volkspartei versucht deshalb Ansichten und Meinungen zu möglichst vielen Lebensbereichen zu enthalten und nicht nur begrenzte Teile. Als Volkspartei werden die → *Christlich Demokratische Union Deutschlands* (CDU) sowie ihre Schwesterpartei, die → *Christlich Soziale Union in Bayern* (CSU), und die → *Sozialdemokratische Partei Deutschlands* (SPD) bezeichnet.

Volksvertretung

→ Parlament

Volkswirtschaftliche Gesamtrechnungen

liefern die statistischen Daten der wichtigsten volkswirtschaftlichen Größen und vermitteln ein umfassendes quantitatives Gesamtbild des Wirtschaftsgeschehens in einer Volkswirtschaft für eine abgelaufene Periode.

Die Daten für die Volkswirtschaftlichen Gesamtrechnungen (VGR), die für Bundeszwecke vom Statistischen Bundesamt ermittelt und veröffentlicht werden (§ 3 Abs. 1 Nr. 7 BStatG), sind auf das in allen Mitgliedstaaten der Europäischen Union (EU) geltende Europäische System Volkswirtschaftlicher Gesamtrechnungen (ESVG) ausgerichtet. Zentrale statistische Größen der VGR sind das → *Bruttoinlandsprodukt* (BIP) und das → *Nationaleinkommen*.

Vollkostenrechnung

ist der Gegenbegriff zur → *Teilkostenrechnung*. Die Vollkostenrechnung basiert auf einer Unterscheidung der Kosten in Einzel- und Gemeinkosten. Sämtliche angefallenen Kostenarten werden auf die Kostenträger weiterverrechnet, die Einzelkosten direkt und die Gemeinkosten indirekt über die → *Kostenstellenrechnung*.

Vollmacht

→ Stellvertretung

Vollziehende Gewalt

→ Gewaltenteilung

Vollzugskritik

→ Aufgabenkritik

Vollzugsverwaltung

ist diejenige Verwaltungstätigkeit, die nach Maßgabe der → *Gesetze* oder auf der Grundlage der Beschlüsse der → *Planungsverwaltung* verbindliche Entscheidungen gegenüber dem Bürger trifft (z. B. Erteilung einer Baugenehmigung).

Vorbereitungsdienst

im beamtenrechtlichen Sinne beinhaltet die praktische und theoretische Ausbildung der → *Laufbahnbewerber* auf der Grundlage der für die jeweilige → *Laufbahn* vom Bund oder dem jeweiligen Bundesland erlassenen Ausbildungs- und Prüfungsordnungen. Durch den Vorbereitungsdienst und das Bestehen der Laufbahnprüfung erwerben die Laufbahnbewerber die Befähigung für ihre Laufbahn.

Vorgesetzter

im beamtenrechtlichen Sinne ist, wer dem → *Beamten* für seine dienstliche Tätigkeit Anordnungen erteilen kann. Die Vorgesetzteneigenschaft ergibt sich aus der Behördenorganisation oder aus der Einzelweisung des Behördenleiters (§ 3 BBG bzw. Landesbeamtengesetz).

Vorherigkeit

ist ein → *Haushaltsgrundsatz* mit Verfassungsrang, der besagt, dass der → *Haushaltsplan* durch Verabschiedung des → *Haushaltsgesetzes* vor Beginn des Haushaltsjahres festzustellen ist. Die rechtzeitige Haushaltsbewilligung ist für eine geordnete wirtschaftliche Haushaltsausführung wichtig. Andernfalls gilt das → *Nothaushaltsrecht* des Artikels 111 des → *Grundgesetzes* (GG) (Art. 110 Abs. 2 Satz 1 GG, §§ 1, 30 BHO/LHO).

Vornahmeklage

→ Klagearten im Verwaltungsprozess

Vorrang des Gesetzes

→ Gesetzesvorrang

Vorsatz

im zivilrechtlichen Sinne bedeutet das Wissen und Wollen der

Rechtsgutverletzung im Bewusstsein seiner Rechtswidrigkeit (§ 276 Abs. 1 BGB).

Vorverfahren

→ Widerspruchsverfahren

VwGO

ist die Abkürzung für → *Verwaltungsgerichtsordnung*.

VwVfG

ist die Abkürzung für → *Verwaltungsverfahrensgesetz*.

VwZG

ist die Abkürzung für → *Verwaltungszustellungsgesetz*.

W

Wählbarkeit

→ Wahlrecht

Wahlperiode

→ Legislaturperiode

Wahlrecht

umfasst die gesetzlichen Bestimmungen, die das Verfahren demokratischer Wahlen regeln. Das → *Grundgesetz* (GG) schreibt vor, dass die → *Abgeordneten* des → *Bundestages* und die Volksvertretungen in den Ländern, Kreisen und Gemeinden in allgemeiner, unmittelbarer, freier, gleicher und geheimer Wahl gewählt werden (Art. 38 Abs. 1 und 28 Abs. 1 GG). Die Durchführung der Wahlen zum Bundestag ist im → *Bundeswahlgesetz* (BWG) und in der Bundeswahlordnung (BWO) und zum → *Landtag* bzw. zum → *Abgeordnetenhaus* sowie zur → *Bürgerschaft* in den jeweiligen von den Ländern bzw. Stadtstaaten Berlin, Bremen und Hamburg erlassenen Wahlgesetzen und Wahlordnungen geregelt.

Unter dem Begriff Wahlrecht wird auch die Berechtigung verstanden, zu wählen → *aktives Wahlrecht* oder gewählt zu werden → *passives Wahlrecht*.

Wahlsystem

besteht für die Wahl der → *Abgeordneten* des → *Bundestages* aus einer Kombination von Mehrheitswahl und Verhältniswahl, das auch als personalisierte Verhältniswahl bezeichnet wird, und im → *Bundeswahlgesetz* (BWG) geregelt ist. Danach hat jeder Wähler zwei Stimmen (§ 4 BWG).

Mit der → *Erststimme* (sog. Personenstimme) werden die Hälfte der Bundestagsabgeordneten in den Wahlkreisen nach dem Prinzip der einfachen (relativen) Mehrheit gewählt, das heißt es ist der Kandidat direkt gewählt, der die meisten Erststimmen auf sich vereinigt; wobei bei Stimmengleichheit das Los entscheidet (§ 5 BWG).

Mit der → *Zweitstimme* (sog. Parteienstimme) werden die andere Hälfte der Bundestagsabgeordneten über die von den → *politischen Parteien* zu erstellenden Landeslisten, auf der die Kandidaten einer Partei in einer festgelegten Reihenfolge aufgeführt sind, nach dem Prinzip der Verhältniswahl gewählt (§ 6 BWG). Der Zweitstimme kommt dabei eine besondere Bedeutung zu, da sich hiernach die Zahl der Sitze bemisst, die jede Partei im Bundestag erhält. Für den Fall, dass eine Partei in den Wahlkreisen nach den Grundsätzen der Mehrheitswahl mit der Erststimme mehr Direktmandate erzielt, als ihr nach dem Zweitstimmenergebnis zusteht, erhöht sich die Gesamtzahl der Bundestagssitze um diese Mandate, die als → *Überhangmandate* bezeichnet werden. Die durch das Zweiundzwanzigste Gesetz zur Änderung des Bundeswahlgesetzes vom 3. Mai 2013 neu gefasste Vorschrift des § 6 BWG sieht erstmalig einen vollständigen Ausgleich der Überhangmandate im Verhältnis der Parteien zueinander vor, wodurch erreicht werden soll, dass alle Parteien entsprechend ihrem Zweitstimmenergebnis im Parlament vertreten sind. Diese Regelung bezüglich der → *Ausgleichsmandate* wurde erstmals bei der am 22. September 2013 stattgefundenen Wahl zum 18. Bundestag angewandt. Für die Wahl zum 20. Bundestag am 26. September 2021 wurde zur Verminderung der Bundestagsvergrößerung § 6 Abs. 5 des BWG dahingehend geändert, dass drei Überhangsmandate nicht durch Ausgleichsmandate für die Parteien ersetzt werden.

Die den Parteien nach ihrem Zweitstimmenergebnis zustehenden Sitze im Bundestag werden seit der Bundestagswahl 2009 nach dem → *Sainte-Laguë/Schepers-Verfahren*, auch Divisorverfahren mit Standardrundung genannt, errechnet, dass das bei den Bundestagswahlen von 1987 bis 2005 angewandte → *Hare-Niemeyer-Verfahren* abgelöst hat.

Währungsreform

dient der Wiederherstellung eines zerrütteten Geldwesens. Die Entscheidung über eine Währungsreform obliegt dem Gesetzgeber, da der → *Staat* die Währungshoheit besitzt. Dabei werden alles Geld oder Teile davon entwertet, weil das Geld seine Kaufkraft verloren hat. Einem Überangebot an Geld steht praktisch kein bzw. ein zu geringes Warenangebot gegenüber. Die Wertveränderung des Geldes ist zwangsläufig mit dem Verlust von Ersparnissen verbunden.

Währungsunion

ist ein freiwilliger Zusammenschluss von → *Staaten* mit unterschiedlichen Währungen zu einem einheitlichen Währungsraum. Die Währungen der an einer Währungsunion beteiligten Staaten werden lediglich nach einem bestimmten Austauschverhältnis in die neue Währung umgerechnet. Die in Geldguthaben ausgedrückte Kaufkraft bleibt genau gleich. Ein Beispiel für eine Währungsunion ist die → *Europäische Währungsunion*.

WBeauftrG

ist die Abkürzung für → *Gesetz über den* → *Wehrbeauftragten des Deutschen Bundestages*.

Wechselkurs

bezeichnet das Verhältnis vom Preis einer Währung gegenüber einer Vergleichswährung (auch Devisenkurs). Er ist ein Begriff aus der Volkswirtschaft und maßgeblich für die Bewertung der wirtschaftlichen Stärke eines Währungsraumes (z. B. → *Europäische Währungsunion*). Der Wechselkurs kann die Außenwirtschaft eines → *Staates* stark beeinflussen, da er Einfluss auf den Absatz in anderen Währungsgebieten hat. Relevant ist vor allem der Wechselkurs zwischen dem Euro (€) und dem Dollar ($).

Wegfall- und Umwandlungsvermerke

sind → *Haushaltsvermerke* die eine Ausnahme vom → *Haushaltsgrundsatz* der → *Jährlichkeit* darstellen. Die Wegfall- und Umwandlungsvermerke werden in den kommenden → *Haushaltsplänen* solange fortgeschrieben, bis ihnen Rechnung getragen ist.

Wehrbeauftragter des Deutschen Bundestages

wird vom → *Bundestag* in geheimer Wahl mit der Mehrheit seiner Mitglieder für die Dauer von fünf Jahren gewählt, wobei eine Wiederwahl zulässig ist. Der Wehrbeauftragte steht in einem öffentlich-rechtlichen Amtsverhältnis und wird vom Präsidenten des Bundestages ernannt. Mindestens einmal im Jahr legt er dem → *Parlament* einen Bericht über seine Arbeit vor, in dem er zum inneren Zustand der Bundeswehr Stellung nimmt. Rechtliche Grundlage bildet Artikel 45b des → *Grundge-*

setzes (GG), wonach zum Schutz der Grundrechte und als Hilfsorgan des Bundestages bei der Ausübung der parlamentarischen Kontrolle im Bereich der Bundeswehr ein Wehrbeauftragter des Bundestages zu berufen ist. Die Einzelheiten über die Aufgaben und Befugnisse sowie die Wahl des Wehrbeauftragten sind im → *Gesetz* über den Wehrbeauftragten des Deutschen Bundestages (Gesetz zu Artikel 45b des Grundgesetzes – WBeauftrG) geregelt.

Weihnachtsgeld

→ Jahressonderzahlung

Werklieferungsvertrag

ist ein → *Werkvertrag*, bei dem der → *Unternehmer* das Werk aus einem von ihm zu schaffenden Stoff herzustellen hat (§ 651 BGB). *Beispiel:* Der Maßschneider liefert zu dem Anzug den Stoff.

Werkvertrag

ist ein → *Vertrag*, dessen Gegenstand die Herstellung eines Werkes oder Herbeiführung eines durch Arbeits- oder Dienstleistung bewirkten Erfolges gegen → *Entgelt* ist (§§ 631 bis 650 BGB). *Beispiel:* Die Anfertigung eines Maßanzuges, die Reparatur einer Maschine.

Wettbewerblicher Dialog

→ Ausschreibung

Widerrufsvorbehalt

im verwaltungsrechtlichen Sinne ist eine besondere Form der auflösenden → *Bedingung*, der es der → *Behörde* ermöglicht, einen → *Verwaltungsakt* zu einem späteren Zeitpunkt wieder aufzuheben (z. B. Erteilung einer Erlaubnis zur Aufstellung eines Zeitungskiosks am Straßenrand mit dem Widerrufsvorbehalt, dass die Erlaubnis bei Verbreiterung der Straße zurückgenommen wird).

Widerspruchsverfahren

ist zum einen Bestandteil des → *Verwaltungsverfahrens*, weil es der → *öffentlichen Verwaltung* ermöglicht, den angefochtenen → *Verwaltungsakt* nochmals auf seine Rechtmäßigkeit und Zweckmäßigkeit zu überprüfen und vorhandene Fehler zu beseitigen, und andererseits ist es auch ein → *ver-*

waltungsgerichtliches Verfahren, weil es grundsätzlich vor der Erhebung einer Anfechtungsklage (bei einem erlassenen Verwaltungsakt) oder der Verpflichtungsklage (bei einer Ablehnung eines Verwaltungsaktes) durchgeführt werden muss.

Für das Widerspruchsverfahren gelten nach § 79 des → *Verwaltungsverfahrensgesetzes* (VwVfG) insbesondere die → *Verwaltungsgerichtsordnung* (VwGO) und die zu ihrer Ausführung von den Ländern erlassenen Rechtsvorschriften, soweit nicht durch → *Gesetz* etwas anderes bestimmt ist. Das Widerspruchsverfahren wird in der VwGO auch als Vorverfahren bezeichnet, das mit der Erhebung des Widerspruchs beginnt (§ 69 VwGO).

Erhoben ist der Widerspruch in dem Zeitpunkt, in dem er der zuständigen → *Behörde* zugegangen ist. Erfolg hat der Widerspruch nur, sofern er zulässig und begründet ist. Der Widerspruch ist innerhalb eines Monats, nachdem der Verwaltungsakt dem Betroffenen bekannt gegeben worden ist, schriftlich oder zur Niederschrift bei der Behörde zu erheben, die den Verwaltungsakt erlassen hat, wobei die Frist auch durch Einlegung des Widerspruchs bei der Behörde, die den Widerspruchsbescheid zu erlassen hat, gewahrt wird (§ 70 Abs. 1 VwGO). Die einmonatige Widerspruchsfrist beginnt jedoch nur zu laufen, wenn der Verwaltungsakt mit einer schriftlichen → *Rechtsbehelfsbelehrung*, deren Inhalt sich nach § 58 Abs. 1 VwGO richtet, versehen war. Bei einer fehlenden oder unrichtigen Rechtsbehelfsbelehrung verlängert sich die Widerspruchsfrist auf ein Jahr, gerechnet ab dem Zeitpunkt der Bekanntgabe des Verwaltungsaktes (§ 58 Abs. 2 VwGO). Der Widerspruch hat grundsätzlich → *aufschiebende Wirkung*, das heißt der Verwaltungsakt kann bis zur Entscheidung über den Widerspruch nicht vollzogen werden (Suspensiveffekt; § 80 Abs. 1 VwGO).

Wiederaufgreifen des Verfahrens

bedeutet, dass die → *Behörde* auf Antrag des Betroffenen über die Aufhebung oder Änderung eines unanfechtbaren → *Verwaltungsaktes* zu entscheiden hat, wenn sich die dem Verwaltungsakt zugrunde liegende Sach- oder Rechtslage nachträglich zugunsten des Betroffenen geändert hat; neue Beweismittel vorliegen, die eine dem

Betroffenen günstigere Entscheidung herbeiführen würde; Wiederaufnahmegründe entsprechend § 580 der Zivilprozessordnung (ZPO) gegeben sind. Der Antrag ist nur zulässig, wenn der Betroffene ohne grobes Verschulden außer Stande war, den Grund für das Wiederaufgreifen in dem früheren Verfahren, insbesondere durch → *Rechtsbehelf*, geltend zu machen. Der Antrag muss binnen drei Monaten gestellt werden. Die Frist beginnt mit dem Tage, an dem der Betroffene von dem Grund für das Wiederaufgreifen Kenntnis erhalten hat (§ 51 VwVfG).

Willenserklärung

ist eine Äußerung einer oder mehrerer Personen, die in der Absicht abgegeben wird, einen bestimmten Rechtserfolg herbeizuführen. Die Willenserklärung kann grundsätzlich in jeder beliebigen Form, die geeignet ist, den Empfänger zu erreichen, abgegeben werden. Eine bestimmte Form ist hierfür nur in Ausnahmefällen vorgesehen. Es ist lediglich erforderlich, dass der Wille hinreichend deutlich zum Ausdruck kommt. So kann der Wille ausdrücklich, unmittelbar erklärt werden (z. B. mündlich oder schriftlich) oder stillschweigend, das heißt durch schlüssiges oder konkludentes Handeln zum Ausdruck kommen (z. B. durch Handheben, Kopfnicken, Einsteigen in ein Taxi).

Willkürverbot

ist Ausfluss und Bestandteil des allgemeinen Gleichheitssatzes des Artikel 3 Abs. 1 des → *Grundgesetzes* (GG), der besagt, dass alle Menschen vor dem → *Gesetz* gleich sind. Der → *Gleichbehandlungsgrundsatz*, der die → *öffentliche Verwaltung* als Teil der vollziehenden Gewalt (Exekutive) als unmittelbar geltendes → *Recht* bindet, bedeutet in seiner Ausprägung als Verbot jeglicher Willkür, dass die Verwaltung gleichgelagerte Fälle nicht ohne sachlichen Grund unterschiedlich behandeln darf. An frühere Entscheidungen ist die Verwaltung jedoch nicht gebunden, wenn diese rechtswidrig waren, da es keine Gleichheit im Unrecht gibt. Die Verwaltung würde sonst gegen den Grundsatz der → *Gesetzmäßigkeit der Verwaltung* verstoßen.

Wirtschaftlichkeit und Sparsamkeit

ist ein → *Haushaltsgrundsatz*, der besagt, dass die Grundsätze der

Wirtschaftlichkeit und Sparsamkeit bei Aufstellung und Ausführung des → *Haushaltsplans* zu beachten sind, wobei die Sparsamkeit ein Teil der Wirtschaftlichkeit ist. Diese Grundsätze verpflichten zur Prüfung, inwieweit staatliche Aufgaben oder öffentlichen Zwecken dienende wirtschaftliche Tätigkeiten durch Ausgliederung und Entstaatlichung oder Privatisierung erfüllt werden können. Für alle finanzwirksamen Maßnahmen sind angemessene Wirtschaftlichkeitsuntersuchungen durchzuführen. In geeigneten Fällen ist privaten Anbietern die Möglichkeit zu geben darzulegen, ob und inwieweit sie staatliche Aufgaben oder öffentlichen Zwecken dienende wirtschaftliche Tätigkeiten nicht ebenso gut oder besser erbringen können (Interessenbekundungsverfahren). In geeigneten Bereichen ist eine → *Kosten- und Leistungsrechnung* einzuführen (§ 6 HGrG, § 7 BHO/LHO).

Der Grundsatz der Wirtschaftlichkeit und Sparsamkeit ist auch oberstes Prinzip für die Bewirtschaftung der → *Haushaltsausgaben* und für die Inanspruchnahme von → *Verpflichtungsermächtigungen* des Haushaltsplans. Danach dürfen Ausgaben bzw. Verpflichtungsermächtigungen nur insoweit und nicht eher geleistet (in Anspruch genommen) werden, als sie zur wirtschaftlichen und sparsamen Verwaltung erforderlich sind, das heißt die mittelbewirtschaftende Stelle muss jeweils vor Inanspruchnahme der Ausgabeermächtigungen und Verpflichtungsermächtigungen prüfen, ob die Leistung der Ausgaben oder das Eingehen der Verpflichtung nach Grund und Höhe sowohl sachlich notwendig als auch zum jetzigen Zeitpunkt erforderlich ist.

Außerdem sind die Ausgabemittel so zu bewirtschaften, dass sie zur Deckung aller Ausgaben bzw. Verpflichtungen ausreichen, die unter die einzelne Zweckbestimmung fallen. Hierdurch soll sichergestellt werden, dass eine Überschreitung des Haushaltsplans möglichst nicht eintritt (§§ 37 Abs. 1, 38 Abs. 1 Satz 2 BHO/LHO).

Wirtschafts- und Sozialausschuss

ist eine beratende Einrichtung der → *Europäischen Union* (EU), die durch die am 1. Januar 1958 in Kraft getretenen Römischen Verträge geschaffen wurde.

Der Wirtschafts- und Sozialausschuss besteht aus Vertretern der Organisationen der → *Arbeitgeber* und der → *Arbeitnehmer* sowie anderen Vertretern der Zivilgesellschaft, insbesondere aus dem sozialen und wirtschaftlichen, dem staatsbürgerlichen, dem beruflichen und dem kulturellen Bereich. Er wird vom → *Europäischen Parlament*, dem → *Europäischen Rat* (Ministerrat) oder der → *Europäischen Kommission* in den im Vertrag über die Europäische Union (EUV) vorgesehenen Fällen und in den Fällen, in denen diese es für zweckmäßig halten, vor ihren Entscheidungen gehört. Die Zusammensetzung und die Befugnisse des Wirtschafts- und Sozialausschusses sind im Einzelnen im Vertrag über die Arbeitsweise der Europäischen Union (AEUV) festgelegt (Art. 300 bis 304 AEUV).

Neben dem Wirtschafts- und Sozialauschuss besteht innerhalb der EU als weitere beratende Einrichtung der → *Ausschuss der Regionen.*

Wirtschaftskreislauf

ist eine bildhafte Darstellung der in einer arbeitsteiligen Volkswirtschaft zwischen den Wirtschaftseinheiten fließenden Geld- und Güterströme, die dazu in verschiedene Sektoren eingeteilt werden. Die Darstellung des Wirtschaftskreislaufes hat besondere Bedeutung im Rahmen der → *Volkswirtschaftlichen Gesamtrechnung*.

Der Wirtschaftskreislauf ist Folge der Arbeitsteilung und in seinem Umfang von deren Ausmaß abhängig. Die theoretische Untersuchung des Wirtschaftskreislaufes ist Gegenstand der Kreislaufanalyse, deren Ursprünge auf den französischen Volkswirtschaftler und Arzt Francois Quesnay (1694 bis 1774) zurückgehen und von dem britischen Volkswirtschaftler und Diplomaten John Maynard Keynes (1883 bis 1946) weiterentwickelt wurde.

Wirtschaftsplan

ist ein Ersatzhaushaltsplan, den Betriebe des Bundes oder des Landes aufzustellen haben, wenn ein Wirtschaften nach Einnahmen und Ausgaben des → *Haushaltsplans* nicht zweckmäßig ist (§ 18 Abs. 1 Satz 1 HGrG, § 26 Abs. 1 Satz 1 BHO/LHO).

Der Wirtschaftsplan umfasst einen Erfolgs- und einen Finanzplan. Im Erfolgsplan sind die im Wirtschaftsjahr voraussichtlich anfallenden Aufwendungen und Erträge nach Art einer Gewinn- und Verlustrechnung darzustellen. Im Finanzplan sind die geplanten Maßnahmen zur Vermehrung des Anlage- und Umlaufvermögens, Schuldentilgungen und Gewinnabführung sowie die zu erwartenden Deckungsmittel (Gewinne, Abschreibungen, Darlehen, Kapitalausstattungen usw.) darzustellen (VV Nr. 1.3 zu § 26 BHO/LHO).

Der Wirtschaftsplan oder eine Übersicht über den Wirtschaftsplan ist dem Haushaltsplan als Anlage beizufügen oder in die Erläuterungen aufzunehmen, wobei im Haushaltsplan nur die Zuführungen oder die Ablieferungen zu veranschlagen und die Planstellen nach → *Besoldungsgruppen* und → *Amtsbezeichnungen* auszubringen sind (§ 18 Abs. 1 Satz 2 bis 4 HGrG, § 26 Abs. 1 Satz 2 bis 4 BHO/LHO). Andere Stellen als Planstellen sind in den Erläuterungen anzugeben (VV Nr. 1.6 zu § 26 BHO/LHO). Für die Sondervermögen (z. B. Bundeseisenbahnvermögen, Erblastentilgungsfonds) gelten ergänzende Regelungen (§ 18 Abs. 2 HGrG, § 26 Abs. 2 BHO/LHO).

Für die kommunalen Eigenbetriebe (z. B. Versorgungsbetriebe, Krankenhäuser) gelten entsprechende Regelungen, die in den von den Ländern erlassenen Eigenbetriebsgesetzen bzw. Eigenbetriebsverordnungen bestimmt sind. Der Wirtschaftsplan besteht hiernach aus dem Erfolgsplan, dem Vermögensplan und der Stellenübersicht.

Wirtschaftspolitik

umfasst alle politischen und verbandlichen Aktivitäten sowie die staatlichen Maßnahmen, die darauf gerichtet sind, den Wirtschaftsprozess zu ordnen, im Sinne bestimmter Ziele zu beeinflussen oder direkt in den Wirtschaftsablauf einzugreifen.

Die Ziele der Wirtschaftspolitik sind vor allem durch das → *Stabilitätsgesetz* vorgegeben. Träger der Wirtschaftspolitik, also die Einrichtungen, die wirtschaftspolitische Entscheidungen treffen und umsetzen können, sind unter anderem der → *Bundestag*, die → *Bundesregierung*, die → *Landtage*, die Landesregierungen, die Industrie und Handelskammern, die Handwerkskammern, die → *Arbeitgeberverbände*, die → *Gewerkschaften*, die → *Deutsche Bundesbank* und die → *Europäische Zentralbank*.

Z

Zahlungen

sind Einzahlungen und Auszahlungen, wobei als Einzahlungen die bei der Kasse eingehenden Beträge und als Auszahlungen die von der Kasse hinausgehenden Beträge bezeichnet werden. Zahlungen dürfen nur von Kassen und Zahlstellen angenommen oder geleistet werden. Die Anordnung der Zahlung muss durch das zuständige Ministerium oder die von ihm ermächtigte Dienststelle schriftlich oder auf elektronischem Wege erteilt werden. Das Bundes- bzw. Landesfinanzministerium kann Ausnahmen zulassen (§ 32 HGrG, § 70 BHO/LHO).

Zahlungsbilanz

ist eine Gegenüberstellung aller in Geld bezifferbaren Transaktionen einer Volkswirtschaft mit dem Ausland innerhalb eines bestimmten Zeitraumes. Die Zahlungsbilanz wird von der → *Deutschen Bundesbank* in Zusammenarbeit mit dem Statistischen Bundesamt monatlich erstellt. Sie setzt sich aus mehreren Teilbilanzen zusammen, wobei grob gegliedert die Leistungsbilanz und die Kapitalbilanz unterschieden werden können.

Zeitbestimmung

ist die Bezeichnung für den Eintritt eines zukünftigen gewissen Ereignisses zu einem bestimmten Zeitpunkt (§ 163 BGB). *Beispiel:* Ab 1. Januar nach der Volljährigkeit meiner Tochter.

Zentralisation

ist eine Form der Verwaltungsorganisation, bei der die Verwaltungsaufgaben überwiegend von der unmittelbaren → *Staatsverwaltung* durch → *Behörden* der oberen Verwaltungsebene (z. B. Ministerien) und mittleren Verwaltungsebene (z. B. Statistische Landesämter, Landeskriminalämter) wahrgenommen werden.

Weitere Organisationsformen sind die → *Dekonzentration*, die → *Dezentralisation* und die → *Konzentration*.

Zentralverwaltungswirtschaft

ist der Gegenbegriff zur → *Marktwirtschaft.* In der Zentralverwaltungswirtschaft – auch als Planwirtschaft bezeichnet – bestimmt der → *Staat* meist in 4-Jahres-Plänen die wirtschaftlichen Aktivitäten, und zwar Umfang und Verteilung der → *Güter* und Dienstleistungen sowie die Produktion. Jedem Konsumenten wird so eine bestimmte Anzahl an Waren zugeteilt. Die Zentralverwaltungswirtschaft hat sich als nicht konkurrenzfähig gegenüber der Marktwirtschaft erwiesen, da sie aufgrund ihrer Planung nicht flexibel genug ist, um auf Schwankungen des internationalen Marktes zu reagieren. Die der Zentralverwaltungswirtschaft zugrundeliegende Grundidee und Wirtschaftsform ist – in Abgrenzung zum Kapitalismus – der auf der Lehre von Karl Marx und Friedrich Engels gegründete → *Sozialismus*.

Zeugnis

→ *Arbeitszeugnis*

Zivilrecht

→ *Privatrecht*

Zusage

im verwaltungsrechtlichen Sinne ist das verbindliche Versprechen einer → *Behörde*, später eine bestimmte Verwaltungsmaßnahme vorzunehmen oder zu unterlassen. Die Zusage ist im Gegensatz zu der → *Zusicherung* nicht in den vom Bund und den Ländern erlassenen → *Verwaltungsverfahrensgesetzen* (VwVfG) geregelt, wobei die Vorschriften des § 38 VwVfG des Bundes bzw. die inhaltsgleichen Bestimmungen der Verwaltungsverfahrensgesetze der Länder, die sich auf die Zusicherung beziehen, auch für die Zusage anzuwenden sind.

Zuschlagskalkulation

beinhaltet die gesonderte Erfassung der Kosten einer bestimmten Leistung nach dem Verursacherprinzip und die Zuordnung der Kosten zu der betreffenden Leistung. Hierbei werden die Einzelkosten und die Gemeinkosten mit ihren sich aus dem → *Betriebsabrechnungsbogen* ergebenden Zuschlagssätzen den Kostenträgern zugerechnet. Je mehr Kosten als Einzelkosten ausgewiesen werden, desto verursachungsgerechter und realitätsbezogener wird die Kalkulation.

Grundsätzlich lassen sich zwei Verfahren der Zuschlagskalkulation unterscheiden, und zwar die *summarische Zuschlagskalkulation*, die sämtliche Gemeinkosten in einer Summe erfasst und rechnet diese Gemeinkosten pauschal mit einem Zuschlagsbetrag den Kalkulationskosten zu, und die *differenzierte Zuschlagskalkulation*, die die Gemeinkosten nach Kostenstellen aufgliedert und pro Kostenstelle einen oder mehrere Zuschlagssätze bildet, wobei die Zahlen der → *Kostenstellenrechnung* die Grundlage für die Bildung von Zuschlagssätzen sind.

Die Zuschlagskalkulation wird in der → *öffentlichen Verwaltung* vor allem für die Kostenkontrolle von Verwaltungsverfahren benötigt, insbesondere wenn eine Abrechnung (z. B. durch Verkauf oder Sonderauftrag) erforderlich ist, ein Vergleich zwischen Auftragsvergabe und Selbsterstellung der Leistungen durchgeführt werden soll und die Forderung bzw. Absicht besteht, ein „Projekt" gesondert zu verrechnen, um es besser überwachen zu können.

Zusicherung

im verwaltungsrechtlichen Sinne ist der in § 38 des → *Verwaltungsverfahrensgesetzes* (VwVfG) des Bundes geregelte Unterfall der → *Zusage* einer → *Behörde*, einen bestimmten → *Verwaltungsakt* später zu erlassen oder zu unterlassen. Die Zusicherung bedarf zu ihrer Wirksamkeit der schriftlichen Form. Ist vor dem Erlass des zugesicherten Verwaltungsaktes die Anhörung Beteiligter oder die Mitwirkung einer anderen Behörde oder eines Ausschusses aufgrund einer Rechtsvorschrift erforderlich, so darf die Zusicherung erst nach Anhörung der Beteiligten oder nach Mitwirkung dieser Behörde oder des Ausschusses gegeben werden. Die Verwaltungsverfahrensgesetze der Länder enthalten inhaltsgleiche Bestimmungen.

Zustellung

im Sinne des → *Verwaltungszustellungsgesetzes* ist die in gesetzlicher Form ausgeführte und beurkundete Übergabe eines Schriftstücks oder Vorlage seiner Urschrift. Die Zustellung hat den Zweck, der → *Behörde* den Nachweis des Zeitpunktes und der Art der ordnungsgemäßen Übergabe des Schriftstücks an den Empfänger zu sichern.

Zustimmungsgesetz

ist ein Bundesgesetz, das nach dem → *Grundgesetz* (GG) der Zustimmung des → *Bundesrates* bedarf. Das Zustimmungsgesetz stellt den Ausnahmefall des → *Gesetzgebungsverfahrens* der Bundesgesetze dar.

Der Gegenbegriff zum Zustimmungsgesetz ist das → *Einspruchsgesetz.*

Zuweisung

im beamtenrechtlichen Sinne ist die vorübergehende Übertragung einer ganz oder teilweise dem → *Amt* des → *Beamten* entsprechenden Tätigkeit bei einer öffentlichen Einrichtung ohne Dienstherrneigenschaft oder einer öffentlich-rechtlichen Religionsgemeinschaft oder bei einer anderen Einrichtung. Die Zuweisung ist nur zulässig, wenn öffentliche Interessen dies erfordern und der Beamte der Zuweisung zugestimmt hat. Einer Zustimmung bedarf es nur dann nicht, wenn von der Zuweisung ein Beamter einer Dienststelle betroffen ist, die ganz oder teilweise in eine öffentlich-rechtlich organisierte Einrichtung ohne Dienstherrneigenschaft oder eine privatrechtlich organisierte Einrichtung der öffentlichen Hand umgewandelt wird (§ 20 BeamtStG).

Für die → *Arbeitnehmer* bestimmt sich das Verfahren der Zuweisung nach dem Tarifvertragsrecht. Für die unter den Geltungsbereich des → *Tarifvertrages für den öffentlichen Dienst* (TVöD), des → *Tarifvertrages für den öffentlichen Dienst der Länder* (TV-L) und des → *Tarifvertrages für den öffentlichen Dienst des Landes Hessen* (TV-H) fallenden Arbeitnehmer ist in einer Protokollerklärung zu § 4 Abs. 2 TVöD/TV-L/TV-H bestimmt, was unter dem Begriff der Zuweisung zu verstehen ist. Die Zuweisung ist danach – unter Fortsetzung des bestehenden Arbeitsverhältnisses – die vorübergehende Beschäftigung bei einem Dritten im In- und Ausland, bei dem der Allgemeine Teil des TVöD/TV-L/TV-H nicht zur Anwendung kommt.

Zuwendung

→ Jahressonderzahlung

Zwangsbeitreibung

ist die Bezeichnung für eine Form der → *Verwaltungsvollstreckung*, bei der öffentlich-rechtliche Geldforderungen (z. B. Steuern, Gebühren, Beiträge) Gegenstand der Vollstreckung sind.

Eine weitere Form der Verwaltungsvollstreckung ist der → *Verwaltungszwang*.

Zwangsgeld

ist ein der Verwaltungsbehörde im Rahmen der → *Verwaltungsvollstreckung* zur Verfügung stehendes → *Zwangsmittel*. Durch das Zwangsgeld soll der Pflichtige zur Vornahme einer Handlung oder zur Erfüllung einer Duldungs- oder Unterlassungspflicht aus einem vollstreckbaren → *Verwaltungsakt* angehalten werden.

Das Zwangsgeld kommt insbesondere bei unvertretbaren (höchstpersönlichen) Handlungen in Betracht (z. B. die → *Behörde* fordert jemand auf, zu einer ärztlichen Untersuchung zu erscheinen, der bisher dieser Aufforderung nicht nachgekommen ist). Ist das Zwangsgeld uneinbringlich, kann durch Beschluss des Verwaltungsgerichts auf Antrag der Behörde → *Ersatzzwangshaft* angeordnet werden, sofern bei Androhung des Zwangsgeldes auf diese Möglichkeit hingewiesen worden ist.

Als weitere Zwangsmittel kennen die Verwaltungsvollstreckungsgesetze die → *Ersatzvornahme* und den → *unmittelbaren Zwang*.

Zwangsmittel

sind die der Verwaltungsbehörde im Rahmen der → *Verwaltungsvollstreckung* zur Erzwingung von Handlungen (z. B. Abriss eines baufälligen Hauses), Duldungen (z. B. Betreten eines Grundstückes) oder Unterlassungen (z. B. Schließung einer Gaststätte) zur Verfügung stehenden rechtlichen Zwangsmaßnahmen, falls der Betroffene das Gebot oder Verbot in einem → *Verwaltungsakt* nicht freiwillig befolgt.

Das Verwaltungs-Vollstreckungsgesetz des Bundes und die Verwaltungsvollstreckungsgesetze der Länder kennen drei Zwangsmittel, und zwar die → *Ersatzvornahme*, das → *Zwangsgeld* und den → *unmittelbaren Zwang*, wobei die Auswahl der einzelnen Zwangsmittel – soweit gesetzlich keine bestimmte Reihenfolge vorgeschrieben ist – im pflichtgemäßen → *Ermessen* der → *Behörde* steht. Das Zwangsmittel muss aber in einem angemessenen Verhältnis zu seinem Zweck stehen. Dabei ist das Zwangsmittel möglichst so zu bestimmen, dass der Betroffene und die Allgemeinheit am wenigsten beeinträchtigt werden.

Zweckkritik

→ Aufgabenkritik

Zweitstimme

→ Wahlsystem